Michael Dangl

Orangen für Dostojewskij

ROMAN

braumüller

Bibliografische Information der Deutschen Nationalbibliothek
Die Deutsche Nationalbibliothek verzeichnet diese Publikation in der Deutschen
Nationalbibliografie; detaillierte bibliografische Daten sind im Internet über
http://dnb.d-nb.de abrufbar.

Alle Rechte, insbesondere das Recht der Vervielfältigung und Verbreitung sowie
der Übersetzung, vorbehalten. Kein Teil des Werkes darf in irgendeiner Form
(durch Fotokopie, Mikrofilm oder ein anderes Verfahren) ohne schriftliche
Genehmigung des Verlages reproduziert oder unter Verwendung elektronischer
Systeme gespeichert, verarbeitet, vervielfältigt oder verbreitet werden.

2. Auflage 2021
© 2021 by Braumüller GmbH
Servitengasse 5, A-1090 Wien
www.braumueller.at

Cover Montage: © Shutterstock/Nick Tempest, © Shutterstock/Steve Bruckmann
Druck: EuroPB, Dělostřelecká 344, CZ 261 01 Příbram
ISBN 978-3-99200-297-9

Für Lia, Maria und Anfisa

Ich habe Venedig noch mehr geliebt als Russland
Fjodor M. Dostojewskij

I

1

Anfang August, gegen Mittag, bei großer Hitze, fuhr ein Zug der lombardisch-venezianischen Eisenbahn mit hoher Geschwindigkeit auf Venedig zu. Am Fensterplatz eines vollbesetzten Sechserabteils saß in Fahrtrichtung ein Mann mit bleichem, unausgeschlafenem Gesicht, ein Schriftsteller, der einmal als literarische Hoffnung seines Heimatlandes Russland gegolten hatte und manchen noch galt, wiewohl seine ersten Erfolge nun schon einige Zeit zurücklagen, er im Westen völlig unbekannt und nicht mehr ganz jung war. Er war vierzig und hieß Fjodor Michailowitsch Dostojewskij.

Den Alleinreisenden mit ordentlich frisierten, an der Stirn sich lichtenden und an den Ohren widerspenstig abstehenden Haaren und krausem Vollbart plagte schon seit Längerem ein Hustenreiz, dem er durch wiederholtes Hüsteln in die Faust Herr zu werden suchte, und er lechzte danach, auszusteigen und etwas zu trinken. Der Tee am Mailänder Bahnhof war so heiß gewesen, dass er ihn aus Angst, den Anschlusszug zu versäumen, stehen gelassen hatte. Bahnreisen waren ihm langweilig, und am liebsten wäre er hinausgesprungen und seitwärts neben dem Waggon einhergelaufen. Die Fahrt von Florenz bis Mailand und nun hierher war umständlich gewesen, doch trotzdem und trotz der stickigen Hitze war sein weißer Kragen hochgeschlossen, saß die halstuchartige kurze Krawatte, wo sie zu sitzen hatte, waren graue Weste und schwarzer Gehrock zugeknöpft und wirkte die helle Hose an den korrekt übereinandergeschlagenen Beinen wie frisch gebügelt.

„In Omsk die Sonne geht auf um vier Uhr." Überflüssige Bemerkungen seiner Reisegefährten über die Fülle der Sonnenstunden in Italien hatten ihn zu diesem Satz veranlasst, seinem ersten auf der mehrstündigen Fahrt, den er, um besonders dem Berliner Ehepaar ihm gegenüber eins auszuwischen, auf Deutsch formulierte. Trotz langen vorhergehenden Nachdenkens und des Durchspielens verschiedener Varianten wusste er, dass irgendetwas an der Wortstellung falsch war, wie immer, wenn er sich zu einem Satz im Deutschen, das er nur schlecht beherrschte, aufschwang. Im Russischen war alles möglich: „In Omsk um vier Uhr geht die Sonne auf", „Um vier Uhr in Omsk die Sonne geht auf", sogar „Aufgeht die Sonne um vier Uhr in Omsk" war möglich, doch das Deutsche verlangte wie alles in Deutschland Pünktlichkeit und Genauigkeit, und es gab nur eine Lösung, und wer die nicht traf, war blamiert und hatte verloren.

Er wusste nicht, ob die Stille, die dem Satz folgte, dem Inhalt oder der Grammatik galt, und zum Glück wurde sie durch einen lauten Pfiff des Zuges beendet. „Venezia-Mestre" stand draußen; „Mestre" bedeutete sicher so etwas wie „Zentrum", dachte Dostojewskij, sprang als Erster auf, nahm seinen Koffer aus dem Gepäcknetz und verließ das

Abteil, wobei er einem Engländer, der an der Tür saß, auf den Fuß trat. Auf dem Perron musste er feststellen, dass niemand außer ihm aus-, vielmehr einige in den schon vollen Zug einstiegen, und er wandte sich an einen neben ihm stehenden Uniformierten.

„*Venezia?*", fragte er heiser und zu leise, denn der Beamte musterte ihn argwöhnisch und antwortete mit einer Gegenfrage, überraschenderweise auf Deutsch und noch dazu mit einer seltsamen Vokalfärbung:

„Wos?"

„*Venezia?*"

„*Venezia-Mestre.*"

„*A Venezia?*"

Der Uniformierte, der, wie er jetzt sah, kein Bahnbeamter, sondern ein Polizist war, da er einen Säbel an der Seite trug, zeigte in die Richtung, in die der Zug weiterzufahren sich eben anschickte, und stieß dazu ein „Do!" aus. Dostojewskij sprang im letzten Moment wieder auf. Die neu Eingestiegenen, allesamt Herren in dunklen Anzügen, entpuppten sich als Polizisten in Zivil und forderten von den Reisenden Einsicht in deren Pässe. Auch der leise vor sich hin schimpfend in den Zug zurückgekehrte Russe musste seinen vorweisen, ehe er das Abteil wiederfand, den Koffer schwer atmend ins Netz hob und etwas Unverständliches in sich hineinbrummend Platz nahm. Beim Betreten des Coupés war er dem Engländer erneut auf den Fuß gestiegen, und nun konnte man nicht ausschließen, dass es ihm nicht nur nicht entgangen, sondern – und schon beim ersten Mal – Absicht gewesen war.

Mürrisch blinzelte er auf die sonnenfunkelnden Wasserflächen, die sich bald rings um den Zug auftaten. Während die Anderen sich die Hälse verdrehten, in Begeisterungslauten ergingen und die zwei Deutschen sich mit dem Wissen großtaten, dass es in Venedig seit drei Wochen nicht geregnet hätte und das Wasser knapp würde, blieb er die ganze Fahrt über den Damm regungslos und dachte an die vergangenen zwei Monate seiner Reise, seiner allerersten nach Westeuropa, die mit Venedig ihre letzte Station erreichte. Am siebten Juni von Petersburg nach Berlin gekommen, war er erst wie besessen durch Deutschland gerast, jeden Tag in eine andere Stadt, bis sich seine Aufenthalte in Paris, London und Genf verlängerten und er erst vor eineinhalb Wochen Italien betreten hatte. Dabei war die ganze Zeit, verstand er beim Schauen auf die Sandbänke der seine Augen blendenden Lagune, Venedig als geheimes Ziel vor ihm gestanden, und jetzt, da es immer näher kam, schien es, als habe er der Sehnsucht nach diesem Ort, die von frühester Jugend, ja seit seiner Kindheit in ihm gewesen war, einen Verweis erteilen wollen mit den neun Wochen des Kreuz-und-Quer durch Europa, um ihr nicht die Macht zuzugestehen, die sie vielleicht in ihm hatte, und um bei sich selbst nur ja den Verdacht nicht aufkommen zu lassen, sie, die Sehnsucht nach Venedig, sei der eigentliche Antrieb, der heimliche Grund dieser ersten Auslandsreise seines Lebens. Die Hinauszögerung hatte ihm sogar einen gewissen Kitzel bereitet, eine kleine wollüstige Selbstbestrafung war es gewesen, als er nach dem Grenzübertritt aus der Schweiz den Umweg über Florenz genommen hatte, statt geradewegs auf Venedig zuzurasen. Nun bereute er fast, sie – da die Stadt auch im Russischen „Venezia" hieß, hatte er seit je wie an etwas Weibliches an sie gedacht – für den Schluss aufgehoben zu haben, denn es war gut möglich, dass die vielen schlechten Eindrücke und Enttäuschungen aus vier Ländern und mehr als einem Dutzend Städten, in denen noch dazu fast ständig schlechtes Wetter gewesen war, wie eine dicke Schicht Staub zwischen ihm und dem heimlichen Höhepunkt der Reise seinen Blick trübten, ja verunmöglichten.

Zudem war jede letzte Station einer Reise von den Bekümmernissen um die Heimkehr beschwert. Privat und beruflich hing der streng wirkende zugeknöpfte Herr mit dem sacht ausfernden Bart nämlich völlig in der Luft. Sein sogenannter literarischer Durchbruch, der Roman „Arme Leute", lag sechzehn Jahre zurück, und nach dem Veröffentlichungsverbot, Teil der zehnjährigen Haftstrafe in Sibirien, war es schwer gewesen, an diesen Erfolg wieder anzuschließen. Immer wenn er daran dachte, verschlimmerte sich das Stechen in seiner Seite, das von der Leber kam und ihn daran erinnerte, dass es gesundheitlich mit ihm in mehrfacher Hinsicht im Argen stand. Abrupt und mit einer Energie, dass alle fünf Augenpaare im Abteil zu ihm sprangen, zog er ein dünnes Heft aus der Rocktasche und schlug es auf. Vor einem guten Jahr hatte er begonnen, über seine epileptischen Anfälle Buch zu führen. Dauer und Heftigkeit waren verzeichnet (leicht/mittel/schwer) sowie die Abstände zwischen ihnen, die von einem halben

Tag bis zu einem halben Jahr reichen konnten. Jedem Anfall ging eine längere Phase der Niedergeschlagenheit voraus, den schweren folgte tagelange Arbeitsunfähigkeit. Der letzte Eintrag („mittel") nannte den einunddreißigsten Mai, eine Woche vor der Abreise. Schon vor Jahren, noch in Sibirien, hatte ihn der Arzt, der die Erkrankung zum ersten Mal diagnostizierte, gewarnt, bei einem der Anfälle werde er an dem Schaum, der ihm aus dem Mund stieg, am Rücken liegend ersticken. Inzwischen hatte er eine gewisse Übung darin bekommen, das Aufsteigen einer neuen Eruption in sich zu verspüren und sich, vor allem wenn er alleine war, wie immer möglich darauf vorzubereiten.

Der Zug hatte die Lagune überquert und fuhr in den Bahnhof ein. Unter großem Rascheln und Poltern rafften die Reisenden ihre während der Fahrt um sich verstreuten Gegenstände zusammen, und Dostojewskij dachte daran, wie ihm der Schaffner in Mailand dieses Coupé, in dem nur ein junges, sehr hübsches Mädchen gesessen war, zugewiesen und sich dafür Trinkgeld erhofft hatte. Da hatte er sich getäuscht. Und das Mädchen war an der nächsten Station ausgestiegen. Diesmal ließ er den Anderen den Vortritt, nickte zu ihren Verabschiedungen und blieb in Gedanken verfangen sitzen, als ginge die Fahrt für ihn allein weiter. Sein Reisegeld, Vorschuss auf einen ungeschriebenen Roman, war längst aufgebraucht, und als Erstes, dachte er, würde er nachsehen müssen, ob auf der Post schon der nächste Wechsel seines Bruders Michail lag. Der deutsche Ehemann kam noch einmal zurück, vom Korridor aus krähte er durch die offene Tür: „Ich weiß, warum die Sonne dort so früh aufgeht." Er machte eine kleine Kunstpause und sagte belehrend: „Weil es so weit östlich liegt."

„Ja", gab der Russe zur Antwort und schaute ernst zu Boden. Womit der einzige Dialog seiner Bahnfahrt zu Ende war.

Italien kannte er bislang nur aus Zügen und Equipagen heraus. In Florenz hatte er sich schlecht gefühlt und war wenig ausgegangen, außerdem war es regnerisch und seltsam kühl gewesen. Sodass ihm nun, als er aus dem Bahnhof Santa Lucia auf den Vorplatz trat, zum ersten Mal in seinem Leben die volle Glut eines mediterranen Sommertags entgegenschlug. Und die war anders als jede andere bisher, ein weiches, freundliches Meer, in das man eintauchte, ein alle Sinne vereinnahmendes Spektakel aus Farben und Licht, Stimmen und Bewegung, als wäre man in ein zum Leben erwecktes Gemälde getreten und zum ersten Mal nicht mehr dessen Betrachter, sondern Akteur. Und wie es den Augen war, als hätte man ihnen einen Schleier abgenommen, schienen die Ohren von Pelzklappen befreit und wunderten sich über die Symphonie von Rufen, Reden, Singen und Schreien in einem Dutzend von Sprachen, aus denen das Italienische herausklang und -schmetterte wie eine fröhliche Trompetenmelodie aus aufgeregtem Orchesteraccompagnement.

Noch hatte der Angekommene keinen Faden der Anknüpfung an dieses bunte Gewebe gefunden und stand starr in der um ihn wehenden, ihn schubsenden Menge von Händlern, Wasserträgern, Reisenden und spielenden, herumlaufenden Kindern, hielt den Griff seines Koffers fest umklammert, schaute mit schmalem Blick auf den breiten Kanal, der sich um den Bahnhofsvorplatz schlängelte und Boote mit roten und schwarzen Segeln auf seinem unverschämt leuchtenden Blau trug, und fühlte sich so schwach, dass er am liebsten umgekehrt und in irgendeinen Zug gestiegen wäre, Hauptsache weg. Richtungslos, nur, um einen Anfang zu machen, bewegte er sich ein paar Schritte nach links, wo ihm ein Lokal in den Blick kam, das scharenweise Menschen ausspuckte und einsog und ihm seinen dringenden Wunsch nach etwas zu trinken erfüllen würde. An einen Laternenmast vor dem Lokal gelehnt, stand ein kleiner Mann mit kugeligem Bauch, in dem zwei Arme und Beine steckten, und kugelrundem kahlen Kopf, aus dem zwei lebendige, feurige Augen blitzten.

„Ciao!", rief er, und der auf ihn Zugehende drehte sich halb um, um den Freund hinter sich zu sehen, der offenbar mit diesem Ruf begrüßt wurde, doch da war niemand, *„Ciao!"* kam es dafür noch einmal und nun ganz unzweifelhaft auf ihn hin und schon sprang der Fremde mit einem *„Benvenuto a Venezia!"* auf ihn zu und griff nach seinem Koffer. Vor Diebstählen in Italien mehrfach gewarnt, legte Dostojewskij auch die zweite Hand um den Griff und sah den Angreifer finster an, als wollte er ihn kraft seines Blicks in die Flucht schlagen. Doch der hob beide Arme weit über die Schultern und gab mit dieser Gebärde und einem lauten Ausbruch von Vokalen, die aus seinem Mund quollen, seiner guten Absicht Ausdruck. Die Suada kam offensichtlich mit einer Frage zu Ende, der ein Schulter-

zucken folgte. *„Indirizzo"*, wollte der Kugelmensch wissen und *„Albergo"*, und der Russe, der sicher war, dass der Andere Geld forderte, sah sich betreten um. *„Address"*, verstand er nun endlich, und zugleich, dass der Kleine ihm den Koffer tragen und ihn führen wollte. Er zeigte ihm einen Zettel, auf dem Name und Anschrift des Hotels geschrieben standen. Das ermutigte den Fremden zu einer neuen Koloraturarie von Vokalen, mit der er den Reisenden so verblüffte, dass er ihm geschwind den Koffer aus den Händen nehmen konnte und schon, heftig mit dem freien Arm bedeutend, ihm nachzukommen, davonlief. Der vielleicht nicht Ältere, aber ungleich Schwerfälligere, der zudem von der Reise ganz steife Beine hatte, protestierte und sah doch keine andere Möglichkeit, als dem flinken neuen Besitzer seines Koffers nachzugehen. Da blieb der unvermittelt stehen und drehte sich um.

„*Scusate, Signore*", sagte er und verneigte sich leicht, „*sono Pepi.*"

„*Pepi?*" Da erhellte sich das blasse, bis dahin ausdruckslose Gesicht, auf dem die Sonne zuvor unsichtbare Sommersprossen aufblühen hatte lassen, und die grauen, tief liegenden Augen bekamen einen seltsamen weichen Glanz.

„*Beppo!*", rief er nun fast, und der Andere, wie um nicht kleinlich zu sein und seine gute Laune nicht zu verlieren, stieß lachend und schulterwerfend aus „*Pepi … Beppo …*" – und erklärte sich mit der Namensveränderung einverstanden.

„*E lei?*", zeigte er auf den Herrn.

„*Je m'appelle Dostojewskij.*"

Beppo/Pepi schickte mit den Augen ein Stoßgebet zum Himmel und sagte etwas, das wahrscheinlich „Das merke ich mir nie" hieß, lachte wieder herzlich und setzte seinen Weg fort.

Dostojewskij warf einen Blick auf das Lokal, in dem er Menschen mit Getränken sitzen sah, doch da lief sein Kofferträger schon über die ersten Stufen der Steinbrücke über den Kanal. – Beppo! Dostojewskij schüttelte den Kopf. Dieses Sinnbild seiner venezianischen Sehnsucht, der Name des Byron'schen Gedichts, das ihm die ersten Phantasiebilder seiner jugendlichen Schwärmerei eingegeben hatte, hier war es Fleisch und Blut, sprang ihm auf den ersten Metern vor die Füße, trug sein Gepäck, wurde sein Cicerone … die „Steine aus ‚Beppo'" hatte er, so lange er denken konnte, zu sehen, zu berühren begehrt, und folgte nun einem leibhaftigen Nachfahren dieser literarischen Erfindung auf Stufen aus Stein, die sicher auch Byron betreten hatte.

Auf der Anhöhe der Brücke hielt er kurzatmig an und ließ Beppo aus den Augen. Sein Name – und sein Lachen – hatten ihm Vertrauen gegeben. Die Brise, die hier oben in sein Haar fuhr, war um nichts kühler als die stehende Luft und dennoch oder deswegen wohltuend, als streichle jemand mit zärtlicher Hand sein Haupt. Er schaute auf den Kanal. Bunter waren die ihn säumenden Häuser als in Petersburg, vielfarbiger, mit rötlichen Dächern. Die Pfähle im Wasser waren rot-weiß oder blau-weiß bemalt wie in einer italienischen Theaterkomödie, von den Balkonen wehten Fahnen, alles ergab ein heiteres Bild, als wäre irgendein Festtag.

Ein Hustenanfall schüttelte ihn, und er hielt sich an der Steinbrüstung fest, weil ihn schwindelte, und er kurz befürchtete, vornüber in den Kanal zu stürzen. Wahrscheinlich wäre er auf einem Bootsdeck zerschellt oder ein Segelmast hätte ihn aufgespießt, und das wäre dann das Ende gewesen. Dostojewskij starrte auf das munter bewegte Wasser wie auf den Eingang zur Unterwelt, bis Beppo ihn vom Fuß der Brücke her anrief: *„Signore!"* Und als dieser zu ihm sah, machte er eine wiegende Geste mit dem Kopf, die unmissverständlich „weitergehen" hieß.

Sie gingen eine lange, gerade Gasse entlang, in die, ausgerechnet, senkrecht die Sonne fiel. Dostojewskij sah nach oben und schimpfte. Beppo lief fünf Meter vor ihm, er war so klein, dass der Koffer fast am Boden streifte, und so rund, dass der Koffer vielleicht das Einzige war, das ihn daran hinderte, zu kugeln statt zu gehen. Dabei drehte er unentwegt den Kopf zurück und rief Italienisches über die Schulter zu seinem neuen Herrn, der aber dadurch wirkte, als wäre er der Knecht und nähme Befehle zur Eile entgegen. Rechts und links waren Läden und Geschäfte, Handwerker saßen davor und arbeiteten, aus allen Türen, die durchwegs offen standen, drangen Lärm und verschiedenartigste Gerüche. An einer Ecke, wo es penetrant nach Katzenurin stank, bog Beppo überraschend nach links in eine noch schmalere Gasse ab, noch länger als die erste, und nun schien die Sonne den beiden auf den Hinterkopf. Eine Bettlerin hielt Dostojewskij eine offene Blechdose hin. Er blieb stehen und griff in seine Hosentasche, aber da kam Beppo sogleich angelaufen, rief etwas offenbar Unanständiges zur Bettlerin – denn die wurde rot –, hielt den ausgestreckten Arm zwischen sie und den verhinderten Wohltäter und machte mit der Zunge einen schnalzenden Laut wie ein Kutscher zu seinem Pferd. Weitergehend hauchte der Zurechtgewiesene ein *„Pardonnez-moi!"* zurück, mehr durfte er der Armen nicht geben. Sie gingen über eine kleine Brücke und einen sehr langen Kanal entlang, an dem ein Gondoliere auf Kundschaft wartete. Schon von Weitem krakeelte Beppo ihm entgegen, sodass dieser seinen Versuch, den Reisenden zu einer Fahrt einzuladen, schnell aufgab und dafür aus vollem Hals auf den mit dem Koffer Dahinstrebenden losfluchte. Kennen die einander?, dachte Dostojewskij. Die anderen Fußgänger achteten weder auf den Streit noch darauf, dass der Kleine im Weitergehen seinen Monolog über die Schulter nach hinten fortsetzte, ohne im mindesten verstanden zu werden. Immer liefen sie in praller Sonne. Auf menschenleeren Balkonen wehten Markisen. Wieder querte Beppo den Kanal über eine kleine Brücke. Ob er etwas essen wolle, fragte er den zusehends Erschöpften hinter sich mit einer Geste. Auf die Pantomime einsteigend, antwortete er mit einer Trinkbewegung, worauf Beppo zum Himmel jauchzte, als hätte er in der Lotterie gewonnen. Und den Marsch im Laufschritt fortsetzte. Durch enge, verwinkelte Gassen, der von ihm Geführte konnte ihm kaum folgen, verlor ihn immer öfter aus den Augen, und schließlich tat sich hinter einer Ecke eine menschenleere Sackgasse auf, die an einem Kanal endete. Oben wehte Wäsche im Wind, es war vollkommen still.

Der Friede des Orts ergriff Dostojewskij mehr als der Schreck, möglicherweise gerade sein Hab und Gut verloren zu haben. Da schnellte eine glänzende Kugel von unten aus einer Hauswand, Beppos schweißnasser Glatzkopf lugte aus einem niedrigen Durchgang, der nicht zu sehen war, bis man direkt davorstand. Der Dichter bückte sich und ging dem Wiedergefundenen nach, der wie zum Hohn über seinen eigenen Kleinwuchs in die Höhe sprang und, trotz Koffer, die Hacken seiner Pantoffel in der Luft aneinanderschlug. Genau an einer Lokaltür kamen sie in eine breitere Gasse. Doch der fragende Blick des Einen bekam nur ein *„No, no, no!"* mit erhobenem Zeigefinger zur Antwort, denn der Andere schien ein bestimmtes Ziel zu haben.

Sieben Gassenecken und drei Brücken weiter standen sie vor einer großen Kirche auf der anderen Seite eines Kanals. *„Santa Maria Assunta"*, stieß Beppo aus und bekreuzigte sich, aber nicht ohne Ironie, denn er ermunterte Dostojewskij feixend, dasselbe zu tun – wenn er jedoch dessen Gesicht bis dahin als ernst empfunden haben mochte, wurde er eines Besseren belehrt, denn nun verfinsterte es sich sprichwörtlich, und was ihn anblickte, war kein ernstes Gesicht, sondern die Personifikation des Ernstes, wenn auch, wie ihm schien, ohne Vorwurf. Mit einem Lachen erlöste Beppo die Situation und wies mit großer Geste auf eine offene Tür hinter ihnen.

Es war eine Gaststätte, von außen kaum als solche erkennbar und innen nachtdunkel. Es roch stark nach Wein und Schnaps. Der Italiener wurde von zwei Männern hinter der Theke, Hünen mit zerfurchten, zerschnittenen Gesichtern, laut begrüßt wie nach Jahren der Abwesenheit, dabei war er vielleicht nur ein paar Tage weg gewesen, gar nur Stunden, dachte der Ortsfremde und ließ sich dankbar auf einem harten Stuhl nieder. Die Gesellschaft von Männern wie diesen, Lokale wie dieses waren ihm vertraut. Das Spasskij-Viertel in Petersburg rund um die größte Geschäftsstraße, die Sadowaja, wo er in verschiedenen Wohnungen gelebt hatte, war die Gegend der Märkte, der Fuhrknechte, Bauern und Kaufleute. Die wilden Jaroslawler lebten dort, Nachfahren der tatarischen Steppenvölker. Es wimmelte von Taschendieben, zwielichtigem Gesindel, billigen Prostituierten. Die Gassen waren voll Betrunkener und Obdachloser, die Häuser schmutzig und überfüllt. Menschen aus allen Teilen Russlands und jeder Nationalität Europas konnte man dort finden. Einer der Riesen stellte sich vor ihm auf, er reichte fast bis zur Decke. Beppo, am Tresen stehend, hatte schon ein Glas Weißwein in der Hand, klein und bauchig, als wäre es seiner Figur zugeschnitten. Dostojewskij bestellte auf Französisch ein Bier. Keine Minute später stand es vor ihm.

Als sich seine Augen an die Dunkelheit gewöhnten, erkannte er, dass die Wände zur Gänze mit Darstellungen von Rokoko-Idyllen bemalt waren. Ausgelassene Gesellschaften junger Menschen in leichten, sommerlichen Kleidern tanzten auf Wiesen, lagen, spielten und musizierten an Bachufern, neckten sich, scherzten, gaben sich verschwiegene Stelldicheins in Gondeln und Gärten … sie erinnerten ihn an Szenen aus Stücken von Goldoni und

Büchern von Goethe und de Laclos, in denen er als Kind in Moskau zum ersten Mal eine Ahnung von Venedig bekommen hatte, und einen Auslöser seiner Sehnsucht. Vorrevolutionäre Szenen, wie ihm jetzt auffiel – die in seiner eigenen revolutionären Jugend in Sankt Petersburg von den Freiheitsgedanken in den Stücken Schillers, der mitreißenden Aufbruchsenergie in den Opern Rossinis abgelöst oder transformiert wurden und zusammen mit den Werken von Hugo, Flaubert, Balzac einen so zauberischen Eindruck in ihm hinterließen, dass es war, als rufe dieses Westeuropa nach ihm, dem Russen, dem die Heimat alles war und dem doch schien, als wäre alles, was es in Russland an Entwicklung, Kunst, Bürgersinn und Menschlichkeit gab, von eben dort hergekommen, aus Westeuropa, aus Europa eigentlich, denn Russland war nicht Europa, Russland war Russland, aus Europa also, diesem „Land der heiligen Wunder", wie er es früher gerne genannt hatte. Früher, und definitiv vor seiner ersten Reise dorthin.

Im Sitzen, im Dunkeln, im Kühleren war es in ihm friedlicher geworden. Und bei den ersten Schlucken Bier. Das musste er sich für seinen Roman – dessen Pläne er schon lange in sich trug und für die er auf seiner Reise nichts zustande gebracht hatte als Skizzen –, für den Roman „Die Trinker" merken: Im ersten Schluck lag's. Bis dahin hatte jeder, auch der gewohnheitsmäßigste Trinker, immer wieder eine Chance. Danach nicht mehr. Der erste Schluck Bier, Wein, Wodka verwandelte dich und zog dich in seine Macht. Als das Glas leer war, befiel ihn bleierne Müdigkeit und eine unangenehme Mischung aus Hunger und schlechter Laune. Was hatte diese Herumreiserei für einen Sinn? Was tat er in dieser lauten, unübersichtlichen Stadt? Die Woche in Florenz war er die ganze Zeit in einer Lesehalle gesessen und hatte russische Zeitungen studiert. War die Lesehalle zu, hatte er sich in seine Pension, eine muffige Absteige mit dem prätentiösen Namen „Suisse", gesetzt und „Les Misérables" gelesen. Eine literarische Neuerscheinung, die ihm gefiel, weil sie ihn an seine eigenen „Erniedrigten und Beleidigten" erinnerte. Dessen Honorar längst aufgezehrt war. Strachow, ein Freund, den er in Genf getroffen und der ihn nach Florenz begleitet hatte, war im Duomo gewesen, auf dem Ponte Vecchio, in den Boboli-Gärten, beim Abendtee hatte er davon erzählt und nur einmal Dostojewskij in die Uffizien geschleppt, ein in dessen Augen unfassbar hässliches Gebäude, mehr Amt als Museum, er war davongelaufen, noch bevor sie zur Venus von Medici gekommen waren. Danach hatten sie auf der Piazza della Signoria Eis gegessen und gestritten.

„Du bist ein schlechter Reiser", (Strachow) „dich interessieren weder die Natur – als wir an den Schweizer Seen vorbeigefahren sind, hast du nicht einmal aus dem Zugfenster geschaut –, noch historische Sehenswürdigkeiten, noch Kunstwerke."

„Vielleicht." (Dostojewskij.) „Mein Interesse geht im Wesentlichen auf den Menschen. Was gibt es Faszinierenderes? Was Widersprüchlicheres?"

Im selben Moment war ein Buckliger an ihrem Tisch vorbeigegangen, und Strachow hatte gelacht, und Dostojewskij war böse geworden und hatte Strachow angeschrien, dass er ihn nicht ernst nähme, außerdem sei das Eis ihm zu kalt und er ziehe es vor, ins Hotel zu gehen und „Les Misérables" zu lesen. Jetzt war er froh, wieder allein zu sein. Strachow war wohl schon in Russland. Der hatte es gut.

Beppo und die zwei Hünen hielten in ihrem „Gespräch" – das daraus bestand, dass sie einander in bester Laune anschrien – inne und prosteten vom Tresen her dem stummen Gast zu, der aber betreten zu Boden sah. Schon immer, selbst in seinen ausgelassensten Stunden, war es ihm unangenehm gewesen, wenn Gläser gegen ihn gehalten wurden, und auch er selbst führte die Bewegung ungern aus. Welche Gottheit wurde da hochgehalten und hofiert? Und auch in der katholischen Kirche, wenn der Priester den Kelch hob, um das „Blut Christi" zu preisen – und damit sozusagen seiner Gemeinde zuprostete –, empfand Dostojewskij das als verunglücktes Ritual, eine peinliche Äußerlichkeit eines im Wesen tieferen Gedankens.

Am Kirchenvorplatz schoss ihm das Bier aus allen Poren. Zum Glück bogen sie jetzt in schattige und gleich erfrischend kühlere Gassen ein. Aus den Häusern hörte man das Klappern von Geschirr, Fetzen von Tischgesprächen, Babyweinen, Lieder, gesungen von Frauen aus wer weiß welcher Freude, wer weiß welcher Not. Auf der Anhöhe einer der unzähligen Brücken war es dann, dass ihm auf einmal Salzluft in die Nase stieg, vom Wind hergetragen aus der Lagune oder vom Meer. Das Meer hatte er in Europa zweimal, auf der Überfahrt nach und von England kennengelernt. Doch wie hier der Salz- und Tanggeruch in die Stadt wehte, das kannte er nur von einem Ort: von Sankt

Petersburg. Je näher sie nun ihrem Ziel und damit dem Wasser kamen, desto mehr stieg ihm dieser Duft nicht nur in die Nase, sondern ins Gemüt und schürte, zugleich mit dem tieferen Eintauchen ins Venezianische, Fremde, mehr als je zuvor in den zwei Monaten seiner Reise die Sehnsucht nach Zuhause.

Das Hotel Belle Arti war ein eleganter Palazzo mit Garten, und sofort ärgerte sich Dostojewskij, dass ihn seine Pariser Bekannten, die er um Empfehlung für ein „günstiges Quartier" in Venedig gebeten hatte, hierher schickten. Doch der Rezeptionist erklärte ihm in schlechtem Französisch, dass sich seine Reservierung auf das „andere Gebäude" beziehe, und das hieß auf ein schlichtes Wohnhaus auf der anderen Straßenseite, wo das Hotel einfachere Zimmer vermietete. Den Schlüssel händigte er ihm mit den Worten aus: *„Benvenuto, Signor Dostojewitsch!"* Dieser korrigierte sachlich und fragte nach dem Postamt, der Beschreibung hörte er nach dem sechsten *à gauche* und *à droite* zu folgen auf, außerdem winkte Beppo, der mit dem Koffer an der Tür zwischen Garten und Foyer wartete, heftig fuchtelnd ab, was heißen sollte, er würde ihn hinführen. Die Frage nach einer „Lesehalle" fiel auf Unverständnis, die Umschreibung „wo man hier Zeitungen lesen" könne, beantwortete der Portier mit einem verlegenen Deuten auf ein Fauteuil. Beppo ließ es sich nicht nehmen, den Koffer auch über die Straße und in den ersten Stock zu tragen. Als er ihn abgestellt hatte, sich den Schweiß von der Stirn wischte und anfing, sich im schlichten, doch praktikabel eingerichteten Zimmer umzusehen, fand Dostojewskij, dass es Zeit zum Abschied wäre.

Mit der Bezahlung des Weins vorhin war es nicht getan, aber mit der venezianischen Währung, die er in Mailand eingetauscht hatte, kannte er sich nicht aus, sodass er ihm nur zu wenig oder zu viel geben konnte, und Protest gäbe es wahrscheinlich nur im ersten Fall. Er zog die erstbeste Münze aus der Tasche und hielt sie ihm hin. Beppos Gesicht lief rot an, er streckte beide Arme von sich und stieß aus: *„Ma no!"* – Natürlich, zu wenig. *„Ma è uno Svanzica!"*, rief Beppo und zeigte auf Dostojewskijs Hosentasche. Der holte alle Münzen heraus und präsentierte sie in der flachen Hand. Beppo stocherte darin herum und pickte sich die zwei, drei heraus, die ihm für seine Dienste angemessen schienen, wies noch einmal auf die erste Münze und sagte lachend und mit drohendem Finger: *„Ma non uno Svanzica!"* Ging zur Tür und statt hinauszugehen, hielt er sie mit einer leichten Verbeugung auf: *„Alla Posta?"*

Der Gedanke, dem unermüdlichen Spaßvogel, der ohne Koffer sicher noch schneller wäre, gleich wieder hinterherzulaufen, war dem erschöpften Reisenden unerträglich und er schickte ihn mit einem *„plus tard"* eilig weg. *„Plus tard"*, wiederholte Beppo, *„va ben."* Und bevor die Tür hinter ihm im Schloss war, machte er sie noch einmal einen Spalt weit auf, steckte seinen Kopf durch und sang: *„Ah che più tardi ancor?"*, opernhaft klang es, als wäre er ein ganzer Chor, und fügte hinzu: *„In Italiano: più tardi. Plus tard – più tardi."* Und mit einem breiten Lachen beendete er seinen Auftritt, doch hörte man ihn noch lange singen, *„Ah che più tardi ancor"* – am Korridor, die Stiegen hinab, bis er aus der Haustür war.

Dostojewskij ging zum einzigen Fenster an der Längsseite des Bettes. Es stand halb offen, und als er es ganz öffnete, überflutete ihn eine Welle heißer Luft. Er sah in einen begrünten Innenhof mit Palmen, Olivenbäumen und einem kleinen Gemüse- und Kräutergarten. Nach der Hektik der letzten Stunden tat die Stille gut. Nur zwei Tauben scharrten auf einem Fensterbrett und gurrten ihr internationales Lied. Die Fenster der anderen den Hof umfassenden Häuser trugen die Zeichen gewöhnlicher Wohnungen: Blumen, an einem eine Katze, Wäscheleinen. In Petersburg hatte der Dichter stets in Eckhäusern gewohnt. Warum, wusste er nicht. Auf jeden Fall waren sie an Straßenkreuzungen und mehr oder weniger laut. Auf der Reise hatte er mit blindem Geschick sowieso die lautesten Zimmer bezogen. In Paris ausgerechnet über einer Schmiede. Um vier Uhr früh, als er sich nach qualvollen Stunden über seinen Skizzen ins Bett legte, fingen sie unten gerade an, an einem Rad zu hämmern. In Dresden wurde die ganze Zeit die Fahrbahn gepflastert, ab fünf war an Schlaf nicht mehr zu denken gewesen. Ein wenig verunsichert sah sich Dostojewskij um, von wo hier Störungen zu erwarten waren. Er fand nichts. Seufzend ging er zu seinem Koffer. Das Schloss war verbogen, und erst nach langem Hantieren brachte er ihn auf. Ordentlich verteilte er seine Sachen im Raum: Das frische Tageshemd und den zweiten Rock hängte er in den Schrank, die Zugstiefel stellte er daneben, Wäsche, Handschuhe und Halstücher kamen in die Schubladen, das Nachthemd legte er aufs Bett, Papiere, Federn, Tinte, Aschenbecher und sein Zigarettenetui hatten ihren Platz auf dem Schreibtisch, die Bibel legte er auf die Kommode, die Flasche Emserwasser stellte er daneben. Dann entnahm er dem Koffer die Kleiderbürste, zog den Rock aus, entstaubte ihn gründlich und hängte ihn auf. Drehte den Schlüssel zweimal in der Tür und stellte sich wieder ans Fenster. In den wenigen Minuten war die Sonne so über das Dach gewandert, dass sie jetzt einen Teil des Kräutergartens beschien. Der Ausblick erinnerte ihn an die Kindheitswohnung in Moskau. Vom Vorraum weg hatte es da einen Korridor mit Fenster zum Hinterhof gegeben. Im hinteren Teil des Ganges, abgetrennt durch eine Bretterwand, lag das finstere Kinderzimmer. Eng und arm hatten sie gelebt in der Dienstwohnung des Marienspitals, wo der Vater als Arzt angestellt gewesen war. Der niedere Adel, der Familie seit dreihundert Jahren von Vaterseite inne, hatte nur mehr auf dem Papier existiert. Ihn schwindelte und er gab dem leichten Druck, den er vom Bett in den Kniekehlen spürte, nach und setzte sich. Nun musste er sich strecken, um über das Fensterbrett hinunter in den Hof zu sehen. Eng sollte der Held seines neuen Romans leben, eng und dunkel, wie in einem Sarg, dachte er. Er sah zum Schreibtisch und überlegte, sich an die Arbeit zu setzen. Doch da überkam ihn die Müdigkeit erst recht, und in einer wie ihn selbst überrumpelnden schnellen Bewegung legte er die Beine auf das Bett und den Kopf auf das Kissen. Er wollte nicht schlafen, nur ruhen und nachdenken. Sommer musste sein, am Beginn des Romans, ein schwüler, drückender Sommerabend, an dem der Student, um den es ginge, ziellos durch die Gassen und über die Brücken Petersburgs wandert. Oder die Venedigs? Warum nicht. Den „venezianischen Roman" zu schreiben, hatte er schon mit fünfzehn vorgehabt.

Er schloss kurz die Augen. Nicht um zu schlafen, nur um besser nachzudenken. *Ah che più tardi ancor.* Nun hatte er Beppos Melodie im Kopf. Immer wieder klang sie in seinem Inneren, wuchs und schwoll an zu dem Chor, den er die Arie wirklich schon einmal auf einer Bühne hatte singen hören. Ihm fiel nicht ein, aus welcher Oper sie war noch von welchem Komponisten. Wahrscheinlich Rossini, dachte Dostojewskij und schlief ein.

Im Traum lief er wieder durch Venedig. Aber er selbst trug den Koffer, und Beppo war hinter ihm und trieb ihn an, immer schneller, brückauf, brückab, bis die Stadt sich in eine ländliche Gegend verwandelte, die Brücken zu Hügeln wurden, die Plätze zu grünen Wiesen, über die Dostojewskij, auf einmal nicht mehr mit Koffer, sondern mit einem Birkenzweig als Speer bewaffnet rannte, der kleine Fjodor, ein zehnjähriger untersetzter Junge mit hellem blonden Haar, rundem Gesicht, hoher Stirn und vorstehender Nase, denn irgendwo, wusste er, hielt sich der Feind versteckt, der weiße Mann, der ihn Indianer töten wollte. Da sprang er aus einem Gebüsch, sein zwölfjähriger Bruder Michail, und hielt den Haselnussstecken als Gewehr auf ihn. Geschickt ließ sich der kleine Fjodor fallen und rollte eine Böschung hinab, wo ein Kanu, bestehend aus zwei aneinandergebundenen Holzlatten, ihn aufnahm. Er stieß sich vom Ufer ab, und als Michail nachkam, war er schon in die Mitte des Teichs gerudert. Trotzdem legte der andere das Gewehr an, markierte einen Schuss, und Fjodor ließ sich in einer großen theatralischen Bewegung rücklings ins Wasser fallen. Da trieb er dann reglos als „toter Mann", und die Sonne schien auf sein blasses Gesicht mit den vielen Sommersprossen und auf seine geschlossenen Augen. Als er sie aufschlug, blinzelte er ins Licht, aber er lag dreißig Jahre später in einem Zimmer weit von seiner Heimat in einem Hotelbett und die Sonne schien ihm mitten ins Gesicht. Sie war während seines Schlummers über die Kante des gegenüberliegenden Dachs gerückt und schaute nun direkt durch sein offenes Fenster auf ihn.

Dostojewskij dachte an Darowoje. So arm die Familie am nördlichen Stadtrand von Moskau gelebt hatte, war es dem Vater nach einer Beförderung und Nobilitierung – mit der die Familie ihren angestammten Adelsstatus wiederbekam – gelungen, zwei ganze Dörfer südlich der Stadt zu kaufen, wo sie fortan die Sommermonate auf einem Gut verbracht hatten, die einzigen wirklich unbeschwerten Perioden seines Lebens bisher. Wie zur akustischen Untermalung dieser Erinnerung drängten sich nun russische Laute in die Nachmittagsstille, Stimmen vom Hof her. Dostojewskij setzte sich auf. Langsam bewegte er den Kopf nach vorne, streckte ihn ins Freie, drehte ihn nach rechts und blickte in die Gesichter von zwei Frauen, Mutter und Tochter offenbar, die an einem halb offenen Fenster an der Querseite des Hauses – in dem das Hotel vielleicht auch Zimmer hielt – standen und verstummten, als sie den bärtigen Mann sahen, der nur über das Fensterbrett zu reichen schien und für sie, da sie nicht wussten, dass er saß, wie ein Zwerg wirken musste. Schnell zog der den Kopf zurück. Direkt nach dem Aufwachen angeschaut zu werden, war ihm immer schon peinlich gewesen, als ob sein Gesicht vom Schlaf noch irgendwie „offen" wäre und die Leute in ihn hinein- oder ihm gar alles „wegschauen" könnten. Nach ein paar Sekunden nahmen die Russinnen ihr Gespräch (es drehte sich um die Frage, welche von beiden vergessen hatte, zu Hause die Marmelade in den Koffer zu packen) wieder auf. Und er erhob sich, wusch sich, kleidete sich an, diagnostizierte Herzflimmern und Kopfschmerzen und ging aus.

2

Draußen bereute er, seinen wärmeren Abendrock angezogen zu haben, denn die Hitze hatte um nichts nachgelassen. Er musste als Erstes etwas trinken gehen. An einem Baumstamm gegenüber saß Beppo, sprang auf, als er seinen neuen Herrn sah, klopfte sich den Staub von der Hose und lief los, mit groß einladenden Gesten nach hinten wie ein Fischer, der sein Netz einholt. Automatisch ging Dostojewskij in die andere Richtung. Beppo rief ihn an: *„Signore!"* Der *Signore* erschrak und ging weiter. Beppo rief lauter. Dostojewskij ging schneller.

„Si – gno – re!"

Er blieb stehen und drehte sich um, nur um dem Rufen ein Ende zu machen, die Leute schauten schon.

„La Posta!", schrie Beppo aus der Ferne und bewegte die Arme wie ein Albatros seine Flügel. Mit einer kleinen eckigen Handbewegung verneinte Dostojewskij. Es musste auch noch etwas anderes in Venedig geben, als hinter dieser Kugel herzulaufen. Er kannte die Anhänglichkeit solcher Dienerseelen, wie er sie bei sich nannte, gut. Wenn er jetzt nicht hart blieb, hätte er ihn die nächsten zwei Tage am Hals. Zerhackte noch zweimal verneinend mit der Hand die Luft und ging weiter. Doch da hatte ihn Beppo schon eingeholt und redete auf ihn ein, etwas von der Uhrzeit und *chiusura*, da blieb Dostojewskij stehen, schaute ihn so streng wie möglich an und sagte in seinem besten Italienisch: *„No."*

Beppo duckte sich weg, als wiche er einem Hieb aus und fragte, die Hände ineinander verschränkend wie zum Gebet: *„Più tardi?"*

„Demain", brummte Dostojewskij und ließ ihn stehen.

„Deh, pensa che domani!", sang Beppo in seinem Rücken im Falsett und winkte, als der Weitergehende kurz zurückschaute, wehmütig wie eine zurückgelassene Geliebte.

Dostojewskij bog die nächste Straße links ab, um aus seinem Blick zu sein. Nach fünfzig Metern kam er an einen Kanal, an dessen noch sonnenbeschienenen Ufer Männer vor einem Lokal in Gruppen Schlange standen. Sie hatten alle Gläser in der Hand. Doch sie standen nicht an, sah er nun, sie waren der aus dem Lokal sozusagen herausquellende Teil einer darin noch viel größeren Menge, und sie taten nichts als debattieren, trinken und rauchen. Einige lachten auch, doch die Stimmung war gespannt, geladen wie bei einer politischen Versammlung oder gar dem Treffen von Aufwieglern, wie er sie gut kannte. Aber auf der Straße? Es waren allesamt Italiener. Als er näher kam, verstummten die ersten, als er fast an der Türe war, über der *Schiavi* stand, schwiegen die meisten und sahen ihn prüfend an. Er fand es besser, sie nicht herauszufordern und seinen Durst zu unterdrücken, brummte eine Entschuldigung und ging den langen Kanal hinunter in die Richtung, aus der er Segel in der Sonne blitzen sah. Am anderen Kanalufer lagen Gondeln im Trockenen wie gestrandete schwarze Wale, und er staunte, wie groß sie außerhalb des Wassers waren. Es mochte ein Dock oder eine Werkstatt sein, ein Mann stand im Unterhemd und trug Farbe auf. Das Haus daneben wirkte eher wie eines in den Schweizer Bergen.

Der Kanal mündete in einen ungleich größeren, der eine Hauptwasserstraße Venedigs sein musste. Das Ufer war eine breite Promenade, auf der es zuging wie in einer deutschen Kleinstadt am Sonntag: Offiziere saßen in langen weißen Mänteln an Tischchen im Freien, aßen Kuchen und Eis und tranken Likör, andere Uniformierte patrouillierten steif Freizeit spielend auf und ab. Die meisten sprachen Deutsch in langgezogenen, irgendwie gepressten oder geknautschten Vokalen und mehr durch die Nase als durch den Mund. Das waren wohl die Österreicher. Dostojewskij wusste, dass Venedig seit Längerem zu deren Monarchie gehörte und staunte, welch andere Welt sich hier behauptete als einen Kanal weiter vor dem Lokal der Italiener. Aber gespannt war die Atmosphäre auch hier, obgleich sie von der selbstgefälligen Sicherheit einer generationenalten Herrscherdynastie überdeckt war. Wie lange schon war Venedig nicht mehr frei? Und war nicht das übrige Italien seit einem Jahr geeint? Tatsache war, dass Russland den Österreichern gegen die Aufständischen geholfen hatte. Dafür hatte sich dann Österreich im Krimkrieg gegen Russland gestellt. Und aus der Freundschaft der beiden Staaten war etwas Feindseliges geworden. Er hatte keine Lust, in dieser Gesellschaft, die ihn an eine der von ihm verabscheuten Operetten erinnerte, etwas zu trinken und ging auf die Sonne zu.

Die brannte, wenn auch tiefer stehend, unvermindert auf die Boote und Gondeln der breiten Wasserstraße zwischen Venedig und einer großen Insel, von der nicht klar war, ob sie noch dazugehörte. Schutz suchend, bog Dostojewskij in eine Gasse und ging, wieder weg vom Wasser, stadteinwärts. Aber gab es hier überhaupt ein Zentrum? Irgendwo musste der berühmte Markusplatz sein. Einmal abgebogen, war man sofort allein mit den „Steinen von Venedig", über die er bei Ruskin so viel gelesen hatte. Für dessen Satz, dass die schönsten Dinge auf der Welt die nutzlosesten seien, würde er ihm ewig dankbar sein. Passend dazu schickte eine Lilienhecke ihren betörenden Duft voraus, noch bevor er sie sah. Vor einem Haus saßen alte Frauen und schnitten Gemüse. Dostojewskij grüßte sie stumm. Sie erwiderten mit verhaltenem Staunen. Dann wieder stille Kanäle, fragile Brücken, Wäsche, Lichtreflexe in Fensterscheiben. Eine Kirchenglocke von weither. In einem winzigen Geschäft, in dem es nach Schokolade roch, kaufte er Kerzen, Streichhölzer, Zucker und Tee. Und, dem Geruch nachgebend, eine kleine Tafel Schokolade. Ein Trupp Soldaten kündigte ihm den Eintritt in eine belebtere Gegend an. Vielleicht würde er hier etwas zu trinken bekommen. Ein weiter Platz öffnete sich vor ihm, doch konnte das nicht der Markusplatz sein, den kannte er von Darstellungen, auch fehlte der Dom. Der „Campo Santa Margherita" – diesen Namen las er nun auf einer Tafel – war weniger repräsentativ als volkstümlich und schien eher den Italienern zu gehören. Es gab weniger Uniformierte, dafür viele Kinder, die mit zu Bällen gebundenen Lederfetzen spielten oder Scharen von Tauben nachliefen, sie fütternd und verjagend in einem. Die Menschen hatten alle Stimmen wie Sänger, mit dem Zwerchfell gestützt und selbst auf Abstände von zwei, drei Metern so „gesendet", als müssten sie damit den vierten Rang eines Opernhauses erreichen. Da sie das von klein auf taten – die Kinder schrien ihre Eltern so an, dass sie in Russland dafür Ohrfeigen bekommen hätten –, waren ihre Stimmen offen und sangesrein und zugleich rau, rau wie es die Stimmen der Russen vom ungestützten, im Rachen sitzenden Reden und, manchmal, vom Wodka wurden.

Obgleich sein Durst inzwischen schwer erträglich war, ging Dostojewskij an den nicht wenigen Lokalen vorbei, über den Platz hinaus und über eine Brücke und stand auf einmal vor dem Portal einer vollkommen schmucklosen Kirche. Vergeblich drückte und zog er an der Tür, sie war verschlossen. Und würde es wohl zumindest für heute bleiben. Außer, es gäbe später noch eine Messe. Er beschloss, sich den „Campo San Pantalon" einzuprägen und wiederzukommen. Von einem Heiligen dieses Namens hatte er noch nie gehört, Pantalone kannte er bloß als eine Figur aus der italienischen Komödie. Und es war das französische Wort für „Hose". Er ging zurück auf den großen Platz. Ein herrenloser Fußball kam ihm entgegengerollt. Als er sich bereits freute, ihn zu den spielenden Kindern in zwanzig Meter Entfernung, die ihn verschossen hatten, zurückzubefördern, ja schon stehen blieb und sein Gewicht auf das linke, das Standbein verlegte, rannte ein Junge schnell auf ihn zu, als liefe er um sein Leben, um den Ball nur ja nicht der Berührung durch den fremden Mann preiszugeben, und im allerletzten Moment stoppte er die Kugel mit der Schuhspitze und versetzte ihr gleich darauf, als Dostojewskij schon den rechten Fuß zum Schuss gehoben hatte, einen Stoß mit dem Absatz und brachte ihn so zu den Mitspielern zurück und Dostojewskij, der durch die fehlende Schussbewegung das Gleichgewicht verlor, ins Taumeln und fast zu Fall. Eine Gruppe junger Mädchen ging vorbei, alle schwarzhaarig und hübsch, eine sagte etwas auf Italienisch und alle lachten. Nun war es genug. Er musste einkehren. Da er in Florenz ein einziges Mal gut gegessen hatte und das in einer Osteria gewesen war, trat er in ein Lokal dieser Bezeichnung auf der Schattenseite des Platzes.

Es war noch früh, und das Gasthaus fast leer. An der Schank stand ein alter Mann mit Klappe über einem Auge. Mit dem anderen schaute er den Gast neugierig an. Der fragte, ob er Tee bekommen könne. „*Tè*", wiederholte der Alte ohne Ausdruck. Und wies mit einem Spültuch auf die langen ungeschmückten Holztische, die parallel zueinander, von lehnenlosen Bänken getrennt, vom Fenster neben dem Eingang bis in die Tiefe des Lokals aufgestellt waren wie zu einem Volksfest. Dem Fenster zugewandt saß ein Mann alleine mit einer Flasche und einem Glas. Ein Zopf geflochtener Haare fiel ihm über den Rücken. Dostojewskij setzte sich drei Tische dahinter und schaute an dem Mann vorbei auf die milchige Scheibe, die keinen Blick durchließ und wenig Licht. Das kleine Päckchen aus dem Geschäft legte er neben sich. Er fühlte sich schwach und fürchtete, seine Schlaffheit könne einen neuen Anfall ankündigen. Morgen musste er zur Post. Den Markusplatz besuchen und übermorgen nach Hause abreisen. „Ich eile aus den Alpen in die Ebenen Italiens", hatte er vor ein paar Wochen Strachow geschrieben. „Ach! Ich werde Neapel sehen, nach Rom gehen, eine junge Venezianerin in der Gondel liebkosen …" Diese von Puschkin gestohlenen Aussichten hatten den Freund wohl veranlasst, sich der Reise anzuschließen. Von der Euphorie war wenig übriggeblieben. Herrgott, dachte er, und wie viel ich mir von dieser Reise versprochen habe. Auf den Tee wartend, trommelte er leise mit den Fingern auf der Tischplatte.

„Die Kirche bleibt heute geschlossen", hörte er eine Stimme auf Russisch sagen. Er erstarrte. Sie konnte nur von dem Mann vor ihm kommen, der regungslos mit dem Rücken zu ihm saß. „Trinker haben Augen nach hinten", hatte er vor Wochen in London notiert (wo es mehr als genug Anschauungsmaterial gegeben hatte). Der Mann drehte sich abrupt um. Das längliche Gesicht war vollkommen weiß mit roten, glühenden Backen und schwarzen, glasigen Augen. Der wie zu einer Fratze verzerrte grinsende Mund trug kaum Zähne, und die waren beinahe schwarz, einer golden. Die zum Zopf geflochtenen Haare entsprangen den letzten bewachsenen Stellen über den Ohren, ansonsten war der Schädel kahl.

„Woher wissen Sie …?"

„Man kennt sich doch", sagte der Mann nur. Der Tee kam. Dostojewskij hatte längst gelernt, dass in Europa keine Samoware benutzt wurden. Der Tee, das merkte er gleich, war dünn und lauwarm, die Kanne nur wenig über halbvoll. Dafür konnte er den schlimmsten Durst sofort stillen. Der Mann hatte sich wieder seiner Flasche zugewandt.

„Die Verpflegung in Gefängnissen *ist* nicht besser", sagte er jetzt zum Fenster hin, doch wieder so, dass es für den hinter ihm gemeint war. Sein Russisch war gut, nur die zu deutliche Artikulation verriet den Italiener.

„Vor allem, wenn die Herrscher keine Kultur haben." Er schenkte sein Glas voll. „Haben sie Kultur? Nein. Die Deutschen haben die Kartoffel, sonst nichts." Er kicherte und trank einen kleinen Schluck Wein. Dostojewskij schaute ernst, was bei ihm vieles heißen konnte, viel Gegensätzliches, manchmal, dass er etwas zum Lachen fand.

Auch in Russland war die Kartoffel Synonym für deutsche Küche und deutsches Wesen. „Fad wie eine Kartoffel" war eine beliebte Redewendung.

„I tedeschi", deklamierte der Mann. „Ein Trauerspiel in keinem Akt." Und kicherte wieder. „Die Totengräber Venedigs", sagte er auf einmal sehr ernst. „Die Schergen Napoleons. Napoleon hat Venedig umgebracht, die Deutschen begraben es. Noch nie haben sie eine so schöne Kulisse für ihre schrecklichen *Pompes funèbres* gehabt. Haben Sie gewusst, dass sie Venedig beschossen haben?", damit drehte er sich wieder um. „Venedig beschossen", wiederholte er mit der italienischen Geste, die drei Finger jeder Hand wie zu einer Blüte formt, um das Gesagte hervorzuheben. „Auch aus der Luft!" Eine Hand fuhr in die Höhe. „Natürlich erst von der *terraferma* aus, von Mestre, dreiundzwanzigtausend Geschosse, drei Wochen lang. Bumm – bumm! Auch die Rialto-Brücke: bumm – getroffen. Aber dann kamen sie aus der Luft. Das hat es noch nie in der Geschichte gegeben. In der Weltgeschichte! Ein Luft-Angriff! Auf einmal zogen am Himmel, am heitersten venezianischen Himmel wie von Canaletto gemalt, Ballone auf mit Flammen, sichtbaren Flammen, hundert Heißluftballone, die Brandbomben mit Zeitzündern über die Stadt trugen, Bomben für die Kirchen von Palladio, für die Bilder von Tintoretto, Bomben! Was für Barbaren! Und rechnen können sie auch nicht. Sie haben die Explosionszeit falsch eingestellt. Keine einzige der hundert Bomben wollte über der Stadt zerplatzen. Sie flogen über unsere Köpfe dahin ins Meer, und einige nach Osten aufs Festland und da fielen

sie auf ihre eigenen Leute. *Che farsa!*" Er klatschte in die Hände wie zu einem gelungenen Schauspiel. „Werr andern aina Gruba gräbt", sagte er in gespreiztem Deutsch und lachte. „Trotzdem haben sie Venedig erobert. Und wie?"

Dostojewskij schaute verloren in die verlebte Gesichtslandschaft.

„Sie haben uns ausgehungert. Belagert und ausgehungert. Alte Frauen haben angefangen, ihre Katzen zu essen. Im Arsenale hat man von Menschen angefressene Leichen gefunden. Was sollten wir tun? Der Hunger und die Seuchen hätten uns alle getötet. Also haben wir uns der ‚Kulturnation' ergeben. Die schöne Utopie von achtundvierzig war vorbei, der Aufstand niedergeschlagen und Venedig wieder in Ketten."

Er kehrte sich zu seinem Wein, hob das Glas und rief ein deutsches *„Prost"* mit rollendem „r" und durch die Nase gepresstem langen „o" dem Fenster zu und trank sein Glas leer.

Dostojewskij hätte gerne noch Tee bestellt, aber der Einäugige war in einem Nebenraum verschwunden und er allein mit dem zornigen Mann, der sich nun wieder ganz seinem Wein hinzugeben schien. Während seiner Erzählung hatte er ihn an Petraschewskij erinnert, den Anführer jenes Petersburger Zirkels, mit dem er wegen „antizaristischer Umtriebe" verhaftet und verurteilt worden war. Zar Nikolaj hatte Angst gehabt, dass die revolutionären Strömungen Europas von achtzehnhundertachtundvierzig auf Russland übergreifen könnten und war mit aller Härte gegen Gruppierungen wie die Petraschewskijs vorgegangen, wo man verbotene Bücher und Zeitungen las und Ideen einer sozialeren, humaneren Gesellschaft diskutierte. Manchmal war Dostojewskij einer der hitzigsten gewesen. Als er gefragt worden war, was geschehen solle, wenn etwa die Bauern nicht anders als durch einen Aufstand befreit werden könnten, hatte er gerufen: „Dann eben durch einen Aufstand!" Und war dabei so erregt gewesen, dass er mit einer roten Fahne hätte auf die Straße rennen können. Später erfuhren sie, dass ein Spion ein Jahr lang alles mitgeschrieben hatte, Wort für Wort, in langen Berichten, auch die harmlosesten Schülerscherze. Aber natürlich waren ihre Zusammenkünfte nicht harmlos gewesen. Die Abneigung der russischen Intellektuellen jener Zeit gegen die bestehende Ordnung war radikal gewesen. In den Theatern sahen sie „Die Räuber" und „Wilhelm Tell" und trugen den Freiheitsruf auf die Straßen und in die Paläste und an die Ohren des um seine Macht fürchtenden Zaren. Und aus dem Kadetten der Pionieroffiziersschule Fjodor Michailowitsch Dostojewskij war erst ein bummelnder Student, dann ein freier Schriftsteller und revolutionärer Freidenker und schließlich ein Gefangener in der Peter-und-Paul-Festung geworden, der acht Monate auf seine Verurteilung wartete.

„Tausend Jahre!" Der Zopfträger vor ihm war wieder so weit, dass sein offenbar fortwährender innerer Monolog nach außen schwappte. „Tausend Jahre Glanz und Glorie. Beherrscherin des Mittelmeers. Weltmacht. Dabei hat Venedig Politik im Grunde nie interessiert. Ja, unsere Flotte war stark, aber im Wesentlichen dachten wir: Sollen die anderen sich gegenseitig die Köpfe einschlagen, die Waren, die wir aus der Welt holen und umverteilen, brauchen diese und jene. Venedig handelte mit allen, die zahlen konnten, immer schon, und es war ihr völlig egal, ob es um Pfeffer, Safran, Baumwolle, Perlen, Käse, Stockfisch oder Sklaven ging, das Geschäft blühte, und die Gesellschaft blühte mit. Alle hatten Arbeit, alle hatten zu wohnen, zu essen, zu trinken, Venedig war der reichste und zugleich humanste Staat der Welt! Und regiert wurde sie … von uns!"

Damit drehte er sich wieder zu Dostojewskij – der überlegte, gegen die Bezeichnung „human" für eine Gesellschaft, die mit Sklaven handelte, Einspruch zu erheben – und zeigte zum ersten Mal eine reine Schönwetterphase seines Gesichts, das dadurch ohne Falten war, glatt, strahlend und heiter wie die Geschichte der „Heitersten", der „Serenissima", von der er erzählte. „Wir waren Venedig. Die *Nobili*. Eine Handvoll adeliger Familien. Unsere *palazzi* prägten die Stadt, wir holten die besten Baumeister für unsere Kirchen, die größten Künstler, sie auszuschmücken. Und eigentlich gab es etwas, das uns wichtiger war als der Handel mit Indien, China und der uns immer weit entfernten, fremden ‚Neuen Welt', wichtiger selbst als das enorme Geld, das aus unseren Geschäften floss: das Vergnügen! Wofür arbeitest du, außer um dich mit dem Verdienten zu vergnügen. Etwas, das die Deutschen nie verstehen werden. Sie werden, je reicher sie sind, umso noch griesgrämiger. Wir hatten die ersten Kaffeehäuser – sie waren die ganze Nacht offen –, mehr Theater als in Paris, Karneval von Oktober bis zur Fastenzeit, und mehr

Spieltische als in jeder anderen Stadt. *Il banco* und *Il casino* – beide in Venedig entstanden. Aus dem Tisch zum Geldwechseln wurden die großen Bankhäuser, aus dem „kleinen Haus" der Adeligen für private Plaisirs die prächtigen Spielhallen. Und die schönsten und gelehrtesten Frauen wurden als Kurtisanen geachtet und verehrt – und bezahlt. Oh, es war so, wie es mein Großonkel Charles aus Vincennes einmal betont hat: Wer nicht vor der Französischen Revolution gelebt hat, weiß nicht, was Glück ist."

Dabei hielt er beide Handflächen offen vor sich, als habe er nicht mehr zu bieten als diese schlichte Weisheit – oder als wolle er seinen Zuhörer zum Tanzen einladen.

„Im Karneval war alles erlaubt", fiel er auf einmal in ein verschwörerisches Wispern, „Männer in Frauenkleidern, Frauen in Männerkleidern … samt den dazugehörigen Konsequenzen …"

Dostojewskij sah betreten in seine leere Teetasse und dachte wieder an Petraschewskij, der einen Gottesdienst in der Isaakskathedrale in Frauenkleidern besucht und kichernd Kerzen entzündet hatte – er selbst konnte bei aller revolutionären Gestimmtheit solchen Spott nicht dulden und hatte sich sehr darüber geärgert.

„Fünfzig Jahre haben gereicht, um alles zu zerstören. Erst kam Napoleon und hat den Karneval verboten. Die Aristokraten entmachtet, den Dogen vor Gericht gestellt und das prächtige Staatsschiff, auf dem dieser sich symbolisch mit dem Meer vermählt hatte, verbrannt. Als die Österreicher anrückten, atmeten viele auf, aber es kam noch schlimmer. Sie schlugen die Menschen mit der Wehrpflicht und rigiden

Steuern. Und da der Karneval schon abgeschafft war, verboten sie das Glücksspiel. Anders als Napoleon brachten sie ihre Gegner einfach um. Venezianische Intellektuelle waren verdächtig und wurden reihenweise zum Tod verurteilt. Und wie sich Folterknechte abwechseln, um dem Delinquenten keine Ruhe zu geben, schritt daraufhin wieder Napoleon ans Werk. Kastrierte den Adel noch mehr, machte aus Kirchen Exerzierplätze und schloss die *scuole*, die wohltätigen Häuser der Bruderschaften. Damals konnten die Venezianer ihre Stadt noch ohne österreichischen Pass verlassen, Häuser und Paläste verfielen, die meisten Geschäfte wurden geschlossen, dafür stand die Statue des kleinen Korsen groß auf dem Markusplatz. Er selbst überließ uns, nachdem er alles vernichtet hatte, wieder den Deutschen. Er hatte Wichtigeres zu tun. Er ging Russland abschlachten."

Mit einer dramatischen Pause ließ er das auf seinen russischen Zuhörer wirken. Der nickte. Der Feldzug, zehn Jahre vor Dostojewskijs Geburt, der rund eine Million Russen das Leben gekostet hatte, saß tief im Bewusstsein. Die Familie seiner Mutter war durch den Brand von Moskau völlig verarmt. Dennoch hatte der Name Napoleon für ihn, wie für jeden Russen, einen unerklärlichen Nimbus.

„Dritter Akt, Rückkehr der Kartoffelgesichter. Die Deutschen räumten die Statue weg und gaben uns die Jesuiten zurück. Nun ja."

„Die Deutschen?"

„Deutsche … Österreicher … allesamt *tedeschi*. Die Deutschen haben nur die Kartoffel, die Österreicher haben noch den Walzer dazu. Und sie lächeln mehr." Er schenkte sich Wein nach und schüttelte den Kopf. „Ihr Lächeln ist nur eine Maske. Mit Masken kennen wir uns aus. Hinter den lachenden steckt oft Angst, hinter den freundlichen Brutalität. Ja, sie haben auch Goethe und Mozart. Aber dem gewöhnlichen Frankfurter oder Salzburger merkt man das nicht an. Genies sind kein Maßstab für eine Nation. Die Österreicher tun ihr Bestes, um Europa mit ähnlichem Schrecken zu überziehen wie Napoleon. Eines Tages wird es ihnen vielleicht gelingen. – Hat man Sie kontrolliert?"

„In Mestre."

„Würde mich nicht wundern, wenn Sie schon einen Spitzel auf den Fersen hätten." Er sah sich im Lokal um, aber da war nur der Wirt, der gerade ein Weinfass hereinrollte. „Die *Ordnung*" – das Wort kam auf Deutsch – „übersieht keinen. Venedig ist ein Überwachungsstaat geworden. Viele kleine Teufel liefern ihre täglichen Berichte an den Beelzebub in Wien. Und wieder wandern ein paar ‚subversive Objekte' in die Bleikammern. Es heißt, dass sich der Polizeidirektor schon einmal gezwungen sah, sich selbst zu denunzieren." Er trank, und der Finger, den er zum zuletzt Gesagten an die Stirn gelegt hielt, wurde so zu einem grotesken Trinkgruß.

„Achtzehnachtundvierzig. Der Aufstand. Österreichische Soldaten wurden auf dem Markusplatz mit Steinen beworfen. Im Arsenale revoltierten die Arbeiter, verschafften sich Waffen und Munition. Tapfere Männer. Giaccopo!", rief er zum Wirt, der aufschaute, und prostete ihm zu: „Viva San Marco!" Der antwortete leise, fast mechanisch: „Viva San Marco!" und arbeitete weiter. „Die *tedeschi* kapitulierten, und auf der Piazza wehte die *tricolore*. Aber dann kamen die Belagerung, der Luftangriff, das Aushungern. Dreizehn Jahre ist es nun her, es war ein Augusttag, heiß wie dieser, dass zwei Vertreter der neuen ‚Repubblica di San Marco' in einer Gondel nach Mestre fuhren und die nun ihrerseitige Kapitulation unterschrieben. Doch die Belagerung hielt an bis vor sieben Jahren. Wissen Sie, was es für einen Gefangenen bedeutet, wenn er kurz die Freiheit gesehen, die Freiheit gekostet hat – und dann wieder eingesperrt wird?"

Dostojewskij reagierte nicht. Er wusste es. Der Andere redete weiter. „Es ist schlimmer als vorher. Du weißt: Jetzt haben sie dich wirklich."

Plötzlich stand er auf, wodurch zum ersten Mal seine altertümliche, geradezu höfische und erbarmungswürdig abgerissene Kleidung sichtbar war, setzte sich aber sofort wieder und sprach leise auf sein Glas hinunter, das er in den feinen, langfingrigen Händen hielt wie eine Kerze im Gebet: „Meine Familie reicht weit zurück und über den ganzen Kontinent, von den Pyrenäen bis an den Ural. Unsere *palazzi* waren die festlichsten am *Canale*. Heute siehst du meinesgleichen als Gondolieri arbeiten. Gräfinnen verdingen sich als Putzfrauen. Um uns irgendwie bei Laune zu halten, schenkt uns der Kaiser in Wien täglich zwei ‚*Svanzica*', diese neue Habsburger Währung in Venedig. Gnadenbrot für die *Nobili!* Eine Schande!"

Dostojewskij verstand nun Beppos Reaktion auf die Münze. Sie war nicht zu wenig, sondern zu viel gewesen. Und vor allem: ein falsches Symbol.

„Wir hassen die Österreicher aus vollem Herzen." Nun schaute der Redende gerade vor sich hin, weniger eine Mitteilung als ein Bekenntnis formulierend. „Sie sprechen kein Italienisch. Wir kaum Deutsch. Es gibt keinen Austausch zwischen uns und den Kroaten, Ungarn, Böhmen, aus denen ihre Garnisonen bestehen. Keine Berührung. Sie leben in derselben Stadt, aber als unsere Herrscher. Jeden Tag, jeden Moment begegnen wir ihnen auf den Plätzen und streifen an sie in den engen Gassen, aber wir sind getrennt von ihnen wie der Sträfling von seinem Kerkermeister. Wir hassen sie. Kein Venezianer, der nicht den Tag ersehnt, an dem Venedig wieder frei wird. Eine italienische Stadt."

Nun drehte er sich um, seiner Flasche zu, dem milchigen undurchsichtigen Fenster, seinem Alleinsein. Dostojewskij nahm an, dass er ihn wahrscheinlich jetzt schon vergessen hatte. Doch da schickte er ihm noch einen Satz über die Schulter: „Schafe und Wölfe sollen nicht aus einem Fluss trinken", sagen wir in Italien. Und kichernd wie zu Beginn schenkte er den Rest aus der Flasche in sein Glas, roch daran, als wäre es sein erstes und nippte wie ein Mann, der Maß zu halten gewöhnt ist.

Als Dostojewskij in die Hitze des Abends trat, befielen ihn Übelkeit und Magenschmerzen. Im nächstbesten Restaurant, in das ihn ein draußen paradierender Kellner nötigte, aß er ein Stück Fleisch mit goldbrauner Ummantelung, das aussah wie eine unter Wagenräder gekommene Kiewer Hühnerbrust ohne Füllung, einen ungenießbaren Pudding und ein Stück schimmeligen Käses und trank ein Glas zu warmen Weißwein. Zudem unterhielten sich die

Gäste an den Nebentischen derart laut, dass er sich fortwährend ärgerte und die ganze Zeit nur darauf wartete, wieder wegzukommen. Die Rechnung war unverschämt hoch. Schimpfend verließ er das Lokal.

Am Platz, der noch immer voll Menschen war, sah er sich automatisch nach einem Wagen um, der ihn hätte nach Hause bringen können. Natürlich gab es keinen. Also ging er los in die Richtung, aus der er gekommen war. Dostojewskij ging nicht gerne zu Fuß. Was ist hier nur los?, dachte er. Es ist zehn Uhr, und das Leben tobt in den Straßen so ausgelassen wie in Petersburg in den weißesten Nächten nicht. Als keine Ausnahme nämlich, sondern als etwas Grundsätzliches, das keinen Widerspruch und keine Infragestellung duldet. Auf einmal fand er sich auf der anderen Seite des Kanals, an dem sein Abend begonnen hatte, gegenüber dem Lokal *Schiavi*, das jetzt mit Holzklappläden verschlossen recht abweisend aussah. In einiger Entfernung erkannte er das Haus der Gondelwerkstatt, hinter sich im Dunkeln die Fassade einer Kirche. Erst jetzt fiel ihm der Campo San Pantalon ein, nun war er zu weit. Auch die Kirche hier war versperrt. Auf dem grasbewachsenen Vorplatz setzte er sich auf eine Bank. Büsche von Oleander verströmten ihren süßen Duft und mischten sich mit dem Geruch der Algen aus dem Kanal. Ihn irritierte, dass es so spät noch so warm und dabei schon so dunkel war. Nächtliche Wärme war für ihn automatisch mit Helligkeit verbunden. War es wirklich Sehnsucht nach Sankt Petersburg gewesen, was er heute Mittag im Schwall der Salzluft empfunden hatte? Er war Russe, da war der

Verdacht auf Heimweh schnell bei der Hand. Aber nach Sankt Petersburg? Für ihn war es – wie oft hatte er es sich gesagt, seit er dort lebte – die finsterste, mürrischste, grämlichste Stadt der Welt. Ihr Klima gebar Halbverrückte. Selten wo fand man so viel schwermütigen Einfluss auf die menschliche Seele wie dort. Auf Sumpf gebaut war sie, und der Sumpf quoll im Winter durch die Straßenpflaster und holte sich, als harmlose tauende Eispfütze getarnt, seine Opfer und zog sie unrettbar in die Tiefe. Die Architektur der größten russischen Stadt drückte für Dostojewskij ihre ganze Charakterlosigkeit und Unpersönlichkeit aus. Kein Drittel der halben Million Einwohner war von dort gebürtig. Und es starben jedes Jahr mehr, als geboren wurden. Von Oktober bis April herrschte Winter, der nicht bloß kalt war wie in Sibirien, sondern feucht und beißend. Der ewige Wind trieb heimtückische, aggressive Luft in jede Fenster- und Mantelritze, vom zu leicht bekleideten Betreten eines frisch gelüfteten Zimmers konntest du dir den Tod holen. Dieses klamme Verließ des Winters zeugte skeptische, verschlossene, griesgrämige Naturen; an einem halben Tag in Venedig hatte er mehr offenes Lachen in den Gassen gehört als zu Hause in einem halben Jahr. Und dorthin sollte er sich sehnen? Wegen seiner Frau etwa?

Er seufzte, öffnete sein Päckchen und zog die kleine Schokoladentafel heraus. Sie war vollkommen aufgeweicht. Trotzdem gelüstete ihn danach, und er schälte das Papier von der cremigen Masse. Seine Frau konnte, des Klimas wegen, den Großteil der Zeit nicht in Petersburg leben. Sie war krank, die Tuberkulose war kurz nach ihrer Hochzeit ausgebrochen, bald nach ihrer grauenvollen Hochzeitsnacht, in der er sie mit einem gewaltigen epileptischen Anfall zu Tode erschreckt und für immer von ihm entzweit hatte. Seit fünf Jahren lebten sie nun als sich zusehends entfremdendes Paar mit Pascha, ihrem Sohn aus erster Ehe mit einem Mann, der sich in Sibirien zu Tode getrunken hatte. War ihre Ehe nun ein Irrtum? Marija Dmitrijewna, ein wenig jünger als er, extravagant und launenhaft, war zweifellos dieser Ansicht. Mit Mühe hatte er sich gegen einen Rivalen durchgesetzt, den sie in der ersten Zeit nach der Heirat als Geliebten behalten hatte. Der Ehe hatte sie erst zugestimmt, als sicher war, dass Dostojewskij aus der sibirischen Verbannung nach Petersburg zurückkehren und sie durch ihn in die Hauptstadt ziehen dürfe. Dort war sie dann enttäuscht gewesen, dass sie wie neben einem Geist spazieren ging, den keiner kannte. Nach zehn Jahren Abwesenheit musste er sich selbst erst wieder einleben und in Erinnerung bringen. Wie hatte er diese Frau geliebt und begehrt. Doch bald war ihm klar geworden, dass für ihn als Dichter das Familienleben eine Last war. Und heute, während er unter südlichem Himmel auf einer Bank saß und die schmelzende Schokolade aus ihrer Papierhülle leckte, musste er sich zum ersten Mal eingestehen, dass er die falsche Frau geheiratet hatte. Und wie um sich zu trösten, lenkte er, als er mit spitzer Zunge gierig die letzten Ritzen der Verpackung auf Schokoladenreste untersuchte, die Gedanken auf die erst zweiundzwanzigjährige Dichterin Apollinaria Suslowa, Kämpferin in Frauenfragen und für viele der Inbegriff einer *femme fatale*, die seit zwei Jahren, seit sie ihm bei einer Lesung zugehört hatte, seine Geliebte war.

Dostojewskij hätte gerne noch Tee getrunken, aber im Hotel war alles finster und in seiner Dependance schien es kein eigenes Personal zu geben. Er musste morgen um eine Kanne mit Spirituslampe fragen. In seinem Zimmer fühlte er sich äußerst niedergeschlagen und fürchtete einen Anfall für die Nacht. Am liebsten hätte er sich so, wie er war, aufs Bett geworfen. Aber gewohnheitsmäßig hatte er noch ein paar Dinge zu erledigen. Er zog den Rock aus und bürstete ihn gründlich durch, ehe er ihn mit der übrigen Kleidung in den Schrank hängte. Er machte seine jeweils dreimal fünf Kniebeugen und Liegestütze. Er wusch sich und putzte die Zähne. Er zog das Nachthemd an. Er prüfte, ob die Türe gut verschlossen war, schob ächzend die schwere Kommode in kleinen Rucken davor und stellte den Koffer darauf. Er setzte sich aufs Bett und betete. Er öffnete das Fenster weit und schaute in die Nacht, die auch hier ein wenig nach Salz und sehr nach Oleander roch. Alles schien zu schlafen. Er zündete die Kerze an und setzte sich an den Schreibtisch, wählte die härteste, schärfste seiner Schreibfedern, legte sich ein dickes Blatt Papier mit Linien vor, öffnete das Tintenfass, tauchte die Feder ein und schrieb in kleinen, wohlgesetzten Lettern: „Heute kann ich in einen lethargischen Schlaf fallen, deshalb soll man mich nicht vor drei Tagen beerdigen."

Nachdem er noch etwa eine halbe Stunde in seinen Skizzen geblättert und gelesen hatte, stellte er die Kerze auf den Nachttisch und legte das beschriebene Blatt daneben.

Da er es gewohnt war, auf dem Sofa hinter seinem Schreibtisch mit dem Kopf auf der Armlehne zu schlafen, türmte er so viele Kissen, wie er finden konnte, auf, legte sich hin, wickelte sich zweimal in die freie Hälfte des Leintuchs, bedeckte seine Füße mit der zusammengelegten Tagesdecke und zog das Leintuch zuletzt über den Kopf wie eine Kapuze. Dann lehnte er die Fensterflügel aneinander und blies die Kerze aus.

II

1

Der Weg zur Post war kürzer, als Dostojewskij befürchtet hatte, zog sich aber dadurch in die Länge, dass Beppo wesentlich langsamer ging. Hatte er am Vortag zur Eile getrieben, schien er heute die Ankunft eher hinauszögern zu wollen, verweilte gar auf mancher Brücke und schaute nachdenklich in den Kanal, während der Geführte vorwärtsstrebte, eine Umkehrung der gestrigen Rollenverteilung. Beppo trug einen dunklen Anzug, dabei war nicht Sonntag. Aber warum hatte er den Koffer mitgenommen? Dostojewskij wusste, dass er träumte, aber was er träumte, empfand er als vollkommen realistisch. Vor dem Postgebäude standen Männer, alle in Schwarz, ernst und mit kleinen Gläsern in der Hand. Sie verneigten sich vor dem Näherkommenden, einer hielt ihm die Tür auf. Das Innere war marmorn und kalt wie eine Gruft. Ein alter Herr in weißer Offiziersuniform schritt ihm gemessen entgegen und überreichte ihm feierlich ein zusammengerolltes Dokument. Als er es öffnete, sah er aus den Augenwinkeln, wie die Männer von draußen hereindrängten und, zu viele waren es, die einen Blick auf ihn erhaschen wollten, in der Tür stecken blieben. Er beugte seinen Kopf über die Schriftrolle und entzifferte die in großen, altdeutschen Lettern verfasste Mitteilung, dass sein Bruder Michail im Sterben liege. „Und nun", stand am Schluss, „da Sie das gelesen haben, ist er gestorben." Im nächsten Moment waren die Männer hinter ihm schon daran, sich über den Inhalt seines Koffers, dessen Schloss sie erbrochen hatten, herzumachen, drei hielten Beppo, der sich mit Händen und Füßen wehrte, am Boden fest.

Dostojewskij wachte auf und dachte, ehe er die Augen öffnete, seine alte Angst, lebendig begraben zu werden, habe sich erfüllt. Die Stille um ihn war lückenlos. Nur sein Herz schlug ihm bis in den Kopf, und er wagte nicht, sich einen Millimeter zu bewegen, aus Furcht, sich nicht rühren zu können und dadurch zu begreifen, dass er körperlich tot war. So lag er minutenlang regungslos und dachte, dass er wirklich aufrichtige Beziehungen im Leben bisher nur zu seinem Bruder gehabt hatte. Er musste ihm sofort schreiben: dass er ihn liebe und brauche und baldigst eilen werde, ihn zu Hause – wo auch Michail und seine Familie wohnten und die Redaktion des Wochenblattes „Die Zeit", das die zwei Brüder zusammen gegründet hatten, untergebracht war – zu umarmen. Als hätte dieser Vorsatz ihm Mut gemacht, schlug er die Augen auf.

Und schaute in tiefe Nacht. Es war die Nacht seines Zimmers. An der Tür stand jemand und schaute ihn an, aber es war sein Koffer auf der Kommode. Dostojewskij lag in einem fremden Zimmer in einem fremden Land und war völlig allein in der Welt. Daran würde sich auch nach den in Gang gekommenen Gewöhnlichkeiten des Tags nichts ändern. Überleben konnte er nur aus sich heraus.

Hilfe war von nirgendwo zu erwarten. Überleben konnte er nur durch das, was er schrieb, nur durch das, was er davon verkaufte. Dafür würde es nie eine Garantie geben. Wenn er es nicht lernte, mit dieser Unsicherheit zu leben, wäre es besser, er käme gleich unter die Räder eines Fuhrwerks und verendete an den Rändern eines zufrierenden Kanals. Seltsam, dass er sich seinen Tod nur in Sankt Petersburg vorstellen konnte.

Als er zwei Stunden später wieder erwachte, war es schon hell, aber noch immer still. Er konnte sich nicht erinnern, es jemals in einem Zimmer so ruhig gehabt zu haben. Bestimmt nicht in den vier Jahren seiner Kerkerhaft im sibirischen Omsk. Von vierzig Männern in Ketten in einem Raum ist keine Ruhe zu erwarten. Später, in seiner zur Strafe gehörenden Zeit als beschäftigungsloser Soldat in Semipalatinsk, hatte es, an Wintertagen, Stunden der Lautlosigkeit gegeben, aber die kam eher aus einer Ausgestorbenheit und hatte etwas Zuschnürendes, Angstmachendes. Die Stille hier war einfach friedlich und weniger gestört als getragen von nun vereinzelt hörbaren Schlägen einer Nachtigall, die klangen, als ob sie noch aus dem Schlaf des Vogels kämen, verhaltene Stimmübungen späterer Platzkonzerte. Die seinem Namen Hohn sprachen. Aber im Juni in Paris war er auch tagsüber zu hören gewesen. Nein, wenn, dann fühlte er sich in seine Kindheit zurückversetzt, und weniger in die Stadtwohnung als auf das sommerliche Landgut, wo der größte Frieden für ihn allerdings darin bestanden hatte, dass er der Obhut der Mutter anvertraut gewesen war. Und wie von diesem Gedanken geweckt, fingen zwei kleine Kinder über ihm zu schreien an, gefolgt von einer Männerstimme und trippelnden Schritten auf Parkett. Das Haus kam in Schwung. Nebenan hörte er Wasserplätschern, eine Tür fiel ins Schloss und jemand rannte die Treppe hinab. Der Vater hatte seinen Kindern Spiele verboten, ob mit Karten, Bällen oder am Brett. Aber er schlug sie nicht, und da in den Gymnasien noch die Prügelstrafe üblich gewesen war – eine Praxis, deren Sinnhaftigkeit in Russland erst seit ein, zwei Jahren diskutiert wurde –, ließ er die Geschwister zu Hause unterrichten. Fjodors Russischlehrer war ein Schulkollege Gogols gewesen und erzählte gern, dieser sei schon als Knabe zu den wildesten Späßen aufgelegt gewesen – einem Kameraden hatte er so lange eingeredet, die „Augen eines Stiers" zu haben, bis man jenen in die Psychiatrie einweisen musste. Seine Mutter hatte Fedjuscha, wie er von ihr genannt wurde, geliebt. Sie starb an Schwindsucht, als er fünfzehn war, und seltsamerweise mischte sich in die Trauer, die er und Michail trugen, auch die um den größten russischen Dichter, Alexander Puschkin, der wenige Tage vorher im Duell gestorben war. Schon im nächsten Frühjahr sollten sie dann die Reise nach Petersburg antreten, wo ihr Vater, der sie im Adelsregister eintragen hatte lassen, für sie Stipendien an der gerade gegründeten Pionieroffiziersschule bekommen hatte.

Er setzte sich auf und öffnete die Fensterflügel. Warme Luft streichelte sein bleiches Gesicht. Im Kopf hämmerte es. Er zündete sich eine Zigarette an und schaute vorgebeugt zum Fenster der Russinnen. Die Jüngere nähte gerade einen Knopf an eine Bluse und sah kurz auf, als sie den Blick des kleinen Herrn, wie sie ihn für sich nennen musste, spürte.

Beide schauten rasch wieder weg. Dostojewskij stand auf, machte Gymnastik, wusch sich und putzte die Zähne. Da klopfte es an der Tür. Er zog die Kommode zurück, langsam, ruckweise, es klopfte wieder, *„Un moment"*, knurrte er und zog weiter, wobei der Koffer zu Boden fiel. Endlich war die Tür frei und er entsperrte und öffnete sie. Draußen stand Beppo und grüßte lächelnd den zerzausten russischen Gast, der, wie es aussah, vom Türöffnen rot im Gesicht und außer Atem war. Er hielt ein Tablett mit einem Teeservice in Händen und trat, ohne zu fragen, ein. Stellte das Tablett auf die Kommode, hob den Deckel der großen Kanne und zeigte, dass sie randvoll war. Dazu sprach er natürlich ununterbrochen, aber Dostojewskij hatte unbewusst beschlossen, ihm nicht mehr zuzuhören. Über den Hinweis auf die volle Kanne war er erstaunt. War der Kleine gestern heimlich im Lokal gewesen? Gestisch gab Beppo – indem er in eine Faust blasend ein Posthorn simulierte und mit dem freien Daumen über die Schulter zeigte – seine Instruktionen, wandte sich zur Tür, stellte kommentarlos den Koffer auf, wobei sein Blick das defekte Schloss registrierte, und ging ab. Dostojewskij gab zwei Stück Zucker in den dampfenden Tee, kämmte die Haare und zog sich bis auf den Rock fertig an. Dazu sang er gar nicht leise: *„Na sarje ti jejo ne budi, na sarje ona sladka tak spit …"*, ein zartes Liebeslied aus seiner Jugend vor zwanzig Jahren. Dann setzte er sich an den Schreibtisch, um Gedanken für seine Romane, die ihm in der Nacht gekommen waren, aufzuschreiben. Nach

---

* „Am Morgen, da wecke sie nicht, am Morgen, da schläft sie so süß …"

fünf Minuten stand er auf, weil sein Bart vom Waschen noch feucht war und ihn das so ärgerte, dass er nicht denken konnte. Mit trockenem Bart nahm er wieder Platz und schrieb etwa eine Stunde, während er den Tee trank. Dazu rauchte er Zigaretten und hüstelte.

Dann bürstete er das leichte Sakko aus, schlüpfte hinein und stellte sich vor den Spiegel. Ein Fremder blickte ihn an, wie ihm das in Hotelzimmern öfter geschah. Und zeigte ihm plötzlich die Zunge. Sie war belegt, ein böses Zeichen. Konnte der Mensch, die Krone der Schöpfung, so von seiner eigenen Leber abhängen? Vielleicht, dachte er, kommt die belegte Zunge auch vom schwarzen Tee. Einem Übermut folgend, entnahm er dem Koffer seine uralten hellvioletten Handschuhe, hielt sie vornehm in der linken Hand und sah sich das Ergebnis im Spiegel an. Es gefiel ihm nicht. Er legte die Handschuhe in eine Schublade, lehnte die Fensterflügel an und verließ, leise vor sich hinsingend, das Zimmer.

Die Post war wirklich nicht weit, und Beppo wirklich weniger in Hast. Fast konnte Dostojewskij den Gang genießen, über die noch menschenleeren Brücken, durch die engen Gassen, in denen noch etwas von Morgenfrische war, auch wenn auf den Plätzen jetzt, am Vormittag, schon die Hitze buk wie gestern bei seiner mittäglichen Ankunft. Es würde also heute noch heißer werden. Fast konnte er den Gang genießen, aber ihn plagte das Rheuma in den Füßen, das er sich in Sibirien zugezogen hatte, und jeder Anstieg verursachte ihm Hustenreiz. Beppo machte sich einen Spaß daraus, die Brücken, die sie überstiegen, rückwärts abzuzählen, bei „sieben" fing er an, und als sie die letzte hinabstiegen und schon den Eingang zur Post sahen, drehte er sich um und fragte in schlingerndem Französisch, ob sein Gast wisse, wie viele Brücken Venedig habe. Da keine Antwort kam, gab er sie selbst: *„Plus des quattrocento!"*

„Saint-Pétersbourg en a plus", knurrte Dostojewskij zurück, als hätte man ihn persönlich beleidigt, obwohl es ihm egal war, aber er hatte gelesen, dass jemand sich die Mühe gemacht hatte, die Brücken beider Städte abzuzählen und bei der nördlichen auf mehr gekommen war.

Erst als er den Brief seines Bruders Michail öffnete, fiel ihm ein, dass er ihm ja heute früh hatte schreiben wollen, aber Dostojewskij schrieb nicht gern Briefe. Käme er in die Hölle, so scherzte er oft für sich, bestünde seine Strafe darin, täglich zehn Briefe schreiben zu müssen. Bettelbriefe waren die einzige Motivation, die er finden konnte, und dann fand er auch die schönsten, romantischsten Formulierungen. Die Briefe aus seiner Anfangszeit in Petersburg an den Vater in Moskau waren voll davon gewesen: Herzensergüsse gegen Geldfluss. Rührung für Rubel. Sprache als Rechnung. Ein Tauschgeschäft. Ein Leben ohne Schulden kannte er nicht. Immer hatte er Furcht, jemandem zu begegnen oder von jemandem aufgesucht zu werden, dem er Geld schuldete. Immer schrieb er um längst ausgegebene Vorschüsse. Er kämpfte mit den Gläubigern wie Laokoon mit den Schlangen. Manche Weitschweifigkeit in seinen Romanen schoben Bösmeinende darauf, dass sein Honorar von der Zahl der Druckseiten abhing.

Der Wechsel war geringer, als er gehofft hatte, und die Botschaft seines Bruders eindeutig: Er möge bitte raschestmöglich zurückkommen, dies sei das absolut Letzte, was er ihm schicken könne, „Die Zeit" stecke in ernsten Schwierigkeiten, ein Geldgeber sei abgesprungen und überhaupt wäre es schön, wenn er nach über zwei Monaten seinen Kompagnon wieder an der Seite hätte. Für Michails Verhältnisse waren das ernste Vorwürfe. Aber Dostojewskij dachte an die langen Jahre in Sibirien, in denen er vergeblich auf ein paar Zeilen seines Bruders gehofft hatte, und sein schlechtes Gewissen beruhigte sich, ohne wirklich erwacht zu sein. Dass er „über seine Verhältnisse" lebe, musste er sich seit jeher anhören, nicht von Michail, aber immer von denen, die selbst um Wahrung eines gewissen Status notdürftig bemüht waren: den Bürgern. Dass er mehr Aufwand treibe, als es ihm Verstand und Vernunft, wie er sie doch ausreichend besäße, eingeben müssten. Das war so, als gäbe es nichts anderes und als müsste nach nichts anderem gestrebt werden als „finanzieller Sicherheit", und all die vielen anderen Absicherungen und Sicherheiten, durch die sich das bürgerliche Leben definierte, schienen auf diese eine große Weltsicherheit gegründet, die, dadurch zur existenziellen Sicherheit gemacht, in Wahrheit das Unhaltbarste, Kleinste, Ungesichertste und alleine aus sich heraus nichts Verheißende und nie und in nichts Seligmachende war: der Mammon, das Geld. Dostojewskij hatte kein „Verhältnis" zum Geld, und er ärgerte sich, dass die Menschheit die gleiche Bezeichnung dafür verwendete, mit der sie über Liebesdinge sprach.

In der Bank gleich daneben machte er den Wechsel zu Geld und bat Beppo, ihn zurück zum Hotel zu bringen. Während dieser ihn rechts und links auf Gebäude aufmerksam machte und selbsterheiternde Geschichten dazu erzählte, dachte er über sein Leben nach. Angenommen, ich hätte zwanzigtausend Rubel, sagte er sich. Viertausend wären für Schulden, dreitausend für Schulden, noch mal viertausend für Schulden. Seine Frau und Pascha erhielten dreitausend, Apollinaria zweitausend, dann blieben viertausend zum Leben für ein ganzes Jahr. In Venedig? Beinahe hätte er geschmunzelt über diesen verwegenen Gedanken.

Als er in ein Café treten wollte, weil ihm einfiel, dass er auf das Frühstück vergessen hatte, drängte Beppo ihn weiter – es war voll österreichischer Soldaten. Dafür führte er ihn in eines, wo er wieder mit lautem Hallo begrüßt wurde, und hielt, als Dostojewskij Platz genommen hatte, an der Schank stehend schon ein kleines Weinglas in der Hand.

Die gekochten Eier waren angenehm weich, die Aprikosenmarmelade gut und mit ganzen Fruchtstücken durchsetzt, der Kaffee aber zu wenig heiß und das mondsichelförmige Gebäck, das er in Paris geschätzt hatte, kam hier in einer traurigen, glatten, unknusprigen venezianischen oder vielleicht auch Wiener Version, zudem kleiner, was dadurch nicht besser gemacht wurde, dass es im Mund mehr zu werden schien. Da im hinteren Teil des leeren Cafés eine Tür und vorne ein Fenster offen standen, zog es genau zu seinem Tisch hin, und er war froh, nach fünfzehn Minuten wieder draußen zu sein, ohne sich erkältet zu haben. Eine französische Zeitung von gestern nahm er vom Nebentisch mit.

Auf einem Platz, zu dem sich die Straße kurz vor seinem Hotel vergrößerte, standen vier Bänke jeweils am Fuß einer alten Platane, zu dieser Stunde drei in deren Schatten, eine in der Sonne. In der Mitte des Platzes ein großer Brunnen. Dostojewskij entließ Beppo, der ihn gern noch zu einer „Galleria dell'Accademia" mitgeschleppt hätte, die seinem Fuchteln zufolge am Ende der Straße lag, mit einer ähnlichen Münze wie beim letzten Mal und ließ sich müde auf eine der schattigen Bänke fallen. Wie kann man in einer derartigen Hitze leben und arbeiten, dachte er. Er schlug die Zeitung wie üblich aufs Geratewohl auf, und sein Blick fiel auf den Namen Pierre-François Lacenaire. Er hatte schon in Paris von diesem spektakulären Fall der jüngeren französischen Kriminalgeschichte gelesen, in dem ein Sohn aus bürgerlich gut situierter Familie, der früh Zurücksetzung und Lieblosigkeit erfahren hatte, zu einem gewaltigen Schlag gegen die Gesellschaft ausholte und mit zweiunddreißig unter der Guillotine starb. Die ersten Raubüberfälle beging er anscheinend nur, um ins Gefängnis zu kommen, das er die „Hochschule der Kriminalität" nannte, und dort das Handwerk des Schwerverbrechers zu lernen. In Freiheit beging er mehrere Raubmorde, unter anderem an seiner Mutter, später im Gefängnis schrieb er Gedichte und empfing Journalisten, im Warten auf die Hinrichtung verfasste er seine Autobiographie. Er erklärte seine Verbrechen zu einem „Duell mit der Gesellschaft", deren Ungleichheit und Ungerechtigkeit, Egoismus und Verlogenheit ihn dazu gezwungen hätten.

Dostojewskij wollte sich eben in den Artikel vertiefen, als der eruptive Schrei eines Mannes, dem ein Ziegelstein auf den Kopf gefallen sein musste, ihn herumfahren ließ. Doch es war nichts geschehen, als dass der Mann im Gehen einen Freund erkannt hatte, der ihm entgegenkam, und diese Freude lautstark kundtat. Der Andere echote ähnlich euphorisch und schon fanden sich die beiden im lebhaftesten Gespräch und direkt hinter seiner Bank. Zwar verstand er kein Wort, aber die Heftigkeit des Wortwechsels machte konzentriertes Lesen unmöglich. Auch, dass er sich mehrmals mahnend umdrehte, half nichts, einer von den beiden sah sogar im Reden auf ihn hinunter und lächelte ihn an, es gab nicht den Funken einer Ahnung, dass sie stören könnten. Da sie weit auseinander-liegende Stimmlagen hatten – einer im rauen, gequetschten Falsett, der zweite im sonoren und beinahe noch durchdringenderen Bass –, deckten sie alle Frequenzen ab und hackten gleichsam von zwei Seiten auf den armen Kopf des vor ihnen Sitzenden, der keine andere Hilfe sah, als auf die andere schattige Bank auf derselben Seite des Platzes zu flüchten, wo er, ein paar Meter entfernt, wenigstens sein Trommelfell in Sicherheit wusste. Doch kaum hatte er den ersten Absatz des Artikels gelesen – neue Schriften des Verbrechers waren gefunden worden –, kamen die beiden Schreihälse, deren einer offenbar beschlossen hatte, den anderen, der in größerer Eile war, ein Stück seines Wegs zu begleiten, an seine neue Bank heran und blieben exakt hinter ihr stehen. Als sich der verzweifelt an seine Zeitung Klammernde nun sehr energisch umdrehte, hielt der Bass gerade im Reden inne, weil er einen Namen suchte, der ihm entfallen war, und in diesem Innehalten schaute er auf den Fremden, und im Suchen des Namens suchte sein Blick die Bank, auf der er den Zeitungsleser doch eben noch hatte sitzen gesehen, aber bevor noch eine Verwunderung darüber aufkommen konnte, fand sein Blick den entfallenen Namen auf der leeren Bank, und beides, Gespräch und Aufmerksamkeit, kehrten aus noch vollerem Hals zum Partner zurück, der über der Brisanz des Themas seine Eile vergessen hatte und mit verschränkten Armen und offenem Mund dastand.

Das darf nicht wahr sein, dachte Dostojewskij und sah auf die zwei Bänke der gegenüberliegenden Seite. Hatte er es nicht geschafft, im Lärm Dutzender Männer, die an den langen Winterabenden in der sibirischen Katorga einander ihre Verbrechergeschichten erzählten, sich, wenn er deren müde war, auf seine Bibel zu konzentrieren, das einzige Buch, das ihm in der Haft erlaubt war? Er zwang seine Augen auf die Zeilen über den französischen Gesellschaftsfeind, der, das hatte er schon früher dunkel geahnt, Züge seiner neuen Romanhauptfigur trug, wie sie sich in ihm seit Jahren des mehr oder weniger bewussten Konzipierens gestaltete und zusehends konkretisierte. Oder war Raskolnikow – dieser Name hatte sich ihm aufgedrängt – stärker von Lacenaire beeinflusst, als es sich der Autor zugestand?

Ein zweistimmiges donnerndes Lachen fuhr wie eine Axt in seine Gedanken und hieb sie auseinander. Die zwei Männer hinter ihm lachten wie seit Jahren nicht und schmückten schreiend das was immer Komische aus und lachten noch mehr, einander an Ausschmückungen überbietend, sie grölten wie Betrunkene auf hoher See und standen doch nur in einer Plauderei auf einem Platz. Was sind das für Menschen, dachte Dostojewskij, ging geradewegs am Brunnen vorbei auf die dritte schattige Bank zu und setzte sich, nunmehr mit Blick auf seine Peiniger und in wohltuender Distanz.

Lacenaire hatte acht Wochen vom Todesurteil bis zur Hinrichtung gehabt, dachte er. Bei ihm waren es fünf gewesen. Er nahm sein Notizbuch aus der Tasche, da wurde er wieder von den zwei Freunden abgelenkt, diesmal aber, weil sie sich nun doch zur Trennung entschieden und begonnen hatten, sich in kleinen Etappen voneinander zu entfernen, immer wieder stehen bleibend und aufgehalten durch einen neuen Gedanken, etwas noch dem Gespräch Hinzuzufügendes und wiederum eine Replik darauf und so fort. Natürlich wurden sie dadurch, wenn das möglich war, noch lauter, und da man nun dauernd die Hoffnung hatte, jetzt und jetzt ginge die Sache zu Ende, geradezu flehend an den Lippen der sich Verabschiedenden hing und gar nichts anderes mehr denken konnte, war es, als hätte die Störung erst so richtig begonnen. Dostojewskij blätterte die Zeitung durch. Die Südstaaten hatten eine Schlacht im amerikanischen Krieg gewonnen. Der rumänische Ministerpräsident war ermordet worden. Der Waffenerfinder Samuel Colt gestorben. Die Männer standen nun an je einem Eck des Platzes und setzten ihre Unterhaltung über gute vierzig Meter rufend und dabei mühelos fort. Passanten störten sich daran nicht im Geringsten. Die Stimmen hallten von den Hauswänden wider und füllten das Geviert wie ein Theater mit guter Akustik. In der Zeitung stand weiter, dass Saigon jetzt

Hauptstadt der französischen Kolonie Cochinchina war. In diesen Tagen wurde in Italien die Lira endgültig zum einzigen Zahlungsmittel in allen zum Königreich vereinten Gebieten gemacht, in allen also außer Venedig, dachte Dostojewskij und schaute auf, weil eine neue Irritation eingetreten war: völlige Stille. Die Männer waren verschwunden und hatten den Platz in tiefsten Frieden entlassen.

Eine Minute lang hörte man gar nichts außer den Flügeln und Krallen der am Boden nach Nahrung scharrenden Tauben. Es war heiß und windstill. Dostojewskij atmete durch. Und streckte die Beine aus. Ausgestreckte Beine ergaben ganz andere Gedanken als angewinkelte. Mit der Stille war eine Spur Traurigkeit in ihn gekommen, und mit ihr ein Hauch Glück. Alleingelassen, brauchte er keine Rechtfertigung mehr für sein Sitzen und Sein. Etwa zehn Minuten saß er so. Oder waren es dreißig? In Stille und Alleinsein verging die Zeit auf eigene Art. Er erinnerte das ungläubige Gesicht Michails, als dieser ihn während seiner Festungshaft – den langen acht Monaten vor seiner Hinrichtung, die im letzten Moment in Zwangsarbeit umgewandelt wurde – besuchte und seinen Bruder nicht niedergeschlagen vorfand, sondern bester Laune: Das Eingesperrtsein erlaube ihm endlich, sich auf sein Schreiben zu konzentrieren, nichts in der Einzelzelle lenke ihn von sich ab. Auch wenn er sich zu Unrecht eingesperrt fühlte, schlecht schlief und Angst vor einer Verurteilung zum Tod hatte. Für den *„Homme isolé"*, wie ein Schullehrer ihn genannt hatte, war die Isolationshaft eine Art Zuhause. Eigentlich mehr als jedes andere zuvor.

Eine Gruppe Halbwüchsiger in Matrosenuniform ging an ihm vorbei und über den Platz in Richtung des großen Kanals, an dem er gestern Abend die österreichischen Offiziere gesehen hatte und an dem österreichische Kriegsschiffe lagen und der doch nicht, hatte er inzwischen von Beppo erfahren, der Canal Grande war, sondern einer mit einem Namen, der wie „Zudecke" klang. Hatten selbst die Kanäle schon einen österreichischen Pass bekommen? Da der Kaiser Venedig zum ersten Marinestützpunkt der Monarchie erklärt hatte, war alles möglich. Die uniformierten Knaben bogen ums Eck, einer büxte kurz aus, um eine kleine Gruppe Tauben aufzuschrecken, was ein kurzes Ausbüxen in eine verbotene Kindheit sein mochte, wurde aber schnell von seinen Kameraden in den Ernst des Lebens zurückgemahnt. Ein Kanonenschuss vom jenseitigen Ufer ließ die Tauben auffliegen und, wie es schien, die alten Mauern erzittern. Dostojewskij erschrak nicht, er kannte den mittäglichen Salut von der Petersburger Peter-und-Paul-Festung. An der Pionieroffiziersschule von Zar Nikolaj vor fünfundzwanzig Jahren herrschte ein strengeres Regiment, dachte er. Derart freier, unbeaufsichtigter Ausgang in Uniform wäre nicht denkbar gewesen. Und bei schlechten Noten gab es sogar am Sonntag Ausgangsverbot. Verstöße gegen die Anstaltsordnung wurden mit Karzer bestraft. Die Hauptübungen neben dem Lernen waren Gymnastik, Fechten, Schießen und Marschieren: allesamt Schwachstellen des sehr dünnen, krankhaft blassen Fünfzehnjährigen mit den hellen, dünnen Haaren, den eingesunkenen Augen und dem Blick, der durchdringend und tief war, wiewohl er nicht wirklich zu schauen, sondern eher, während er sah und registrierte, mit etwas Anderem beschäftigt zu sein schien. Die untersten Klassen wurden „Sibirien" genannt. Die Freizeitvergnügungen der Mitschüler – Ballspiele, in den folgenden Jahren Zechgelage –, ihre obszönen Witze und Lieder stießen ihn ab, ihre Mut- und Kraftproben fand er dumm und mied sie wie das gemeinsame Baden am Newa-Strand. Der junge Fjodor verkroch sich lieber in einer Dachnische mit Blick auf die Fontanka, einen das Zentrum Petersburgs umlaufenden Kanal, und las. Die Literatur befreite ihn. Schiller und Byron verzauberten sein bedrücktes Dasein. Bücher waren die Rettung. Die einzige. Und der Literaturzirkel, den der Einundzwanzigjährige gründete, nachdem er die Schule – der Vater war seit vier Jahren tot – hingeschmissen hatte, war ein freier Fluss von Ideen und Utopien, ein Ort für Gefühle statt Gewehre, für Menschlichkeit statt Menschenverachtung. Und der Blick ging nach Westeuropa, wohin sonst? Dort war der Schriftsteller seit dem achtzehnten Jahrhundert ein anerkannter Beruf, während der Dichter in Russland heute noch in erster Linie Staatsdiener zu sein hatte, um leben zu können. Der Blick, die Sehnsucht: nach Europa!

Die Sonne fiel durch die hohen Platanenblätter auf sein blasses gedankenverschlossenes Gesicht. Er schnellte, die Beine noch immer ausgestreckt und die Füße überkreuzt, die Arme nach oben wie in einer Sitzturnübung oder zum Sieg und streckte dabei den Rücken durch, dass es knackte, wobei ihm das Blut in den Kopf schoss und er sich schnell mit beiden Händen an der Bankkante festhalten musste, um nicht vor Schwindel umzukippen. Und vielleicht auch ein bisschen vor Euphorie. Nach zwei Monaten in Europa schien es ihm auf diesem friedlichen, mittäglich heißen Platz so, als wäre er endlich auf dem ersehnten Kontinent angekommen.

Eine weitere Zeitungsmeldung besagte, dass Frankreich etliche bedeutende Kunstschätze, die Napoleon geraubt hatte, an Venedig zurückgegeben habe und diese nun in der Kunstschule für Malerei und Skulptur, der „Galleria dell'Accademia", ausgestellt seien. Sie war durch die Sammlung von Kunst aus den von Frankreich säkularisierten Kirchen und Klöstern entstanden. Und da einige Frauen sich mühten, mit Eimern Wasser aus den Tiefen des Brunnens zu ziehen, und das ganz und gar nicht lautlos taten, was ihn nicht mehr wunderte, ließ er die Zeitung liegen und ging in die Richtung, die Beppo ihm gewiesen hatte.

Amüsiert dachte er an eine Begebenheit, über die er sich geärgert hatte, als er in Dresden einen Mann auf der Straße gefragt hatte, wo die Gemäldegalerie sei.

„Was?", war dessen Nachfrage gewesen.

„Wo ist die Gemäldegalerie?"

„Gemäldegalerie?"

„Ja, Gemäldegalerie."

„Die Königliche Gemäldegalerie?"

„Ja, die Königliche Gemäldegalerie."

„Ich weiß nicht, ich bin hier fremd."

Die Straße säumte ein Spalier von Bäumen ungewöhnlich roten Oleanders, und er ging gerade in der Mitte durch wie ein General, der solche Ehrenbezeugungen gewohnt ist, ernst und mit gesenktem Kopf, und sog den Duft heimlich durch die Nase ein. Das Gebäude erinnerte ihn in der Eingangshalle noch unglücklich an die Florenzer Uffizien, doch schon nach den Treppen zum ersten Stock konnte er den Blick nicht von der Decke des prächtigen Saales wenden, aus deren Vertäfelung Hunderte Köpfe auf ihn herniedersahen, und er stellte sich vor, dass sie lebendig wären und die dazugehörigen Menschenkörper flach am Bauch lägen und ihre Gesichter durch die ovalen Öffnungen nach unten steckten. Wurden sie alle paar Stunden von anderen abgelöst?

Im Saal selbst waren Ikonen ausgestellt, italienische von vor zwei- bis fünfhundert Jahren, und er blieb lange vor jeder stehen. Die Gesichter der Heiligen hatten einen ganz anderen Ausdruck, als er es von den altrussischen Ikonen kannte, weniger streng, offener, man konnte sagen: vermenschlichter. Und er wusste nicht, ob ihm das so gefiel. Die Madonna von da Bologna sah lächelnd, geradezu keck auf den Betrachter, während sie Gottes Sohn stillte, und der Heilige Markus von Veneziano erinnerte ihn mit seiner routinierten Freundlichkeit an den Rezeptionisten im Hotel. Als er die weiteren Säle durchschritt, merkte er, dass er wahrscheinlich zu viel Zeit und Energie für den ersten verbraucht hatte, denn schon war er, wie rasch in Museen, müde. Der Heilige Hieronymus von della Francesca schaute skeptisch und eigentlich recht hochmütig auf den ihn anbetenden *devoto,* wie ein alter Krämer, der die Kaufkraft einer um Ware heischenden Kundschaft anzweifelt. Doch drei sehr unterschiedliche Madonnen von Bellini und deren

Knaben ließen ihn lange nicht aus ihrem Bann. Wiewohl – oder weil – sie recht hoch hingen und er sie nicht gut sehen konnte. Als er einen in der Ecke des Raums stehenden Stuhl nahm und sich darauf einer Madonna in Augenhöhe stellte, kam ein Saaldiener und sagte, das sei verboten. Kaum war der Saaldiener draußen, stieg er vor einer anderen Madonna auf den Stuhl, der Saaldiener kam wieder und wies ihn nun schärfer zurecht. Dostojewskij schimpfte auf Russisch: „Lakaienseele!" und verließ erzürnt den Raum.

In einem Saal mit einer langen Bank in der Mitte setzte er sich dankbar auf deren Rand und verschränkte die Beine. Die „Ankunft der englischen Gesandten am Hof des Königs der Bretagne", wie sie Carpaccio in einem großen Gemälde vor ihm schilderte, schien ihm eine Veranstaltung, bei der er nicht so gerne dabeigewesen wäre, von hohem politischen Ernst und Angst vor der falschen Geste, dem falschen Gesicht. Eine Figur zu seiner Rechten zog seine Aufmerksamkeit auf sich, es war seine eigene, reflektiert von einem in eine Tür eingelassenen Spiegel. Dostojewskij staunte. Er fand es seltsam, dass sein Inneres noch immer so wenig Einfluss auf sein Äußeres genommen hatte. Nach außen schien er nach wie vor ein sittsamer Bürger, ein aufgeräumter, biederer, pflichtbewusster Beamter zu sein, und war doch ein verurteilter Revolutionär, ein entlassener Sträfling, ein Spieler, Freigeist und Lebemann – zumindest war er das alles phasenweise gewesen. Nichts davon manifestierte sich in seinen Zügen und in seiner Haltung. Selbst in Uniform, er wusste es, verlor sich das Beamtische seiner Positur nicht, nur weitete das Militärische die leichte

Entrüstung, die – worüber auch immer – für gewöhnlich in seinem Gesicht saß, auf seinen Oberkörper aus, als würde die Uniform dem Kriegerischen in ihm irgendwie Mut machen. Seine im Sitzen übereinandergeschlagenen Beine aber, fiel ihm auf, schienen von all den vermeintlichen oder echten Entrüstungen der höheren Körperpartien nichts zu wissen, sie wirkten frei und unabhängig, ein selbstständiges, selbstbewusstes, im Leben stehendes Beinpaar, das den offensichtlichen Verunsicherungen der Menschenhälfte über ihnen eine verlässliche Stütze bot. So zerfiel seine Erscheinung, dachte er, an seinem eigenen Bild eine Art Kunstkritik übend, zumal im Sitzen in zwei, wenn nicht drei Teile: einen gedrungenen, schutzlosen, sich vergeblich stark gebenden Torso mit einem wie halslos daraufgesteckten mürrisch in die Welt gereckten Kopf einerseits – und zwei unaufgeregten, geradezu eleganten und, vergaß man den Rest, eigentlich aristokratisch unbekümmerten schlanken Beinen, die in fast schon kokett schmalen Schuhen und also Füßen ausliefen. Er fand, er sah aus wie eine Zeichnung in diesem Kinderbuch, in dem man die Körperdrittel unterschiedlichster Figuren zueinanderklappen und die groteskesten Erscheinungen kreieren konnte. Wobei in seinem Fall der Kopf durchaus zu den Beinen zu passen schien und nur ein in der Relation zu klein geratener Oberkörper eingeschoben war, die Arme eng angelegt, dessen große, beinahe fleischigen Arbeiterhände wie unterbeschäftigt auf dem feiertäglich ruhenden Oberschenkel lagen. Im Ganzen war er sehr unzufrieden mit seinem Anblick.

Auf der Suche nach dem Ausgang hielt ihn noch ein Bild fest, auf dem ein Geistlicher in einem Kanal schwamm; der Titel des Bildes von Bellini erklärte, dass nicht der Priester von der Brücke San Lorenzo – auf der, wie an den Ufern, Hunderte Schaulustige standen – gefallen war, sondern eine Reliquie des Heiligen Kreuzes, und das titelgebende „Wunder" bestand wohl darin, dass sie nicht untergegangen, sondern auf der Wasseroberfläche geblieben war, da der sie jetzt stolz zur Schau stellende, schwimmende Geistliche am Oberkörper trocken und also nicht nach ihr getaucht war.

Vor der Galerie stand Dostojewskij am Fuß einer steil nach oben führenden eisernen Brücke über einen breiten Kanal. Sie lag in praller Sonne, und da er die Anstrengung des Aufstiegs fürchtete, bog er im Schatten des Gebäudes nach rechts und ließ sich von seinen Beinen mehr oder weniger von selbst durch das Spalier der Oleanderbäume in sein Quartier führen, wo er sich, seiner Schwäche nachgebend, ohne Rock und Weste auf sein Bett warf und etwa zwei Stunden versuchte, sein heftig heraufschlagendes Herz mit ruhigem Denken und schlummerähnlichen Zuständen gewissermaßen zuzudecken, hinunterzudrücken. Dabei hüpfte ihm der Affe im roten Kapuzenmantel, der ihm vom unteren Bildrand Carpaccios vorhin bei seiner Selbstbespiegelung zugesehen hatte, kreuz und quer durch seine Halbschlafbilder, die von leisen elegischen Melodien einer Ziehharmonika unterlegt waren.

Er saß schon länger über seinen Skizzen am Schreibtisch, als es an der Tür klopfte. Statt des erwarteten Beppo stand ein kleiner dunkelhäutiger Junge da, barfuß, mit kurzen Hosen und nacktem Oberkörper, und zuerst dachte Dostojewskij, der Affe sei aus dem Bild gesprungen und zu ihm gekommen. Der Junge, bei dem nicht klar war, was Sonnenbräune, Naturfarbe oder Schmutz war, hatte einen Hammer in der Hand und rief aus einem Mund, der aus mehr Lücken als Zähnen bestand:

„Validsa!"

Durch die Ähnlichkeit mit dem französischen Wort verstand Dostojewskij, dass Beppo ihn geschickt haben musste, um seinen Koffer zu reparieren, und ließ ihn ein. Der Kleine erspähte das Gepäckstück, begutachtete das verbogene Schloss und schlug dreimal mit dem Hammer so fest darauf, dass es vollends in Stücke brach. Dann stellte er sich daneben, hielt die Hand auf und sagte:

„Zwanzig, *s'il vous plaît.*"

Dostojewskij hob die Hand zu einer gestischen Ohrfeige und jagte den Kerl hinaus.

2

Es war Samstagabend, und wenn sich die Venezianer in einem untragbaren Belagerungszustand befanden, wie es der Aristokrat gestern Abend eindrücklich geschildert hatte, dann wussten sie mit dieser Not gut umzugehen. Die Luft war voll Oleander und guter Laune. Paare flanierten lachend in alle Richtungen, grüßten einander, hielten zu kurzen Plaudereien, alle schienen alle zu kennen und sich ihrer zu freuen, der Ziehharmonikaspieler aus seinem Schlummer stand wirklich mitten auf der Straße, wünschte jedem Herankommenden höflich einen Guten Abend und spielte seine süßen, wehmütigen Lieder nahe an die Vorbeigehenden heran, um ihr Gemüt nur ja zu einer Gabe in die am Boden aufgelegte Kappe zu bewegen. Es hatte Abende und vor allem Feiertage gegeben, am Newskij-Prospekt, wenn sich die Petersburger zu ihrem Vergnügen ergingen, fein gekleidet und festlich gestimmt, Stunden in den Weißen Nächten, wenn die Menschen halb verrückt vor Frühling und Liebe die Straßen an den Ufern der Kanäle durchschwärmten, doch nie war die Stimmung so ungezwungen, von jeder Bedenklichkeit frei gewesen wie hier, nie zuvor hatte Dostojewskij erlebt, dass eine menschliche Gemeinschaft so – nur widerwillig gestand er sich dieses Wort ein, aber es war das einzige, das wirklich zutraf – *leicht* war.

Von der eisernen Brücke vor der Accademia, die er nun mühelos erklomm, schaute er auf eine prächtige in der Sonne leuchtende Kirchenkuppel und den Canal Grande, den er unschwer als solchen erkannte und der nicht anders zu benennen war als „groß", nicht wegen seiner messbaren Ausdehnung, sondern wegen seiner unfassbaren Lebendigkeit aus Farben, Bewegung, Licht, Lachen, Stimmen … ihm war auf einmal, als riefen sie alle zu ihm herauf und wollten ihn mitreißen, der er da an der Brüstung gesenkten Hauptes stand, ein Pfahl im strömenden Fluss des venezianischen

Abends … er spürte auf einmal eine solche Sehnsucht … wenn jemand es ihm befohlen hätte, er hätte mit Freude sein Herz in den Kanal hinabgeworfen. Wahrscheinlich würde es gleich untergehen, schwer, wie es war. Aber der Flug wäre schön gewesen, dachte er, die zwei Sekunden freien Falls.

In Venedig nach dem Markusplatz zu fragen, war ein leichtes Unterfangen. Die Hände flogen schon nach dem Wort „Piazza" in die gesuchte Richtung, das „San Marco" wollten die meisten gar nicht mehr hören. Einmal brauchte Dostojewskij nur den Mund zur Frage zu öffnen, und der Entgegenkommende warf seinen Daumen, ohne aufzusehen, über die Schulter. Schließlich brauchte es kein Fragen mehr. Aus den Häusern und Gassen kamen die Menschen und gliederten sich der Menge ein, die nur ein Ziel hatte, und sie nahm ihn mit und spülte ihn zuletzt über die Marmorstufen einer Arkade hinab und entließ ihn nur, um von etwas viel Größerem empfangen zu werden, von dem er bislang keinen Begriff gehabt hatte und das sein Herz einen langen Augenblick stillstehen ließ, ehe es wild losschlug wie nach einem heftigen Schreck oder unvermittelter Freude. Ein wenig fühlte er sich daran erinnert, wie er zum ersten Mal einen Ballsaal im Winterpalast des Zaren betreten hatte, auch das ein Ort, von dem man von klein auf geträumt, den man lange ersehnt hatte, und nun war man da, und der Ort war so aufgeladen mit Traumbildern und Sehnsüchten, dass man Wirklichkeit und Vorstellung nicht unterscheiden konnte und nur wusste, spürte, dass man angekommen und der Weg, wie steinig und mühsam immer, es wert gewesen war, mehr: im selben Moment schon vergessen. Nur war der

„Ballsaal" hier so viel größer, weiter, nach oben offen, und die Ballgesellschaft war das Volk, alle waren geladen, und ihre tausendfachen Stimmen waren die Musik, und ihre hunderttausendfachen Schritte und Bewegungen und Drehungen der Tanz, und das Fest, das gefeiert wurde, geschah nicht zu Ehren eines herrschaftlichen Geburtstags oder eines militärischen Sieges, sondern du selbst fühltest dich deines Daseins gefeiert, dein Sieg, am Leben zu sein trotz allem und allem, war der Anlass. Das Fest, beleuchtet und angeheizt von der kräftigen, widerspruchslosen südlichen Sonne, galt, und das war es, was Dostojewskij in vierzig Jahren noch nie erfahren hatte, dem Leben selbst. Dieser auf drei Seiten von identischen Arkaden und Fassaden eingefasste Festsaal mündete auf der vierten in die verschnörkelten, verspielten Formen der Basilika, deren goldene Kuppeln im Blau des Himmels wogten und den auf der entgegengesetzten Seite des Platzes Stehenden an die menschentragenden Ballone erinnerte, die er in London aufsteigen gesehen hatte. Sehr prosaisch riss ihn die Stimme eines Mannes hinter ihm aus dem Staunen.

„Very famous place", sagte dieser mit einer Aussprache, als kaue er an den Worten im Mund herum und so, als offenbare er ein Geheimnis. Dostojewskij drehte sich um und sah, dass der Mann zu seiner Frau gesprochen hatte und dass es keine Ironie gewesen war, denn die Frau riss tatsächlich die Augen auf und fragte ungläubig: *„Yes?"*

Er bewegte sich vorwärts, geradewegs durch die Menge, wobei er sehr bemüht war, niemanden zu berühren und von niemandem angestoßen zu werden, denn Kontakt mit fremden Körpern, und sei es durch noch so viele Schichten Stoffs, war ihm unangenehm und peinlich. Als sich zu seiner Rechten eine Lücke auftat, nützte er sie, um einige Meter zu gewinnen, doch da sah er, dass die Lücke das Ende einer regelrechten Gasse war, die sich im Gedränge gebildet hatte, und dass die Ursache zwei Polizisten waren, die sich keinen Weg zu bahnen brauchten, weil der Weg durch die vor ihnen zurückweichenden, ausweichenden Menschen von selbst entstand, niemand wollte mit ihnen zu tun haben und hielt sie auf möglichst weitem Abstand wie Aussätzige, und da er diesen Raum, diese Respekts- oder Verabscheuungsblase, die die zwei Uniformierten um sich trugen, betreten hatte und sie in seine Richtung gingen, stand er auf einmal vor ihnen. Sie waren sehr jung, trugen beide Schnurrbart und sahen aus, als wären sie theatermäßig als Zwillinge geschminkt. Die vier Augen bohrten sich in ihn wie Bajonette.

„Haben Sie einen Pass?", fragte der eine in lautem, schmetterndem Deutsch. Seine Stimme war aus Eisen, und die Frage fühlte sich an wie ein Schlag in den Magen.

„Natürlich", gab Dostojewskij auf Deutsch zurück. Und weil Zorn in ihm hochstieg, setzte er hinzu: „Ich bin ja kein Passloser." Es war ein Reflex, der ihm bei Kontrollen in Deutschland häufig widerfahren war. Niemand von den Fragenden konnte wissen, dass in Russland ein „Passloser" ein Sträfling war. Doch die Frage löste bei ihm Scham und Bitterkeit aus.

„Vorweisen!", bellte der andere. Es war auffällig, dass sie sich nicht die geringste Mühe gaben, freundlich zu sein.

Man fühlte sich sofort verhaftet, und ihr erstes Wort war schon ein Verhör. Dostojewskij wies seinen Pass vor. Der eine Beamte blätterte ihn langsam durch, während der andere die Augen nicht eine Sekunde vom Objekt ihrer Examinierung ließ.

„*Russkie*", kam nun mit schauerlichem Akzent und Hohn in der Stimme. Doch da schrie jemand in der Menge, und die Köpfe der Diensttuenden schnellten hin, und aus dem Schrei des Einzelnen wurden die Rufe vieler, vielleicht war ein Taschendieb ertappt worden, und schon waren die beiden dabei, sich durch die Menge zum Ort des Geschehens zu drängen, denn die Leute blickten in die Richtung, aus der der Lärm kam, und sahen die Polizisten nicht und konnten ihnen keine Gasse bilden und wurden sehr grob, beinahe brutal zur Seite gedrängt und gestoßen, einer, ein alter Mann, fiel dadurch sogar hin und wurde von den Umstehenden aufgehoben, und Dostojewskij stand da mit dem Pass in der Hand, die zitterte, und weißen Lippen und schien in einer Minute um einen Kopf kleiner geworden zu sein. Mechanisch ging er mit kleinen Schritten über den Platz und fühlte auf einmal wieder die Ketten an den Füßen, die er in Sibirien getragen hatte, und die ganze Schwere der Schuld, die eine um nichts als sich selbst besorgte Staatsmacht ihm umgehängt hatte, drückte ihn wieder und warf ihn um dreizehn Jahre zurück, als er von der menschlichen zivilen Gesellschaft entfernt und zum Antritt seiner Strafe expediert worden war, nach deren Verbüßung er vor drei Jahren äußerlich zu dieser Gesellschaft zurückgekehrt war, doch jetzt fühlte er, wie wenig er diese Rückkehr innerlich vollzogen hatte. Eine harmlose Passkontrolle schmiss ihn aus jeder vermeintlichen Sicherheit und wies ihm seinen Platz zu, der der eines Verurteilten, eines Schuldigen, eines Rechtlosen war. Die Macht hatte auf ihre verachtende, perfide Art Guten Tag gesagt und den Glanz des Orts, den Anflug von Freude, den er in seiner Brust gespürt hatte, weggewischt, als müsste er wieder und wieder vor Gericht stehen, verurteilt, gebrandmarkt für alle Zeit. Als er um den Campanile nach rechts bog, wo der große Platz in einen kleineren, nicht weniger belebten überging, der am Hafenbecken endete, läuteten gerade die Glocken oben im Turm, wie sie von der Peter-und-Paul-Kirche zur neunten Abendstunde geläutet hatten an jenem vierundzwanzigsten Dezember, als er in einem von vier offenen Pferdeschlitten durchs Festungstor gefahren wurde, über den Newskij-Prospekt, vorbei an hell erleuchteten Wohnungen mit festlich geschmückten Christbäumen. Am Ural blieben Pferde und Schlitten in den Schneewehen stecken, die Häftlinge mussten aussteigen und bei minus vierzig Grad im Schneesturm stehend stundenlang warten, bis die Schlitten wieder freigemacht waren. Es war die Grenze Europas. Vor ihm Sibirien und ein ungewisses Schicksal, hinter ihm die Vergangenheit und sein bisheriges Leben, das abgeschnitten, abgerissen war. Wieder, wie damals, schnürte es ihm den Hals zu, als er sich in diesen Moment zurückversetzt fühlte, und wieder, während er bei plus vierzig Grad durch die quirligste, heiterste Menschenmenge in schweißtreibendster südlicher Glut schritt, fror er, wie damals, bis ans Herz. Die wochenlange Fahrt nach Omsk war nur ein Anfang gewesen: der vier Jahre Zuchthaus, der Zwangsarbeit, des Hungers, der Krankheiten und Demütigungen und der ständigen Konfrontation mit den Abgründen menschlichen Seins, ein Anfang der weiteren sechs Jahre als gemeiner Soldat, bleierne Jahre in einer Provinzstadt am Ende der Welt, ein Anfang von insgesamt zehn Jahren Entrechtung, des Entzugs von jeglichem zivilisierten Umgang, Jahre des Schreib- und Publikationsverbots. Dieses eintönige Leben hat mich gebrochen, dachte Dostojewskij, als er am Hafen mit den Frachtschiffen, den Gondeln und all den kleinen Barken und Barkassen stand und auf das Meer schaute, das hier aber noch von allen möglichen Inselchen und Inseln, von denen er keine Ahnung hatte, bestimmt und begrenzt wurde, wie das makellose Blau des Himmels eingerahmt war von feinen wattebauschartigen Wölkchen am fernen Horizont.

Er ging die Uferzeile weiter, bis die Häuser immer einfacher wurden. Er ging nicht gern zu Fuß, aber er tat es auch zu Hause jeden Tag, wie hier über Brücken und Kanäle, weil er im Gehen allein war und denken konnte und weil es ihn müde machte und Müdigkeit ihm guttat. Er hatte wieder zu lange nichts gegessen und kehrte um, zurück bis nahe an den Markusplatz, wo die Lokale häufiger waren. Von den vielen Restaurantterrassen wählte er, einem unerklärlichen Sehnsuchtsschub beim Lesen des Namens folgend – obwohl er an London alles andere als gute Erinnerungen hatte –, die des Londra Palace.

Am Anfang der Reise hatte er sich angewöhnt, wenn möglich auf den Terrassen der Restaurants zu essen, weil die Tische in den Sälen zu eng standen und die Deutschen immer so neugierig schauten, was er bestellt hatte. Da nun auch hier die *tedeschi* regierten, nahm er lieber in einem der eleganten beschatteten Fauteuils im Freien Platz. Die Speisekarte verkündete auf Italienisch, Deutsch und Französisch, dass man sich freue, den Gästen jeden Wunsch zu erfüllen. Das Bier kam zu seiner Enttäuschung nicht offen, sondern in einer kleinen Flasche und war kälter, als es Bier zusteht. Als er den Löffel in die appetitlich aussehende Suppe tauchte, erschien ein Kellner mit einem schweren Stück Käse und hobelte ihn mit einer Reibe über den Teller, deckte die Suppe völlig damit zu, und der Geruch verdarb ihm den Appetit. Missmutig fischte er ein paar Brocken Gemüse unter dem Käse hervor, und obwohl er sich im Gefängnis an Suppen voll Küchenschaben hatte gewöhnen müssen, schickte er den Teller zurück und bat erneut um die Karte. Als er nach längerem Studium aufschaute, bekamen Gäste drei Tische weiter gerade ihr Essen, und Dostojewskij machte, um seinen Blick zu schärfen, die Augen schmal, denn was er sah, war zu schön, um wahr zu sein, es war sein geliebtes Gericht, das er in Sibirien kennengelernt hatte: gefüllte Teigtaschen – Pelmeni! Er schlug die Karte zu und rief den Kellner. Um seine Euphorie zu überspielen, murmelte er eher undeutlich und mit dem Gestus weltmännischer Gelassenheit: „Pelmeni", und machte eine kleine Bewegung mit dem Kopf zum Tisch, wo die Gäste mit großem Genuss ihre Teigtaschen verzehrten. Der Kellner, der seine Augen am Schreibblock hatte, sah die Kopfbewegung nicht, stockte aber, als er das Wort hörte, aus irgendeinem Grund, ehe er es aufschrieb. Dostojewskij lehnte sich befriedigt zurück und wartete. Sibirische Pelmeni in Venedig. Was es alles gab. Nach einiger Zeit steckte der Kellner den Kopf aus der Tür, zeigte auf ihn und sagte etwas zu einem anderen Kellner, der feiner angezogen war. Beide verschwanden. Kurz darauf kam der andere, der wohl ein Vorgesetzter war, und fragte sehr höflich:

„Scusi, Signore, lei desidera pelle di mele?"

Dostojewskij kam die italianisierte Form des Namens seltsam vor, aber er hatte keine Lust auf Komplikation und sagte, aus Scham, kein Italienisch zu können, das beabsichtigte *„Oui"* verwechselnd, laut *„Da"*. Der feine Herr verneigte sich und ging. Nach fünf Minuten öffnete sich ein kleines Fenster am Eck des Restaurants und ein Koch schaute verwundert auf den Gast, der die Suppe hatte zurückgehen lassen, schnalzte mit der Zunge und machte das Fenster zu. Nach weiteren fünf Minuten brachte ein Kellner einen Teller mit etwas, das aussah wie grüne Apfelschalen. Sehr sorgsam vom Apfel oder von den Äpfeln gelöst, geradezu kunstvoll geringelt und drapiert und mit roten Tropfen besprengt, die nach Erdbeere rochen, liebevoll angerichtet, aber eben doch – Schalen. Als der erste Kellner heraustrat, winkte er ihn zu sich.

„Qu'est ce que c'est?"

„Come?"

„What is this?"

„Cosa lei ha desiderato …"

„Schto?", entfuhr es ihm auf Russisch.

„Cio?", echote der Kellner ratlos. *„Un attimo, per favore."*

Der Vorgesetzte kam und fragte auf Französisch, was der Herr bestellt hätte, nun, Pelmeni, sagte der und wies zum Nebentisch, wo die Gäste aber inzwischen Eis löffelten. Beide schwiegen einige Sekunden. Dann klärte sich die Sache auf. Das Wort „Pelmeni" war hier völlig unbekannt. Der erste Kellner hatte sich *Pelle di meli* zusammengereimt, die falsche Pluralform *meli* statt *mele* für „Äpfel" verwendeten viele Ausländer, *pelle* war auch nicht ganz korrekt, das hieß „Haut", aber gut. Und ihnen sei eingetrichtert, den Gästen wirklich jeden Wunsch zu erfüllen, und da auch Essig aus Apfelschalen gemacht wurde, dachte man sich, warum nicht.

„Und was haben die Herrschaften vorhin dort gegessen?"

„Gefüllte Teigtaschen." Dostojewskij schaute verständnislos.

„Tortellini."

„Nun gut." Er legte die Hände auf den Tisch und atmete durch. „Dann bringen Sie mir das, bitte."

„Es tut mir leid, die Küche hat bereits geschlossen."

„Dann die Rechnung bitte."

Diese Untugend zog sich durch Europa: das frühe Schließen der Lokale. In Russland bekam man die ganze Nacht etwas. Drei Löffel Gemüse und ein kleines Bier – die Apfelschalen wurden nicht in Rechnung gestellt – kosteten mehr, als er je auf der Reise für ein Hauptgericht bezahlt hatte.

Es war immer noch heiß, doch waren die fernen Wolkenfronten inzwischen näher gerückt und bevölkerten den dämmernden Himmel wie eine riesige Herde kleiner Schafe. Die ins Meer tauchende Sonne beleuchtete sie blutrot. Über den Inseln verfärbten sie sich grau. Am Markusplatz war inzwischen Struktur in das bunte Treiben gekommen. Eine Militärkapelle hatte sich vor den nun gasbeleuchteten Arkaden hinter den Tischen eines Cafés postiert, an denen vornehme Damen und Herren, darunter viele österreichische Offiziere, bei Kaffee, Eiswasser, Likören und Zigarren saßen, plauderten und der Musik lauschten, während über den weitaus größeren Teil des Platzes hin eine dichte Menge von Männern und Frauen aus dem Volk stand oder auf- und abging, venezianische Familien mit Kindern, bizarre Gestalten in griechischer und türkischer Tracht, Bettler, Verkäufer von Süßigkeiten, Nonnen und Seemänner. Die Kapelle, gut sechzig Mann, spielte österreichische beschwingte Musik, wahrscheinlich aus Operetten, etwa die Hälfte der über den Platz ziehenden Venezianer hatte sich in gemessenem Abstand vor die Kaffeehaustische gestellt und lauschte ebenfalls der Musik, wobei es aber den Eindruck machte, als gehörte die feine Gesellschaft zur Darbietung und als betrachtete ein Publikum von einem gigantischen Stehparkett aus ein Schauspiel, dessen Akteure saßen und von Musik begleitet wurden. Die Heiterkeit der Klänge stand in befremdlichem Kontrast zu der gespannten Situation. Denn so manche der in hellen, leichten Kleidern und Anzügen Dasitzenden fühlten sich mit ihren Kuchengabeln und Porzellantassen sichtlich unwohl unter den ernsten Blicken der dunklen, schwarz gekleideten Menge, der vielen hohlwangigen, großäugigen Kinder, und wären gerne unter sich gewesen. Diese still und bedrohlich dastehende Menge, die in einer geradezu grotesken Überzahl war, hörte gebannt auf die Musik. Doch war ein Stück zu Ende, rührte sich keine Hand zum Applaus. Es war klar, dass das als Verrat gegolten hätte – an ihrem Land, an ihrer Stadt, die besetzt und beherrscht war von einer fremden, gefürchteten, verhassten Macht. Ihr Schweigen hatte etwas von einem stummen Schrei.

Dostojewskij schaute und hörte vom Vorplatz der Kirche aus zu. Er mochte das Gescheppere und Gedudel nicht. Die letzte musikalische Darbietung, die ihn zutiefst berührt hatte, war in Wiesbaden das Stabat Mater von Rossini gewesen. Außerdem beklemmte ihn die geladene Atmosphäre auf dem Platz, und er fragte sich, welche seine Rolle in dem traurigen Stück wäre, das hier gespielt wurde. Sicher nicht unter denen, die sich als die Herren großtaten. Viel eher sah er sich beim Volk hinter dieser unsichtbaren Glasscheibe stehen, die seit je und für immer Arm von Reich, unten von oben zu trennen schien, beim Volk, für das sein Herz schlug, seit er dem russischen in der Verbannung so nahe gekommen war wie nie zuvor. Er wollte gerade weitergehen – die Kapelle spielte einen Militärmarsch und hielt einen langen Trommelwirbel –, als ein gewaltiger Donner das Szenarium erschütterte und die Blicke aller auffahren ließ, die der Sitzenden wie der Stehenden, der Flanierenden wie der Musizierenden, zu einem trotz der zarten Bewölkung heiteren Himmel, der diesen Kanonenschlag von wer weiß wo geschickt hatte, nur einen, ohne das Nachspiel eines Gewitters, ohne einen Hauch Wind, an einem heißen, ruhigen, friedlichen Abend, ein Donner nur, ein furchtbares, alles durchdringendes Krachen, das tausend Tauben auffliegen ließ zu den schützenden Fensterbögen über dem Platz und das gut eine halbe Minute nachgrollte. Es war ein unheimlicher Moment, und es fiel schwer, ihn nicht als einen Kommentar zu der Zerrissenheit des Orts, der Stadt, der Völker zu verstehen.

Die Kapelle fiel danach wieder in das Marschmotiv, aber irritiert und gedämpfter und bemüht, einen gemeinsamen Takt zu finden, die Damen und Herren an den Tischen retteten sich in lustige Bemerkungen zueinander, und die Menge schwieg weiter. Dostojewskij nützte die erstbeste Gasse und verließ den Platz.

Im Gewirr der Wege versuchte er, sich links zu halten und so, den Platz umgehend, Richtung Hotel zu kommen. Er wollte eine Kleinigkeit zu essen kaufen und den Rest des Abends in seinem Zimmer verbringen. Doch der innere Kompass, den er in Petersburg benutzte, funktionierte hier nicht, und bald musste er sich eingestehen, überhaupt keine Orientierung zu haben. In einer langen, engen Gasse kamen ihm drei Polizisten entgegen. Schon von Ferne nahmen sie ihn ins Visier, und es gab keine Möglichkeit, abzubiegen und der Begegnung zu entgehen. Als sie fünf Schritte vor ihm waren und einer bereits Anstalten machte, ihn anzusprechen, zog Lärm aus einem winzigen Lokal ihre Aufmerksamkeit ab und sie duckten sich alle drei durch die niedere Tür und waren verschwunden. Dostojewskij warf im Vorbeigehen einen vorsichtigen Blick hinein und sah eine Gruppe Männer mit Schnapsgläsern, die, in einer hitzigen Debatte unterbrochen, verdutzt den Uniformierten gegenüberstanden. Erleichtert ging er weiter.

Raskolnikow sollte im Roman die Polizei selbst auf seine Fährte bringen, dachte er. Da sein Verbrechen ihn auch äußerlich aus der Gesellschaft katapultierte, zu der er innerlich nie gehört hatte, konnte seine Rettung nur im Bekenntnis seiner Schuld und in der Verhaftung bestehen. Die Geschichte über Lacenaire mussten er und Michail in der „Zeit" in ihrer Rubrik „Verbrechen und Strafen" bringen. Und während er in Gedanken einen Handlungsstrang des Romans bis zum möglichen Ende weiter verfolgte, gingen seine Beine lange ziellos über Treppen und Wege, kleine Plätze und schmale Brücken, bis er sich auf einmal vor der breiten Wasserstraße fand, die der Canal Grande sein musste. Im ersten Moment glaubte er sogar, die Brücke zur Galerie und zu seinem Hotel auszumachen, und lobte seinen Instinkt, doch zu früh, die Brücke war aus Stein und hatte Aufbauten in der Mitte und war, jetzt erinnerte er sich an Darstellungen, keine geringere als die von Shakespeare verewigte, berühmte von Rialto.

Händler packten ihre Stände zusammen, an der Brüstung oben in der Mitte der Brücke war Dostojewskij allein. Hier hat alles begonnen, dachte er. Auf einer Insel im Sumpf der Lagune lag das Fundament eines Weltreichs. Auch Peter der Große hatte seiner neuen Hauptstadt ein viel verzweigteres Netzwerk von Kanälen geben wollen, als es dann die Gefahren durch Stürme und Fluten zugelassen hatten. Aber die Anordnung der Straßen auf der Wassiljewskij-Insel im Sumpf des Newa-Deltas, des neuen Zentrums des russischen Imperiums, erzählte noch davon, dass sie in Wahrheit nie ausgehobene Wasserwege waren.

Der Blick von der Rialto-Brücke war ein lebendes Gemälde. Nur wenige Fenster der alten Paläste waren erhellt. Feierten hier österreichische Besatzer in den Sälen und Betten der vertriebenen Aristokraten wilde Feste? Oder waren auch die Österreicher im Feiern so, wie die Deutschen in ihren Gasthäusern saßen, verkniffen und steif? Dazwischen lachten sie manchmal laut auf und schlugen mit der Faust auf den Tisch, das war dann ihre gute Laune. Weit konnte man die Augen den Kanal hinunter treiben lassen, bis er hinter einer Kurve verschwand. Weite Ausblicke schienen in Venedig, bewegte man sich von seinen Rändern weg, selten zu sein. In Petersburg waren sie die Regel, da die Häuser mehr auseinanderstanden und niedrig waren. Das machte den Himmel so vorherrschend. Petersburg war eigentlich ein großer Himmel, mit etwas Bebauung darunter. Aus der heraus man immer wieder in die Ferne sehen konnte. Die langen Prospekte führten vom Zentrum *sichtlich* hinaus ins russische Riesenreich. Sie kündeten vom ersten Schritt an davon, dass der Weg weit sein würde. Und kam man über sie von auswärts an die Stadt heran, sah man viele Meilen voraus Zeichen des Zentrums, auch wenn sie, wie die goldene Nadel der Admiralität, fein und schlank und nicht allzu hoch waren.

Und doch dachte Dostojewskij daran, wie er am Vorabend der Abreise an der Brüstung einer Newa-Brücke gestanden und Sankt Petersburg betrachtet hatte. Irgendeine Eigenschaft lag in diesem Panorama, hatte er gedacht, die alles auslöschte, alles tötete, gleichsam auf Null stellte. Eine ganz unerklärliche Kälte ging von ihm aus, ein seltsamer Geist der Stummheit, des Schweigens, ein irgendwie stummer und tauber Geist lag ausgegossen darin. Er konnte es nicht ausdrücken ... es war nicht einmal Leblosigkeit, denn gestorben war doch nur, was einmal lebendig war, aber das wusste er, seine Empfindung war nicht abstrakt gewesen, ausgedacht, sondern eine ganz natürliche, unmittelbare. Er hatte Venedig nicht gesehen, aber dort wäre es wahrscheinlich anders, war seine Vermutung gewesen. Und nun stand er hier, und seine Handflächen fühlten am Stein der Brüstung die Wärme des Tags, und mit ihr die Glut der Jahrhunderte, die diese Stadt erbaut und belebt hatten. Und ein seltsames Gefühl erfasste ihn, eine Ahnung von etwas, das er sich nicht erklären konnte. Er glaubte nicht, dass sein Eindruck von Petersburg nur seiner Erschöpfung zuzuschreiben war, auch wenn die Ärzte ihm dringend zu einem Erholungsurlaub geraten hatten. Zweieinhalb Jahre nach seiner Rückkehr aus Sibirien war er durch umfangreiche Verpflichtungen im Dienst der „Zeit" – dem Lesen und Lektorieren von Manuskripten, Übersetzungen, öffentlichen Lesungen –, die er neben seiner eigentlichen Schreibarbeit zu erledigen hatte, am Ende seiner Kräfte gewesen. Die epileptischen Anfälle waren stärker geworden. Gegen seine chronischen Atemwegsbeschwerden wurden ihm die Wasser von Bad Gastein und Seebäder in Biarritz empfohlen. Doch ihn zog es an die Orte seiner so lange gehegten Sehnsüchte und Erwartungen, in das Land, in dem Schiller den Traum von der humanisierenden Macht des Schönen und der unersetzbaren Rolle der Kunst in der Menschheitsentwicklung geträumt hatte, in die Stadt Hugos, bei dem er zum ersten Mal realisiert sah, was er als den Hauptgedanken aller Kunst im neunzehnten Jahrhundert bezeichnete: die Wiederherstellung des untergegangenen Menschen, der zu Unrecht unter der Last der gesellschaftlichen Umstände und Vorurteile erdrückt wurde. Ein christlicher und moralischer Gedanke, wie er ihn vor Kurzem im Vorwort zur russischen Ausgabe des Romans „Notre-Dame de Paris" formuliert hatte. Schon früh war Dostojewskij die Ordnung der Außenwelt als ein schöner Schein der Oberfläche erschienen, der etwas anderes verdeckte, das unbekannt war und furchtbar sein konnte. Daher hatte die Kunst die Aufgabe, das Verdeckte sichtbar zu machen, unter die Haut zu schauen, die Knochen aufzuzeigen, die den Menschen aufrecht hielten und bewegten, der Wahrheit näherzukommen. Die Kunst hatte die Verpflichtung dazu. Und so war er nach Europa aufgebrochen, hatte das Resthonorar der Verdichtung seiner Eindrücke im sibirischen Gefängnis Frau und Stiefsohn überlassen und raste nun schon über zwei Monate durch diesen Kontinent seines hartnäckigen Glaubens und hatte Angst, sich das Ausmaß seiner Enttäuschung und Verbitterung darüber einzugestehen. In diesem Moment befiel ihn eine solche Sehnsucht nach seiner Frau, dass er glaubte, in der Sekunde verrückt zu werden. Wie konnte er sie so lange mit ihrer Krankheit allein lassen. Hatte er nicht vor Gott geschworen, immer für sie da zu sein? Und sosehr er sich auch im Klaren war, dass die Sehnsucht nach ihr die Sehnsucht nach der Anfangszeit ihrer Verliebtheit war, und sosehr er spätestens seit gestern Abend wusste, dass sie mit ihrer Ehe an einem toten Punkt angekommen waren, wusste er im selben Moment, dass er nicht aufhören konnte, sie zu lieben, ja je unglücklicher sie miteinander waren, desto mehr würde er sich an sie schließen, bis zum Ende. Und da war es ihm schlagartig klar, dass er sofort abreisen musste, morgen früh. Sein Geld war aufgebraucht, seine Reiseenergie verpufft, da das Glücksspiel von den Österreichern verboten war, sah er keine Chance, beides wieder zu vermehren, und Venedig selbst, ihre Schönheit, ihren Reiz, er sah sie wohl, an sein Herz drangen sie nicht.

Die letzten Händler waren abgezogen. Es war dunkel geworden. Und still. Ein beinahe voller Mond stand am Himmel. Dostojewskij nahm Abschied. Von Venedig, von West-Europa. Und das war zugleich ein Abschied von Träumen, die aus der Kindheit kamen und den jungen Mann in ihm beflügelt hatten. Es war ein Abschied von seiner Jugend. Er stützte die Ellbogen auf und legte die Hände an die Wangen und die Fingerspitzen an die Schläfen. Er kannte den Zustand, der sich seiner bemächtigte. Er hatte ihn beschrieben. Er hatte es ein „mystisches Entsetzen" genannt, „die Furcht vor etwas, das er selbst nicht angeben konnte, etwas Unfassbares, gar nicht Existierendes in der Ordnung der Dinge, das im Begriff war, wirklich zu werden, wie zum Hohn auf alle Beweise der Vernunft …". Lange stand er so. Und da er den Kopf schwerer werden fühlte, löste er die Arme von der Brüstung und legte die Stirn auf den warmen Stein, wie man sie sonst zur Kühlung auf etwas legt, jedenfalls zur Linderung, oder auch zum Gebet … als er hinter sich ein Geräusch hörte.

3

Zuerst dachte er an eine Maus oder Ratte. Nächtlich verlassene Märkte und deren Bewohner waren ihm vertraut. Doch das Knacken oder Klopfen wiederholte sich, und als er sich umdrehte, sah er einen Schatten zwischen zwei Läden. Es konnte ein Dieb sein, und seine Kräfte zur Abwehr im Fall eines Angriffs wären gering gewesen. Doch er hatte keine Furcht und ging einen Schritt näher. Hörte er es hinter dem Verschlag einen Meter vor ihm atmen? Auch war es, als würde ihn etwas durch die Zwischenräume der Bretter anschauen. Ein Plumpsen im Kanal ließ ihn herumfahren, ein Mann stand am Ufer und sah etwas Hineingeworfenem oder -gefallenem nach, vielleicht einer Flasche, denn er wankte. Als Dostojewskij wieder zurückschaute, huschte seine Erscheinung die Stufen hinunter zur anderen Seite als der, von welcher er gekommen war, immer so an den Läden entlang, dass die schattenwerfende Figur selbst unsichtbar blieb. Er ging ihr nach. Am Fuß der breiten Steintreppe glruckste Wasser vom Kanal, kurz davor, auf die Gasse zu steigen, was hinsichtlich der langen Trockenheit doch erstaunlich war. Die Ladenreihe setzte sich in einer Geraden fort und führte zu einem

Platz, dessen Geruch keinen Zweifel darüber aufkommen ließ, was tags auf ihm verkauft wurde: Fisch. Ein Mann in abgerissener Kleidung durchsuchte eine Mülltonne, und Dostojewskij dachte an die Frauen und Männer, die jeden Morgen zum Sennoi-Markt kamen, um Fleisch, Fisch und Gemüse für die Obdachlosenheime zu erbetteln. Die meisten Händler gaben ihnen von ihren Waren. Ein kleines Geschäft war eben daran, zuzusperren, die alte Verkäuferin kam aber dem Wunsch des ausländischen Kunden nach einem Stück Käse und einem Viertel Laib Brot nach und richtete ihm beides sehr umständlich in einem Päckchen zusammen. Von den Münzen, die er ihr hinhielt, wählte sie die kleinste und beschenkte ihn zudem mit einem, wie er es empfand, zutiefst mädchenhaften Lächeln von ihrem greisenhaften Mund. Draußen riss Dostojewskij das sorgfältig Verschnürte auf und biss gierig ins harte Brot, wobei ein Zahn heftig schmerzte und wackelte. Ein schlechtes Zeichen, dachte er, und überlegte, in welche Richtung er sich auf die Suche nach seinem Zimmer machen sollte, wo er Käse und Brot – Tee würde er wohl noch bekommen – verzehren, zwei bis drei Stunden arbeiten und sich nicht zu spät schlafen legen wollte, um den frühestmöglichen Zug nach Triest und dann über Wien, Dresden und Berlin nach Hause zu nehmen. Da sah er an einer Ecke des Marktes wieder eine Bewegung, diesmal die einer kleinen rundlichen Figur, die ihn an Beppo erinnerte, den er ganz vergessen hatte. Winkte sie, ehe sie um die Ecke bog? Er ging ihr gesenkten Hauptes nach und kaute kleine Bissen Brots und mochte sich selbst überhaupt nicht in dieser Situation und auf dieser Reise, deren Niederlage er sich eben auf der Brücke eingestanden hatte und die er sein weiteres Leben mittragen würde als fehlgeschossene Utopie seiner Jugend, deren stationsweise Demontage er rekonstruieren und den russischen Lesern in einem Reisebericht seiner Zeitschrift übermitteln müsse.

Musik drang zu ihm aus nicht weiter Ferne. Er hob den Kopf und sah nun ziemlich sicher, dass es Beppo war, der in eine Gasse tauchte. Je näher er kam, desto deutlicher klang die Musik aus ihr, ein lebhafter italienischer Gesang einer Gruppe Feiernder, von einer sehr kräftigen Männerstimme angeführt und von den Trommel- und Schellenschlägen eines Tamburins begleitet. Er blieb stehen und las „Calle de la Madonna". Keine zwanzig Schritt weiter kündeten eine Laterne und durch eine offen stehende Tür fallendes Licht von Leben in der sonst dunklen und in die Tiefe völliger Finsternis gehende schmale Gasse. Als er einen Fuß in sie setzte, umfing ihn kühle Feuchtigkeit, die er als wohltuend empfand. Der Gesang wurde mit jedem Schritt lauter und schwoll, als er unter der Laterne an einem zur Gänze abgedunkelten Fenster stand, zu solcher Wucht an, dass er seine Energie in den Haarspitzen und die geballte Lust der vielfältigen, männlichen wie weiblichen, alten wie jungen, Stimmen in seiner Brust zu spüren meinte, als wollte sein müdes Herz mithüpfen zu dem stampfenden, zuversichtlichen Rhythmus dieses heiteren, volkstümlichen Liedes, dieser hymnischen und dabei zutiefst eingängigen, einfachen Melodie, deren Vortrag den Charakter einer professionellen Aufführung hatte und doch vom Lachen, den Übertreibungen und kleinen Unsauberkeiten, wie sie einer ausgelassenen Schar lebhaft Feiernder zu eigen ist, durchsetzt war. Über der Tür stand in fast nicht mehr lesbaren Lettern *Acquasanta*.

Der Gastraum war leer. Und wenig beleuchtet. Einzig die Schank im Hintergrund war hell und in Betrieb. Flaschen, Becher, Gläser türmten sich auf ihr. Alles Leben spielte sich hinter einer angelehnten Flügeltüre ab, durch die der Gesang gedämpfter drang als vorhin durch das Fenster auf die Gasse. Die ging auf und ein gebückter Mann mit Schürze, der zu sich selbst sprach, brachte zwei leere Weinkrüge. Im Vorbeigehen sah er kurz hoch, und Dostojewskij wusste nicht, ob eine seiner vor sich hin gemurmelten Äußerungen ein Grußwort war. Der Wirt – um den musste es sich handeln – stellte die Krüge unter den Hahn eines Fasses und nützte die Zeit ihres Volllaufens dazu, sich aufstützend zu verschnaufen. Er blieb weiter im intensivsten Dialog mit sich, stellte sich Fragen, gab sich Antworten, zuckte die Schultern, lachte, schaute nun aber den Unbekannten vor sich so intensiv an, als spräche er zu ihm. Kein Befremden über seine Anwesenheit. Als die Krüge voll waren, machte er sich mit einer lauteren Suada Kraft und trug sie durch die Flügeltüre, die er nun einen Spalt weiter offen ließ und so einen Blick hinein gewährte. Eine bereits in beträchtliche Unordnung gebrachte gedeckte Tafel stand über die ganze Länge des nicht großen Raumes, an der sich die meisten der Feiernden wie in Darstellungen des letzten Abendmahles an einer Seite zusammendrängten, in deren Zentrum ein stattlicher Mann mit beträchtlicher Leibesfülle, breitem

Kopf und kunstvoll gewellten schwarzen Haaren saß, der wie ein Familienvater aus voller, breiter, kräftiger Brust singend den Ton angab und mit einer riesigen Schöpfkelle dirigierend den Takt schlug. Die Gesichter der um ihn Sitzenden waren markant und charaktervoll, als wären die Typen einer italienischen Komödie, von Jung bis Alt, an einem Tisch versammelt, was auch die gewisse Brillanz ihres Gesangs erklären mochte. Die Kerzenbeleuchtung verstärkte das Gemäldehafte der volkstümlichen Szene, zu der nur die feinen Kristallgläser, in die der Wirt aus seinen derben Krügen perlenden Wein schenkte, in Kontrast standen. Die Augen des Familienvaters fielen durch den Türspalt auf die Gestalt des draußen stehenden einsamen Herrn und blitzten auf, der breite, sinnliche Mund ging noch ein wenig mehr in die Breite und ein Teil der taktgebenden Kopf- und Schöpfkellenbewegungen wurde zu einem freundlichen Gruß, den ein geselligeres Gemüt als das Dostojewskijs erwidert hätte. Er aber stand regungslos mit seinem Päckchen Brot und Käse und wusste nicht, was ihn abhielt, in die Nacht zu schlüpfen und nach Hause zu gehen. Da sah er, wie der Sangesvorstand sich zum einschenkenden Wirt neigte und ihm etwas ins Ohr flüsterte, worauf dieser mit seinem gebeugten Rücken, der jeder seiner Handlungen etwas Geflissenes gab, um den Tisch und durch die Tür eilte, sich vor Dostojewskij aufstellte und in Italienisch gefärbtem Französisch sagte: „Der Maestro lädt Sie ein, hineinzukommen."

Dreifach überrascht – über die französische Anrede, die Einladung und das „Maestro" – schaute er über den Wirt auf den fülligen Mann, der aber eben im Begriff war, im

Singen mit einem neben ihm sitzenden, auffällig hübschen jungen Mann zu scherzen und seine Taktschläge mit der Schöpfkelle auf dessen imaginäre Brüste anzudeuten, was diesen veranlasste, seinen Kopf mit den langen, brünetten Haaren in den Nacken zu werfen und im heftigen Auflachen zwei blendend weiße Zahnreihen und einen kräftigen, wenngleich mädchenhaft blassen Hals zu entblößen, eine einfache Reaktion und zugleich eine Demonstration, ein Ausbruch jugendlicher Vitalität, die Dostojewskij sofort ergriff.

Zurück auf den Wirt schauend, fragte er: „Der Maestro?"

„Nun", hob der Gebeugte die Arme und sagte, als gäbe es nichts Selbstverständlicheres: „Maestro Rossini." Lachte, ging weg, drehte sich noch einmal um und sagte mitten in den versteinertsten und doch fragendsten Blick: „Gioachino Rossini. Er lädt Sie herzlich ein."

Dostojewskij musste sich einen Augenblick an der Schank festhalten. Träumte er? Zweifelnd schaute er auf den vitalen, singenden, kraftstrotzenden Mann. Es konnte sich natürlich nur um einen Namensvetter handeln oder um irgendeinen Musiker, der sich so nannte, denn Rossini … kam doch tief aus dem achtzehnten Jahrhundert … wohl hatte er nie von dessen Tod gehört oder gelesen, aber er konnte sich nicht recht vorstellen, dass er jetzt, achtzehnhundertzweiundsechzig, noch lebte. Der Uraufführung des „Barbier von Sevilla" in Sankt Petersburg hatte Dostojewskijs Großvater beigewohnt. Und seit wahrscheinlich dreißig Jahren hatte es keine neue Rossini-Oper mehr gegeben. Rossini war eine Legende, ein Klassiker, den man sich im elysischen Kreise

Bachs und Mozarts dachte, nicht im Hinterzimmer einer venezianischen Weinstube.

„Bitte! Zögern Sie nicht!", schob ihn da der Wirt, der einen neuen Krug gefüllt hatte, mit der freien Hand zur Türe, durch sie hindurch, und schon stand Dostojewskij an der Tafel, die fast den ganzen Raum ausfüllte, und weil das Lied in diesem Moment zu Ende war und die Darbietenden sich selbst akklamierten, schien der Eingetretene eine Art Auftrittsapplaus zu bekommen. Der Rossini genannte Mann stand auf und sagte: *„Buona sera. Siate mio ospite, per favore. Sono Gioachino Rossini e questi sono i miei amici."*

Dostojewskij dankte, sagte seinen Namen und setzte sich auf den ihm angebotenen Platz auf der Bank gegenüber. Die anderen waren vom Singen in die lebhafteste Unterhaltung geglitten, tranken, riefen durcheinander und lachten, der vollhalsige Gesang war dagegen leise gewesen. Auch die Aufmerksamkeit des Gastgebers auf ihn schien fürs Erste beendet und wieder auf den Jungen neben sich gelenkt, was ihn nicht daran hinderte, die eine oder andere Bemerkung zu irgendeinem entfernter Sitzenden zu machen, dem Wirt, der nun an einer weiteren Türe, die vielleicht zur Küche führte, stand, Anweisungen zu geben und zwischendurch die ganze Runde mit einer scherzhaft gesungenen Phrase zum Lachen zu bringen. Es schien, als wären seine Augen und Ohren überall, und alle aus seiner Freundesschar, sosehr sie miteinander beschäftigt waren, hatten immer wenigstens ein Ohr und ein Auge bei ihm, um nichts von seinen Äußerungen zu verpassen und sofort zu reagieren, sollte er sie in die Unterhaltung einbeziehen. Der stattliche Mann mit dem berühmten Namen war der natürliche Mittelpunkt der Tafel, ihre Sonne, und stand mit jedem der ihn umkreisenden mitfeiernden Gestirne in energetischer, sympathetischer Verbindung. Dostojewskij trank aus dem Kristallglas, das man ihm hingestellt hatte, der schäumende Wein rann kühl und erfrischend über seine Kehle und belebte, wärmte und erregte sein Inneres wie ein Zaubertrank. Zugleich sah er die Augen des jungen Mannes auf sich, sie waren blau wie Veilchen mit übergroßen pechschwarzen Pupillen, die vollen, geschwungenen Lippen lächelten, was die starken Backenknochen über den schmalen Wangen des spitz zulaufenden Gesichts betonte, das Gesicht war schön, engelhaft, und beinahe kindlich jung, aber die Formung der Mundwinkel, der Ausdruck des Lächelns und besonders ein irgendwie lauerndes Wissen in den Pupillen konterkarierten den Engel und das Kind, und als er aufstand und zum Wirt ging, um ihm etwas zu sagen und dann durch die Tür hinauszuschlüpfen, sah man auf einmal ziemlich deutlich, dass der junge Mann mit den schulterlangen Haaren und der tänzerhaft schlanken Figur in Wirklichkeit ein junges Mädchen war.

Dostojewskij fühlte sich an etwas erinnert, doch hatte er keine Zeit, nachzudenken, weil er angesprochen wurde. „Victoria kommt zurück", sagte der Mann ihm gegenüber und zwinkerte ihm freundlich und ohne Anzüglichkeit zu. „Ich nehme an, Sie bevorzugen die französische Sprache? Sie kommen aus Russland, nicht wahr?"

Dostojewskij nickte – im Französischen war er sicher – und betrachtete das fremde Gesicht. Alles an diesem Mann schien in die Breite zu zielen. Und doch hätte man ihn nicht dick nennen wollen. Die Schultern waren mächtig, der Kopf grandios, nur die Haare lagen gescheitelt und zur Seite frisiert seltsam flach, wie angeklebt, auf ihm und fielen in sich leicht wellenden Büschen über die Ohren hinab. Die scharfe, raubvogelhafte Nase akzentuierte das flächige, großwangige Gesicht, die schwarzen, kleinen Augen über den ausgeprägten Tränensäcken waren müde und wach zugleich. Die dunklen Augenringe erzählten von durchwachten Nächten und reicher Lebenserfahrung. Der Mund wusste um Leid und Sinnlichkeit.

„Sie wundern sich, dass ich noch am Leben bin", kam aus ihm, und die Lippen schürzten sich neckisch. „Nach allen Gesetzen der Logik dürfte ich das auch nicht mehr sein. Vielleicht werde ich so alt, weil ich nur alle vier Jahre Geburtstag habe. Am neunundzwanzigsten Februar dieses Jahres wurde ich siebzig. Ich bezweifle, dass ich den nächsten neunundzwanzigsten Februar erleben werde."

Heftiger Widerspruch kam von den Umsitzenden, und von zwei Seiten wurde ihm eingeschenkt, wie um damit sein Leben zu verlängern. Dostojewskij rechnete angestrengt nach. Etwas passte nicht zusammen.

„Die Uraufführung Ihres ‚Barbier von Sevilla' war in Sankt Petersburg", sagte er zögernd, „das war …"

„Siebzehnhundertzweiundachtzig. Zehn Jahre vor meiner Geburt", fiel ihm der andere lachend ins Wort. Nun, damit hat er sich selbst entlarvt, dachte Dostojewskij und wunderte sich, wie leichtfertig er einem Schwindler aufgesessen war. Doch da nahm der sein Glas und stellte es, seine Worte unterstreichend, in die Tischmitte: „Siebzehnhundertzweiundachtzig schrieb Giovanni Paisiello seinen ‚Barbiere di Siviglia' für Sankt Petersburg. Er war dort Hofkomponist. Ein Süditaliener! Die Oper war lange erfolgreich. Ich habe den sterbenden Paisiello in Neapel besucht und ihn gebeten, den Stoff neu vertonen zu dürfen." Damit stellte er ein zweites Glas in die Mitte und nahm das erste weg. „Das ist nun auch bald ein halbes Jahrhundert her. Ich habe den Nerv der damaligen Zeit getroffen. Der Erste, der Beste zu sein, war das Ziel der neuen bürgerlichen Welt. Mein Figaro war ihr Herold. Und ich der gefeiertste Komponist Europas. Zum Wohl", hob er sein Glas. „Sie sind Musiker?"

Dostojewskij brauchte einige Zeit, um das Gehörte in sich aufzunehmen. Der Mann war kein Schwindler. Der Mann war tatsächlich der, den Stendhal den „Napoleon der Musik" genannt hatte, der geniale Erfinder des „Wilhelm Tell", der „Cenerentola", der geschichten- und sagenumwobene, der beinahe schon mythologische Gioachino Rossini.

„Schriftsteller", entfuhr es ihm automatisch.

„Ah!", riss ihn der andere aus seinen Gedanken. „Ein russischer Schriftsteller. Ich kenne Turgenjew aus Paris. Kennen Sie Turgenjew?"

Dostojewskij nickte. Er kannte Turgenjew. Und wurde nicht gern an ihn erinnert. Erstens schuldete er ihm noch Geld, und dann konnte er es dem nur drei Jahre Älteren, doch um so viel Berühmteren nicht vergessen, dass er ihn in seiner Anfangszeit in Petersburg einen „aufgeblasenen Provinzdichter mit Genie-Attitüde" genannt hatte.

„Wir warten hier in Europa schon lange auf den neuen Puschkin. Sind Sie es?"

Bevor Dostojewskij rot werden konnte, legte ihm Rossini die Hand auf den Arm und lachte gewinnend. „Entschuldigen Sie. Wir Italiener sind schrecklich direkt. Sie haben eine erstaunliche Physiognomie. Ich habe im ersten Moment geglaubt, ich kenne Sie. Sie sehen aus wie jemand, den man kennen sollte. Sie sind noch jung?"

„Vierzig."

„Mit vierzig habe ich aufgehört, Opern zu schreiben. Und mich dem Genuss des Lebens hingegeben. In meinem Landhaus bei Paris koche ich für Freunde. Auf Reisen lasse ich kochen. Aber nach meinen Angaben und Bestellungen." Er zeigte auf den Wirt und drei Küchenhilfen, die große Platten mit Wurst, Käse, Tomaten, Trauben und Brot brachten. „Oliven aus Kalabrien, Gorgonzola aus der Lombardei, Schinken aus Sevilla. Und unser Hauptstück." Mit der Andeutung einer großen Operngeste zeigte er auf eine gut zwei Meter lange Wurstrolle mit dem Durchmesser eines Wagenrades, die am Ende der Tafel auf einem hölzernen Gestell stand. Der Wirt zog sich gerade weiße Handschuhe über und fing an, mit einem langen, feinen Messer dünne Scheiben des rosafarbenen Kolosses abzuschneiden. „Mortadella aus Bologna. Aber in ihrer ursprünglichen Form als Myrtatella, mit Myrtenbeeren statt mit Pfeffer gespickt."

Damit bekam er die erste Scheibe direkt vom Messer des Wirts, hob sie mit den Fingern hoch und sog tief ihren Geruch ein. „Im Mittelalter war ein Viertel der Bevölkerung Bolognas ausschließlich damit beschäftigt, Mortadella zu machen." Er öffnete den Mund und ließ die gefaltete Scheibe sehr langsam von oben hineingleiten, was die Runde mit einem gedehnten „Aaah!" untermalte. Er kaute und beschrieb den Genuss gestisch mit kreisenden Bewegungen der rechten Hand, während die linke zum Glas griff. „Der Papst erließ ein Gesetz, in dem die Zubereitung festgeschrieben war. Wer noch vor hundert Jahren ohne Befugnis Mortadella herstellte, musste dreimal auf die Streckbank. Heute zahlt er eine enorme Strafe." Dies sagte er mit erhobenem Zeigefinger zu Dostojewskij, wie um diesen, sollte er je auf die Idee kommen, unerlaubt Wurst zu produzieren, vor den Folgen zu warnen. Dessen Gesichtsausdruck verriet in seinem gleichbleibenden staunenden Ernst, dass dies nicht in seiner Absicht gelegen hatte, erhellte sich aber, weil das Mädchen zurückkam, Rossini einen Kuss auf den Hinterkopf drückte, sich neben ihn setzte und dem russischen Gast das strahlendste Lächeln schenkte.

„Victoria ist der Glanz der hiesigen *commedia*", erklärte der Komponist. „Ich möchte sie gerne zur *comédie* nach Paris entführen, aber sie hängt schrecklich an ihrem Venedig. Ich verstehe sie." Er nahm einen tiefen Schluck Wein. „Ich hatte die glücklichsten Zeiten meiner Jugend hier. Mit achtzehn komponierte ich meine erste Oper für das Teatro San Moisè. Mit achtzehn ein Opernauftrag für Venedig! Ich habe damals gar nicht verstanden, was das heißt. Ich schrieb eine *farsa* in einem Akt. Einige weitere Opern folgten. Der Erfolg war nicht riesig, aber das Honorar war gut. Meine Musik hat viele irritiert, die Lieblicheres gewohnt waren. Noch war ja die Oper die Königin der Musik. Aber sie war für den Augenblick gedacht, nicht für die Ewigkeit. Ich bin mein Leben lang beim Success ruhig geblieben … wie beim Fiasko. Ein *fiasco*", deutete er ans untere Ende der Tafel, „ist im Italienischen auch die ‚Weinflasche'. Schrieb ich meinen Eltern nach einer Premiere, deutete ich auf dem Couvert bereits das Ausmaß des Fiaskos an, indem ich eine mehr oder weniger große Weinflasche darauf zeichnete."

Da lachte Dostojewskij zum ersten Mal, abgehackt und kurz, aber ehrlich. Rossini freute sich darüber und hob sein Glas, doch ohne ihm, was er befürchtet hatte, zuzuprosten. „Der ‚Tancredi' hier im Fenice war dann, was man meinen Durchbruch nennt. Ein Siegeszug der Oper folgte durch ganz Italien. Dann München, Wien, Dresden, Berlin, London, Paris, New York. Jetzt spielen sie mich gerade wieder im Fenice. Aber deswegen bin ich nicht hier." Er schaute seinem Gegenüber direkt in die Augen und sagte ohne eine Spur von Sentimentalität, eher heiter und wie nebenbei: „Ich wollte Venedig noch einmal sehen, bevor ich sterbe." Darauf tranken die beiden fremden Herren aus ihren Kristallgläsern und behielten einander im Blick.

Dostojewskij hatte sich von der Art Schock, plötzlich einem der größten Genies der Musikgeschichte, einem Helden seiner Jugend, gegenüberzusitzen, noch nicht erholt. Er musste seinen Schnitzer von der falschen ‚Barbiere'-Oper wettmachen und sagte heiser: „Ich habe eben Ihr Stabat Mater in Wiesbaden gehört." Er hatte das Gefühl, im Lärm der Tischgesellschaft unhörbar zu sein, aber Rossini schien ihn anstrengungslos zu verstehen, denn er nickte lächelnd. Doch das war nicht genug, er musste etwas von seiner Begeisterung, von seiner tiefen Ergriffenheit zum Ausdruck bringen. „Ich glaube, dass …" Er machte eine Geste mit der Hand und schämte sich sofort dafür, im Kreise dieser sich so geschmeidig und ungezwungen bewegenden Menschen wirkte sie hölzern und steif, und Rossini und das schöne Kind hingen an seinen Lippen und warteten darauf, zu hören, was er denn nun „glaube", außerdem hatte er einen belegten Hals und trockene Lippen und kam sich unmöglich vor, doch ein Blick in die Augen der beiden gegenüber zeigte ihm, dass sie ihm das, auch wenn sie es natürlich empfinden mussten, nicht übel nahmen, und er raffte seinen Mut zusammen und sagte schließlich: „Ich weiß nicht, ob es in der Musik so viele schöne Stücke gibt." Und schämte sich schlagartig auch dafür. Aus lauter Angst, etwas Laienhaftes zu sagen, hatte sein Ton etwas Nüchternes, Besserwisserisches gehabt, als spräche irgendein trockener Musikologe; von einem Schriftsteller wäre wohl eine weniger plumpe Formulierung zu erwarten gewesen. Rossini lachte leise auf, aber nicht, um ihn auszulachen – dafür hatte Dostojewskij ein feines Gespür –, sondern mit wiegendem Kopf und, ja tatsächlich, aus aufrichtiger Bescheidenheit.

„Danke", sagte er, und es klang wie von einem, der zum ersten Mal Lob über sein Werk hört, nicht wie von einem, der seit Jahrzehnten daran gewöhnt ist. „Das war vor dreißig Jahren. Meine Stücke liefen überall. Ich brachte gerade den ‚Barbiere' nach Madrid. Ein Triumph. Am Tag der Premiere kam ein Geistlicher und gab mir den Auftrag zu einem Stabat Mater. Ich komponierte, wurde krank, es dauerte lang. Von da an …", er hob die Schultern und wischte auf dem Tisch ein paar Brotkrümel herum, als suche er zwischen ihnen die Erklärung für etwas, das er selbst nicht verstand, „… habe ich nie wieder einen Opernauftrag angenommen. Ich zog in eine einfache Mansardenwohnung im Théâtre-Italien in Paris, obwohl ich gut situiert war. Ich wollte unter meinesgleichen sein, unter Musikern, Theaterleuten." Er zeigte in die Runde, deren Gesichter jetzt alle auf ihn gerichtet waren. „Der fünfte Stock war gut für mich, denn ich fing an, dick zu werden." Er lachte und wischte wieder die Brotkrümel umher. „Ich hatte seit jeher die Passion der Faulheit. Meine zweite Lebenshälfte begann. Ich brauchte Ruhe … später zog ich mich nach Bologna zurück, und … *così finita la comedia …*"

Das Letzte sagte er schon mit Blick auf eine weitere Wurstplatte, die der Wirt an seiner massigen Schulter vorbei auf den Tisch hievte. *„È arrivata la nuova mortadella"*, dozierte er mit gespieltem Ernst, als käme mit der neuen Wurst das Eigentliche des Lebens ins Spiel. Er zeigte auf verschiedene Sorten. „Hier haben Sie Mortadella aus Schweineleber, hier die besonders zarte Mortadellina, die Österreicher würden sie ‚Fräulein Mortadella' nennen …" Und in das Lachen der Gesellschaft erhob zum ersten Mal Victoria ihre Stimme:

„È la mia amata mousse!" Sie nahm einen Tontopf, fuhr mit dem Mittelfinger in die rotbraune cremige Masse, hob eine kräftige Portion in die Höhe, roch daran, steckte sie sich mit dem Finger tief in den Mund, sog und zog ihn völlig sauber wieder heraus. „Mmh", stöhnte sie laut, und wieder lachten alle.

„Unartiges Kind", schmunzelte Rossini zu seinem Gast, der vor einem noch unberührten Teller mit Mortadellavariationen saß und das junge Mädchen fassungslos und irgendwie eigenartig ansah. Wie alt mag sie sein, dachte er. Neunzehn? Zwanzig?

„Einundzwanzig", sagte Rossini, als hätte er die stumme Frage gehört, und verschlang zwei Scheiben Schweinelebermortadella auf einmal. „Mein Magen wird morgen wieder beleidigt sein, aber morgen ist morgen. Essen Sie. Der Magen ist der Kapellmeister, der das große Orchester unserer Leidenschaften regiert und in Tätigkeit versetzt."

Da merkte Dostojewskij auf einmal, wie hungrig er war. Und als er das erste Stück gekostet hatte, konnte er, wiewohl er sich sonst aus Wurstwaren nicht viel machte, schon nicht mehr aufhören. Zudem ermunterte ihn Victoria, die nur wenig Französisch sprach, mit Blicken, von allem ausreichend zu probieren, und schenkte ihm nach, sobald sein Glas leer war.

„Bologna ist meine eigentliche Heimat", sagte Rossini wurstkauend, es war nicht klar, zu wem. „Dort herrscht ein gemütliches, ungezwungenes Treiben. Florenz ist schon mehr ein Hofstaat."

Dostojewskij nickte, obwohl seine Abneigung gegen Florenz ganz andere Gründe und er von der Stadt keine Ahnung hatte. Aber der *compositore* freute sich, dass der Fremde seine Meinung teilte, und feierte das mit einem herzhaften Schluck. „Das ist ein Sauvignon frizzante aus Lugo bei Ravenna. Mein Vater war dort als Stadttrompeter angestellt. Und als Aufseher eines Schlachthauses." Er zeigte lachend auf die Wurstplatten. „Und ich bekam meine ersten Unterweisungen in Spiel und Gesang. Mit vierzehn wurde ich Mitglied der Akademie in Bologna."

„Wie Mozart!", rief ein älterer Mann, der mit seinem spitzen Bart und seiner markanten Nase im Halbdunkel aussah wie der leibhaftige Pantalone.

„Nun ja", sagte Rossini milde.

Pantalone insistierte: „Mit zwölf haben Sie schon Ihre sechs Streichquartette komponiert. In drei Tagen!"

„Die schrecklichen Sonaten", konterte der Maestro leise. „Meine Mutter war Sängerin", sagte er zu Dostojewskij, „auf der Suche nach Engagements waren sie und Papa – er war Orchesterhornist – viel auf Reisen, ich war viel allein."

„Er war schon als Kind eine Berühmtheit", sprang Victoria auf Französisch ein. Ihre Stimme war kräftig und rau wie nach heftigem Schreien oder unmäßigem Zigarettengenuss, etwas Verletztes, Verletzliches lag darin, eine große Zartheit und zugleich eine rüde Widerborstigkeit, eine Art gebrochener Unschuld, die aber den Ton angab und sich behaupten wollte. Kind und Kurtisane klangen aus ihr, Erziehung und Ungehorsam, Salon und Gosse.

Dostojewskij horchte intensiv auf diese Stimme, sie bewegte ihn mehr als das, was sie sagte, weshalb sein Blick auch auf Victoria blieb, obgleich sie von Rossinis Berühmtheit als Kind geredet hatte.

„Wegen meiner Stimme", sagte der nun, „sie war sehr schön, und ich war stolz darauf. Die Mousse ist übrigens aus Parmesan und …? Raten Sie!"

Dostojewskij, zweifach überrascht ob der direkten Ansprache und des abrupten Themenwechsels, riss die Augen von dem Mädchen und murmelte: „Morta – – –?"

„Mortadella! Bravo! Ooooh …" Unvermittelt sang er einen langen Ton, tief aus dem Bauch, seine Schultern waren im Einatmen völlig ruhig geblieben und blieben es im Verlauf des kurzen Liedes, das er angestimmt hatte und in das alle wie auf Kommando einfielen. Das Lied begann mit „*Amore*", bald wurde aber klar, was das Objekt der Liebe war: die „Ooooh … *La mortadella!*" Ein Gassenhauer, eine geschunkelte Liebeserklärung an eine Wurstsorte. „*Sempre buona*", sang Victoria, „*co' il panino*", rief Pantalone, „*con un buon bicchier' di vino*", krächzte eine komische Alte, „*la mortadella sempre vincerà!*", schlossen alle und hoben zum letzten langen Ton sämtliche Platten vom Tisch triumphierend in die Höhe.

Dostojewskij wunderte sich sehr, wo hinein er da geraten war, und mehr, dass er sich darin nicht unwohl fühlte. Der Wein, die Speise, die hartnäckig immer wieder die seinen suchenden Blicke des Mädchens, sie heizten ihn an. Doch am meisten beseelte ihn die Anwesenheit des grandiosen Musikers, der auch ein grandioser Mann war und dabei so schlicht, so natürlich mit ihm sprach, als kennten sie einander schon lang.

„Wir haben zu Hause auch viel gesungen", sagte er lauter als vorhin und beugte sich dabei etwas über den Tisch. Rossinis Augen funkelten ihn an. „Nach dem Essen ... mit den Eltern. Auf der Gitarre gespielt, gesungen, ernste Lieder von Noten, am Schluss lustige Schnurren ... wir kannten alle Volkslieder auswendig ... es ging sehr fröhlich zu." Er merkte, wie warm ihm bei dieser Erinnerung wurde, über die er selten gesprochen hatte.

„In San Pietroburgo?", fragte der Maestro.

Er schüttelte den Kopf und zwirbelte seinen Bart, wie immer, wenn er aufgeregt war. „Das war noch in Moskau. Manchmal gingen wir ins Theater. Am Nachmittag, auf Stehplätzen." Er musste kurz lachen, Rossini lachte aufmunternd mit, obwohl er den Grund nicht kannte, das Mädchen hatte den Kopf schief gelegt und sah ihn schmunzelnd an. „Mein Lieblingsstück ... ich war sieben ... war ‚Schoko, der brasilianische Affe'."

„Schoko!", rief Pantalone, der den Namen im Gespräch mit seinem Tischnachbarn aufgeschnappt hatte. Auf einmal waren wieder alle Augen auf dem anfangs so schweigsamen, langsam in Fahrt kommenden Gast.

Auch Rossini kannte das Stück. „Es wurde in Paris uraufgeführt und ging dann auf Tournee", sagte er.

„Im Bolschoj-Theater. Ich war hingerissen", rief Dostojewskij beinahe über die Tafel hin, sofern das seine heisere, vom langen Alleinsein und Schweigen wie verschlossene, ungeübte Stimme zuließ. „Der Hauptdarsteller sah wirklich täuschend wie ein Affe aus, er war ein perfekter Equilibrist ... ich habe noch Monate von ihm geschwärmt, habe ihn sogar nachgemacht ..."

In diesem Moment sprang Pantalone auf die Bank und begann eine ziemlich perfekte Affenkopie, die wohl ein kurzes Gelächter hervorrief, aber rasch zum Aufhören gebracht wurde, weil man den fabulierenden Russen nicht aus dem Mittelpunkt des Geschehens verlieren wollte und ihn drängte, nun seine eigene Affennummer vorzuführen. Die neben ihm rückten sogar zur Seite, um auch ihn auf die Bank steigen zu lassen, aber Dostojewskij winkte ab und ließ sich nur zu einem minimalistischen äffischen Grunzen, Zähneblecken und Unter-den-Achseln-Kratzen hinreißen, worüber er selbst so lachen musste, dass er sich an Brotkrümeln, die er im Mund hatte, verschluckte und hustete und keine Luft mehr bekam und die neben ihm ihn mit Schlägen auf den Rücken traktierten und er dabei immer weiter lachte und ganz rot wurde und Tränen aus den Augen rannen und alle mitlachten und ihn damit vollends in ihrer Runde und, das schien das Gleiche zu sein, in ihren Herzen aufgenommen hatten. Und Rossini betrachtete ihn mit den Augen eines liebevollen, stolzen und gerührten Vaters und Freunds.

„Alle Effekte", röchelte der wieder zu Luft Gekommene, „das Springen von Baum zu Baum, die Elster ... Schokos Tod ... waren von Musik ... illustriert!" Hier lächelte der Musiker und schwieg. Da fiel Dostojewskij ein, dass es vielleicht ein Fehler war, ihm zu lange von einem fremden Stück vorzuschwärmen, und erzählte: „Als ich dann mit zwanzig in Petersburg anfing, ins Theater zu gehen, liefen die Vorstellungen der italienischen Operntruppen. Ihren ‚Karl der Kühne' habe ich mehrmals gesehen."

„Ich habe keine Oper dieses Titels geschrieben", korrigierte der Maestro, blieb aber auch bei dieser zweiten Verwechslung nachsichtig.

„So hieß Ihr ‚Wilhelm Tell' bei uns wegen der Zensur", sagte Dostojewskij und hüstelte kichernd, stolz, auch eine kleine Pointe angebracht zu haben.

„Das wusste ich nicht", sagte der Maestro, und Victoria lachte auf.

Die Küchengehilfen stellten vier große, dampfende Schüsseln auf den Tisch. Sie waren, der Russe schluckte, bis oben voll mit Pelmeni.

„Vorsicht", scherzte Victoria und schüttelte eine Schüssel, wodurch die Nudeltaschen auf und ab sprangen, „die leben noch!"

„Ich kenne das", erwiderte der Gast wie einer, der mit den Feinheiten der inländischen Küche vertraut ist, „das sind ... Tortelli."

„Tortellini?", verbesserte das Mädchen, und der Komponist sprang ein: „Ravioli. Mit viererlei Füllung: Fleisch, Ricotta, Trüffeln, und hier: Ravioli *tirolesi* – eines der wenigen bemerkenswerten Dinge, die uns die Österreicher gebracht haben, gefüllt mit Käse und Spinat, die sogenannten Schlutzkrapfen. Sagen Sie Schlutzkrapfen, Dostojewskij."

„Schltzkrpfn", wiederholte er, alle lachten, aber die Aussprache fiel ihm aufgrund der überwältigenden Mehrheit der Konsonanten weniger schwer, als man gehofft hatte. Frische Gläser wurden gebracht und neuer Wein, diesmal in Flaschen.

„Ein Frascati aus Lazio." Rossini hielt seine Nase tief ins Glas. „Einmal habe ich – es war der sechsundzwanzigste November achtzehnhundertsiebenunddreißig – bei einem Baron in Umbrien zu Ravioli einen Rosé aus Apulien bekommen." Dies sagte er zu Pantalone hin, den es angewidert beutelte. „Es war ein schrecklicher Abend."

Dostojewskij ließ sich von allen vier Sorten auf seinen Teller geben. Die Nudeln waren flacher und an den Rändern gezackt, aber wenn er die Augen schloss, konnte er dabei an Pelmeni denken.

Nach den Nudeln kamen große Fleischteile, die sich als ganze gebratene und geköchelte Gänselebern herausstellten. Der Maestro ging selbst von Teller zu Teller und überhobelte sie mit schwarzen Sommertrüffeln aus dem Périgord, die er, wie er stolz verkündete, am Pariser Markt gekauft hatte. „Der Trüffel ist der Mozart der Pilze", sagte er, als er zu seinem Platz zurückkehrte. Dazu gab es Gavi di Gavi aus dem Piemont. Dostojewskij konnte sich nicht erinnern, je so viel gegessen zu haben, aber die verschiedenartigen Geschmackskapriolen, die die Gerichte auf seiner Zunge schlugen, überstrahlten ihren Sättigungswert, und die anregende Gesellschaft mit ihrer niemals stagnierenden Lebendigkeit nivellierte ihn geradezu. Als die Männer überraschend in die Küche gerufen wurden und Dostojewskij aufstehen wollte, legte ihm Rossini wieder eine Hand auf den Unterarm und befreite ihn von der Pflicht. Wie beim ersten Mal empfand der sonst Berührungsängstliche die Geste nicht als unangenehm. Und das kam nicht bloß, weil es Rossini war, der sie ausführte – dessen Hände übrigens auffallend schön, weiß, aristokratisch waren –, nicht bloß, weil Rossini für ihn Teil des großen, von klein auf erträumten und lebenslang idealisierten Mysteriums Europa und damit der Vervollkommnung von Kunst und Kultur und es ein wenig so war, als legten Schiller, Hoffmann, Bach und Balzac mit ihre Hand auf, sondern weil in der leichten, fast nur angedeuteten Berührung so viel Takt, Vorsicht, Respekt lagen, dass sie sich in der Ausführung beinahe selbst verneinte und für den Berührten alles andere als Besitzergreifung, Befehl, Maßregelung, vielmehr eine Bewusstmachung der eigenen Willenskraft und vielleicht – in der vermeintlichen Geste von Überlegenheit – ein tastendes Suchen nach der Stärke des Anderen, ein kurzes Ausruhen in dessen Energie war.

Die Männer schleppten eine riesige Schüssel – eher eine kleine Badewanne – heran, die sehr schwer zu sein schien. Sie war bis oben mit einer gelblichen Flüssigkeit gefüllt, aus der Gliedmaßen ragten, in der schwachen Beleuchtung war es schwer auszumachen, von was oder wem. „Hier kommt unser Kastrat", sagte Rossini und hieß die Anderen mit einem „Sch!" ruhig zu sein. Einer hob eine Art Schenkel aus der Wanne und ließ ihn wieder hineinfallen, wodurch diese ins Ungleichgewicht kam und fast umgekippt wäre, aber die Männer, allesamt athletisch, stemmten die Beine in den Boden und tarierten geschickt aus. Die Flüssigkeit gluckste unheimlich in der plötzlichen Stille des Raums. „Keine Sorge", flüsterte Rossini. „Seit heute Morgen badet er zerteilt in mehreren Litern Zitronensaft. Ein sizilianisches Rezept: *castrato marinato*."

Und auf Dostojewskijs erschrockenen Blick: „Ein *castrato* heißt *castrato*, ob es sich um einen Sänger oder, wie in diesem Fall, um einen Hammel handelt – ein kastriertes Schaf. Gleich wird er abgegossen, in gehacktem Knoblauch gewälzt – Letzteres traditionell von den Frauen – und am Grill gegart. *Al lavoro, amici!*"

Und die starken Männer, um die sich nun auch die Frauen scharten, schleppten das vorgeführte Tier zurück in die Küche, nahmen ihr Geplauder und Geschnatter wieder auf und machten sich an die Arbeit, und der Dichter und der Musiker saßen auf einmal allein an der langen Tafel mit den Kerzen und abgegessenen Tellern, schwiegen und schauten einander in die Augen, was man im Halbdunkel tun konnte, ohne aufdringlich zu sein oder sich belästigt zu fühlen. Zurückgelehnt ahnte man die Augen des Anderen mehr, als man sie sah.

4

„Sie sind zum ersten Mal in Venedig?"

„Ich bin zum ersten Mal in Europa. Ich meine im Westen. Ich habe immer davon geträumt."

„Ich war nie in Russland. Ich bin wenig aus Italien und Frankreich herausgekommen. Aus Europa nie."

„Sie waren damit beschäftigt, Europa zu … verzaubern."

„Zu berauschen. Europa war besoffen von mir." Rossini lachte wie ein Mann, der einem anderen von einer Jugendtorheit erzählt. Und Dostojewskij mochte dieses Lachen. Wenn er jemandes Lachen mochte, war das für ihn ein Zeichen, dass dieser ein guter Mensch war. Hinter der angelehnten Küchentür hörte man Stimmen und Arbeitsgeräusche, die aber die Stille im Raum nicht störten.

„Sie haben eine große Sehnsucht in sich. Es war eigentlich mehr Egoismus, dass ich Sie eingeladen habe. Ich bin immer noch schrecklich neugierig. Und ich glaube wie an nichts sonst an die Intuition des Moments … Was schreiben Sie?"

„Romane."

Rossini wartete. Dostojewskij konnte nicht gut über seine Arbeit reden. Er konnte nicht gut über sich reden. „,Arme Leute' war … ist ein Roman in Briefen." Er schwieg und dachte, er sollte erzählen, dass er damit schlagartig bekannt geworden war, dass viele ihn nach dem Tod Puschkins und dem Verstummen Gogols als neue literarische Stimme Russlands gesehen hatten, aber er sagte nur: „,Der Doppelgänger'. Ein Mann spaltet sich in zwei Personen auf."

„Interessant."

„,Herr Prochartschin'. Ein Mann schläft auf seinem Geld."

„Und beschläft es?"

„Sozusagen."

„Köstlich."

„,Die fremde Frau und der Mann unterm Bett', eine Humoreske." Er merkte, dass er versucht war, die heiteren oder effektvollen Aspekte in seinem Werk zu betonen, und sagte rasch: ‚Erniedrigte und Beleidigte'. Eine verzweifelte … Liebesgeschichte." Wie platt das klang. „‚Weiße Nächte'. Ebenfalls eine … Ein Mann … ein Außenseiter … ein Träumer … verliebt sich in ein Mädchen, hilft ihr aber dann, sich einem anderen Mann, den sie liebt, zu erklären, indem er einen Brief für sie schreibt."

Rossini sah ihn ernst an und sagte nichts. War er enttäuscht? Dostojewskij hüstelte. „Ihr Barbier von Sevilla spielt auch eine gewisse Rolle."

„Wirklich?" Er lachte und schüttelte den Kopf.

„Ja. Der andere Mann hat das Mädchen in eine Vorstellung des ‚Barbier' eingeladen. Unter dem Eindruck dieser Oper … Ihrer Musik … verliebt sie sich in ihn. Nachdem sie dann den Brief abgeschrieben hat, übergibt sie ihn bei einem ihrer nächtlichen Treffen auf der stillen Brücke über dem Kanal dem Mann, der sie liebt und der den Brief für sie verfasst hat, und bittet ihn, ihn selbst hinzutragen – verstehen Sie, zu dem Mann, den sie liebt … und was macht er, der Verliebte? Er nimmt ihre frühere Erzählung vom Opernbesuch auf, denn er hat selbst die lebhafteste, zärtlichste Erinnerung an den ‚Barbier' … wer in Petersburg hat sie nicht? – Und er singt: ‚R – o –, Ro – s – i – si – n – a – na! … Ro …'"

„Rosina!", fiel Rossini ein, „Rosina", sang auch Dostojewskij und sagte: „Genau, sie singen dieses eine Wort gemeinsam!", und so sangen auch sie dieses eine Wort gemeinsam, der Komponist der weltberühmten Oper und der Dichter, dessen Werk die Grenzen seiner Heimat noch nicht überschritten hatte, und der sagte weiter: „Sie singen, und er möchte sie vor Entzücken am liebsten umarmen – aber natürlich traut er sich nicht –, und sie errötet und weint und lacht unter ihren Tränen."

Und da hielt er inne, weil er das Gefühl hatte, dass auch sein Gegenüber rot geworden war, und ob das Funkeln der Augen in dessen lachendem Gesicht einzig vom Flackern der Kerzen kam, konnte er nicht erkennen.

„Sie treffen einander jede Nacht zur gleichen Zeit am gleichen Ort. Vier Nächte lang."

„Weiße Nächte?"

„Weiße Nächte. Im Mai, Juni wird es in Sankt Petersburg fast nicht dunkel."

„Es ist nicht übersetzt?"

„Nichts ist übersetzt. Und jetzt bin ich vierzig."
Dostojewskij wollte nicht klagen. Aber er hatte auf einmal das Bedürfnis, sich diesem Mann zu öffnen, der dreißig Jahre älter war und dessen Lieder alle Welt auf den Lippen hatte, wem, wenn nicht diesem Mann, der so angenehm taktvoll zuhören konnte und solche Geduld mit seinem guten, aber doch nicht perfekten Französisch hatte, der nicht richtete und urteilte, sondern einfach nur offen und ... *da* war.

„Vierzig Jahre, sagt mein Erzähler in ‚Weiße Nächte', das ist ja das ganze Leben. Länger als vierzig Jahre zu leben, ist unanständig, gemein, unmoralisch ..."

„Na, na ...", lachte Rossini und wackelte mit dem Kopf.

„Länger leben, das tun nur Dummköpfe und Taugenichtse", fuhr Dostojewskij, in Rage gekommen, fort. „Das sage ich all diesen respektablen, silberhaarigen, wohlparfümierten Herren ins Gesicht!'"

„Bitte, sagen Sie es nur", lachte der auf einmal beinahe Angeschriene und hob die Arme.

„Entschuldigung!", hob auch der Jüngere die Arme. „Meine Figur sagt das."

„Natürlich", nickte Rossini. „Und sie hat recht. Auch ich hatte mit vierzig das Gefühl, dem bisher Gesagten nichts mehr hinzufügen zu wollen … oder zu können … ich wollte zudem der modernen Kunstverwilderung nicht frönen. Die italienischen Theater waren im vollen Niedergang. Die Gesangskunst war zugrunde gegangen. Als Gilbert-Louis Duprez vor fünfundzwanzig Jahren als Erster das hohe C mit voller Bruststimme sang, klang das für mich wie der Schrei eines Kapauns, dem gerade die Kehle durchgeschnitten wird. Wie sich der alte *tenore di grazia* zum *tenore di forza* entwickelte, diese endgültige, unwiderrufliche Abkehr vom Belcanto – ich mochte das nicht. Natürlich … gab es auch persönliche Gründe." Er schaute kurz zu den Brotkrümeln hinab und sagte dann rasch: „Haben Sie auch fürs Theater geschrieben?"

„Ja, aber … es ist nicht gespielt worden. ‚Maria Stuart'." Rossini hob fragend den Kopf.

Dostojewskij senkte seinen und nickte. „Schiller war mir zuvorgekommen." Nach einer kurzen Pause sagte er leise von unten herauf: „Ein Stück war hier angesiedelt. ‚Der Jude Jankel'. Sehr beeinflusst vom ‚Kaufmann von Venedig'", erklärte er mit schiefem Lächeln.

„Mich wollte man zu einem heiteren Schluss für meinen ‚Otello' zwingen. Stellen Sie sich das vor!"

„‚Otello'!" Dostojewskij kannte nur das berühmte Theaterstück.

„In Neapel. Vor mehr als einem halben Jahrhundert. Byron schrieb, Shakespeares Geniestreich sei zu einer Oper verunstaltet worden. Meine Musik nannte er ‚gut, aber unheilvoll‘."

„Byron! Ich habe ‚Beppo‘ gelesen!", entfuhr es dem Dichter mehr, als er es sagen wollte, und sofort schämte er sich dafür. Doch der Musiker lachte zustimmend: „Beppo‘! Natürlich!"

Und eine Minute verharrten beide im Denken an das lange Gedicht über die Venezianerin, der das Meer ihren Mann raubt und die sich, nach venezianischem Brauch, einen „Kavalier" nimmt, mit dem sie dann einmal am Karneval teilnimmt und von einem Türken beobachtet wird, der sich als ihr seit drei Jahren vermisster Mann entpuppt, Giuseppe, kurz Beppo; er war entführt und verkauft und schließlich von Piraten befreit worden. Die Eheleute wurden wieder ein Paar, und der „Kavalier" seiner Frau – sein Freund.

„Die italienische Moral ist eine lockerere als in England", scherzte Rossini.

„Vielleicht weniger scheinheilig", gab der andere streng zurück.

„Mag sein." Und im erneuten Schweigen verhalf der Theatermann dem Gespräch dazu, wieder zum früheren Thema zurückzukehren.

„Als ich jung war", begann der Jüngere, und als der Ältere ihn pfiffig anblitzte, hob er die Hände: „Ich meine wirklich jung. Mit fünfzehn reisten mein Bruder und ich mit unserem Vater von Moskau, wo wir aufgewachsen waren, nach Sankt Petersburg, um dort die Ingenieurschule zu beginnen. Es war im Mai, es war heiß. Es gab noch keine Eisenbahn, wir fuhren mit der Kutsche. Das Tauwetter hatte die Straßen in Schlamm verwandelt, wir fuhren fast im Schritttempo und standen an jeder Station zwei bis drei Stunden. Ich weiß noch, wie ich das Ende dieser Reise herbeisehnte – sie dauerte fast eine Woche. Mein Bruder und ich strebten damals nach einem neuen Leben, träumten von allem ‚Hohen und Schönen‘ – damals, wissen Sie, vor fünfundzwanzig Jahren, waren diese Begriffe bei uns noch neu und wurden ohne Ironie gebraucht. Wir glaubten leidenschaftlich daran, und obwohl wir alles wussten, was beim Mathematik-Examen gefragt werden würde, träumten wir nur von Poesie und von den Poeten. Mein Bruder schrieb Gedichte, jeden Tag drei … und gute … und ich arbeitete in Gedanken ununterbrochen an einem Roman …"

Er hielt inne, unterbrach sich mitten im Fluss, wie jemand, der mit geschlossenen Augen gegangen ist und auf einmal merkt, dass ihn die Schritte in ein unbekanntes Tal geführt haben … oder an einen Abgrund. Doch vor ihm saß nur ein lächelnder Rossini, der fragte: „Was war das Thema des Romans?"

Dostojewskij zögerte weiter, denn er hatte wie jeden Romanplan auch diesen verschlossen in sich getragen und niemandem offenbart. Doch nun öffnete er seine Hände, die vorher in Fäusten am Tisch geruht hatten, wie um etwas auszustreuen und sagte: „Aus dem venezianischen Leben.‘" Und das klang nun, in Venedig ausgesprochen, so belanglos, und war doch einmal sein großer Traum, sein bestgehütetes Geheimnis gewesen. Der Musiker schien das zu spüren und sagte nichts darauf. Was nun Dostojewskij bewog, sich ihm ganz zu öffnen: „Nach Venedig zu eilen, war das unerfüllte Projekt meiner Jugend. Überhaupt nach Europa. Aber vor allem nach Italien …"

„Dafür kamen dann die italienischen Opern … zu Ihnen", sagte Rossini, ein bisschen, als würde er sagen, dass es für alles im Leben eine Lösung gebe. Und der Erzählende griff den Faden dankbar auf.

„Ich ging oft ins Theater, auch ins Ballett … Ballett interessiert mich jetzt nicht mehr … aber wenn ich heute zwei Wochen nicht in ein Schauspiel oder eine Oper komme, ist es die Hölle für mich."

Rossini ließ das auf sich wirken, weil hörbar war, dass sein Gegenüber diesen starken Ausdruck nicht leichtfertig zu gebrauchen gewohnt war.

„Und im Theater sind Sie … im Himmel?", fragte er freundlich und ohne Ironie.

„In meiner Jugend, ja", betonte der Jüngere nun. „Wir hielten damals die Achtzig-Kopeken-Karten für den höchsten Genuss, die Stehplätze auf der obersten Galerie. In der Oper vergaßen wir die Welt. Wir tranken geradezu …", er zeigte auf das Glas, das der andere eben zum Mund hob, „… die Töne der Musik und des Gesangs … und nicht nur beneideten wir die Leute im Parkett nicht, wir blickten sogar mit einer gewissen Verachtung auf sie hinab. Und noch tagelang schwärmten wir davon … die ganze Stadt schwärmte … es war eine regelrechte … ich weiß nicht, wie man das sagt …"

„Italomania?"

„Ja", strahlte der Russe mit seinem blassen, von Wein und Erregung geröteten ernsten Gesicht.

„Warum schreiben Sie keine Oper?"

Dostojewskijs Blick verfinsterte sich im Bruchteil einer Sekunde, er verharrte lange reglos wie ein Insekt, das man berührt hat und das sich bedroht fühlt. Der eben noch so lebendige Gesprächspartner schien wie ausgelöscht. Rossini, der seine Frage als harmlos empfunden hatte, wartete eine gute halbe Minute. Schon wollte er etwas anderes sagen, da beugte er sich vor, weil er sah, dass sich die Lippen des rätselhaft Versteinerten bewegten.

„Würde ich eine Oper schreiben", kam es aus ihnen fast lautlos, „ich würde als Sujet den ‚Faust' nehmen."

Rossini getraute sich fast nicht zu atmen, um jedes Wort zu verstehen, und verharrte angestrengt über den Tisch gebeugt. Nach einer weiteren langen Pause hörte er: „Ich liebe dieses Thema." Das Gesicht des Schriftstellers hatte sich bei dieser Erklärung keinen Millimeter bewegt, und auch die Lippen taten das nur im allernötigsten Maß. Im Weiteren rührten sie sich gar nicht mehr, denn die Stimme sprach, wenn das möglich war, noch leiser weiter. „Bei Gounod ist es gut ..." – die Langsamkeit der Rede machte etwas von ihrer beinahen Unhörbarkeit wett – „... aber, wissen Sie, ich würde die Szene in der Kirche ganz neu machen. Eine gotische Kathedrale, wissen Sie, mittelalterliche Chöre. Aus dem zehnten Jahrhundert." Der Blick Dostojewskijs war starr auf den Zuhörer gerichtet, und doch noch auf etwas anderes knapp neben oder hinter dessen linker Schläfe, das nur er sah, die Augen waren gläsern und undurchdringlich und entrückt wie in einer Vision. „Das Ganze riecht ... es riecht ...", sagte er nun so langsam und ausdruckslos, dass es wirklich an niemanden mehr gerichtet war, und auch irgendwie nicht mehr von dieser Welt schien, und was da sprach, schien auch nicht mehr zu der fahlen eingesunkenen Figur zu gehören, die ins vermeintliche Nichts schaute, sondern es sprach durch ihn hindurch, als versetzte es den Sprecher selbst ins Staunen, „... es riecht ... nach zehntem Jahrhundert", schloss er. Und diese Aussage stand eine Zeit wie von allein im stillen, kerzenbeleuchteten Raum.

„Es riecht nach Hammelbraten", löste Rossini die Spannung mit einem entschuldigenden Lachen, und weil der kräftige, kohlen- und knoblauchgeschwängerte Fleischgeruch nun wirklich schon minutenlang aus der Küche hereingekrochen und inzwischen das ganze Zimmer damit voll und beim besten Willen nicht mehr zu ignorieren war, riss sich auch Dostojewskij aus seiner Trance und lachte kurz auf.

„Entschuldigen Sie", sagte dennoch Rossini und kehrte gleich wieder zum Ernst zurück. „Ich habe den ‚Faust'-Stoff mit Jouy diskutiert, meinem ‚Tell'-Librettisten. Aber er lieferte dann das Buch nicht." Er hielt kurz den Atem an, als huschte ihm ein Gedanke durch den Kopf, fragte aber dann nur: „Also geboren sind Sie in Moskau?"

Dostojewskij nickte und antwortete nun in normalem Ton, wenn auch leise und heiser: „Nach dem Tod unserer

Mutter schickte uns Vater auf die Offiziersschule. Wissen Sie, in Russland gibt es eine sehr genaue Ordnung für den Berufsweg. Sie stammt noch von Peter dem Großen. Ein Beamter durchläuft vierzehn Dienstgrade, vom Kollegienregistrator bis zum Wirklichen Geheimen Staatsrat Erster Klasse. Und ein Beamter wird jeder, auch ein Aristokrat. Gerade der russische Adel soll sich durch Leistung legitimieren statt durch seinen Stammbaum. Meine Familie kommt väterlicherseits von den Bojaren, einem Rang unterhalb der Fürsten in Litauen. Da gab es vor dreihundert Jahren ein Gut Dostojewo. Über das damalige Polen gelangten sie nach Russland."

Er nahm sein Glas, setzte an, stellte es aber wieder ab. „In Russland gilt die Literatur als Freizeitbeschäftigung. Sie ist kein Beruf."

„Aber es gibt Bücher?"

„Wenige. Die Belletristik wird in Zeitschriften in wöchentlichen Fortsetzungen veröffentlicht."

„Auch Ihre Romane?"

„Ja. Und man verkauft sie pro Seite für ein einmaliges Honorar."

„Davon kann man leben?"

„Kaum. Deshalb ist man gezwungen, einen Staatsdienst auszuüben. Sozusagen hauptberuflich. Oder man macht vieles andere … Übersetzungen zum Beispiel. Mein erstes gedrucktes Buch war eine Übersetzung von Balzac."

„Welches?"

„‚Eugénie Grandet'. Aber natürlich … das Geld läuft nach allen Seiten davon wie Krebse."

Rossini machte ein Gesicht, als hätte er in eine Zitrone gebissen. Ohne Überzeugung zitierte er: „Von des Lebens Gütern allen …'"

„… ist der Ruhm das höchste doch', ich weiß. Ich habe Schiller auswendig gelernt. Mein Bruder und ich haben seine gesammelten Werke herausgegeben … nun, wir wollten Geld damit verdienen."

„Für Balzac ist die Literatur übrigens zuerst ein Geschäft."

„Mag sein."

„Verzeihen Sie mir, ich verstehe etwas nicht."

„Bitte?"

„Ihre Romane … ‚Weiße Nächte' und …"

„‚Arme Leute'?"

„Ja. Sie waren erfolgreich?"

„Sehr."

„Wann war das?"

„Vor rund fünfzehn Jahren."

„Was ist dann passiert?"

Dostojewskij atmete tief ein. Es war ein lautloses Seufzen. Auch deshalb vermied er es sonst, über sein Leben zu erzählen, weil er irgendwann nicht herumkam, die lange Zäsur in seiner Schriftstellerei zu erklären. „Ich durfte zehn Jahre nichts publizieren."

„Um Gottes willen, warum?"

„Weil ich einen Brief vorgelesen habe."

„Einen Brief?"

„Den Brief eines Literaturkritikers an Gogol, in dem er diesem vorwirft, seine früheren Werte zu verraten und zarentreu geworden zu sein."

„Und?"

„Der Zar hörte mit. Es war eine Art revolutionärer Zirkel, dem ich angehörte. Wir wurden alle eingesperrt und monatelang verhört."

„Und dann?"

„Kam das Urteil."

„Gefängnis?"

„Tod durch Erschießen."

Rossinis Gesicht wurde in der Sekunde fahl.

„Der Zar – es war damals noch Nikolaj – hat es im letzten Moment – wirklich im allerletzten – in acht Jahre Zwangsarbeit umgewandelt. Zweiter Kategorie, das heißt, nicht im Bergwerk, sondern in einer Festung oder in einem Gefangenenlager. Eine Katorga. Dann halbierte der Zar die Strafe. Also vier Jahre und danach Dienst als gemeiner Soldat, auf unbestimmte Zeit. Bei mir wurden es sechs Jahre. Anschließend bekam ich meine Rechte und meinen Adelsrang zurück und ging nach genau zehn Jahren in Sibirien wieder nach Sankt Petersburg."

„Das war aber bereits unter Zar …"

„Alexander. Er hat viel in Russland verändert. Erst voriges Jahr wurde die Leibeigenschaft aufgehoben. Ich kann sagen, dass meine Schilderungen sehr zu seinen Reformen, besonders in der Justiz, beigetragen haben."

„Sie haben ein Buch über Ihre Erfahrungen geschrieben. Wie heißt es?"

Dostojewskij öffnete den Mund, doch kaum als er „Aufzeichnungen aus …" gesagt hatte, flog die Küchentür auf und der Raum wurde geflutet mit Lachen, Leichtsinn und Geschäftigkeit. Der Wirt stellte riesige bauchige Gläser und schwanenhalsgeformte Dekantierkaraffen mit kräftig rotem Wein auf den Tisch, flinke Hände brachten Töpfe, Pfannen, Schalen mit Saucen und Beilagen und vereinigten sich zu einer Prozession, die auf einem hoch erhobenen gigantischen Silbertablett einen wahren Berg gegrillter Fleischstücke langsam und ehrfürchtig hereintrug, als handle es sich um die Überreste einer Gottheit.

„*Ecco, il castrato marinato*", rief Rossini in Manier eines Haushofmeisters, der einer Ballgesellschaft einen neuen, hohen Gast ankündigt und pochte mit der Gabel auf die Tafel wie jener mit dem Stab auf den Boden – wobei er sich mit einem Heben der Brauen bei seinem Gesprächspartner dafür entschuldigte, so schnell wieder ins Genre der leichten Unterhaltung geglitten zu sein –, und die gut aufeinander eingespielte Truppe antwortete seinem Ausruf mit einem mehrstimmig intonierten „Vivat!" Die knusprigen, duftenden Koteletts vor sich, legte er das Besteck weg und nahm Stück für Stück in seine feinen Künstlerfinger und nagte sie lustvoll und ohne dabei im mindesten vulgär zu wirken – sosehr ihm die mit Fett vermengte Zitronenmarinade über das Kinn rann – gründlich bis auf die Knochen ab und ermunterte sein Gegenüber, dasselbe zu tun. Dostojewskij erholte sich von dem am Ende für ihn sehr anstrengenden Gespräch, nagte an etwas, das einmal Teil eines Schafnackens gewesen sein mochte und beobachtete Victoria, die, wieder neben dem Maestro sitzend, diesem in höchster Erregung und immer von Lachanfällen geschüttelt und unterbrochen, einen Vorfall aus der Küche schilderte, den er, wiewohl sie Italienisch sprach und der Lärm der Hammelrunde den früheren noch übertraf, immerhin so weit deuten konnte – weil sie, mehr als sie erzählte, auch im intimen Gespräch wie für eine große Bühne spielte und zeigte und vormachte –, dass sie beim Knoblauchwälzen eines Fleischteils gestoßen worden und auf dem glitschigen Küchenboden zu Fall gekommen war, worauf sich vom Tisch triefende Marinade auf ihr Gesicht ergossen und ein scherzhafter Kollege mit Knoblauch an den Händen zu ihr gebeugt habe und daraufhin alle markiert hätten, sie sei das marinierte Fleisch und müsse in Knoblauch gewälzt werden, und nun seien ihre Haare voll Fett und Zitrone und eigentlich müsse sie sich sofort nackt ausziehen und in den nächsten Kanal springen.

Rossini hörte ihr belustigt zu, schien aber dabei über das zuvor Gehörte nachzudenken und behielt seinen Gast im Blick. Der erwog mehrere Gründe, sich unwohl zu fühlen: dass es unfein und unhöflich gewesen war, so viel über sich zu erzählen; dass er zu viel trank, weil der Wein, er wusste es, ihn maßlos machte; dass er eigentlich seine Abreise hatte organisieren wollen; und nicht zuletzt: dass er auch heute Nacht wieder nicht zum Arbeiten kommen würde. Verschämt drückte er das kleine Paket mit Brot und Käse an seiner Seite.

Victoria war am Ende ihrer Küchenerzählung und rief nun Scherzworte in die andere Richtung der Tafel, ihre Stimme war im Lachen und Schreien noch kratziger geworden und erzeugte in Dostojewskij das seltsame Gefühl, das Mädchen sofort in den Arm nehmen und trösten zu wollen.

Als sei ihre Stimme ein Schmerz und die Wunde dahinter irgendwie zu stillen. Das Mitgefühl für die vor einer Stunde noch Fremde, die kaum drei Worte – wenn auch viel mehr Blicke – an ihn gerichtet hatte, war stärker als jede andere seiner Empfindungen. So blieb er gerne und nickte dem schlemmenden Maestro im Abnagen eines Knochens sogar zu und wusste nicht, warum. Dieser nahm die Geste als Zustimmung zum Festmahl und zum Anlass, das gemeinschaftlich verzehrte Schlachttier hochleben zu lassen. *„Viva il castrato!",* hob er sein Glas, die Runde rief das Gleiche zurück, alle lachten und tranken. „In meiner Kindheit", erzählte er dem Ausländer und dem so viel jüngeren Mädchen neben sich, „haben die Eltern in Italien ihren fünf- bis siebenjährigen Söhnen noch zu Abertausenden die Penisse abgeschnitten …" Als guter Geschichtenerzähler ließ er eine Pause und dem Dichter und der Schauspielerin Zeit, sich diesen Gedanken zu versinnbildlichen, nahm ein neues Stück Fleisch in die Hand und erklärte: „In der Hoffnung, sie würden als Kastraten Karriere machen. Wenn es nach meinem Onkel gegangen wäre, hätte auch ich dieses Schicksal erlitten. Meine Knabenstimme war so schön – die Familie hätte ausgesorgt gehabt. Ich bin froh, dass sich der Onkel nicht durchgesetzt hat", fügte er leise und ohne Frivolität hinzu, sich der komischen Wirkung des Satzes bei der Zuhörerschaft auch so bewusst. „Obwohl es mir auch viel Leid erspart hätte." Den Gedanken daran spülte er mit einem Schluck Wein hinunter. „Der *Code Napoléon* verbot dann die Entmannung. Und da die Opera seria mehr und mehr Menschen aus Fleisch und Blut auf der Bühne sehen wollte statt ästhetischen Genusses, hatte der Kastrat auch keinen Platz mehr in ihr. Als romantischer Liebhaber wäre er eine lächerliche Figur gewesen. Tenöre machten sich an seinen Rollen zu schaffen …" – täuschte es oder verdrehte er dabei die Augen? – „… oder Frauen", schloss er und hob die Schultern.

„*Mi dispiace*", zwitscherte Victoria in gespielter Demut und machte im Sitzen einen Knicks. Rossini nahm die Geste auf und sagte: „Im *Settecento* war die Oper ausschließlich eine aristokratische Kunst. Dann ging es vom Hoftheater ins öffentliche Opernhaus." Dostojewskij fragte sich, ob Bedauern in seiner Stimme lag. Aber das konnte nicht sein, denn „Und ich war, spätestens seit ‚Tancredi', ihr Beherrscher", fuhr der Komponist fort. Dieser Mann hatte wirklich die Gabe, Gutes wie Schlechtes mit ähnlichem Gleichmut zu berichten und vielleicht auch hinzunehmen, als gehörte alles zum selben großen unabänderlichen Spiel. „Weltherrscher der Musik", ließ er sich lachend mit erhobenem Glas selbst hochleben.

„‚Napoleon der Musik' hat Stendhal Sie genannt", wagte der Dichter sich vor.

„Stendhal!", rief Rossini und grunzte. „Er behauptete immer, mich in Terracina kennengelernt zu haben – aber entweder war ich zu blau oder er zu blass, jedenfalls kann ich mich nicht erinnern. Ich habe diesen Mann nie getroffen. Und ich habe sein Buch über mich nicht gelesen. *Basta!*"

Sosehr sich Dostojewskij bemühte, er konnte auch in dieser Äußerung, die sachlich nach Hochmut schrie, nichts Hochmütiges im Ton des Meisters finden. So wie er es sagte, sprach er schlicht von einem Buch, das ihn nicht interessierte, wer wollte ihm das verübeln?

„Manchmal geht der Don Magnifico in mir durch", sagte der Musiker in die Tiefe des Glasbauchs und sog das Aroma des Weins ein. „In der ‚Cenerentola'", blinzelte er über den Glasrand, „zählt er im Weinrausch alle seine Titel auf." Eine Melodie summend trank er den Wein aus, schenkte sich neuen ein, erhob das Glas und sagte nicht leise, doch so, dass nur die eine Person es hören konnte, an die es gerichtet war – auch diese Fähigkeit, die Stimme wie durch ein Rohr an den Adressaten zu senden, hatte er: „Sie haben Schreckliches erlebt. Das tut mir leid. Ich hoffe, auch Ihre … ruhigere Lebenshälfte hat begonnen." Wieder prostete er ihm nicht zu, lud nur ein, mitzutrinken. Dostojewskij tat es, doch mit bewegungslosem und, wenn man einen Ausdruck in ihm finden wollte, skeptischem Gesicht. Als sein Gastgeber getrunken hatte, ließ dieser den Wein im Mund kreisen, schluckte ihn und sagte nachdenklich, als holte er zu einem komplizierten Gedanken aus: „Meine Erfahrung nach siebzig Jahren ist … der Rivarossa aus Venetien passt am besten zum marinierten Kastraten. Die Zitrone des Südens, die Traube des Nordens, vielleicht vereinen sich hier die extremen Säfte unseres Landes zum Genuss … der Wein ist zehn Jahre gereift. Zehn Jahre brauchte er, um das zu werden, was er heute ist: von einer Farbe …", er hob das Glas, „… auf die das abgedroschene ‚Rubinrot' endlich einmal zutrifft, mit einem Duft aus …", er steckte wieder seine Nase hinein, die übrigens die perfekte Form dafür hatte, „… Gras … Wärme … etwas Vanille … und im Geschmack vor allem kräftig … und mit Spuren von Schokolade … getrockneten Früchten … Lakritze …"

Worauf Victoria „Lakritze!" rief und nach ihrem Glas griff, im hastigen Trinken rann ihr der Wein über das Kinn in den Ausschnitt und aus der anderen Hand rutschte ihr ein halb abgenagter Hammelknochen, den sie durch rasches Schließen der Oberschenkel davor retten konnte, zu Boden zu fallen, was den Maestro verleitete, seinen Weinvortrag ohne Änderung des Tonfalls umzuleiten in ein „Unsere junge Freundin begießt sich täglich mit dem edlen Tropfen, aber man muss es ihr nachsehen, denn sie hat einen Kastraten zwischen den Beinen".

Die Beifallskundgebungen der Runde auf dieses Bonmot waren beinahe schon hysterisch. „Applaus, auf den ‚donnernd', und Gelächter, auf das ‚schallend' endlich einmal zutrifft", dachte Dostojewskij in Abwandlung auf Rossini und merkte, dass er schlagartig traurig geworden war – wie oft, wenn um ihn gelacht und gefeiert wurde, doch war es hier zudem die Unbekümmertheit, mit der der berühmte Mann von einer Stimmung in die andere, von einem Thema zum anderen stieg wie von einem Fußbad ins nächste, war es diese Leichtigkeit, die ihn schwer machte? Er wusste es selbst nicht. Denn vor allem war ihm der Mann zutiefst sympathisch. Und er würde nie aufhören, ihn für seine Schöpfungen zu bewundern.

Wieder schien der Regisseur, Hauptdarsteller und Komponist des Abends ihn in seinen Gedanken abzuholen, als er verkündete: „Ich freue mich, die Blüte der jüngeren russischen Literatur in unserer Mitte zu haben: Herrn Dostojewskij aus Sankt Petersburg." Und in den beginnenden Applaus, der ein Klopfen der Fäuste auf den Tisch war, weil alle Weingläser in der Hand hielten, schloss er: „Auf ihn und zehn Jahre Reifezeit." Die Doppeldeutigkeit in der vermeintlich nur auf den Wein bezogenen Aussage konnte nur der Angesprochene selbst verstehen, und so blieb wenigstens auch die Scham, die er darüber empfand, ungesehen.

5

Nach dem Essen wurde musiziert. Erst sangen sie wieder, mit dem Tamburin den Takt schlagend, dann zog einer eine Gitarre hervor, und schließlich wurde der Maestro selbst bestürmt, etwas vorzutragen. Er trug aber erst nichts als eine Kerze in einen dunklen Winkel des Raums, in dem ein Klavier aus dunklem Holz sichtbar wurde. Er stellte das Licht auf das Pianino, setzte sich und ließ die Finger in ein paar geschwinden Läufen über die gesamte Klaviatur jagen, wie um die Stimmung zu überprüfen, engte dann das Spiel auf zwei Tasten ein, die er abwechselnd anschlug, immer nur diese zwei Tasten, lange die Töne haltend, bis man merkte, dass sie jedes Mal ein wenig kürzer wurden, er akzelerierte so lange, bis ihre Aufeinanderfolge ein Triller wurde, und mündete in die strahlenden Akkorde einer Melodie, die die Runde mit dankbarem Raunen begrüßte und Victoria, die sich im Zuhören auf der Bank umgedreht hatte und jetzt mit dem Rücken zu Dostojewskij saß, diesem über die Schulter flüsternd als Ouvertüre zu „La gazza ladra" zu erkennen gab. Vor allem aber lächelte sie ihm zu und schickte schnell ihre Hand über den Tisch und legte sie auf seine, drückte sie kurz, zog sie zurück und war schon wieder ganz Zuhören, während der zweifach Berührte sie von hinten anstarrte und sich ärgerte, nicht zurückgelächelt zu haben. Er war, wie immer, ernst geblieben.

Und erinnerte sich, dass es Zeiten gegeben hatte, in denen er dieser Erstarrtheit, die sein Wesensmerkmal seit jeher gewesen war und die in der Katorga endgültig Besitz von ihm ergriffen hatte, kurzfristig hatte entrinnen können, und das war bei den frühen Abenden bei Petraschewskij gewesen. Die Anfänge der später ausspionierten Treffen waren noch keineswegs politisch gewesen, eher so etwas wie literarisch-musikalische Junggesellenabende, an denen vorgelesen, musiziert, gesungen und philosophiert wurde, Fortführungen des von ihm selbst gegründeten Literaturzirkels, Gegenentwürfe zur von Schulzwang und Beamtentum geprägten Welt, in der sie lebten. Gogol war verstummt, das war schrecklich, Gogol, der der Gesellschaft eine Narrenkappe aufgesetzt und das Leben in seiner Brüchigkeit und Groteske erfasst und so anarchistisch und irrational geschildert hatte. An den Abenden in der Petraschewskij'schen Dachkammer machten sich ein paar Leute gegenseitig Mut, ihre Phantasie die Herrschaft über die Vernunft ergreifen zu lassen, fliegen zu lernen, an den Schöpfungen der Großen vor ihnen richteten sie sich auf, wuchsen, brachten Eigenes hervor, begannen, sie selbst zu werden. Vielleicht würden in hundert Jahren neue junge Leute zusammenkommen wie sie, die Nächte durchwachen und sich an ihren, der dann lange Toten, Werken aufrichten und eigene erschaffen. Darum ging es doch. Das Licht weiterzugeben. Natürlich konnte man dann nicht sitzen bleiben, man musste hinaus, in den Morgen, aufs gefährlich tauende Eis der Newa oder zu den noch viel gefährlicheren Verlockungen der Bordelle. Man war so arm, dachte Dostojewskij, dass man statt Tee nur heißes Wasser trank. Aber das Wenige, das man hatte, warf man hinaus. Es war die Zeit, als er mit Worten Friedrich Schillers geredet, argumentiert, mit dessen heißen Freiheitsgedanken gefiebert hatte und, er wusste es, im Vorlesen aus den „Räubern" oder auch aus Eigenem trotz seiner ewig heiseren Stimme von unwiderstehlicher Wirkung auf die Zuhörer gewesen war. Was für ein liederliches Leben habe ich damals geführt, dachte er, auf Victorias Nacken schauend, wie frei war ich. Wo war dieses Feuer jetzt? Was hatte Sibirien übrig gelassen? Und war es nicht ungerecht, die Schuld immer und immer Sibirien zu geben? Lag nicht alles in ihm selbst? Jede erstickte Hoffnung, jede getötete Leidenschaft, jede Schuld, nur in ihm? Musste er nicht in sich die Kraft finden, die kleine Glut wieder anzufachen? War das nicht der heimliche Grund der Reise gewesen, nach Europa, nach Italien vor allem? Und nun war er vor zwei Stunden wie ein winselnder Hund auf der Brücke der Brücken gestanden und hatte sich seine Kapitulation eingestanden? Seine Kapitulation wovor? Vor sich? Wütend nahm er einen tiefen Schluck des schwarzen Weins, ließ dessen Gras, Vanille und Schokolade die Kehle hinunterrinnen, und als sein Gaumen beim unzweifelhaften Schmecken der Lakritze angekommen war, beugte er sich über den Tisch und blies Victoria kräftig in den Nacken, sodass die Haare, die sich dort ringelten, aufflogen. Blitzschnell drehte sie sich um und lachte in das ernste Gesicht, das nach dem Blasen über den Tisch gebeugt hängen geblieben war, ein Gesicht, das noch überraschter schien als ihres, sich nun aber doch daran erinnerte, nicht wieder das Lächeln zu vergessen, und die Backen hochzog, wie er es gelernt hatte, dass man das beim Lächeln machte, die Lippen dabei aber nicht friedlich mitgehen ließ, sondern nach vorn stülpte wie in Nachahmung eines Stiers oder, eher, eines Froschs. Das Mädchen legte den Finger an ihren Mund, und jetzt erst merkte er, dass Rossini zu spielen aufgehört hatte und vom Klavierhocker her zu den Zuhörern sprach.

„Meine Freunde", sagte er auf Französisch, und Dostojewskij fragte sich, ob er das für ihn tat. „Es ist allgemein bekannt, dass ich schon lange nicht mehr für die Bühne komponiere, sehr lange …"

„Zu lange!", rief einer von der Tafel und ein paar applaudierten dazu. Rossini dankte nicht, er ließ es nur vorübergehen.

„Nun, ganz kann ich es nicht lassen … das ist wohl bei allen Sünden so …" Schmutzige Lacher folgten. „So habe ich vor etwa vier Jahren begonnen, kleine Stücke und Lieder zu komponieren, Petitessen, Bagatellen … die erste Sammlung widme ich, wie könnte es anders sein, unserem Italien … und speziell unserem, eurem … Venice!" Ergriffener Beifall. „Das Lokal, in dem wir uns befinden, gehört zu meinen liebsten in der Welt. So wie ich früher ein gelungenes Werk *un capo d'opera* genannt habe, möchte ich es nun *un capo d'osteria* nennen, mit einem *capo di Padrone*: Silvano!" Er zeigte auf den Wirt, der gebückt an der Tür zum Schankraum stand und freundlich, wenn auch nicht demütig, sondern durchaus selbstbewusst den heftigen Applaus entgegennahm, ohne den Blick dabei eine Sekunde vom Lobredner zu nehmen. „Das ‚L'Acquasanta' ist das traditionelle Lokal der Gondolieri, und ihnen gilt auch das erste Lied in meiner kleinen Sammlung, der ich den zutreffendsten aller Namen gegeben habe: ‚Sünden des Alters'."

Mit den ersten am Klavier angeschlagenen Takten glaubte man auch schon, in einer Gondel zu sitzen und das leichte Plätschern und Schaukeln der Wellen zu hören. Dann begann Rossini zu singen, eine wogende Melodie mit einer schönen, weichen Stimme, die ihre frühere Kraft ahnen ließ. Das italienische Lied besang, so viel verstand Dostojewskij, eine nächtliche Fahrt auf einem ruhigen Meer unter hellem Mond, das Rudern wurde mit dem Ruhen auf einer Wiese verglichen, und mancher der Zuhörer wiegte seinen Kopf dazu, aus der lauten, immer zu Zoten aufgelegten Komödiantenschar war eine andächtige

Gemeinde geworden, und als der zwischendurch munter gewordene Gesang im wieder friedlicheren Finale strahlend verkündete, dass der Gondoliere in der Lagune der König sei, hatten einige der abgelebten, von Schminke und falschen wie echten Leidenschaften zerfurchten, mit allen Wassern gewaschenen Schauspielergesichter Tränen in den Augen. Ein von Rührung gemäßigter heftiger Applausregen ging auf den Komponisten nieder.

Und während dieser im nächsten Lied eine „Regata veneziana" besang, dachte der Russe im Publikum daran, wie an einem Abend bei Petraschewskij Glinka zu Gast gewesen war, der große Michail Glinka, Schöpfer der von ihm zutiefst bewunderten Oper „Ruslan und Ludmilla". Auch Glinka hatte sich ans Klavier gesetzt und aus seinen Werken vorgetragen, die Stimme war nicht mehr sehr stark gewesen, aber der Eindruck enorm. Besonders war ihm die Romanze „An sie" in Erinnerung, „K nei". Gut, dachte Dostojewskij, dass keiner wusste, dass er zum Bild des musizierenden Rossini innerlich den Ton eines anderen Komponisten laufen ließ. Die Romanze „K nei" in seinem Kopf ging genau mit der venezianischen Regatta zu Ende, und er musste fast darüber schmunzeln, dass er jetzt mehr den toten Russen als den äußerst lebendigen Italiener vor sich akklamierte.

Der nun, im Vorspiel des nächsten Liedes, Victoria mit den Augen zu sich zog und ihr etwas ins Ohr flüsterte, worauf sie konzentriert seine Schultern umfasste und auch so stehen blieb, als sie langsam zu singen begann: „Kennst du das Land, wo die Zitronen blühn – im dunkeln Laub die Goldorangen glühn …", und da begriff Dostojewskij, woran ihn die Erscheinung des Mädchens vorhin erinnert hatte. „Ein sanfter Wind vom blauen Himmel weht", sang es zur Klavierbegleitung, die nun, als sie bewegter wurde, klang wie die zu den Liedern Rossinis, und doch haftete diesem Stück etwas anderes, vielleicht Dunkleres an, das auch an der deutschen Sprache liegen konnte, die im Mund der Venezianerin eine Dostojewskij bis dahin unvorstellbare Farbigkeit und Sinnlichkeit bekam. Sie sang nicht opernhaft, dafür schien aber ihr ganzes Wesen sich in die Figur der Mignon zu verwandeln, die ihn bei seiner ersten Goethe-Lektüre so getroffen hatte, das vielleicht zwölfjährige, von einer Zirkustruppe geraubte und misshandelte Geschöpf, das aus Sehnsucht nach ihrer Heimat und dem geliebten Wilhelm an gebrochenem Herzen stirbt. „Dahin! Dahin!", sang sie jetzt, so wehmütig, so verzweifelt, mit ihrer rauen, doch im Gesang festen und fast männlich kräftigen Stimme, „Möcht' ich mit dir, o mein Geliebter, ziehn", da streckte sie die Arme aus und hielt sie – er täuschte sich nicht – gerade in seine, Dostojewskijs Richtung, und ihre Augen suchten seine und flehten ihn an, und er fühlte sein Herz einen freudigen, schmerzvollen Sprung tun und widerstand dem Impuls, auch seine Arme auszustrecken, und ermahnte sich, dass das Mädchen wahrscheinlich nur eine sehr gute Schauspielerin war. Aber auch Wilhelm hatte Mignon, als er sie zum ersten Mal in der Gauklertruppe sah, für einen Knaben gehalten.

Rossini kündigte vom Klavier her auf Italienisch etwas an, das sich nicht als weiteres Lied, sondern als nächster

Gang herausstellte, denn die Küchentür entließ Gehilfen, die – es war nicht zu glauben – Holztabletts voll überdimensionierter Salamis und Brotlaibe hereintrugen. Fing alles von vorne an? Auf jeden Fall wirkte der Abend gastronomisch-musikalisch durchinszeniert. Von der anderen Tür brachte der Wirt eine Kiste Flaschen, öffnete sie und schenkte in die von flinken Händen ausgetauschten Gläser strohgelben, schäumenden Wein.

„Ein Malvasia aus den Colli di Parma", erläuterte der zum Tisch zurückgekehrte Meister und schnitt dicke Salamischeiben ab. Auf den ratlosen Blick des sich bereits gemästet fühlenden Dichters ergänzte er: „*Salame dolce*. Butter, *biscoti*, Zucker, Ei, Kakao, Mandellikör. Aus meiner Emilia-Romagna. *Salute!*"

„*Salute!*", schallte es zurück. „*Viva Rossini!*", rief einer. Der Maestro schmunzelte. „*Viva Schubert*", sagte er leise. „Das letzte Lied war nicht von mir", verzog er den Mund, wie man über ein chronisches Zahnleiden spricht. „Leider habe ich Schubert nicht getroffen. Man hat es mir angeboten, als ich in Wien war. Doch ich wollte Beethoven kennenlernen. Um jeden Preis! Aber Beethoven reagierte nicht. Erst auf Vermittlung seines Lehrers gab er nach." Damit schob er ein immenses Stück süße Salami in den Mund, kaute es gründlich, und nachdem er es geschluckt hatte, trank er vom frischen, trockenen Wein.

„Wer war der Lehrer Beethovens?", fragte Pantalone.

„Antonio Salieri."

„Der Mörder Mozarts!", entfuhr es Dostojewskij, und alle hielten inne und schauten auf ihn. Verlegen schluckte er seine falsche Salamischeibe, ehe er sagte: „Es gibt ein Drama von Puschkin über die beiden. In dem Mozart von Salieri vergiftet wird."

„Das hätte in Europa keinen Erfolg", kam es trocken von Pantalone.

„Täusche dich nicht", sagte Rossini. „Nur wäre es in Venedig verboten: ein Italiener, der einen Österreicher umbringt? Das Fenice würde jubeln, und die Wiener hätten wieder drei Wochen Verstopfung."

„Und Beethoven?", fragte Victoria, die vom Singen noch gerötet und erhitzt war.

„Ich war entsetzt, wie schmutzig die Treppe zu seiner kleinen Wohnung war. Aber sonst …" Er tat es mit einer Handbewegung ab. „Bei seiner Taubheit und meinem Deutsch war ein Gespräch unmöglich."

Einige lachten, aber Victoria blieb ernst, denn auch sie fühlte, dass etwas dahinter lag, über das der Maestro nicht reden wollte.

„Ich bedaure, Schubert nicht besucht zu haben. Man sagt, der Rossini-Taumel, in den ich Wien damals versetzt habe, hätte auch ihn erfasst. Ich weiß es nicht. Ein erstaunlicher Komponist. Mit einunddreißig gestorben, mein Gott. Verarmt, wie Mozart. Seltsam, wie diese Nordländer mit ihren Genies umgehen. Wäre ich Österreicher, ich wäre vielleicht seit vierzig Jahren tot." Kurz lief etwas wie ein Schüttelfrost über seinen Körper. „Aber ich beklage mich nicht. Zu den ausländischen Künstlern sind die Wiener sehr freundlich – wenn sie schon berühmt sind. Probieren Sie unser Spezialbrot!", rief er in derselben Sprunghaftigkeit, mit der er die Zuhörer seiner Musik überraschte und in Atem hielt. „Die *Certosina* aus Bologna. Pinienkerne, Honig, Zucker, Mandeln, Zitronen, Schokolade … getränkt mit … Silvano!", sagte er nicht einmal laut, und dieser sprang mit einer großen Flasche und einem Schwenker herbei und goss einen Strahl goldbrauner Flüssigkeit in das Glas, sodass gerade dessen Boden bedeckt war. Rossini schwenkte es lange und roch mehrmals und sagte feierlich: „Armagnac. Aus Mozarts Geburtsjahr. Einhundertsechs Jahre alt." Im Kerzenlicht funkelte der Weinbrand bernsteinfarben. Nach einem genießerischen Schluck nickte der Geschmacksmeister zufrieden, der Wirt gab ein Zeichen, und im Nu hatten auch die anderen etwas zu schwenken, riechen und genießen.

„Mozart hat alles am Spieltisch verloren", sagte Pantalone mit dem Glas an der Nase.

Rossini lächelte: „Dort und … anderswo."

„Mehr am Spieltisch. – Die Russen spielen gerne. Spielen Sie?"

Dostojewskij erschrak über die forsche Anrede. „Gelegentlich", sagte er und hob die Hände abwehrend. „Hier ist es ja verboten?"

Ein paar trockene Lacher folgten und Pantalone erklärte: „Du kannst den Venezianern das Spielen nicht verbieten. Jeder Gondoliere kennt die Orte. Ein geheimes Wort, und er bringt dich hin."

„Wie heißt es?"

„La bottega."

„*La bottega?*"

„Nach dem berühmten Stück von Goldoni: ‚La bottega del caffè'. Der Spieler Eugenio ist die Hauptfigur."

„Der Spieler", wiederholte Dostojewskij mit großen Augen und versank im Nachdenken, auch weil Pantalone anfing, Texte des Stücks auf Italienisch zu deklamieren, und er wenig verstand.

Rossini schien das Thema nicht zu interessieren. Er schaute in sein Glas: „Ich liebte die deutsche Musik. Ich wurde dafür sogar *il Tedeschino* genannt. Für meine Landsleute war die deutsche Musik verworren und dunkel. Mich hat Haydn mein Leben lang beeinflusst. Beethoven. Mozart war die Herausforderung meiner Mannesjahre, und …", er hielt das Glas hoch, „… der Trost meines Alters", und trank es leer.

Dostojewskij war in einer seltsamen Verfassung. Der Armagnac fiel weiter wärmend in ihn, das üppige und delikate Essen versetzte ihn in eine ihm unbekannte körperliche Behaglichkeit, die Musik, die Gespräche, die Präsenz Rossinis und nicht zuletzt Victorias hatten ihm schon länger das Gefühl gegeben, irgendwie wieder jünger zu sein, und die Folge dieser Faktoren war die für ihn selbst überraschend aus seinem Mund kommende Frage: „Kennen Sie Glinka?"

Er war betroffen, wie exotisch sich dieser Name im Nachhall der erwähnten Musiker-Legenden anhörte.

„Wen?", fragte das Mädchen unverhohlen belustigt. „Ein Venezianer?"

„Michail Iwanowitsch Glinka", sagte er wie um die russische Identität des Komponisten zu betonen. „‚Ruslan und Ludmilla' ist von ihm."

Rossini nickte. „Ich weiß. Die Ouvertüre soll sehr gut sein."

Das war nun ein bisschen wenig über ein Stück gesagt, das fünfeinhalb Stunden dauerte, mit drei Pausen gespielt wurde und Dostojewskijs Lieblingsoper war. Er fühlte sich verpflichtet, den Heroen der russischen klassischen Musik im ausländischen Fachkreis zu verteidigen und sagte trotzig: „Ich habe ihn selbst gehört. Kennen Sie die Romanze ‚K nei'?" Er wusste, wie tolldreist die Frage war, denn diese Kenntnis konnte im fernen Italien nicht erwartet werden.

„*Cornei?*", lachte Victoria und markierte mit den Zeigefingern zwei Hörner am Kopf.

„*La Corneille* vermutlich", verbesserte Rossini. „Ein Lied über eine Krähe?"

„‚*K nei*' – ‚An sie'."

„Ah. Entschuldigung", sagte der Maestro, und Victoria kicherte.

„Es ist ein wunderbares Lied", stammelte Dostojewskij unbeholfen. Wie zu Beginn fühlte er sich entsetzlich dilettantisch, aber der Alkohol machte ihm Mut und er intonierte leise die erste Zeile: „Wenn du in froher Stunde die Lippen öffnest" im tanzenden, heiteren Rhythmus des Lieds, und Victorias freudig aufspringende Lippen veranlassten ihn, weiterzusingen, „und du mir liebe Zärtlichkeit eröffnest", und da ihre Lippen etwas sagten, das er über seinen eigenen Gesang nicht hörte, sang er auch: „Verstumm ich, und will dich nur hören, nur hören …", und da seine beiden Zuhörer – die übrige Runde machte sich bereits zum Gehen auf – ihn so freundlich anstrahlten, wiewohl sie kein Wort des russischen Liedes verstehen konnten, schwang er sich noch zur zweiten Strophe der mit jeder Zeile sich in Spannung und Erregung steigernden Romanze auf: „Die Augen dein funkeln noch heller als Kristall", sang er weiter auf Russisch in Mignons funkelnde Augen, schien ihm, aber sie hieß doch Victoria, sagte er sich, und ihre Perlenzähne strahlten ihn an, als er von ihren „Perlenzähnen" sang. Er war selbst verblüfft, dass seine Stimme, wenn auch schwach, doch nicht unschön war, und „Mutiger schau ich in deine Augen", sang er und tat es, „und bringe die Lippen näher und kann nicht mehr hören und will dich nur küssen, und küssen, und küssen", deutete er einen geschmetterten Schluss an und endete leidenschaftlich: „Will küssen und küssen und küssen ich dich!", mit von sich gestreckten Armen und offenen Handflächen, ein Spiegel zu ihrer früheren Geste.

Die beiden klatschten ihm freundlich Beifall, wobei Victoria den Wirt rufend um die Uhrzeit fragte. Die Antwort ließ sie aufspringen, sie küsste Rossini links und rechts auf die Wange und umarmte ihn, dem fremden Gast hielt sie die Hand hin, er nahm sie überrascht – an die europäische Mode, Frauen die Hand zu drücken, hatte er sich noch nicht gewöhnt – und zu spät, denn als er aufstand, hatte sie sie schon wieder losgelassen und war dahin.

Auch Rossini stand auf. *„A domani, ragazzi"*, rief er, Rufe und Dankesworte der Umherstehenden folgten. Im Schankraum wartete der Wirt mit einem Blatt Papier und einer Feder. Der Komponist kritzelte fünf Linien, ein paar Noten und seine Unterschrift auf das Blatt und verabschiedete sich vom gerührten Gastwirt mit einem Schwall von Worten und einer freundschaftlichen Umarmung, bei der der kleine gebückte Mann zwischen seinen Armen und Schultern vollends verschwand.

„Meine Gondel wartet da unten", zeigte Rossini vor dem Lokal ins Dunkel und ging neben seinem Gast die feuchte, erfrischend kühle Gasse hinab.

„Haben Sie mit dem Blatt bezahlt?"

„Das wird bald mehr wert sein als fünfzig Abendessen", kam es seltsam resignativ zurück. Dieser Ton war neu, als hätte ihn sich der Meister der Töne für die Intimität der Gasse aufgespart. „Das ,Acquasanta' ist nur ein Teil des Namens. Eigentlich steht ein ,Diavolo' davor. Das ist Silvanos Nachname. ,Il Diavolo e l'Acquasanta', ,Der Teufel und das Weihwasser'. Im Volksmund einfach ,Il Diavolo'."

Eine schwarze Katze querte die Gasse, was Dostojewskij, wäre er allein gewesen, veranlasst hätte, einen anderen Weg zu wählen. Er trug ein wenig verlegen sein Päckchen mit Käse und Brot. Rossini summte mit geschlossenen Lippen, unhörbar fast, ein Lied. Oben standen die Sterne, und es roch nach verfaulendem Fisch. Als sie ans Ufer des großen Kanals traten, umfing sie feuchte Hitze, die ihnen sofort Schweiß aus den Poren trieb. Ganz in der Nähe gurrte eine Nachteule, einmal, zweimal, erst beim dritten Mal merkte Dostojewskij, dass die Laute aus dem Mund des Meisters kamen und ein geheimes Zeichen waren, denn in einer der angebundenen vermeintlich leeren Gondeln bewegte sich etwas, ein Mann, der geschlafen hatte, raffte sich auf und schickte sich an, das Gefährt loszubinden.

„Wo wohnen Sie?"

„Im Belle Arti", sagte Dostojewskij und zeigte vage in eine Richtung. In die entgegengesetzte schauend nickte Rossini und sagte: „Er wird sie bringen." Und schickte kurze Anweisungen zu dem Mann hinab, der mit einem Brummen antwortete. „Wie lange bleiben Sie in Venedig?"

„Nur zwei, drei Tage."

„Kommen Sie morgen um zehn ins Florian. Wir frühstücken, und ich möchte etwas mit Ihnen besprechen."

„Gut."

„Gute Nacht."

„Und Sie?"

„Ich gehe zu Fuß. Es ist nicht weit."

„Danke."

Da ging die mächtige Figur, die wirkte, als ob sie das breite Kanalufer umfassen könnte mit ihren Armen, schlendernd und zugleich zügig auf die im Dunkeln leuchtenden Bögen der Rialto-Brücke zu und davon.

In den weichen Kissen der Gondel lehnend, glitt Dostojewskij durch Venedig, wie er es des Öfteren schon im Traum getan hatte. Doch obwohl ihm die Augen beinahe zufielen, war etwas in ihm hellwach. Rossini! Ein Abend mit Rossini. Die Gesellschaft. Die Gespräche. Victoria. Hatte sie ihn ausgelacht? Er seufzte und suchte über dem Dach des Gondelverdecks den Mond. Wie spät mochte es sein? Um zehn Uhr war er verabredet. Mit Rossini zum Frühstück verabredet. Im Florian. Das war das berühmteste Kaffeehaus Venedigs ... Italiens ... und es lag am Markusplatz. Oder? Was hatte Rossini mit ihm zu besprechen?

Kein Hauch trübte die Hitze der südlichen Nacht, kein Laut die Stille des schlafenden Kanals mit den dunklen, selbstversunken schweigenden Palästen … und doch glaubte er zu hören, hinter dem Ein- und Austauchen der Ruderschläge, die so unendlich sanft waren, als wollten sie die Häuser nicht aufwecken, dass die Steine, deren Wärme er früher in den Händen gespürt hatte … redeten. Und nun verstand er das unerklärliche Gefühl, das ihn auf der Brücke befallen hatte … dass die Steine in diesem Venedig, in dem alles Leben schon lange gestorben war, lebendig waren, redeten … die Steine Byrons und Dantes … sie sprachen und schrien, jauchzten und klagten bis heute. Während in Petersburg, am Abend vor der Abreise, ihm alles kalt und leblos erschienen war.

Die Gondel legte an, er erkannte die große Brücke und das Museum, in dem er heute – gestern – vor einer Madonna auf einem Stuhl gestanden war, fand die Allee mit den Oleanderbäumen, ging nahe an ihnen, blieb sogar einmal stehen, um an einer Blüte in Nasenhöhe kräftig zu riechen, fand seine Haustür und sein Zimmer. Er drehte den Schlüssel im Schloss, und da ihm das Rücken der Kommode zu anstrengend war, begnügte er sich damit, seinen Koffer an die Tür zu stellen. Er zog den Rock aus und bürstete ihn, dann hängte er ihn mit der übrigen Kleidung in den Schrank. Er machte eine Kniebeuge, aber ihn schwindelte, und er musste sich an der Bettkante festhalten und gab nach zwei, drei Wiederholungen auf. Auf die Liegestütze verzichtete er ganz. Er wusch sich und putzte die Zähne. Er zog das Nachthemd an. Er setzte sich aufs Bett und betete. Er öffnete das Fenster weit und horchte in die verlässliche Stille des Hofs. Er warf einen Blick zum Schreibtisch, auf dem seine Papiere lagen und seufzte. Er zündete die Kerze an. Er türmte die Kissen auf, legte sich hin, wickelte sich zweimal in die freie Hälfte des Leintuchs und zog es über den Kopf. Der Offizierswecker, den er sich von der deutschen Pünktlichkeit angesteckt in Heidelberg gekauft hatte, zeigte zwei Uhr. Er stellte ihn auf Viertel vor neun.

Dann lag er mit weit offenen Augen. Die Stuckatur an der Zimmerdecke hatte Ähnlichkeit mit der seines Kinderzimmers auf dem Gut in Moskau. Fünfundzwanzig Jahre war es nun her, dass seine Mutter gestorben war. Sie war nur sechsunddreißig geworden. Sein Vater gerade vierzig. Er selbst würde in drei Monaten einundvierzig werden, älter, als seine Eltern je waren. Schubert war mit einunddreißig gestorben. Fast wie Jesus. Und Mozart. Victoria war einundzwanzig. Nur Rossini war siebzig.

Rossini überlebt uns alle, dachte Dostojewskij, lehnte die Fensterflügel aneinander und blies die Kerze aus.

III

1

Später als in Dresden die Straßenarbeiter, aber für den spät Heimgekehrten entsetzlich früh, fingen die Kinder über ihm zu lärmen an. Erst eins, dann zwei drangen sie, immer wenn er wieder in Schlummer fallen wollte, mit den Pickeln und Schaufeln ihres Schreiens und Weinens auf ihn ein und arbeiteten ihm den dringend benötigten Schlaf vom verstört in den Raum blinzelnden Gesicht.

Rossini, war sein erster Gedanke. War es wahr, dass er Rossini kennengelernt, mit Rossini gegessen und getrunken hatte? Gioachino Rossini? Mit ihm gesungen? Ihm vorgesungen? Victoria fiel ihm ein. Hatte er ihr wirklich sein teuerstes Liebeslied vorgetragen? Eine heiße Welle der Scham ging durch ihn, und er drehte den Kopf zur Seite. Als Erstes fiel ihm sein Koffer ins Auge. Er wusste, dass er ihn der Kommode statt an die Tür gestellt hatte, aber wie er jetzt dastand, sah es aus, als hätte er sich über Nacht selbst gepackt und mahnte vorausgehend zur Abreise. Darüber lachte Dostojewskij kurz auf und ärgerte sich im selben Moment, den Tag mit einer so sinnlosen Überlegung begonnen zu haben. Angestrengt zwang er sich dazu, die

Romanhandlung zu rekonstruieren, die er gestern am Weg vom Markusplatz entwickelt hatte, aber erstens trieben von oben die weinenden Kinder Pflöcke in den Versuch, und dann türmten sich die Eindrücke der Rossinibegegnung dazwischen.

Was er nicht mochte, wenn er sich am Abend in Gesellschaft befunden hatte, war, dass am nächsten Morgen seine Gedanken so weit auseinanderlagen und für die Verbindungswege mehr Kraft nötig war als für sie selbst. Er hatte sich und sie *zerstreut*, die Sprache wusste schon, was sie sagte. Statt in der Ordnung und Klarheit, in denen sie im besten Fall gepflanzt waren, lagen seine Gedanken und Theorien zerstampft und zertreten von den vielen Füßen, die in seinem Kopf herumgetrampelt waren, da, und dieser Schuld hatte die Sühne von einsamen, schweigsamen Tagen zu folgen, ehe an ein Schreiben wieder zu denken war.

Nach zwei Stunden des Herumwälzens, um acht, war es ihm zu dumm. Er deaktivierte den Wecker, weil er es nicht ausstehen konnte, wenn dieser in sein Wachen hineinläutete, stand auf und rauchte eine Zigarette. Er hatte Kopfschmerzen, und der Spiegel zeigte ihm zwei rote Flecken im Gesicht. Er machte das Fenster auf. Der Tag hatte schon wieder eingeheizt. Die Russinnen stritten noch heftiger als gestern. Russen im Ausland, dachte er. Immer machten sie Lärm und mussten zeigen, dass sie da waren. Er nahm die Bibel vom Nachttisch, schlug, wie es seine Gewohnheit war, wahllos eine Seite auf und legte den Finger, ohne hinzuschauen, auf eine beliebige Stelle. Dass die Frauen in der Gemeindeversammlung schweigen sollen, stand da im ersten Korintherbrief, und zum zweiten Mal an diesem Morgen musste Dostojewskij unfreiwillig lachen. Er setzte sich auf die Bettkante und dachte an Apollinaria. Wie hätte sie diese Passage aufgeregt. Waren solche Forderungen nach George Sand überhaupt noch möglich? Apollinaria träumte davon, in Paris zu leben. Würde er mit ihr gehen? Es grenzte schon an Grausamkeit, wie sie ihn manchmal sexuell hinhielt. Und was war nur heute mit seinen Gedanken los? Böse auf sich, warf er sich aufs Bett. Da befiel ihn bleierne Schwere und deckte mit Leichtigkeit alle Stimmen und Streitigkeiten, die außen wie innen, zu.

Vorsichtiges, doch beharrliches Klopfen weckte ihn. Es war halb zehn. Er sprang auf, nahm den Koffer und öffnete die Tür. Das Zimmermädchen stand da, kurz blieb ihr Blick an der Erscheinung des unfrisierten Mannes im Nachthemd mit dem Koffer in der Hand hängen, dann entschuldigte sie sich, sie würde später kommen. In größter Hast zog sich Dostojewskij aus, wusch sich, putzte sich die Zähne, machte eine symbolische Kniebeuge, bürstete oberflächlich den Rock aus, zog sich an und stand zehn Minuten nach halb zehn in der heute wie ausgestorbenen Straße vor seinem Hotel. Da fiel ihm ein, dass Sonntag war. Er machte kehrt, lief in sein Zimmer hinauf, schaute kurz in den Spiegel – das hatte man zu tun, wenn man zurückkam, weil man etwas vergessen hatte –, und holte die hellvioletten Handschuhe aus der Schublade. Weil Sonntag war, aber außerdem konnte es ja auch sein, dass Victoria mit zum Frühstück erschien.

Dann eilte er achtlos an den Bäumen vorbei und über die Brücke, ohne den Ausblick zu genießen, und kam sich zum Spaß wie ein Venezianer vor, der seinen täglichen Weg ging und zum Dienst musste. Wie er in Sankt Petersburg seine Beine allein gehen ließ, wenn er wieder einmal verspätet unterwegs war. Am *campo* nach der Brücke rechts und fortan immer geradeaus, das hatte er sich eingeprägt. Kurz vor zehn betrat er den Markusplatz, fasste die erneute Verwunderung über dessen Schönheit in ein kurzes Aufschauen zusammen und ging zielstrebig auf das Kaffeehaus zu. Draußen saß niemand, weil die Tische bereits in der Sonne glühten, dafür war es drinnen, wie er schon durch die schwere Glastüre sah, steckvoll. Voll österreichischer Soldaten und Offiziere. Und furchtbar verraucht. Am Klavier wurde ein Wiener Walzer gespielt. Diesen Ort hatte Rossini für ihr Frühstück gewählt? Aller Augen waren sofort auf dem Eintretenden, Gespräche stockten, die Atmosphäre war unangenehm, feindselig, steif, sie war es sichtlich schon vor seinem Eintreten gewesen, nur hatte sie jetzt ein Opfer, ein Feindbild gefunden. Ein Kellner im schwarzen Smoking kam auf ihn zu, musterte ihn abschätzig und fragte unfreundlich auf Deutsch: „Sie wünschen?"

Autorität, auch die eingebildete eines Kaffeehausbediensteten, schüchterte Dostojewskij ein. Aufs Erste. Dann forderte sie ihn zum Widerstand heraus, zum Kampf. Der allerdings kam, durch die Einschüchterung zuvor, aus der schwächeren Position und hatte unweigerlich etwas von Trotz. Er stellte sich aufrecht, hielt die Handschuhe, wie er hoffte, vornehm in der linken Hand und sagte dezidiert nicht auf Deutsch, sondern auf Französisch: *„Je cherche Monsieur Rossini."*

Und wartete auf eine beeindruckte Reaktion. Stattdessen kam ein Lachen von einem Tisch in der Nähe, ein höhnisches, verletzen wollendes Lachen, wie er es von Lehrern auf eine falsche Prüfungsantwort kannte. Ein paar Herren an anderen Tischen lachten ebenfalls und steckten die Köpfe zusammen. Dostojewskij spürte Wut aufsteigen. „Was ist?!", fragte er laut und diesmal auf Deutsch zu den Tischen hin, und nun wuchs das Schweigen um ihn herum und wurde bedrohlich.

„Hier gibt es keinen Rossini", sagte der Kellner.

Dostojewskij zuckte die Schultern: „Zehn Uhr, Caffè Florian."

Da staute sich das Schweigen, stieg an wie eine Welle und brach sich in einem langen, aggressiven Gelächter, das klang, als käme es aus Gewehrläufen. Der Kellnermund verengte sich zu einem Schlitz, der an eine Wunde erinnerte und ein „Sie sind im falschen Café" absonderte. *„Les Italiens sont situés à côté de l'ombre",* fügte er noch abfällig und mit wie absichtlich breitem Akzent hinzu, aber das war schon zu den feinen Herren hin gesagt, die das Bonmot goutierten und den Fremden an der Tür, den Irrläufer, mit Blicken hinauswiesen. Mit einem Hustenanfall, der nicht nur vom Zigaretten- und Zigarrenqualm herrührte, verließ der Gedemütigte das Lokal und las dabei, zu spät, die Aufschrift „Caffè Quadri".

Draußen beruhigte sich sein Husten rasch. Tief atmete er durch und blinzelte zum Himmel. Nun rekrutieren sie auch schon die Sonne für sich, dachte er und schritt auf die vom Kellner bezeichnete Schattenseite des Platzes zu, in dessen Arkaden sich tatsächlich das Café mit dem richtigen Namen befand.

Auch hier gab es keine Spur von Sonntagsbehaglichkeit. Als Erstes fielen die Unmengen an Zeitungen auf, die in Stapeln dalagen, auf Tabletts geschäftig von Raum zu Raum getragen und von den sitzenden oder stehenden Lesern untereinander ausgetauscht wurden, Gespräche auslösten, Diskussionen, das Ganze glich mehr einem Redaktionsgebäude als einem Kaffeehaus. Die dadurch auch hier gespannte Stimmung hatte aber im Gegensatz zur trägen Selbstgefälligkeit im Quadri etwas Quirliges, Lebendiges, hier war eine Sache in Gang, während drüben eine in Müßiggang erstarrte, hier köchelte etwas hoch, hier entstand etwas, wo dort etwas stillstand und versteinerte. Keiner kümmerte sich um den Eingetretenen. Ein beleibter Mann mit brustlangem Bart, vielleicht auch Russe, über eine italienische Zeitung gebeugt und emsig in ein Notizbuch schreibend, lächelte ihm sogar zu. Dostojewskij ging langsam durch die verspiegelten Räume wie ein Fremder auf einer Soiree auf der Suche nach dem Gastgeber. Schließlich sprach er einen Kellner an. Der freundliche, aristokratisch wirkende Herr im weißen Smoking führte ihn darauf durch einen fast leeren Gastraum, in dem vereinzelt vornehme Gestalten in altertümlicher Kleidung saßen und rauchten, in Büchern blätterten oder nur vor sich hin sahen, in das wohl letzte Zimmer des vielverzweigten Lokals. Dort saßen an einer langen, durch kleine Tische zusammengestellten Tafel acht bis zehn Männer in guten bis feinen Anzügen, in ihrer Mitte thronte in selbstverständlicher Natürlichkeit Gioachino Rossini und las gerade etwas vor, dem alle in entspannter Ehrfurcht lauschten.

Aufs Erste war Dostojewskij enttäuscht, weil er davon ausgegangen war, mit dem Meister alleine verabredet zu sein, war aber sofort getröstet, als dieser den Blick vom Blatt hob, ihm mit strahlendem Gesicht zuwinkte und, ohne den Vortrag auch nur eine Sekunde zu unterbrechen, ihm mit einer Geste anbot, sich auf einen freien Stuhl zu setzen. Neugierige, sich nicht aus dem Glanz des Zuhörens reißen wollende, wohlwollende Augen begrüßten den Ankömmling. Größtenteils abgegessene Platten und Schalen mit Wurst, Käse, Obst, Omeletts, Kaffeekannen und leere Champagnerflaschen kündeten davon, dass das Frühstück schon lange in Gang war. Dostojewskij, der eben begriffen hatte, dass die zwei Längsseiten des Markusplatzes von zwei verfeindeten Kaffeehäusern beherrscht waren, dem österreichischen der Besatzer und dem italienischen der um Freiheit ringenden Venezianer, nahm an, in eine politische Debatte und die Verlesung einer Kampfschrift oder eines Pamphlets geraten zu sein, doch was er den italienischen Versen, die Rossini seit seinem Eintreten, wie ihm schien, eine Spur langsamer und deutlicher vortrug, entnahm, war, dass es sich um nichts anderes als um ein gereimtes Salatrezept handelte. Öl, Senf, Essig, Pfeffer beherrschten Sätze, die auf *lavorato* und *gustato* endeten, *tartufi* spielten mit, und am Schluss war gar von einem *cardinale* die Rede, der dem Koch und Dichter nach Genuss des Gerichtes seine *benedizione* gespendet habe.

Herzliches Gelächter und Applaus folgten. Rossini stellte den Gast vor, die Herren verneigten sich höflich. „Bringen Sie bitte ein Gedeck", gab er dem Kellner auf, schenkte ein Glas Champagner ein und reichte es über den Tisch. Dostojewskij, der vor einer guten halben Stunde noch geschlafen hatte, winkte ab und bat um Kaffee, der auch rasch kam und, wie er zufrieden feststellte, brühheiß war. Überhaupt war es Rossini und seiner durch gute Energie ausgezeichnete Gesellschaft wieder in kürzester Zeit gelungen, dass er sich wohlfühlte, wohl wie selten. Die Herren waren keine Künstler, dachte er, eher Geschäftsleute. Sie trugen Krawatten und Brillen und hatten Mappen und Papiere vor sich liegen.

„Unser kleines Arbeitsfrühstück ist fast beendet", sagte nun auch der Komponist zu ihm auf Französisch und stellte ihm einen neben ihm sitzenden älteren Mann mit feinen Gesichtszügen und ordentlich nach hinten frisierten dünnen, weißen Haaren als „einen der Besitzer des La Fenice" vor. Und das La Fenice sei, erklärte er, das stärkste Bollwerk des Widerstands gegen die Habsburger in Venedig. „Wir besprechen eine Neuproduktion meiner ‚venezianischen' Opern für eine Art Festspiel. Dazu braucht es Künstlervermittler, Pressemenschen und Geldgeber." Er zeigte auf die jeweils Bezeichneten, die im Bewusstsein ihrer Bedeutung stolz nickten. „Die Crème der hiesigen Agenten, Journalisten und Bankiers. Wir müssen in der gegenwärtigen politischen Situation sehr umsichtig vorgehen."

„Die Zensur verbietet alles", warf ein Mann mit Schreibblock ein, dem die Formulierung zu harmlos war. „Die Theater sind in der Kralle der Staatspolizei."

„Nicht nur die Theater", berichtigte ein anderer. „Universitäten, Literatur, Zeitungen, die Symbole der Gedankenfreiheit sind von der Angst der Österreicher, ihre sinnlose Macht zu verlieren, geknebelt."

Dostojewskij war beeindruckt, wie die gesamte Unterhaltung durch die Regie des Meisters ins Französische gewechselt war.

„Das Fenice wollen sie als ihr Aushängeschild benutzen", sagte sehr sachlich der Besitzer des Theaters. „Das ist aber schon aufgrund seiner Geschichte gar nicht möglich. Es ist aus dem Geist des Humanismus entstanden und wird sich auch in Zukunft der Barbarei verschließen. Da es außer meiner noch ein paar anderen alten venezianischen Familien gehört, rennt sich die Regierung in Wien die Köpfe ein. Wenn sie das Haus für eine besondere Repräsentation einsetzen will, etwa wegen eines hohen Staatsbesuchs, sagen wir, es tut uns leid, die Wasserrohre sind kaputt, und sperren es einfach zu."

„Verdi musste der Zensur nachgeben", lachte ein beleibter Herr in aprikosenfarbenem Seidenanzug, der neben Dostojewskij saß und ein dezentes Fliederparfum verströmte. Als der Name des anderen Komponisten fiel, sahen alle rasch auf Rossini. Dieser nickte und schwieg. „Verdi kam vor zehn Jahren mit ‚La maledizione', seiner Bearbeitung eines Stücks von Victor Hugo", erzählte der Mann weiter, „Le Roi s'amuse'. Ein König, der sich als Frauenheld amüsiert, das ging der Behörde zu weit. Aus dem Monarchen wurde ein Herzog von Mantua und auch der Stücktitel wurde geändert."

„War es ein Erfolg?", fragte Dostojewskij. Da seltsamerweise niemand antwortete, setzte er nach: „Wie war der neue Titel?"

„Rigoletto", sagte Rossini ausdruckslos. Daraufhin schwiegen alle ein paar Sekunden taktvoll.

„Jedenfalls", nahm der Besitzer den Faden wieder auf, „vor sechsundzwanzig Jahren ist das Haus bis auf die Grundmauern niedergebrannt und wurde in sieben Monaten wieder aufgebaut. Der ‚Phönix' wird auch die Katastrophe der Habsburger überstehen. Das Teatro La Fenice ist den Österreichern ein Dorn im Auge und wird es bleiben bis zu ihrem Abzug."

„Der hoffentlich bald geschieht", sagte ein Mann mit grün-weiß-rotem Abzeichen am Revers.

„Der hoffentlich bald geschieht", stimmte der Eigentümer zu. „Viva San Marco", ergänzte er im selben sachlichen Ton.

„Viva San Marco", antworteten alle einstimmig und sonor, wie Dostojewskij in katholischen Kirchen die Gläubigen „Amen" sagen gehört hatte.

Er trank Kaffee und sagte nichts. Warum hatte Rossini ihn herbestellt? Um an einer politischen Debatte teilzunehmen? Er sah ihm zu, wie er eine große Portion Räucherlachs zerschnitt und in dicken Scheiben mit Meerrettich verschlang. Das Gelage der vorigen Nacht war dem Siebzigjährigen in keiner Weise anzumerken, er war wach und vital und schien immer mehrere Einfälle zugleich im Kopf zu haben. Vor allem war er bester Laune und sah ihn belustigt an. Warum? Auch die anderen schauten alle zu ihm. Da begriff er, dass jemand ihn etwas gefragt hatte und alle auf seine Antwort warteten.

„Pardon?"

„Wie ist die Situation in Russland?", fragte der Mann mit dem Schreibblock laut und überdeutlich. Er war offenbar Journalist.

„Die Reformen des neuen Zaren sind ein großer Gewinn", sagte Dostojewskij langsam, „gerade für die Freiheit der Presse. Aber vielen gehen sie nicht weit genug. Obwohl die Leibeigenschaft offiziell beendet ist, erheben sich in den Provinzen die Bauern … in Petersburg kommt es zu Aufständen und Brandschatzungen … einer Gruppe, die sich ‚Junges Russland' nennt … ihr Anführer ist der Herausgeber eines linken Journals."

„Schreiben Sie auch für Zeitungen?"

„Ich habe eine Zeitschrift gegründet."

„Politisch?"

„Literarisch."

„Sie wissen, was Bakunin schreibt?"

Dostojewskij wusste es. Dass die Revolution in Russland unvermeidlich war. Doch er schwieg. Das brachte den Journalisten erst recht in Fahrt.

„Dass Zar Alexander die Chance gehabt hätte, das Volk zu befreien, in Wahrheit aber nur daran gedacht hat, das überkommene Staatsgebäude zu festigen. Dass er als Deutscher nie Verständnis für Russland haben wird. Wie stehen Sie persönlich zu ihm?"

Dostojewskij zögerte. Der Zar hatte ihn begnadigt. Seine Reformen hatten die Schaffung der „Zeit" erst ermöglicht. Außerdem mochte er das Gefühl nicht, verhört zu werden. Stand, was er hier sagte, morgen in irgendeiner Zeitung?

„Der Zar kümmert sich um das russische Volk", sagte er so abschließend, dass sich jede weitere Nachfrage von selbst verbot.

„Sie müssen entschuldigen", meinte der Maestro und wischte sich den Mund mit einer voluminösen Serviette, „bis vor Kurzem wäre ein solches Gespräch nicht einmal hier im Florian möglich gewesen. Solange die Kaiserin da war, gab es am Markusplatz mehr Spitzel als Tauben."

„Die Kaiserin?", fragte Dostojewskij.

„Elisabeth von Österreich", sagte ein Mann mit vor Erregung und offenbar regem Champagnergenuss roter Glatze, der bisher geschwiegen hatte. „Fast ein Jahr durften wir die Gunst ihrer Anwesenheit genießen. Weil sie nach Madeira und Korfu nicht zurückwollte in die frostige Wiener Hof-Schlangengrube. Zum Glück konnte sie ihre neun Zimmer nicht oft verlassen mit ihren geschwollenen Beinen." Dabei zeigte er mit dem Finger nach oben, wie man von einem unliebsamen und endlich ausgezogenen Mieter spricht. „Seit Mai darf man die Piazza wieder betreten."

„War sie gesperrt?"

„Kein echter Venezianer hätte den Platz betreten, solange die österreichische Kaiserin da wohnte. Dem Kaiser war es natürlich sehr angenehm. So konnte er zu Hause seinen Liebschaften nachgehen. Dafür hat er seiner ‚geliebten Sisi' jeden Tag frisches österreichisches Quellwasser schicken lassen. Zweimal kam er selbst, hat sich aber mehr für seine Truppen interessiert als für seine Frau. Sogar den dreijährigen Sohn hat er zur Parade mitgeschleppt. Ein furchtbarer Mann und Vater."

Dostojewskij schluckte. Seit Petraschewskij hatte er nicht mehr so offen schlecht über einen Monarchen reden gehört. Der recht starke Kaffee hatte ihm Herzrasen verursacht, und er schwitzte. Er bat um schwarzen Tee. Die Runde kam immer mehr in Fahrt.

„Schon vor ein paar Jahren waren sie da", sagte verächtlich der Journalist. Mit dem ganzen Hofstaat. Sie bekamen den Hass der Venezianer zu spüren. Es gab natürlich einen großen militärischen Empfang. Doch als die kaiserliche Familie über die Piazza ging, waren nur die dünnbrüstigen Hochs und Hurras der österreichischen Soldaten und der bezahlten Applaudierer zu hören. Die Venezianer blieben stumm."

„Kein Wunder", rief der Glatzköpfige und erklärte dem Gast: „Ihr Geld geht als Steuer an die Österreicher, die damit ihre militärische Besatzung finanzieren. Die Venezianer zahlen also auch noch für ihre Unfreiheit."

„Der italienische Adel boykottierte die Empfänge", sagte der weiterhin um Sachlichkeit bemühte Theaterbesitzer, „und beschimpfte die, die hingingen. Bei der Festvorstellung im Fenice blieben die Logen der venezianischen Familien leer."

„Den Kaiser interessiert sowieso keine Kunst." Der Herr mit dem Fliederparfum leerte ein Champagnerglas. „Nur Arsenale und Befestigungen."

„Sie müssen sich auch die Situation in Österreich vorstellen", sagte ein hagerer junger Mann mit schmalem

Gesicht und großen, wie vor Schreck geweiteten Augen, dessen Französisch deutschen Akzent hatte, „vor drei Jahren griffen die Österreicher Italien an. Im Piemont. Aber sie blieben in diesem Krieg völlig isoliert, und um ihn zu zahlen, erließen sie Steuern. Ausgehungerte, verwundete, kranke Soldaten kehrten heim. Fast jeder Österreicher hat Angehörige in der Armee in Italien."

Der Parfümierte schenkte sich nach. „Von Anfang an hat sich Kaiser Franz Joseph für nichts so interessiert wie für das Militär. Für nichts so viel Geld ausgegeben und so viele Schulden gemacht. Und ist trotzdem ein strategischer Dilettant geblieben. Und alles endete in einer riesigen Blamage."

„Und in einem Blutbad." Der hagere Mann sprach leise weiter: „Noch keine dreißig war der Kaiser und hatte eine Apokalypse zu verantworten." Auf dieses Wort hoben alle die Köpfe und schwiegen in Zustimmung. „Solferino." Er hatte auf einmal Tränen in den Augen. „Meine Familie ist halb aus Wien, halb aus Venedig. Mein Bruder kämpfte für die Österreicher. Millionen und Millionen haben sie für das Heer ausgegeben – aber an die Verarztung der Verwundeten hat niemand gedacht. Die Österreicher sind in den Krieg gezogen …"

„… als ginge es zum Walzertanzen", ergänzte der Fenicebesitzer trocken.

„Mein Bruder ist liegen geblieben und verblutet. Ein Schlachtfeld wie Solferino hat es in der Menschheitsgeschichte noch nicht gegeben."

„Die Stimmung in Österreich ist verzweifelt. Viele wünschen sogar die eigene Niederlage, nur um dem Schrecken ein Ende zu machen. Die Bevölkerung ist verarmt, die miserable Politik des Kaisers und seine unselige Kriegsführung haben Zehntausende von Toten gefordert. Tote für eine italienische Provinz, die ohnehin nicht zu halten war. Und die Spitäler reichen nicht aus … in Wien gärt die Revolution."

Der junge Mann hob verzweifelt die Schultern. „Es stimmt, was Engels geschrieben hat: ‚Kaiser Franz-Joseph von Österreich-Ungarn ist ein jämmerlicher Schwächling!'"

Die Glatze des Empörten war ein knallroter Feuerball geworden. „Und ein verantwortungsloser Herrscher. Die Kaiserin kann nichts dafür. Ihr Herz muss erfrieren neben diesem Monstrum."

„Sie hat die Kettenstrafen in den Gefängnissen abgeschafft", nützte Rossini die Gelegenheit zur Aufhellung des Gesprächs, und Dostojewskij spürte einen Stich, weil er das Gefühl hatte, dass die Bemerkung an ihn gerichtet war. „Ein Segen, dass die Lombardei wieder italienisch ist."

„Venetien wird folgen", konstatierte der Fenicebesitzer kopfschüttelnd, als spräche er über ein Naturgesetz, legte den Kopf schief und informierte Dostojewskij mit einem sarkastischen Lächeln: „Wir arbeiten daran."

Der Angesprochene hätte vielleicht zurückgelächelt, aber erstens war das nicht seine Art, und dann war er abgelenkt. Seit ein paar Minuten schien ihm, dass Rossinis Haaransatz und Scheitel am Vorabend höher gelegen hatten und dessen Stirn heute früh niedriger war, und er versuchte die ganze Zeit, den aktuellen Anblick mit seiner Erinnerung zu vergleichen. Als der Tee abgekühlt war, trank er eine Tasse, goss nach, und eine weitere, und noch eine, während die Herren, da an ihrem russischen Gast keine weitere Gesprächsbereitschaft zu erkennen war, im Resümieren ihrer früheren Sitzung aufstanden und begannen, sich von Rossini zu verabschieden. Der beugte sich auf einmal über den Tisch zu ihm und sagte: „Bitte schenken Sie mir noch ein paar Minuten." Dann flüsterte er dem schmalen Halbwiener etwas ins Ohr, worauf dieser nickte und davoneilte. Rossini begleitete die anderen zum Ausgang, was lange dauerte, weil sie langsam gingen und alle zwei Schritte stehen blieben, um wieder etwas zu besprechen und zu lachen, und wieder etwas Neues besprachen und erzählten, und immer so, als hätten sie sich eben erst getroffen. Dostojewskij, alleine gelassen, dachte: So viel habe ich in meinem Leben nicht geredet wie diese Italiener in einer Stunde.

Er stand vor einer Spiegelwand und streckte die Zunge heraus. Sie war dunkel belegt. Wieder konnte es vom schwarzen Tee kommen. Er rieb die Zunge am Gaumen ab und streckte sie erneut weit heraus. In diesem Moment kam der schmale Jüngling in den Raum geeilt und nahm eine Aktentasche, die er am Fuß seines Stuhls vergessen hatte, sah auf das zungezeigende Gesicht im Spiegel, stotterte eine Entschuldigung und lief davon. In weiterer Reflexion seiner Reflexion überlegte Dostojewskij, dass er dringend einen Haarschnitt brauchte und ob er heute noch einen Zug wenigstens nach Triest bekommen würde. Doch dann müsste er vor Mittag sein Quartier räumen.

Geld hatte er abzüglich der Hotel- und Reisekosten noch für knapp einen Tag. Bei diesen Gedanken kehrte Rossini zurück.

2

In seinem Gefolge der vornehme Kellner, der an den oberen Rand einer Spiegelwand griff und sich gegen sie lehnte, worauf sie sich als Tür entpuppte und aufsprang. Er ließ die beiden Herren eintreten, brachte zwei volle Champagnergläser, ging und schloss von außen ab.

Das Zimmer war klein und beinhaltete nichts als ein schmales, rotes Plüschsofa und einen niederen Tisch, die Kerzen auf dem Luster aus Muranoglas gaben gedämpftes Licht. Während Rossini sich setzte, bat er den erstaunten Gast, das Gleiche zu tun, und sie drängten sich auf dem Sofa nebeneinander zusammen, das so kurz war – und die Leibesfülle des Musikers so groß –, dass das Knie des einen das des anderen berührte und die Gesichter einander näher waren als je zuvor. Fast auf Kussnähe. Dostojewskij schluckte. Er war allein mit Rossini in einem Séparée. Was kam nun?

„Entschuldigen Sie die Vorsichtsmaßnahme", sagte der Maestro leise, „aber in Venedig haben die Wände Ohren."

Dostojewskij hatte den gleichen Satz vor zwanzig Jahren über Sankt Petersburg gehört. Und ihn zu wenig beachtet.

„Ich habe Sie hergebeten, weil ich glaube, dass Sie mich verstehen. Ich bin siebzig, Sie vierzig. Aber Sie haben viel erlebt. Und Sie lieben die Menschen."

Dostojewskij staunte. Er hätte nie gedacht, diesen Eindruck bei jemandem zu erwecken. Kaum, dass er diesen Eindruck von sich selbst hatte. Wie unerschütterlich positiv dieser Mann war.

„Ich kann nicht leugnen, dass es mit mir zu Ende geht. Und ich klage nicht. Mein Leben war lang und gut. Aber etwas habe ich noch vor. Und zwar – mit Ihnen."

Sein Atem war nach dem agitierten Gespräch mit den Freunden und der Anstrengung des Hinsetzens nun völlig ruhig geworden, und er strahlte sein Gegenüber freudig und erregt an, das in der Enge des Raumes, des Sofas und der Situation wieder zu schwitzen anfing und sich wunderte, dass der andere es nicht tat. Nach der letzten Nacht, nach Champagner schon am Morgen saß die Legende da im makellosen Anzug, mit tadellos zugezogener Krawatte und steifem Kragen und nicht einem Schweißtropfen auf der Stirn, und schaute ihm fest in die Augen, feurig und beinahe zärtlich, und doch ohne eine Spur jener Zweideutigkeit, wie sie die Szenerie geradezu vorzuschreiben schien. Seine bei aller Sinnlichkeit eher schmalen Lippen bewegten sich kaum, als er flüsterte: „Ich habe etwas mit Ihnen vor ... und zwar ...", er machte eine lange Pause, in der die beiden Köpfe atemlos voreinander verharrten, „eine ... *buffa!*"

Dostojewskij wich minimal zurück. Er hatte ein ähnliches Wort in Deutschland für „Bordell" gehört. Aber das war es wohl nicht, was der Meister meinte.

„Eine komische Oper. Meine letzte habe ich vor Ihrer Geburt geschrieben. Und seit Donizettis ‚Don Pasquale' vor zwanzig Jahren ist die Gattung in Italien überhaupt ausgestorben. Dabei denke ich immer wieder an Beethoven. Er hat mir in Wien innig zum ‚Barbiere' gratuliert. Aber er hat auch gesagt: ‚Versuchen Sie nicht, etwas anderes als eine Opera buffa zu schreiben. Da kann niemand euch Italienern gleichkommen.' Ich habe die komischen immer den ernsten Themen vorgezogen. Die meisten Libretti wurden mir ja von den Impresarios aufgezwungen. Jetzt bin ich alt. Niemand erwartet mehr etwas von mir. Das heißt, ich bin frei. Ich möchte noch eine Oper schreiben. Für das La Fenice. Vierzig Jahre nach der Uraufführung meiner letzten italienischen Oper dort. Noch eine Oper … meine vierzigste … meine letzte. Und ich möchte, dass Sie das Libretto schreiben, Dostojewskij."

Dostojewskij merkte, wie ihm der Mund offen stand. Vom größten italienischen Komponisten, von einem der größten lebenden Künstler überhaupt, so in einen geheimen Plan eingeweiht zu werden, war schon viel. Dass er nun auch noch darin eine Hauptrolle spielen sollte, war schlichtweg ein Knalleffekt, wie er vielleicht nur diesem Bühnenkünstler zuzutrauen war.

„Ich", antwortete er mit einer Frage, die wie eine Feststellung klang.

„Sie!" Rossini strahlte über das ganze Gesicht. „Und wissen Sie, über welches Sujet? Über welchen Mann?"

„Faust?", fiel Dostojewskij ihr nächtliches Gespräch ein.
„Casanova!"
„Casanova."
„Giacomo Girolamo Casanova. Ein Leben wie ein Schauspiel. Oder eben wie eine Oper. Eine Geschichte über Liebe und Verzicht, Leidenschaft und Abschied, Abenteuer und Einsamkeit. Ein letztes Feuerwerk. Ein letzter *capo d'opera*. Über einen Venezianer – für Venedig."

Dostojewskij kam aus der Verwunderung nicht mehr heraus. Über eine Person zu schreiben, deren Ruhm sich vor allem aus der Häufigkeit seiner Liebschaften herleitete, wäre ihm nie eingefallen. Da lachte Rossini auf.

„Faust als komische Oper ist allerdings eine Idee, um die ich Sie beneide. Und Sie haben recht. Dem alten Rossini wäre auch das zuzutrauen. Aber mich hat die Geschichte Casanovas immer bewegt. Und immerhin hat er meiner Mutter einmal den Hof gemacht." Er lächelte und ließ das wirken. „Sie kennen seine ‚Mémoires'?"

„Nur wenig davon." Er wollte nicht sagen, dass sie ihn nie besonders interessiert hatten. Tagebücher, Selbstentäußerungen waren ihm ein Gräuel. Und die Erinnerung eines Mannes an seine Liebesabenteuer ging niemanden etwas an. So sagte er nur: „Ich weiß von seiner Reise nach Sankt Petersburg. Er hat Zarin Katharina mehrmals getroffen …"

„Die Zarin, und Friedrich den Großen, und Voltaire, Könige und Kurtisanen, Diplomaten und Dirnen … Casanova hat sie alle gekannt. Er war viel mehr als das, was alle Welt von ihm denkt. Ich habe heute früh Ihre ‚Armen Leute' gelesen."

Dostojewskij stockte abermals. Er wusste, dass der Meister ‚Monsieur Crescendo' genannt wurde, weil er seine Musik vor allem in den Finalen, aber auch in Ouvertüren in einer endlos scheinenden Folge von Effekten, verkürzten Wiederholungen und beschleunigten Paraphrasen steigerte, den Zuhörer atemlos machte, so wie er jetzt ihn von einer Verblüffung in die nächste jagte und der vermeintlich höchsten Überraschung eine noch höhere aufzusetzen im Stande war. Von seinen Werken war bislang nichts im Ausland erschienen. Es konnte sich nur um eine Verwechslung handeln.

„‚Ein Eckchen des Vorhanges an Ihrem Fenster war offen'", zitierte da genüsslich Rossini und erklärte dem Staunenden, dem gerade zum ersten Mal in seinem Leben ein eigener Satz in einer fremden Sprache entgegengekommen war: „Irgendein Deutscher hat Auszüge in einem Journal veröffentlicht. Kurz nachdem Ihr Roman erschienen war. Ich habe gestern Nacht noch meinen Sekretär um etwas zu lesen von Ihnen gebeten, und heute früh lagen die Blätter bei meinem Morgenkaffee. Wundern Sie sich nicht, wenn hier etwas funktioniert, dann die Spionage. Venedig hatte tausend Jahre Zeit, um das System der Bespitzelung zu perfektionieren. Wenn ich will, weiß ich in vierundzwanzig Stunden alles über Sie. Mehr als Sie selbst." Er lachte kopfschüttelnd, um zu zeigen, dass er nicht vorhatte, davon Gebrauch zu machen.

„Und Sie haben …"

„Oh, ich lese schnell. Ich schreibe auch schnell. Das hat etwas mit meiner notorischen Faulheit zu tun. Ich will die Dinge hinter mir haben. Den ‚Barbiere' habe ich in zwei

Wochen komponiert. Unsere Oper muss übrigens in einem Jahr zur Uraufführung kommen, vierzig Jahre nach meiner ‚Semiramide‘."

Ja, er ist schnell, dachte Dostojewskij, jetzt spricht er schon von ‚unserer Oper‘.

„Wenn Sie wollen, meine ich natürlich. Verzeihen Sie. – Sie sind ein Dichter. Sie haben einen eigenen Stil. Was Sie schreiben, trifft hier …", er zeigte auf seinen Kopf, „und hier", und legte die Hand ans Herz. „Und Sie haben das Gefängnis am eigenen Leib erlebt. Man kann nur schreiben, was man in den Knochen hat. Kennen Sie Casanovas ‚Flucht aus den Bleikammern‘?" Dabei streckte er den Zeigefinger aus, dessen Verlängerung folgend man wahrscheinlich genau im berüchtigten venezianischen Staatsgefängnis gelandet wäre, und Dostojewskij lief ein Schauder über den Rücken.

„Ich habe die Episode letztes Jahr in meiner Zeitschrift gebracht." Mehr als diese wollte er den russischen Lesern, denen die „Mémoires" weitgehend unbekannt waren, nicht zumuten.

„Vielleicht können Sie auch etwas von Ihrem Sibirien-Buch verwenden. Vielleicht sogar den Titel. Wie, sagten Sie, heißt es? ‚Aufzeichnungen …‘?"

„‚… aus einem Totenhaus‘."

„Hm. Das ist kein Titel für eine Rossini-Oper."

„Eher nicht."

Beide schwiegen kurz.

„Wussten Sie, dass er sogar mit der Frau seines Kerkermeisters ein Verhältnis hatte?"

„Bisher nicht."

„Es schwirren viele Ausgaben seiner ‚Mémoires' in Europa herum. Ich lasse Ihnen eine stark gekürzte zukommen. Das reicht für den Anfang. Sie schauen, ob Sie die Sache interessiert. Dann bekommen Sie erstmal einen hübschen Vorschuss und eine Wohnung in Venedig und alles, was Sie zu Ihrer Bequemlichkeit brauchen. Ich mache Sie mit dem besten Russisch-Übersetzer bekannt, den es gibt. Oder Sie schreiben auf Französisch, nach dem Original, wir werden sehen. Ich muss Ihnen nicht sagen, dass die Arbeit Sie auf einen Schlag berühmt machen würde. In Italien … bald überall. Man wird sich darum prügeln, mit dem Autor der letzten Rossini-Oper zusammenarbeiten zu dürfen. Sie hätten ausgesorgt." Er bemerkte, dass der Blick des Russen bei der Schilderung dieser Perspektive heller, zugleich aber auch zweifelnder geworden war. „Und Sie können weiter Ihre Romane schreiben … und in echten Büchern veröffentlichen. Sie haben sicher Pläne?"

Dostojewskij nickte.

„Aber vorher schreiben Sie mir mein ‚Schokoladenterzett'. Casanova liebte heiße Schokolade. Ich hätte uns welche bestellen sollen." Er schaute auf die zwei unangetasteten Champagnergläser. „Nun ja, wir trösten uns mit der ‚Witwe Clicquot'."

Über den Einfall, das ‚Veuve' ins Deutsche zu übersetzen, lachte Dostojewskij kurz auf, nahm das ihm gereichte Glas in die Hand und schaute dem Komponisten des „Barbier von Sevilla", des Stabat Mater und des „Wilhelm Tell" – er rief sich die Bedeutung dieses Mannes immer wieder ins Bewusstsein –, der ihn eben als seinen Librettisten zu engagieren vorgeschlagen hatte, in die gutmütigen, lebenserfahrenen Augen, im Séparée eines venezianischen Cafés, schon fürchtete er, er werde mit ihm Bruderschaft trinken, ein Ritual, das er in einem Weinhaus in Heidelberg gesehen hatte, bei dem zwei (auch Mann und Mann) mit den Armen eingehakt tranken und einander dann auf den Mund küssten, doch dazu kam es nicht, dafür hörte er die wie die meiste Zeit des Gesprächs geflüsterten Worte:

„Genießen Sie das Leben, Dostojewskij. Es ist zu kurz, um sich zu viele Sorgen zu machen. Ich habe mit vierzig mein Leben umgedreht. Ich hatte das Glück." Er hob das Glas, und Dostojewskij hielt seines unbewegt, doch er lächelte, wenn auch nur mit den Augen, und beide tranken ihr Glas in einem leer.

„Jetzt entschuldigen Sie mich. Ich bin zum Mittagessen eingeladen." Rossini ging zur Tür, klopfte und drehte sich um. „Bitte warten Sie, mein Sekretär wird Ihnen gleich das Buch bringen. Ich habe es zu Hause liegen gelassen. Wenn Sie wollen, gehen Sie heute Abend ins Fenice. Meine ‚Elster' wird gespielt. Ich lasse Ihnen mitteilen, wo wir uns später treffen." Die Tür sprang auf, Rossini gab dem Kellner ein paar rasche Anweisungen in einem sehr undeutlich artikulierten italienischen Dialekt, winkte seinem Gast zum Abschied, stimmte ein Lied an und ging.

Der Zurückgelassene hielt sein Glas noch in der Hand, stand an der Sofakante und winkte zu spät zurück, sodass es aussah, er winke dem Kellner, der eben von der Tür zu ihm sah. Zur Antwort kamen ein diskretes Lächeln und ein gesenkter Blick. Und jetzt erst bemerkte er, dass der feine Livrierte seine hellvioletten Handschuhe vor sich hielt. Er bedankte sich, nahm sie und verließ das Séparée. Die Tafel von vorhin war geräumt, und die kleinen Tische standen wieder verteilt. Er betrachtete sich in der Spiegelwand, wie er da mit den Handschuhen in der Linken posierte, und fragte sich, ob sich in der letzten halben Stunde auch sein Leben „umgedreht" hatte. Victoria fiel ihm ein. Ob er sie wenigstens am Abend sehen würde? Wo mochte sie sein? Am Sonntagmittag sicher bei ihrer Familie, bei ihren Eltern. Ob sie schon einen Geliebten hatte? Die Sitten der Theaterleute waren bekannt. Es tat ihm leid, das Mädchen der Schamlosigkeit ausgesetzt zu wissen, und wünschte sie sich auf einer einsamen Insel im sibirischen Meer, beschützt und behütet … und schämte sich gleich für diesen Gedanken und wurde rot und streckte sich zur Strafe, aber auch, um zu überprüfen, ob die Verfärbung durch den Champagner verschwunden war, die Zunge heraus. Und erschrak, weil er im Spiegel das verblüffte Gesicht des schmalen Mannes sah, der reglos mit seiner Tasche in der Hand stand und den intimen Moment, dessen Zeuge er nun schon zum zweiten Mal war, nicht stören wollte. Als er sich zu Rossinis Sekretär umdrehte, entschuldigte dieser sich und zog ein dickes Buch mit schwerem ledernen Einband hervor, trat näher und überreichte es. „Ich wünsche Ihnen einen schönen Tag", sagte er mit leichter Verbeugung und ging.

Fünf Minuten später stand Fjodor Michailowitsch Dostojewskij mit den Memoiren Giacomo Casanovas, die ihm Gioachino Rossini hatte zukommen lassen, in der

Mitte der sonnenglühenden Piazza San Marco und hatte das Gefühl, ein Angebot bekommen zu haben, das er nicht ablehnen konnte.

3

Da er kein bestimmtes Ziel hatte, entschied er sich links an der Basilika vorbei einen ihm neuen Weg zu nehmen, der gleich wieder in ein Labyrinth aus Gassen und Kanälen führte, auf *campi*, an deren Schattenseiten gehend er vor der brennenden Sonne geschützt war, über Brücken, die ihn ihr auslieferten. Aus den Kirchen kamen Menschen im Sonntagsstaat von der Messe, standen in Gruppen und redeten, füllten die kleinen Lokale. Man konnte sich in irgendeinem italienischen Dorf wähnen. Viele Geschäfte hatten offen, in einem kaufte Dostojewskij Zigaretten. Die deutschen Städte hatte er an Sonntagen entsetzlich langweilig gefunden, alles war geschlossen, wo die Deutschen an diesen Tagen nur waren, hatte er sich gefragt. Schliefen sie? Je weiter er von Russland wegkam, desto billiger wurden die Zigaretten, diese kleine, ihm Vergnügen machende Reisebeobachtung bestätigte sich auch hier.

An einem Kirchenvorplatz ließ er sich im Schatten eines Baumes auf einer Steinbank nieder und zündete sich eine

Zigarette an. Er genoss es, in der Öffentlichkeit zu rauchen, was in Russland erst durch den neuen Zaren erlaubt war. Er schlug das Buch auf. „Geschichte meines Lebens vom allerberühmtesten Casanova", stand da recht unbescheiden auf Französisch, doch die Formulierung konnte auch von einem geschäftstüchtigen Herausgeber stammen.

Da merkte er erst, dass hinten ein nur leicht überstehender Briefumschlag eingelegt war. *„Pour Monsieur Dostojewskij"*, stand darauf mit ausladendem Federstrich. Im Couvert steckten ein Brief, eine Karte für die abendliche Vorstellung im Fenice und eine stattliche Anzahl Geldscheine.

„Lieber Dostojewskij", hieß es in ordentlicher, doch tänzelnder Handschrift, die aussah, als wäre sie auf einem Boot geschrieben, als schwankte sie ein wenig von einer Seite zur anderen, klein im Verhältnis zur Fülle ihres Schreibers, aber heiter wie er, „hoffentlich können Sie sich mit dem ‚Verführer' anfreunden. In jedem Fall nehmen Sie bitte die kleine Summe als Entschädigung für Ihre Zeit. Ihr ergebener G. Rossini." Die „kleine Summe" überstieg das, was Dostojewskij abzüglich der Hotel- und Reisekosten noch an Mitteln hatte, um ein Vielfaches. Er überschlug das Vorwort des Herausgebers und tauchte dafür in die „Vorrede" Casanovas, deren erste Sätze ihn gleich in ihrer Direktheit trafen:

Vor allem erkläre ich meinem Leser, bei allem, was ich in meinem Leben Gutes oder Böses getan habe, für den Ausgang selber verantwortlich zu sein. Es folgt, dass ich an die Freiheit des Willens glaube.

Nun ja, das war reinste Aufklärung. Überraschend hingegen, was gleich darauf kam:

Ich glaube an das Dasein eines immateriellen Gottes. Ich habe mich zu ihm betend stets erhört gefunden. Die Verzweiflung tötet, aber vor dem Gebet verschwindet die Verzweiflung, der Mensch empfindet darin Vertrauen und handelt.

Dostojewskijs Augen flogen über die Zeilen, und während er las, dachte er über sich selbst nach und vor welch große, alles verändernde Entscheidung er sich auf einmal gestellt sah. Und die Zeilen Casanovas drangen in dieses Denken, beflügelten und ermunterten es und schienen ihm eine klare Richtung vorzugeben:

Der Leser wird aus meinen Erinnerungen ersehen, dass das einzige „System", das ich hatte, darin bestand, mich von Wind und Wellen treiben zu lassen … Der Mensch ist nur frei, wenn er an seine Freiheit glaubt … Es kommt nur darauf an, Mut zu haben … Kraft ohne Selbstvertrauen führt zu nichts.

Gelächter ließ ihn aufschauen. Drei junge Frauen, die sich von ihren vor dem Kirchgang stehenden Familien absentiert hatten, waren im angeregtesten Gespräch über etwas, das sie zum Lachen reizte, und dabei sahen sie immer auf ihn, den sitzenden Leser, doch sie lachten nicht über ihn, sondern ihre Geschichte, fühlten sich aber irgendwie durch seine Gegenwart angeregt, heftiger zu lachen und, als er sie anschaute, theatralischer zu gestikulieren und ihr Gespräch nicht mehr nur zu führen, sondern gleichermaßen aufzuführen, zu spielen, für ihn zu spielen, und als er sie anlächelte und automatisch die hellvioletten Handschuhe von der Bank in die Hand nahm, lachten sie noch mehr, und eine flüsterte den anderen etwas ins Ohr, und nun hielten sie sich schon die Seiten vor Lachen und sahen mit feuchten Augen und, wie er fand, sehr zärtlich auf ihn. Scheu senkte er den Blick in sein Buch und fand da die von Casanova zitierten Verse Vergils:

Auch bin ich nicht so schlecht von Gestalt; ich sah mich am Ufer jüngst, da des Meers Windstille mir spiegelte.

Und als er dadurch weiter gestärkt wieder aufschaute, wurden die jungen Frauen weggerufen und waren gleich umringt von Männern und Kindern, und nur eine sah zurück und lächelte ihm zum Abschied zu.

Und die „Vorrede" war endlich bei dem, was sich die Leser von den Memoiren eines Casanova erwarteten:

Die Sinnlichkeit war mir immer die Hauptsache. Ich fühlte mich immer für das andere Geschlecht geboren, habe es geliebt und mich von ihm lieben lassen, so viel ich nur konnte.

Die Hitze selbst im Schatten wurde in der stehenden Luft des Platzes unerträglich, und Dostojewskij lockerte seinen Krawattenknopf. Und als er las, wie der venezianische Abenteurer übergangslos von seinen kulinarischen auf die erotischen Leidenschaften sprang, vom

Duft von Käse im höchsten Stadium der Reife

und vom

süßen Geruch der Frauen, die ich liebte

in einem Atemzug erzählte, war es ihm fürs Erste genug. Er stand auf und ging in die Kirche.

Frische Kühle umfing ihn, als träte er in einen Wald. Er atmete tief ein. Der Rauch erloschener Kerzen vom

Gottesdienst lag in der Luft und erzeugte ihm einen leichten Hustenreiz. Die Kirche war hoch, schwindelnd hoch, beinahe wie die deutschen und englischen gotischen Kirchen, doch wurde der Blick hier, bevor er ins Schwindeln kam, aufgefangen und getröstet von bunten Malereien, die die steinernen Bögen ausfüllten und gleichsam von innen wärmten. Dostojewskij hielt sich an einer Banklehne fest und überlegte, ob der große Unterschied, den man empfand, wenn man eine russische Kirche betrat, an deren Bauweise lag, und diese wiederum am Klima des Landes, in das und für dessen Menschen sie gebaut war. Wie wärmend empfing ein orthodoxes Haus den aus der Kälte Kommenden mit dem süßen Duft der Honigkerzen zumal bei oder unmittelbar nach einer Messe. Wie vertrauensgebend die oft niedere, mehr in die Breite und Weite gehende, an die Verzweigung von Höhlen erinnernde Architektur, während das westliche Gotteshaus den aus ungleich wärmeren Temperaturen Eintretenden sofort erschauern ließ mit seiner Kühle, seiner Höhe, die den Blick nach oben zwang und die Herzen klein machte angesichts des ungeheuren Raums, dem es sich ausgeliefert sah mit der einzigen Hoffnung auf diesen in so weiter Ferne, hinter einem wie immer wuchtigen und wie trennend davorgestellten Altar hängenden Messias. Wo es im östlichen Kircheninneren, das noch mehr von einem Tempel hatte, einen solchen Fluchtpunkt nicht gab, oder nur den gedachten hinter der prächtigen, goldgeschmückten Ikonostase, durch die die Priester traten wie immer gleich direkt zu Gott hinein. In den europäischen Kirchen war der Weg zum Heiland zudem versperrt von unzähligen Bankreihen, denn die hiesigen Gläubigen saßen im Haus des Herrn, eine Haltung, die der Achtsamkeit des Geistes nicht die zuträglichste war, dachte Dostojewskij, doch immerhin konnte man sich anhalten wie er jetzt, der schwach von der Hitze draußen, wenig Schlaf und dem in seinem Blut nachlassenden, mehr oder weniger nach dem Aufwachen hinuntergestürzten Champagner war, und zweifelte, ob seine Theorie vom „wohltuenden Gegensatz" zum Alltag der Menschen – kalte Kirchen in warmen Ländern, warme in kalten – haltbar war. Was wäre dann mit Griechenland?

Sein Blick fiel auf den linken Seitenaltar, der von Säulen eingefasst war, die sich in die Tiefe wie in einem römischen Tempel fortsetzten. Auf dessen Stufen waren Heiligenfiguren gemalt, streng symmetrisch, zwei rechts und zwei links von der in der Mitte thronenden Madonna mit dem Jesuskind im Arm. Näher tretend sah er, dass die hinteren Säulen ebenfalls gemalt waren, nicht zu unterscheiden von den echten, und auch gar nicht dahinter, sondern perspektivisch so verkürzt, dass sie nur den Eindruck erweckten und somit die ganze Vertiefung Illusion war. Das Bild war perfekt in die Kirchenarchitektur eingefügt, als stünden die Heiligen, von denen er außer Maria und Petrus keine identifizieren konnte, wirklich vor ihm. Leider standen da auch, zwischen den Heiligen und ihm, zwei deutsche Reisende, von denen der eine dem anderen nicht zu laut, aber in einem breiten, im Hals sitzenden Akzent mit rollendem „r" aus einem Baedeker vorlas. Wenigstens erfuhr Dostojewskij so, dass er auf ein „Meisterwerk der Renaissance", die „Sacra Conversazione" von Bellini, gestoßen war. Wie der Deutsche das „*Sacra*" aussprach, erinnerte ihn daran, dass ein Mitreisender in einem deutschen Zugabteil, der sich als gebürtiger Münchner vorgestellt hatte, dasselbe Wort mehrmals zum Fluchen verwendet hatte. Wenn ihm etwas hinuntergefallen war oder er eine zu starke Prise Schnupftabaks erwischt hatte, machte er seinem Ärger mit einem „*Sacra*" Luft. Dostojewskij bedauerte, die „vollendete Harmonie" des Gemäldes vorgelesen zu bekommen, ehe er sie für sich formulieren konnte, und wartete doch auf die Nennung des Heiligen am linken Bildrand, an dem er eine fatale Ähnlichkeit mit sich selbst feststellte. Nicht nur wegen der mehr als schütteren, nur an den Seiten leicht abstehenden Haare und des Barts, sondern auch wegen eines unter den rechten Arm geklemmten Buches, so wie er mit seinem Casanova-Buch unter den linken Arm geklemmt jetzt dastand, und da die Figur dem Betrachter zugewandt war, empfand er sie in durchaus spielerischer Blasphemie als sein Spiegelbild. „Der Kirchenvater Hieronymus", kam es da auch schon mit rollenden „r"s. Die Farben der Heiligengewänder leuchteten wie eben gemalt. Zu Füßen von Mutter und Sohn saß ein musizierender Engel. Und das ist dann wohl der unsterbliche Rossini, dachte Dostojewskij, grüßte stumm und verließ sein Spiegelbild, das wie im energischen Vorwärtsschreiten festgehalten schien, und schritt energisch zum Ausgang.

Von einer Brücke aus sah er von einer am Kanal gelegenen Kirche mit einem recht schiefen Turm davor Menschen kommen, die keine Italiener waren. Er wartete, um zu hören, ob sie Griechisch sprachen. Dann entschied er sich, geradeaus zu gehen. Er war nun den dritten Tag in Venedig und hatte eine Methode gegen seine Orientierungslosigkeit entwickelt: Er ignorierte sie. Das hieß, wenn man an einer Kreuzung vor die Wahl „rechts oder links" gestellt war, ohne zu zögern, zu einer Seite abzubiegen, sozusagen seine Füße entscheiden zu lassen, lieber als mit zerfurchten Gesichtern und wehenden Plänen wie andere Reisende minutenlang herumzustehen, um dann erst recht unter größten Zweifeln weiterzuschleichen. Dafür konnte man auch einmal am Ende einer langen Gasse vor dem Abgrund eines Kanals stehen und das ganze Stück zurückgehen, aber da Dostojewskij alleine ging und sein Gehen von Gedanken, die über den Weg hinausgingen, begleitet war, gab es für ihn nur diese Methode, die übrigens auch für die eigentlich unerträgliche Hitze galt. Man hatte sie zu ertragen, statt ständig den Anschein zu geben, unter ihr zusammenzubrechen, an Kirchenstufen rastend niederzusinken und sogar Wasserflaschen mit sich herumzuschleppen, wie er es außer bei Venedigbesuchern nur bei Reitervölkern in der kasachischen Steppe gesehen hatte. Wenn man Durst hatte, ging man in ein Lokal. Es gab ja genug. Die permanente Sparsamkeit der anderen Unterwegsseienden ging ihm nach zwei Monaten Unterwegssein am meisten auf die Nerven. Der alte russische Adel hatte es für unter seiner Würde gehalten, ökonomisch zu denken. Spuren davon lebten, er wusste es, auch in seinem Blut. Starke Spuren. Gesellschaftliche Achtung erwarb man sich nicht durch Geldverdienen. Man bekam sie durch

Geldausgeben. Das war aber natürlich nicht auf die Aristokratie beschränkt, sondern eher eine Mentalitätsfrage des ganzen Volks und erklärte die oft lächerliche Tatsache, dass Russen ein Geschäft in Paris oder Berlin betraten, als hätten sie unermesslich viel Geld, und jeden Gegenstand betrachteten und umdrehten, als wären sie im Begriff, den ganzen Laden zu kaufen. Dass sie ihn dann zumeist mit leeren Händen und der geraunten Bemerkung *„W celom panjatno"* („Alles klar") verließen, war eine andere Sache. Aber ihre Attitude war großzügig gewesen.

Entschlossen setzte er sich auf einen von wenigen Stühlen, die vor einer Gastwirtschaft auf einem kleinen Platz standen, und bestellte bei einem schläfrigen Kellnerjungen, der träge an einem Tisch herumwischte, Champagner. Auch nach dreimaligem Wiederholen war nicht ersichtlich, ob der Junge das Wort schon einmal gehört hatte, und als man sich gerade auf *„vino bianco"* geeinigt hatte, kam von drinnen das untrügliche Ploppen eines entkorkten Schaumweins, und der durstige Gast zeigte vorwurfsvoll in Richtung des Geräuschs.

„Ah", verstand nun der Venezianer, *„Spumante."*

„Sì."

„Subito."

Keine Minute, nachdem sich Dostojewskij gesetzt hatte, tauchte die Sonne hinter einem Hauserker auf und schaute frech auf den bislang im Schatten dahinschlummernden *campo* und dem einzigen Besucher ins überraschte Gesicht. Kurz war das angenehm, doch schnell begann er zu schwitzen und wechselte den Platz. So hatte er wenigstens für einige Zeit den Hauserker wieder schützend vor sich. Als das Getränk kam, wunderte er sich selbst über seine Tollkühnheit und nahm einen prüfenden Schluck. Der italienische Champagner schmeckte nicht wesentlich anders als der echte, fand er, nur war er zu warm und verursachte ihm Übelkeit, er gab ihn dem achselzuckenden Kellner zurück und bestellte Wasser und machte sich, und nun aber ernsthaft, ans Lesen. Doch hielt er, als er das Buch am Anfang des ersten Kapitels aufgeschlagen vor sich liegen hatte, noch einmal inne und schaute in den Himmel. Vor etwa zwei Stunden hatte er ein Arbeitsangebot bekommen, an dessen Seriosität, Glanz und Erfolgsaussicht nicht zu zweifeln war. Wie würde Venedig eine neue Rossini-Oper willkommen heißen! Rossini, der als Komponist abhandengekommen, gar von manchen – wie noch gestern von ihm selbst – für tot gehalten wurde, ein Mann, von dem die Kinder und Studenten schon in den Geschichtsbüchern lasen, würde noch einmal auf dem Weg in die Unsterblichkeit abbiegen und Venedig ein letztes Geschenk bereiten, gerade Venedig, dem letzten fehlenden Zipfel, dem einzigen weißen Fleck auf der Karte des neu vereinten Italien. Das würde sich wie ein Lauffeuer durch das Königreich verbreiten und bald überall nachgespielt werden, in Rom, Neapel, Mailand, und zu jeder Premiere käme er, der bislang völlig unbekannte Russe, mit dem Meister in der Kutsche angefahren und träte mit ihm vor den Vorhang und in ein Rampenlicht, das in seinem Leben vierzig Jahre lang unvorstellbar gewesen war. Vom Kellerloch auf die Opernbühne, dachte er nicht ohne Amüsement. Das

„Kellerloch" war eine geplante, schon in Entwürfen vorliegende Erzählung, in der sich der Protagonist aus Ekel vor den Menschen in freiwillige Isolation begibt. Würde er ein solches Buch dann überhaupt noch schreiben wollen, überhaupt noch zu schreiben imstande sein, dachte er im nächsten Moment. Statt auf der ständigen Suche nach billigen Hotels und günstigen Verbindungen würde er Europa erster Klasse bereisen und in Palästen wohnen. Neue Aufträge würden folgen, als Nächstes würde Bizet ihn fragen, Gounod, Verdi, wer weiß. Eine unglaubliche Öffnung wurde ihm da in Aussicht gestellt, an deren Vorstellung er erst ermessen konnte, wie verschlossen er sein Leben bisher gelebt hatte. Von dem er aber auch ein Viertel eingesperrt und in sibirischer Abgeschiedenheit gewesen war. Und auf einmal schlug er mit der Faust so fest auf den Tisch, dass das Glas ins Wackeln kam und der Kellnerjunge, der auf einem Stuhl im Lokaleingang döste, erschrocken aufsah. So ärgerte sich Dostojewskij über sich selbst. Dass er die ganze Zeit nur an die Äußerlichkeiten der neuen Perspektive dachte, statt an deren Inhalt. Wollte er den Auftrag annehmen, das stand zur Frage, die offenbar bis heute Abend zu beantworten sein würde, und um das zu tun, musste er sich erst mit der Materie beschäftigen, er hatte ja keine Ahnung. In den nächsten drei Stunden – er konnte, wenn er sich zwang, schnell lesen, in der Redaktionsarbeit für die „Zeit" hatte er das gelernt – las er ununterbrochen und fast ohne aufzuschauen, nur als die Sonne ihn wieder gefunden hatte, sprang er, allerdings im Lesen, zum nächsten Tisch, und dann noch einmal, doch später gab es keinen Schattentisch mehr und die letzte Stunde saß er in praller Glut, und irgendwann riss er sich mit einer wütenden Bewegung die Jacke vom Leib und hängte sie über die Stuhllehne. Er rauchte eine Zigarette nach der anderen, und wenn der Kellner ihn vorsichtig fragte, ob er sein Wasserglas wieder füllen solle, nickte er stumm und weiterlesend.

Schließlich schlug er das Buch zu und stand auf. Die Hände auf dem Rücken, durchmaß er mit steifen Beinen den Platz in der Diagonale, hin und her, wie er es, wenn er lange geschrieben hatte, in seinem Arbeitszimmer tat, um sich zu bewegen und nachzudenken. Rossini hatte recht. Dieser Casanova war mehr gewesen als Liebhaber und Verführer. Über ein Jahr saß er hier im Hochsicherheitsgefängnis, ehe ihm die Flucht gelang, der Grund der Verhaftung war unklar, von Gotteslästerung war die Rede, aber seine späteren Inhaftierungen belegten sein grundsätzliches Problem mit Autoritäten, seine gesellschaftliche Unangepasstheit, sein ausferndes Temperament, das Umstände und Institutionen immer wieder zurechtstutzen wollten und das sich diesen Versuchen regelmäßig entzog. Wie er die Frauen spätestens dann verließ, wenn sie Ansprüche über die Erfüllung ihrer und seiner Sinnlichkeit hinaus zu stellen begannen und ihn festzuhalten versuchten, der nicht festzuhalten war, vielmehr rastlos durch Europa raste und, abgesehen davon, dass er oft auf der Flucht war, niemand und nichts so sehr nachzujagen schien wie dem Leben selbst. Das auf der Haut, auf dem Gaumen, in der Kehle, in seinen Gliedern und Geschlechtsorganen zu spüren, er ein unbezwingbares Bedürfnis hatte. Die Fülle der geschilderten Genüsse und das Erinnerungsvermögen daran waren enorm. Liebend, schlingend, trinkend, schwelgend, debattierend und sich duellierend, gewinnend und verlierend an den Spieltischen, parlierend und charmierend mit Monarchen, Mönchen und Mädchen aller Stände zog er seine flammende Spur europaauf, europaab, noch lange vor Erfindung der Eisenbahn, war Geiger, Seidenfärber, politischer Gesandter, Alchimist, Librettist, Schriftsteller und begründete wie nebenbei die französische Lotterie. Versuchte, das Spielsystem, an dem er kurzfristig sehr reich geworden war, auch in Russland zu etablieren, scheiterten in persönlichen Gesprächen mit Zarin Katharina. Ebenso wie seine Absicht, ihr einzureden, vom julianischen auf den gregorianischen Kalender umzustellen. Glaubte man seinen Schilderungen, wurde die Monarchin in diesem Punkt durchaus schwach, als sie mit dem bizarren Besucher aus Italien im Petersburger Sommergarten lustwandelte, gab aber dann ihren Bedenken hinsichtlich der konservativen russischen Bauernschaft, die sie nicht verstimmen wollte, nach. Casanova reiste nach Moskau und kaufte sich ein dreizehnjähriges Mädchen als Sklavin und Geliebte, deren Eifersuchtsszenen ihn bald quälten. Und im Alter wurde der Ratlose sesshaft und auf sein Leben zurückblickend Philosoph, dachte Dostojewskij, kehrte zu seinem Tisch zurück und bestellte Kaffee.

Der kleine Platz in der Sonntagnachmittagshitze hatte etwas Zeitloses. Wäsche hing von einer Fassade zur anderen, Katzen liefen von einem schattigen Hauseingang zum nächsten wie über Feuer, die Geräusche des

Geschirrklapperns waren lange verstummt, verlassen und vergessen lag das stille Geviert, und die Menschen in den Häusern erwarteten den Abend. Was hat dieser Platz von der Geschichte mitbekommen, dachte Dostojewskij. Da rollten fern von hier oder auch nur wenige hundert Meter entfernt Revolutionen ab, fielen Menschen übereinander her in Blutrausch oder nationaler Verblendung, wechselten Herrscher und Staatssysteme, Währungen und Umgangsformen, Moden und Gebräuche, während hier Wäsche in der Sonne trocknete, Katzen hin und her liefen, die Sonne ihre Bahn über die alten Dächer zog, unter denen genügsame Menschen lebten, starben und geboren wurden, an irgendeinem Augustnachmittag heute oder vor vierhundert Jahren oder in tausend. Wie bringe ich Sinn in meine kurze Besuchszeit auf diesem Platz, der mich bald vergessen wird, dem ich nichts bin, auf dieser Erde, die mich nicht braucht, dachte Dostojewskij und fand, dass es an der Zeit wäre, dem Kellner, der eben den Kaffee brachte, endlich ein Lächeln zu schenken. Seit seinem Eintreten vor Stunden hatte er ihn nur mürrisch, meist gar nicht angesehen. Doch nun wollte er in einem einzigen Blick alle Unfreundlichkeiten wiedergutmachen und lächelte ihn von unten mit leicht schief gelegtem Kopf an, wobei ihn aber die Sonne blendete, er die Augen zukniff und das Gesicht um das versuchte Lächeln herum seltsam verzog. Der Junge erschrak und wollte den Kaffee wieder wegnehmen, weil er fürchtete, die Bestellung falsch verstanden zu haben, doch Dostojewskij hielt ihn davon ab und legte die Hände auf seine und lächelte ihm weiter verkniffen zu, und kurz hatte das etwas von einer Segnung, der Hände oder des Kaffees, oder einer Entschuldigung, auf jeden Fall lagen die Hände kurz aufeinander, nur einen Gedanken lang oder eben keinen, ehe sie sich voneinander lösten und der Kellner ins Lokal und der Gast zu seinem früheren Gesichtsausdruck zurückkehrte. Doch blieb etwas vom Lächeln in ihm erhalten, und Dostojewskij beschloss, es mitzunehmen in den weiteren Tagesverlauf. Er bezahlte freundlich und gab dem Kellner ein gutes Trinkgeld, warf die Jacke um die Schultern, nahm die Handschuhe, klemmte das Buch unter den Arm und erteilte sich mit einem gedachten „Komm, Hieronymus!" den Befehl zum Abmarsch. Über sich selbst lachend verließ er seinen Freiluftlesesaal und stimmte das Lied an, das er am Vorabend dem größten aller lebenden Komponisten und der schönsten Venezianerin, die er kannte, vorgesungen hatte.

4

Der Plan, denselben Weg zurückzugehen, den er gekommen war, scheiterte, und schon nach wenigen Gassen war er wieder verloren. Dafür fand er ein offenes Barbiergeschäft, und nach einer halben Stunde kam er mit dezent gestutzten Haaren, leicht entwildertem Bart, benommen von einem pausenlosen Vortrag des *barbiere* über den Verfall der Weltpolitik im Allgemeinen und der Haarmode im Besonderen, doch vergnügt und, wie er fand, jünger wieder heraus. Nur weil er beim Eintreten *„buon giorno"* gesagt hatte, war der Monolog des Mannes in jenem weichen, undeutlichen Italienisch über ihn niedergegangen, der der hiesige Dialekt sein musste, und er selbst hatte nicht viel mehr zur Unterhaltung beigetragen als die Frage, ob der *barbiere* den „Barbiere di Sevilla" kenne, worauf dieser lachte wie über einen sehr alten Scherz, ein paar Mal *„Figaro!"* sang und dabei munter mit der Schere die Luft zerschnipselte, wie eine kleine Nummer, die er für Fremde aufzuführen gewohnt war. Die ganze Zeit war der pausbäckige *nipote* des Friseurs neben ihnen gestanden und hatte ihnen mit einem monströsen Fächer Luft zugefächelt. Davon spürte Dostojewskij jetzt einen leichten Schmerz im linken Ohr. Und entschied, dass er dringend etwas essen müsse.

Wie auf Befehl öffnete sich ein weiter Platz mit zwei, drei Lokalen, er nahm das erstbeste, setzte sich an einen Tisch im Freien, bestellte Limonade und die Karte. Da der Ober eine Ewigkeit nicht wiederkam, stand er auf, um ihn suchen zu gehen und stieß in der Lokaltür mit ihm zusammen. Weil er keine Lust hatte, nachzudenken, orderte er das Menü des Tages, vorsichtshalber mit einem Blick auf die Uhr am Kirchturm im Zentrum des Platzes, der bedeuten sollte, dass er es eilig hatte. Warum eigentlich, dachte er selbst. Bis zum Beginn der Vorstellung war noch Zeit. Noch einmal las er die Zeilen des Meisters an ihn, steckte die Theaterkarte in seine Jacke, überflog grob zählend die Geldscheine und blätterte ein wenig in den Erinnerungen des Verführers.

Die Limonade war unerträglich süß wie Sirup. Ein ausgemergelter Mann mit stark abgetragenem Anzug strich über den Platz, näherte sich einem anderen Lokal, sprach Gäste an, wurde vom Personal mit wehenden Tüchern vertrieben, wie sie es mit den Tauben taten, die in ständiger Bereitschaft waren, auf die Tische zu springen und mitzunaschen. Einmal angenommen, er ginge auf das Angebot ein, dachte Dostojewskij, zurück nach Sankt Petersburg müsste er auf jeden Fall. Sein Bruder wartete, die Zeitschrift … und seine Frau? Nach zwei Monaten Reise könne er sich unmöglich gleich wieder Urlaub nehmen. Doch was hieß Urlaub? Urlaub wovon? Von seinem alten Leben. Ein neues wurde ihm verheißen. Ein strahlendes, helles, reiches Leben, ohne die Pein eines Dienstplans und die Sorge ums tägliche Brot. Die unbeschwerte Hingabe an die Literatur, die Kunst, das Schöne. Ein freies Schriftstellerleben: War das nicht von jeher sein Traum gewesen? An den langen Nachmittagen, als er vom Dachzimmer des Internats lesend auf die vom Regen aufgeraute, graue Fontanka geschaut hatte, gar in den Jahren des erzwungenen Stillstands in Sibirien, wo man zu sehnsuchtsvoll zu träumen sich nicht getraut hätte, weil man sonst verzweifelt wäre? Mitten in diese Überlegungen hinein kam die Suppe. Sie war abscheulich und völlig kalt, geradezu geeist. Sein Ärger darüber zerging im ständigen Bemühen, sich an etwas zu erinnern, wie die letzten Stunden immer wieder, unter dem Lesen, sogar im Gespräch im Séparée, an irgendetwas, das er gestern gehört hatte, manchmal drängte es sich in seinen Gedanken nach vorne und lag ihm auf der Zunge, als wäre es nur ein Wort, ein Zauberwort, das eine geheime Tür öffnete. Und immer sah er Victoria dabei vor sich. Was war es?

Während er die Makkaroni aß, ging der Bettler an ihm vorbei, in großem Abstand, sah im Gehen auf den Teller, das Buch. Sah er auf den Umschlag, der daneben lag? Warum kam er nicht näher? Warum fragte er ihn nicht um Geld? Rechnete er sich bei dem alleine sitzenden, verschlossen wirkenden Fremden keine Chance aus? Er bog in eine Gasse. Dostojewskij bedauerte, nicht angesprochen worden zu sein. Anders als in den deutschen Städten, wo man nicht wusste, wie man sich die vielen Bettler vom Hals halten sollte, waren sie hier weniger und zurückhaltender, als hinderte sie irgendeine Angst. Vor der Polizei? Als er das Kalbskotelett aß, kam der Mann wieder, ging in derselben Entfernung vorbei, schaute wieder auf die Gegenstände am Tisch, sagte nichts, ging vorüber. Am liebsten hätte Dostojewskij ihn gerufen. Aber tat man das? Einen Bettler bitten, ob man ihm etwas geben dürfe?

Er trank Kaffee und streckte die Beine aus. Bis zur „Diebischen Elster" waren es noch mehr als zwei Stunden. In der Tiefe des Platzes wurde ein Puppentheater errichtet, der rote Vorhang eingesetzt, kurz tauchte probeweise ein Krokodil auf. Menschen ergingen sich sonntäglich gelassen, auch gelähmt von der ständig noch zunehmenden Hitze, zu der seit dem Morgen eine hohe Feuchtigkeit der Luft gekommen war. Bei der geringsten Tätigkeit geriet man ins Schwitzen. Rufe drangen von außerhalb des Platzes, rhythmische Rufe, die lauter wurden, bis eine Gruppe junger Männer erschien, die forsch ausschreitend in großer Erregung ihren Weg, Tauben vor sich hertreibend, über den Platz nahm, mit erhobenen Fäusten etwas skandierten, das unmissverständlich *„Viva Verdi!"* hieß. Was ist das, dachte Dostojewskij. Eine Demonstration für Giuseppe Verdi? Oder eine gegen Gioachino Rossini? Weil sein Stück im Fenice gespielt wurde? War Rossini ein politisches Symbol? War, sich zu ihm zu bekennen, gefährlich? Das Florian war ja offensichtlich ein Symbol des italienischen Widerstands. Und die Szene im gegenüberliegenden österreichischen Café – er selbst hatte sich nicht nur lächerlich, auch höchst verdächtig gemacht. Politische Gegner wurden eingesperrt. Exekutiert. Sollte er Casanovas „Flucht aus den Bleikammern" noch einmal gründlicher studieren? Und die Vorstellung am Abend meiden? Die Revolutionäre vom „Jungen Russland" hatten in Petersburg auch ein Theater in Brand gesteckt. Rossini selbst schien gar nicht die Absicht zu haben, hinzugehen. Aus Furcht? Aber warum *„Viva Verdi"*? War Verdi weniger ein italienisches Symbol? Oder waren die jungen Männer nichts als Musikenthusiasten, Opernfanatiker, die ihr Idol feierten? Rufend verließen sie den Platz, ihre Energie zitterte noch ein paar Momente nach.

Dostojewskij hatte ein großes Stück Brot übrig. Er zerkrümelte ein Ende und warf es den Tauben hin. Schnell versammelten sie sich vor ihm, als wäre er der Heilige von

Assisi bei der Vogelpredigt. Ein wenig scheu sah er um sich und empfing auch gleich das Kopfschütteln eines soignierten Herrn im Lokal nebenan, der eine deutschsprachige Zeitung mit dem Titel „Das Vaterland" las. Da trat der Kellner heraus und vertrieb die Tiere mit der Schürze, wie um seinen Gast vor ihnen zu schützen. Und tatsächlich entschuldigte er sich bei ihm. Dostojewskij musste lachen und bekam einen Hustenanfall. Ein Kellner, der sich für Tauben entschuldigte. Er bezahlte die Rechnung mit seinem eigenen Geld. Den Umschlag ließ er unangetastet. Es war, als gehörte, was darin war, nicht ihm oder als wäre es ein Pfand, das er herumzutragen hatte, bis er sich entschied: Würde er für Rossini eine Casanova-Oper schreiben? Dass das nicht nur möglich, sondern vonseiten des Komponisten eigentlich schon beschlossen war und nur mehr von seinem Ja abhing, war ein Gedanke, der ihn immer noch so erregte, dass er schnell aufstehen und gehen musste. Den Brotrest steckte er in die Jackentasche.

Wie aufgeräumt dieses Venedig ist, dachte er im erneuten Flanieren. Ob das den Österreichern zu verdanken war? Er trat in einen Innenhof: ein grünbewachsenes, Frische atmendes Idyll, wie jenes, auf das er von seinem Hotelfenster aus sah. In solchen Hinterhöfen und vor den Häusern, die bis in die Keller und Dachböden mit Menschen vollgestopft waren, sammelte sich in Petersburg der Müll, Stiegen und Gänge waren feucht und rutschig, einmal die Woche kamen die Hausmeister mit Besen und verteilten den Schmutz, statt ihn zu beseitigen. Kaum ein Haus war ohne Ratten, Mäuse, Wanzen und Schaben, die Straßen voll Staub, Kalk, zerbrochener Ziegel, jeden Moment fiel dir ein Betrunkener über den Weg, ein Hausierer, Bauern auf halb zerfallenen Fuhrwerken boten ihre kümmerliche Ware feil – zwei Tomaten, eine Knolle Knoblauch, fünf Stängel Grün.

Eine Katze schlüpfte durch seine Beine und lief aus dem Hof in die Gasse. Als auch er hinaustrat, sah er, dass sie an der gegenüberliegenden Hausmauer am Sprung lag, als wartete sie nur, bis der Eindringling ihr Reich wieder verlassen hätte. Sie war so mager, dass sie nur aus Fell und Knochen zu bestehen schien, und zitterte am ganzen Körper. Er nahm das Brot und warf ein kleines Stück in ihre Richtung, vorsichtig, um sie nicht zu erschrecken. Nach ein paar Sekunden, in denen sie mit den Augen, die das Größte an ihr waren, abwechselnd ihn und das Brot maß, schnellte sie vor und verharrte in derselben Sprunghaltung vor dem Bissen. Schnupperte daran, stupste ihn mit der Nase an, sah fragend auf, schnupperte wieder, verharrte. Als Dostojewskij zu einem Schritt ansetzte, wich sie zurück. So standen sie einander gegenüber, bis er in die Hocke ging und ihr ein weiteres abgebrochenes Brotstück hinhielt. Sie zuckte mit den Ohren und zitterte und wog mit ihrem Instinkt Gefahr gegen Hunger ab, und schließlich gewann das Letztere, und in kleinen Schritten trippelte sie heran und war schon mit der Nase nahe am verheißenen Bissen und sichtlich zum Fressen entschlossen, als sich ihre Ohren zur Seite drehten, weil sie etwas hörte, ein Geräusch, und sie und der am Boden Hockende sahen auf eine näher kommende Gestalt mit Hut und Zeitung unter dem Arm. Die Katze floh sofort in den Hofeingang, Dostojewskij drehte sich ihr nach, kam dadurch ins Ungleichgewicht und musste sich an der Hausmauer festhalten, um nicht aus der Hocke auf die Erde zu fallen. So blieb er und wollte gerne warten, bis der Mann vorbei war, um sich nicht durch ungeschicktes Aufstehen eine noch größere Blöße zu geben, doch dann entschied er sich um und stand auf, mit rotem Kopf, und lächelte dem Mann, der ihn nun beinahe erreicht hatte und in dem er den kopfschüttelnden Zeitungsleser von vorhin erkannte, verlegen zu. Wie davon beleidigt, wandte der seinen Blick ab und schaute geradeaus und behielt seinen strammen, selbstbewussten Gang und passierte, die Zeitung mit der Aufschrift „Das Vaterland" in der Achsel, den Fremden mit dem Buch unterm Arm und dem Brot in der Hand, und zwei Sekunden, nachdem er ihn passiert hatte, sagte er „Idiot!" in die Luft. Nicht laut, nicht über die Schulter, vor sich hin und fast wie zu sich und doch deutlich gesetzt und so, dass der Andere es hören musste und verstand, dass es an ihn gerichtet war. Die weitergehende Figur verriet nichts von Ärger oder Aufgebrachtheit, in größter Korrektheit schritt sie dahin, ein ordentlicher, anständiger Bürger mit gutem Anzug und guten Manieren, der nie zu einem Fremden „Idiot" sagen würde. Und doch hatte er es gesagt, und Dostojewskij wiederholte es im Stillen und schaute dem Mann lange nach und beschloss, das Wort ebenfalls mitzunehmen wie das Lächeln. Dann warf er das Brot und den abgebrochenen Bissen in den Hofeingang und setzte seinen Weg fort.

Fondamenta tetta las er an einer Wand, als er ein Kanalufer entlangging, das hundert Meter weiter in eine Brücke mündete. Und erinnerte sich, dass er das Wort *tetta* in Casanovas Memoiren als Bezeichnung für eine Brücke gelesen hatte, auf der sich Prostituierte mit bloßen Brüsten anboten. Auch an den Fenstern stünden sie derart freizügig lockend – ursprünglich war das sogar staatlich angeordnet gewesen, um gegen die um sich greifende Homosexualität anzugehen. Casanova war häufiger Besucher dieses Viertels gewesen. Doch als Dostojewskij auf die Brücke kam, war sie leer, ebenso wie die Fenster der umliegenden Häuser. Auf das Geländer gestützt, suchte er so lange im vorderen, die venezianischen Jugendjahre behandelnden Teil des Buches, bis er fand, dass die Brücke mit dem Namen für weibliche Brüste *tette* und nicht *tetta* hieß und wahrscheinlich ganz woanders lag.

Wieder überflog er die Passage, in der Casanova zum Empfang der Priesterweihe auf eine Insel gerudert wurde, sich in der Nacht zuvor jedoch mit zwei halbwüchsigen Schwestern sexuell so verausgabt hatte, dass ihm auf der Überfahrt übel wurde. Im Schlafsaal des Seminars kam es dann gleich zu pikanten Zwischenfällen, doch erhielt er die niederen Weihen und übte das Priesteramt drei Jahre aus, bis es sich mit seinem Leben zu offensichtlich nicht mehr vereinbaren ließ. Doch auch im späteren Leben, dachte Dostojewskij auf der falschen Brüstebrücke stehend und rauchend, hatte der vielseitige Abenteurer – der schon mit siebzehn Doktor der Rechte war – eine Neigung zum Priestertum und bat den Abt eines Schweizer Klosters, dort Mönch werden zu dürfen. Die vazierende Mutter war als Schauspielerin in Sankt Petersburg gelandet. In Sankt Petersburg wimmelte es von Prostituierten. In Venedig soll, glaubte man Casanova, zur Blütezeit der Serenissima jedes zehnte Mädchen eine gewesen sein.

Er rieb sich die Stirn und wunderte sich über seine Gedanken. Wichtiger war doch, dass er bis zum Abend eine Entscheidung zu treffen hatte, eine Lebensentscheidung. Und dass er, je länger dieser heiße Sonntag dauerte, an dem man sich am liebsten die Kleider vom Leib gerissen hätte und in einen Kanal gesprungen wäre, wie es Victoria gestern phantasiert hatte, es ihn mehr und mehr dahintrieb, sich sein bisheriges Leben vom Leib zu reißen und in einen neuen Lebensfluss zu springen, nackt und frei aller Zwänge und Bedenken, Rossini, Victoria, Casanova, rief nicht alles in diese Richtung, riefen die Steine von Venedig, deren Stimmen er gestern Nacht in der Gondel zum ersten Mal gehört hatte, rief Venedig ihn nicht zu diesem Entschluss? Er fühlte eine ähnliche Aufbruchsstimmung wie vor zwei Jahren, als er aus der Verbannung zurückgekehrt war. Mit achtunddreißig stand man eigentlich an der Schwelle zum Alter, doch trotz der fortschreitenden Epilepsie und aller anderen Gebrechen schien seine Kraft damals stärker als noch vor Sibirien, und mit seinem Freund Wrangel feierte er mit Bier, Wein, Champagner nächtelang die Heimkehr in die vermisste Hauptstadt und wärmte sich, so seine Empfindung, an der Glut Sankt Petersburgs. Wie er nun die Glut Venedigs empfing, sich von ihr umarmen und am liebsten verschlingen hätte lassen wollen, verbrennen, verzehren, aushöhlen, bis zum Kern seiner Sehnsucht und tief durch ihn. Plötzlich war ihm, als hätte er Fieber, und er griff sich an die Stirn. Natürlich war sie brennheiß, stand er doch in praller Sonne auf der Brücke über einem Kanal, dessen Lichtreflexe wie Feuerpfeile in seine Augen zielten, als schienen viele weitere Sonnen aus dem Wasser auf ihn hinauf, als hielte ein Heer von Sonnen ihn umzingelt, und er lachte laut über seine Geste, dass er dastand mit der flachen Hand am heißen Kopf, und dachte, dass er vielleicht in ein schützendes Kaffeehaus gehen sollte, und dieser Gedanke, im fieberähnlichen Hitzerausch geboren, gab endlich die taglang gesuchte Erinnerung frei, und schon lief er erregt die Brücke hinunter zum jenseitigen Ufer, in dem ein Gondoliere in seinem Gefährt liegend döste, den breitkrempigen Strohhut vorm Gesicht, und er rief ihm zu, und der half ihm ins Boot und empfing den knappen zwischen Stolz und Freude ausgestoßenen Fahrtwunsch: *„La bottega!"*

„La bottega?", wiederholte der Gondoliere, mit einmal hellwach, und maß den Fremden mit strengem Blick. Dostojewskij erschrak. Hatte er sich das falsche Wort gemerkt? Oder war der Andere aufseiten der Österreicher und würde ihn direkt zur Polizei fahren statt zum verbotenen Spielcasino, das sich nach der gestrigen Auskunft des pantaloneähnlichen Rossinifreundes hinter diesem Geheimwort verbarg? Er hielt den Atem an und beharrte darauf: *„Sì."*

„*Eh, ben*", entschied der braungebrannte, breitschultrige Mann und legte ab.

Natürlich, fiel Dostojewskij erst ein, nachdem sie eine Zeit lang durch stille, unbewohnt scheinende Kanäle gefahren waren, ging der Gondoliere auch ein Risiko ein. Jeder Fahrgast konnte genauso gut ein Spitzel sein, auf diese Weise ein verborgenes Casino auskundschaften und alle dort überführen, verhaften, und ihn gleich mit. Nach etwa zwanzig Minuten bogen sie an einem eleganten Palazzo in einen kleinen Seitenkanal ab und hielten. Der Gondoliere sprang an Land, vertäute das Boot, sah sich um und klopfte in einem punktierten Rhythmus an eine Holztür. Sofort ging sie auf, einen Spalt nur, Augen aus dem Dunkel prüften den Fahrgast, die Tür ging wieder zu, der Fährmann half beim Aussteigen, nahm von den ihm fragend dargebotenen Geldscheinen zwei, sprang in die Gondel und ruderte davon. Dostojewskij stand am schmalen Steinufer vor der Holztüre, die wohl ein Dienstboteneingang war, mit seinem Buch unterm Arm und merkte, dass seine Handschuhe fehlten. Erschrocken sah er der Gondel nach, die in dem Moment um die Ecke bog, musste sich aber sagen, dass er sie da schon nicht mehr gehabt hatte, auch nicht beim Mittagessen, zuletzt hatte er sie von seinem Leseplatz mitgenommen, das wusste er genau. Also musste er sie beim *barbiere* gelassen haben. Oder er hatte sie irgendwo fallen gelassen. Alle Wege der vergangenen Stunden zurückzugehen, war ein aussichtsloses Unterfangen, und er ärgerte sich sehr über den Verlust, besonders weil solche Vorkommnisse immer etwas Tieferes zu bedeuten hatten und er in diesem Fall noch nicht wusste, was. Da ging die Tür auf.

Im Ersteigen des düsteren Treppenhauses dachte Dostojewskij an seine ersten Casino-Besuche in Deutschland. An die alte russische Fürstin in Wiesbaden, die ständig mit dem Croupier flirtete, immer auf Null setzte und immer gewann, an die besorgten Erben – ihre Familie – hinter ihr. Die Mehrzahl der Spieler in den deutschen Casinos waren Russen gewesen, die die Freiheit, auf diese Weise ihr Geld verlieren oder vermehren zu dürfen, genossen. Im Zarenreich war das Glücksspiel verboten.

Er trat ein. Drei Roulettetische standen auf dem Parkett eines Saales, der früher wahrscheinlich Bälle und Empfänge gesehen hatte. Kerzen, Kandelaber, Gold und Samt und fleckige, fast blind gewordene Spiegel. Croupiers im Frack. An die hundert Menschen drängten sich um die Tische, schweigsam, ernst, als erledigten sie eine Pflicht. Viele erkannte Dostojewskij sofort als Russen. Und viele hatten Anzüge, die weniger gepflegt waren als seiner. Manche Damen trugen elegante Abendkleider. Bizarr zu denken, dass sie alle durch die Geheimtür und das Stiegenhaus gekommen waren. Und dort den Palazzo, der an der Frontseite unbewohnt ausgesehen hatte, wieder verlassen würden. Wie auch er bald wieder gehen würde, denn er hatte einen klaren Plan: sein ganzes eigenes Geld auf einmal zu setzen und im Fall eines Gewinns unbedingt aufzuhören. Sofort aufzuhören. Auch bei Verlust des eigenen würde er Rossinis Geld nicht aufs Spiel setzen, sondern dann notgedrungen zur Begleichung der weiteren Reisespesen verwenden, was aber, folgte er dem früher gefassten Vorsatz, streng genommen einer Annahme des Angebots zur Zusammenarbeit an der Oper gleichkäme. Ohne dass er das bis zur letzten Konsequenz durchdacht hätte, schien es nun ein wenig, als ließe er das Schicksal über mehr entscheiden als bloßen einmaligen Spielgewinn. Und hätte er nicht, seinem vagen Konstrukt folgend, in jedem Fall gewonnen? Ein sofortiger Gewinn hieß außerdem nicht, dass er das Angebot und das Geld im Umschlag später nicht doch annehmen dürfe, es lag alles in ihm, er hatte niemandem Rechenschaft zu geben, *„J'ai la chance"*, dachte er wie als Nachhall der letzten Worte Rossinis auf dem Kanapee, *„J'ai eu la chance"*, „Ich hatte das Glück", „Ich hatte die Chance" – interessant, dass diese Sprache für beide Begriffe ein Wort hatte. „Chance", sagte man auch im Russischen, vom Französischen übernommen wie vieles. Aber eine „Chance" war doch noch keine *„schtschastje"*, kein „Glück"? Oder doch? Lag das Glück schon in der Chance, in der Möglichkeit?

Der Vorwurf seines Bruders fiel ihm ein: Nach seinem kurzen Aufenthalt in Wiesbaden hätten seine „Briefe einen geschäftsmäßigen Ton angenommen. Über Reiseeindrücke schreibst du kein Wort mehr." Was hätte er schreiben sollen? Dass er in Baden-Baden Turgenjew um hundert Taler gebeten, der schwerreiche Exilrusse jedoch nur fünfzig gegeben hatte – eine ungeheure und offenbar bereits vom westlichen Geist infizierte Knausrigkeit? Das Schlimmste aber war die in einer fragwürdigen Verwirrung des gefeiertsten aller lebenden russischen

Schriftsteller gestellte Rückforderung von nicht fünfzig, sondern hundert Talern – in einem Brief, der ihm nach Florenz nachgeschickt worden war.

Eine Lücke an einem der Tische tat sich auf, die meisten standen gedrängt, die Blicke sprangen zwischen ihren Einsätzen am grünen Feld und der rotierenden Kugel im Rad hin und her. Er sah zwei Spielrunden lang zu. Zweimal kam Schwarz. Und eine ungerade Zahl. Während die Gewinne ausgezahlt und die Verluste eingezogen wurden, holte er alles Geld aus sämtlichen Hosen- und Jackentaschen und legte die unordentliche kleine Ansammlung von Münzen und zerknitterten Scheinen in einer fahrigen Bewegung auf das Feld Rot. Steckte das Buch, das ihm lästig zu werden begann, unter den anderen Arm und wartete. Schon rollte die Kugel, noch wurden Einsätze hingelegt, verschoben, ängstlich zurückgenommen, im letzten Moment doch wieder platziert.

„Rien ne va plus", rief der Croupier. Als hätte er damit zugleich ein Verbot zum Atmen gegeben, starrten die Spieler reglos auf die schon langsamer kreisende Kugel, auf das wie immer in Dostojewskijs Augen zu wenig energisch angetriebene, recht lässig in der Gegenrichtung sich dahindrehende Rad. Nur manche steckten die Köpfe zusammen und flüsterten sich etwas zu, aber die Augen blieben alle am Feld, am Rad. Die Kugel sprang klickend über ein paar Zahlenkerben und blieb in einer liegen.

„Trente-deux, rouge, pair, passe", verkündete der Spielleiter, und gedämpfte Laute der Freude oder des Ärgers folgten. Ungeheuer schnell und geschickt zog und schob

er mit seiner langen Stange Geld hin und her und das meiste zu sich. Doch Dostojewskijs Einsatz hatte sich verdoppelt. Rasch nahm er den Gewinn in beide Hände, das Buch in der Achsel festklemmend, und ging in dieser Haltung, als hätte er einen Schatz aus der Erde gegraben, zum Ausgang. Kurz vor der Tür, ein Saaldiener wollte sie schon für ihn öffnen, blieb er stehen. Er hatte sich vorgenommen, nach einer Runde zu gehen. Aber die Freiheit, dachte er, bestand sie nicht gerade darin, Vorsätze umzuwerfen, dem Instinkt zu folgen? „Ich glaube an die Intuition des Moments", Rossinis Worte klangen in ihm nach, und mit einer Entschlossenheit, dass er fast einen hinter ihm zum Ausgang strebenden Mann umgestoßen hätte, kehrte er zurück zum Spieltisch und legte, gerade während das *„Rien ne va plus"* weitere Einsätze untersagte, noch schnell das ganze Geld mit beiden Händen auf Rot. Dem mahnenden Blick des Croupiers begegnete er mit schuldbewusstem Ausdruck.

Die Kugel rollte, die Augen sprangen, die Herzen schlugen schneller. Klick, klick, klick, das Spiel war entschieden. *„Quatorze, rouge, pair, manque"*, war das Ergebnis, und Dostojewskij hatte abermals gewonnen. Erste neugierige Blicke trafen ihn. Und seltsam, nun wusste er, dass er gehen konnte. Mit dem Vierfachen seines mitgebrachten Besitzes verließ er den Saal, ließ sich das Stiegenhaus hinunterführen und fand sich im Nu auf den Steinstufen am Kanal, eine nichtssagende, wieder verschlossene Holztür im Rücken.

5

Wie zufällig bog nach fünf Minuten eine Gondel um die Ecke und fuhr auf ihn zu. Das System der geheimen Casinos funktionierte gut, dachte er. Wie viele es wohl gab? Als er saß, fragte ihn der alte, sehnige Mann auf sein Ruder gestützt, wohin er wolle. Er antwortete mit einer Gegenfrage nach der Uhrzeit und verstand, dass nur mehr eine halbe Stunde bis zur Vorstellung fehlte.

„Le Teatro La Fenice, s'il vous plait."

„La Fenice", wiederholte der Mann und hob die Brauen, als hätte man ihm ein Ziel weit außerhalb von Venedig genannt. Doch dann schaute er in die Ferne, überflog seinen inneren Stadtplan und wusste schließlich, in welche Richtung er loszurudern hatte.

Dostojewskij war nervös. Die Aufführung begann sicher pünktlich. Und wenn Rossini doch kam, war er schon da und wartete auf ihn. Die Europäer und ihre Pünktlichkeit. In Russland war eine Zeitangabe ein vager Richtwert, eine ungefähre Andeutung, wann man sich zu treffen oder wann etwas loszugehen hatte. Nicht, weil die Russen so träge waren, sondern weil es so viel gab, was wichtiger war als zwei leblose Zeiger auf einem Uhrblatt. Das Leben war reicher als ein Termin. Und der Weg zu einer Verabredung oft so voll interessanter Unterbrechungen, dass man die Verabredung darüber fast vergessen konnte. Unter dem Verdeck war es zwar schattig, aber luftlos, und Dostojewskij zog die Jacke aus. Dann nahm er abermals das Couvert des Meisters aus dem Buch und zählte zum ersten Mal die Scheine. Sie entsprachen in etwa der Summe, die er seit dem Spielgewinn in der Tasche hatte. Das war, zusammengenommen, ein stattliches Polster für die nächsten … wie lange wollte er nun eigentlich bleiben? Wie lange war er schon hier? Wann hatte er Michails Brief bekommen? Gestern. Dann hatte dieser ihn vor mindestens einer Woche geschrieben. Die Rückreise mit der Bahn würde vier Tage dauern. Erst musste er zu seiner Frau. Und zu seiner Zeitung. Apollinaria könnte er frühestens drei Tage nach seiner Heimkehr besuchen. Nun wäre er bald in der Lage, seiner Geliebten den Traum, in Paris zu leben, zu erfüllen. Obwohl sie nie davon gesprochen hatte, „mit ihm" in Paris leben zu wollen. Aber bis jetzt hätte er ihr auch nichts bieten können als seine nicht immer aufheiternde Anwesenheit. Jetzt oder in baldiger Zukunft – wenn er auf Rossinis Angebot einging – könnte er ihr in Paris ein Haus kaufen. Auf jeden Fall eine Wohnung. Er würde schreiben, sie würde schreiben und Hosen tragen und mit George Sand Zigarre rauchen, und am Abend ginge man mit den Rossinis essen. Hatte Rossini überhaupt eine Frau? Vielleicht würde er seine russischen Gäste auch bekochen und mit Gänseleber mästen und mit schweren Weinen. Wahrscheinlich hat er auch ein Haus am Meer, dachte Dostojewskij. Jeder Pariser Bürger hatte das dringende Bedürfnis, das Meer zu sehen. Das war in den Gesprächen der wenigen Gesellschaften, die er dort besucht hatte, immer wieder herausgekommen. Geld zu sammeln, war das eine Bedürfnis, das Meer zu sehen, das andere. *„Voir la mer!"* Der Pariser Bürger litt darunter, dass er sein ganzes Leben lang nur in Paris lebte und niemals das Meer sah. Warum er das wollte, wusste er selbst nicht. Aber es war sein Wunsch. Und er schob es Jahr für Jahr auf, weil die Geschäfte ihn festhielten. Einmal aber kam er dann doch dazu und reiste hinaus, das Meer zu sehen, und nach seiner Rückkehr erzählte er allen Freunden und Bekannten davon und schwelgte noch sein Leben lang süß in dem Gedanken, dass er das Meer gesehen hatte. Die Gespräche in den Pariser Gesellschaften waren das Langweiligste, was Dostojewskij je erlebt hatte, nur oberflächliche, leere Interessen. *„Après moi le déluge"* – die völlige Gleichgültigkeit gegen alles außer sich selbst. Sie hatten alle verlernt, an etwas Ernsteres zu denken und von etwas Ernsterem zu sprechen. Und natürlich konnte man Rossini nicht zu dieser Gesellschaft zählen, der ein Künstler und hinreißender Gesprächspartner war. Dennoch dachte er an die Wiederbegegnung mit Bangnis. Was wieder nicht Rossini zuzuschreiben war. An jede Begegnung dachte Dostojewskij mit Bangnis, auch an die, auf die er sich eigentlich freute. Das lag zum Teil daran, dass er Schriftsteller war und wusste, dass jede noch so verlockende Gesellschaft ihn von der Arbeit abhielt. Und Jesu' Vorbild lehrte, dass man, um erleuchtet zu werden, die Wüste suchen musste. Und die Wüste war ein Bild für Kargheit, Anspruchslosigkeit, Einsamkeit. Als er aufsah, stand sein Ruderer auf einem Holzsteg und rief zu ihm hinab: *„Signore!"*, und da merkte er, dass er den Ruf schon zwei-, dreimal gehört, aber nicht beachtet hatte und längst am Ziel der Fahrt angekommen war.

Er zog die Jacke an und eilte mit wenigen anderen Spätkommenden durch den langen Gang vom Wasserportal zum Vestibül des Theaters, wo das Personal leere Champagnergläser einsammelte und sich die Türen zum Zuschauerraum bereits schlossen. Ein Livrierter fragte um die Eintrittskarte, lief ihm voran, über Treppen drei Etagen hinauf, entsperrte eine Türe und wies ihm einen vorderen Platz in einer leeren Loge. Nach dem Dunkel des Korridors, durch den er aus dem Sonnenlicht kommend wie blind gestolpert war, und der Finsternis des Ganges zur Loge blendete ihn das Gold des Theaterinnenraums, als träte er in einen neuen Tag. Eine ähnliche Empfindung hatte er im vor zwei Jahren eröffneten Mariinskij-Theater in Sankt Petersburg gehabt, anders als jenes bestand dies hier aus lauter Logen, ohne Rängen, aus unzähligen eingefassten Sitzbereichen und dadurch mit mehr Gold, mehr Glanz. Zudem war es gut einen Stock höher, doch selbst weiter oben, wo auch hier die billigeren Plätze sein mussten und auch wirklich die Menschen ohne Stühle sich zusammendrängten, formte das Halbrund Logen, wenn auch größere. Ähnlich war die Anordnung im Bolschoj-Theater in Moskau, aber die Ausstattung nicht so prächtig.

Unten im Parterre saßen Zuschauer auf wenigen Bänken, die meisten standen, alles Männer, im angeregten Gespräch. Überhaupt war es laut wie bei einem Volksfest, weil das Publikum durchwegs italienisch war. Dazu stimmte das Orchester im Graben die Instrumente. Neben der Mittelloge, die leer war, saßen unverkennbar Russen, die sich zu essen und trinken mitgenommen hatten. Dostojewskij genierte sich, wandte den Blick nach vorn und empfing das grüßende Nicken eines Herrn, den er unscharf als Teilnehmer der Frühstücksgesellschaft vom Morgen wiedererkannte. Die Tür seiner Loge ging auf. Doch statt eines von ihm befürchteten weiteren Zusehers kam ein Billeteur herein, versicherte sich, dass er *„Signor Dostojewskij"* vor sich hatte, und überreichte ihm ein Couvert. Es war gerade noch Zeit, die zwei Zeilen zu lesen, die in offenbarer Eile auf ein Stück Papier geworfen waren, da erloschen die Lichter und der Dirigent wurde mit kräftigem Beifall begrüßt. Während es still wurde und die Musiker ihre Instrumente in Position brachten, entzifferte Dostojewskij noch einmal ungläubig, die Augen nahe am Billett, was der Maestro der Oper, die gleich in Szene gehen würde, ihm geschrieben hatte: „Mein lieber Freund, leider kann ich Sie heute Abend nicht mehr treffen. Bitte seien Sie mir nicht böse. Sie erhalten weitere Nachricht. Genießen Sie die Aufführung, wenn möglich. Ihr G. R." Da riss ihn ein kräftiger Trommelwirbel von einer Verdutztheit in die nächste: Die Oper begann wie ein Militärmarsch. Oder wie eine Hinrichtung. Und Rossini hatte ihre Verabredung gestrichen. Wahrlich, der Mann war gut für Überraschungen.

Der Marsch – nun erkannte er ihn vom Klaviervortrag des gestrigen Abends wieder – hatte, sobald die Streicher und Bläser das Thema intonierten, nichts Militärisches mehr. Vielmehr assoziierte man festliches Schreiten, Lebensfreude, stolzes Bekenntnis zu Italien. Und gleich war der blasse russische Gast in seiner einsamen Loge umarmt und willkommen geheißen von der grenzenlosen Zuversicht dieser Musik, wie sie ihn immer umfangen, hochgehoben hatte, wenn er sie hörte, diese Ouvertüre oder eine andere des Tonzauberers, der mit wenigen Takten dein Herz einnahm, forttrug, zum Spaß in wärmeren, heitereren Gefilden und Umständen spazieren gehen ließ, als es deine eigenen vielleicht waren. Wenn Dostojewskij Rossini hörte, kam ihm immer vor – und war ihm immer vorgekommen –, als wäre sein Gemüt woanders zu Hause, als es Pass und Meldezettel behaupteten, als trüge er sein Inneres irgendwie zu Unrecht durch so viel Kälte – klimatische wie soziale –, als wäre nicht nur seine Lebensweise, als wäre seine ganze Daseinsform, mit der er dieses Innere ummantelte und ihr Gestalt gab, in Wirklichkeit ein Irrtum, aber einer, der mit Leichtigkeit zu korrigieren wäre, mit einem lächelnden Kopfschütteln etwa oder mit dem Schnipsen zweier Finger, mit dem man ein Streichholz wegwarf. Rossini ging wie Champagner in sein Gemüt. Und zum ersten Mal sah er dessen Gesicht dahinter, wie es zu ihm sprach, ihn anlachte, ganz nah an seinem hörenden sah er hinter den Tönen das redende Antlitz des Komponisten, aus Fleisch und Blut, sah ihn essen, trinken, singen, die Hand auf seinen Arm legen, sah den Menschen, der geschaffen hatte, was dieses Theater, was die Welt in Atem hielt, auf einmal hatte die Musik etwas mit ihm persönlich zu tun, ging ihn an, meinte, betraf ihn.

Die Ouvertüre schien ein Konzert für sich zu sein. In zehn Minuten oder mehr verschwendete der Meister hier eine großartige Melodie nach der anderen, aus weiten Taschen streute er sie aus, als riefe er lachend: „Seht, ich habe noch mehr!" Der Vorhang öffnete sich zur Kulisse eines Platzes in einer südlichen Stadt, ein gemalter Vulkan im Hintergrund ließ Neapel vermuten. Volk strömte herein. Sänger und Choristen schauten auf den Dirigenten und spielten gute Laune. Dostojewskij, der vom gesungenen Italienisch noch weniger verstand als vom gesprochenen, tat sich schwer, der Handlung zu folgen. Es war seine alte Schwäche im Theater. Zu viele Eindrücke auf einmal bestürmten ihn. Und wie sollte man den eigenen Denkvorgang abschalten? Er legte den Brief zu dem anderen in das Buch auf der Brüstung vor sich.

Irgendwer in der Geschichte kam von irgendwo zurück, soviel war klar. Mehr aber beschäftigte ihn die Frage, ob Rossinis Absage etwas mit ihm zu tun hatte, mit seinem linkischen Benehmen beim Frühstück. Hatte er auf den Zusammenarbeitsvorschlag zu wenig enthusiastisch reagiert? Hätte er der Erwartung der gegen die Regierung eifernden Herren nachgeben und gegen seinen Zaren schimpfen sollen? Auf der Bühne wurde ein langer Tisch gedeckt. Natürlich, dachte Dostojewskij. Gleich essen sie wieder. Hatte Rossini den Eindruck gewonnen, dass die Mentalität des russischen Dichters, der noch unsichtbar die Ketten von zehn Jahren Sibirien mit sich trug, der Seidenleichtigkeit des Casanova-Stoffes, wie sie dem Komponisten wahrscheinlich vorschwebte, zu schwer war? Der

Chor schwenkte leere Becher und schwang sich im Gesang zu etwas auf, das bereits wie ein Finale klang. Das Orchester stampfte unermüdlich in raschem Rhythmus. Dostojewskij schwitzte vom Zuhören und zog die Jacke aus. Ungefähr zwanzig Minuten nach Beginn hielt zum ersten Mal ein Rezitativ den Melodienreigen an. Aber das Tempo wurde deshalb nicht geringer. Müsste der Librettist der neuen Oper auch so schnelle Dialoge, so abgehackte Sätze schreiben? Auf die gesungenen Gespräche der „Elster" legte er in Gedanken eigene: „Ah, liebe Kleine!" – „Oh, Casanova!" – „Musst du wirklich verreisen?" – „Ach ..." – „Noch einen Kuss!" Ein Mann sang jetzt etwas sehr fröhlich. Eine *forchetta* war verloren gegangen, von einer an Schnüren aus der Höhe gelenkten Vogelpuppe unter großer Erheiterung des leicht zu unterhaltenden Publikums vom Tisch gehoben, das Wort für „Gabel" hatte der ernst immer wieder die lachenden Gesichter in den gegenüberliegenden Logen Betrachtende heute früh im Caffè Florian aufgeschnappt. Eine Frau sang jetzt etwas sehr fröhlich, und die Leute applaudierten. Die Frau und der Mann sangen ein Rezitativ. Eine Dienerin trat auf. Das Schokoladenterzett, dachte Dostojewskij und erschauderte. Wieder kam die Elster aus dem Schnürboden wie bei „Schoko, der brasilianische Affe", bestahl einen Händler, und die Leute lachten. Dostojewskij spürte sich sehr müde werden. Er stützte den Ellbogen auf das Casanovabuch und legte das Kinn in die Hand. Nun war der Kopf nicht mehr so schwer, dafür wurden es die Augen. Wenn er Rossini heute Abend nicht mehr sah, würde er auch Victoria nicht begegnen, dachte er, und der Gedanke schmerzte ihn. Ein uniformierter Tenor mühte sich, von seinen Gefühlen zu singen, und erging sich dabei in lauter Koloraturen. Auf seinen letzten hohen Ton – war das schon ein „C"? – sang der Chor „*Bravo, bravo*", und wie in einer Zugabe jodelte der Tenor weiter. Das Wort „jodeln" war gemein, dachte Dostojewskij hinter zufallenden Augen, aber er hatte es in der Schweiz gehört, das Wort und den Vorgang, und es klang ähnlich. Etwas von „*podagra*" wurde gesungen, endlich verstand er wieder ein Wort, es erinnerte ihn daran, dass ihn seine Füße vom vielen Gehen schmerzten, und er zog, da er alleine in der Loge war, die Schuhe aus. Die Erleichterung drückte ihm die Augen fester zu, und während ein als Knabe kostümiertes Mädchen ein Lied sang und dabei fortwährend zum Dirigenten schaute, als sänge sie nur ihn an, hielt ein einsamer Gast, auf ein Buch an der Logenbalustrade gestützt, die Augen geschlossen und sprang auf ein Boot mit weißen Segeln und ließ sich friedlich davontragen …

Zu einer Art Gerichtsverhandlung erwachte er. Und kaum nahm er am Bühnengeschehen wieder teil, gab es eine berührende Szene. Der Tenor sang – das war nun auch ohne Kenntnis der Worte zu verstehen – von seiner Liebe, sehr innig, gar nicht äußerlich, in einer wundervollen Kantilene, der Richter sang hart gegen ihn an, kurz lagen da zwei Welten im Kampf, überirdisch, der konkreten Handlung enthoben und jedem der tausend Herzen im Publikum fühlbar, ein zauberischer, schwebender Moment. „Wolschebnik", murmelte der Erwachte das russische Wort für „Magier" und lehnte sich zurück. Die rossinische Melodienlokomotive nahm wieder Fahrt auf. Mit einem Mal tat ihm leid, den Maestro heute nicht mehr zu sehen, doch gleichzeitig füllte ein ungeheures Hochgefühl seine Brust. Unerwartet hatte er nun einen ganzen freien Abend vor sich, in Venedig, und mit viel Geld in der Tasche. Die Stadt stand ihm offen, und er wollte hinaus, sich „in sie ergießen", wie es in einem pathetischen Gedicht eines Landsmannes hieß, ausschwärmen und endlich einmal wieder ein wenig loslassen von sich und seinen engen Gewohnheiten. Das Innen musste mit dem Außen ins Gleichgewicht gebracht werden, hatte er seinem Bruder Michail geschrieben, beim Fehlen äußerer Erfahrungen bekam das Innen ein gefährliches Übergewicht, Nerven und Einbildungen nahmen zu viel Raum ein, dadurch erhielt jede äußere Erscheinung den Anschein des Kolossalen und erschreckte irgendwie; man begann, sich vor dem Leben zu fürchten. Als Chor und Sänger die Zähne fletschten, als kämpften sie gegen das lauter und drängender werdende Orchester an, zog Dostojewskij die Schuhe an. Als Soldaten das Mädchen wegzerrten und das Liebespaar brutal getrennt wurde, nahm er Buch und Jacke, und als der Vorhang fiel, stürzte er aus der Loge und die Treppen hinunter zum Ausgang.

Der Platz vor dem Theater, dessen nüchterne Fassade nichts von seinem inneren Glanz verriet, bot ein hundertmal lebendigeres Schauspiel als jenes, das drinnen geboten wurde. Die Lokale ragten so weit gegen die Mitte, dass die Tische fast aneinanderstießen, und Passanten zogen ihre

Straßen durch sie wie Ameisen. Die Luft schien aus heißem, zitterndem Dampf zu bestehen. Die Häuser schwitzten. Die Menschen schwitzten. Was der Anstand zuließ, wurde abgelegt. So viele nackte Schultern, tief wogende Dekolletees und entblößte Waden hatte Dostojewskij noch nie auf einmal gesehen. Eine Dame unter den noch wenigen an den Tischen Sitzenden stellte gar die Füße auf den Stuhl neben sich und hob den Rock, sich lüftend, bis über die Knie. Im Inneren eines Lokals warteten Gondolieri, ihre Boote am Kanaleingang des Theaters auf der anderen Seite vertäut, weintrinkend auf das Ende der Oper. Als erste Zuseher mit Pausengetränken hinter ihm heraustraten, flüchtete Dostojewskij in eine Gasse, weil er keinem der Florianherren begegnen und auf keinen Fall in ein typisches Pausengespräch gezogen werden wollte.

Wie immer in diesen engen Gassen gingen die Leute vor ihm zu langsam, und wenn er sie überholte, stieß er mit denen zusammen, die entgegenkamen. Und immer schleppte er diesen Ziegelstein eines Buches mit sich. Er schwitzte und schimpfte vor sich hin. Ich bin kein Weiser, dachte er, kein Lao-Tse. Sein Ziel war ihm nämlich längst klar, und trotzdem wusste er den Weg nicht. Er musste bald jemanden fragen. Einen Venezianer natürlich. Ein Wort, und die Schatulle spränge auf. Wie im Märchen. Ein Carabiniere streifte ihn. Den durfte er nicht fragen. Er zog den Kopf ein und fürchtete, dass er mit der über den Arm gelegten Jacke sehr verdächtig aussah. Morgen müsste er den Barbier wiederfinden und seine Handschuhe holen. Würde er morgen Rossini treffen? Oder hatte der sich auf diese Weise recht elegant seiner entledigt? Die Schatulle, dachte er nun immer, wer öffnet sie mir. Sollte er wieder in eine Gondel steigen? Er sah keinen Kanal. Nur Menschen. Und Lokale. Er trat in das erstbeste und fand einen alten Mann, der versonnen Gläser polierte. Er musste das Zauberwort kennen. Ohne Gruß oder Entschuldigung suchte Dostojewskij seinen Blick und fragte endlich, wie ein Mann, den wichtige Geschäfte treiben: „Ponte delle Tette?"

Der Alte hielt inne und sah auf. „Ponte delle Tette?", wiederholte er staunend, als zitierte er den Titel eines alten, beinah vergessenen Lieds. Dann musterte er den Fremden von oben bis unten, schüttelte den Kopf und polierte weiter. Als es schon schien, als habe er Frage und Frager vergessen, und als dieser sich enttäuscht zur Tür wenden wollte, rief der Wirt seine Frau herbei und erklärte ihr, wonach der *signore* gefragt hatte. „Ponte delle Tette?", sagte nun sie so laut, dass es das halbe Lokal hörte. Dostojewskij sah sich erschrocken um, wurde aber schon von der resoluten *padrona* nach draußen gezogen und bekam von ihr die gestisch überdeutliche Auskunft, immer geradeaus, über den großen Kanal und dann bald nach links zu gehen. „*Dieci minuti*", dann wäre er dort, und er konnte auch bei der Verabschiedung nicht erkennen, ob sie wusste, wofür diese Adresse stand oder, was wahrscheinlicher war, einmal gestanden hatte. Hätte sie die „Brücke der Brüste" nicht gekannt, er hätte das Buch aufgeschlagen und ihr die Beschreibung gezeigt. Gut, dass es nicht dazu gekommen war.

Seinen sehr persönlichen Reiseführer unterm Arm ging er den Weg, kam zur Rialto-Brücke, die heute voll Menschen war, ging am anderen Ufer geradeaus und links und fand, dass er nahe am *Acquasanta*, dem Lokal von gestern, war. Doch ein Lastträger, den er nun schon sehr unbekümmert nach der pikanten Anschrift fragte, schickte ihn weiter, und so kam er in ein Viertel, das er bisher noch nicht betreten hatte. Es schien, außer aus Werkstätten, die alle geschlossen waren, nur aus Lokalen zu bestehen, und solchen der einfachsten Art. Fast fühlte er sich in die Stoljarnaja, an der er in Petersburg lebte, versetzt, wo es in achtzehn Häusern zwanzig Trinkkneipen gab. Man musste dort auf kein Schild schauen. Man ging in egal welches Haus, welchen Flügel, und fand Schnaps. Doch anders als in jener „Tischlerstraße", wo fast nur Männer ein und aus gingen, waren hier Trinkende und Feiernde beiderlei Geschlechts unterwegs, riefen und raunten von einer Tür zur anderen, über die Gasse, die die Häuser und Gaststätten weniger trennte, als verband.

Der Ponte delle Tette war eine Brücke wie andere auch und führte über einen sehr schmalen Kanal. Keine Frauen mit nackten Brüsten standen auf ihr oder an den Fenstern. In Ermangelung einer anderen nahm Dostojewskij die Einladung einer offenen Lokaltüre an und bezog an einem Stehtisch Platz. Das Buch legte er erleichtert auf die wurmstichige Holzplatte und wunderte sich zunächst, dass in dieser Schänke ausschließlich Wasser getrunken wurde. Doch natürlich musste die klare Flüssigkeit in den einfachen Gläsern Wodka sein. Die Stimmung und Lautstärke der Gäste war entsprechend. Auf den Blick des Schankwirts zeigte er auf ein Glas. Es standen und saßen fast nur Paare zusammen, vertraut, aber nicht verheiratet, was an der Art, wie sie miteinander schäkerten und scherzten, ersichtlich war. Und alle tranken, Männer wie Frauen. Seit seiner Ankunft in Venedig, fiel Dostojewskij ein, hatte er nicht mehr an seinem „Trinker"-Roman gearbeitet, und überlegte, ob er diesen nicht mit dem anderen Romanplan über den Gesellschaftsfeind Raskolnikow zusammenlegen sollte. Er selbst war kein Trinker und nie einer gewesen, auch wenn er zu Zeiten tüchtig über die Stränge geschlagen hatte. Aber er war Russe. Und er wusste um die Verführbarkeit, wenn nicht eine Art innerer geradezu volksmäßiger Verbundenheit mit berauschenden Getränken. Glaubte man der Geschichte, war sogar die Religion seines Landes, diese große, mystische, alles zusammenhaltende archaische Kraft danach ausgerichtet. Als das Reich noch jung war und Kiewer Rus hieß, vor neunhundert Jahren, dachte er, als er sein Glas bekam, entschied der Herrscher, Fürst Wladimir, die heidnische Vielgötterei durch eine Staatsreligion zu ersetzen und ließ die gebräuchlichen Monotheismen erforschen. Den Islam verwarf er sofort, als er von der Alkoholabstinenz der Muslime erfuhr. „Das Trinken ist die Freude der Rus", soll er erklärt haben, „ohne das können wir nicht sein." Der italienische Wodka, fand Dostojewskij, roch im Gegensatz zum fast geruchlosen russischen intensiv und hatte einen scharfen, fruchtigen Geschmack. Es war wahrscheinlich gar kein Wodka, sondern Branntwein, dachte er, und: Ohne das wäre ich also ein Muslim. Das Judentum, überlegte er weiter, schien Wladimir nicht staatstragend genug zu sein, den Katholizismus verwarf er, weil seine Kundschafter in den deutschen Kirchen keine Schönheit hatten entdecken können. Dafür berichteten sie strahlend von den Gotteshäusern von Byzanz. So bekam das Volk der Rus den Christengott in der griechisch-orthodoxen Erscheinungsform. Und durfte weiter trinken. Doch der Alkoholismus, dachte Dostojewskij weiter, als er spürte, wie ihm das hochprozentige Getränk in der unvermindert brütend heißen Abendstunde in den Kopf stieg, war in Europa gesellschaftlich weitaus tolerierter, verankerter als im für seine Trinkfreudigkeit bekannten Russland. In Europa tranken einfach alle, und zu jeder Tageszeit, und alles durcheinander. Und fanden nichts dabei. Gerade auch die Bürger, die viel auf ihre Anständigkeit hielten. Aber besonders in London hatte er es erlebt, wie abends die Massen von Arbeitern und Arbeiterinnen die Straßen der Stadt überfluteten, um die halbe, samstags auch die ganze Nacht zu feiern, das hieß, viehisch zu essen und zu trinken und das teils mühsam Erarbeitete im Rausch auszustreuen. Alles war betrunken, doch ohne Fröhlichkeit, vielmehr finster, schwer, und eigentümlich stumm, selbst im Lärm. Hin und wieder wurde die traurig wirkende Schweigsamkeit von Schimpfwörtern und blutigen Prügeleien unterbrochen. Alles beeilte sich, zu trinken, sich bis zur Bewusstlosigkeit zu betrinken, die Frauen betranken sich wie die Männer, die Kinder liefen und krochen zwischen ihnen umher, es schien, als sähe man nicht einmal mehr ein Volk, sondern einen volkhaft angemalten, personifizierten Verlust des Bewusstseins, einen systematischen, gehorsamen, geförderten. Und war es hier anders? Südlicher, vermeintlich heller und lebendiger, aber, dachte Dostojewskij, als er sich, die Jacke unordentlich auf dem Buch zusammengelegt, mit dem Hemdärmel den Schweiß von der Stirn wischte, fühlte man nicht auch hier, was er in London empfunden hatte, dass für diese Gesellschaft die Prophezeiung noch lange nicht in Erfüllung gehen würde, dass diese armen, sich systematisch um ihr Bewusstsein bringenden Menschen noch lange keine Palmzweige und weißen Gewänder erhalten würden und immer weiter vergeblich seufzen müssten: „Wie lange noch, Herr?" Und weil sie das selbst wussten, nahmen sie unbewusst Rache an der Gesellschaft und Zuflucht zu irgendwelchen Sekten und geschäftstüchtigen Heilslehren, was nichts anderes war als eine Absonderung von der gesellschaftlichen Formel, eine instinktive Absonderung um jeden Preis, um ihre Seele zu retten, eine Absonderung von Millionen von Menschen, die von dem Fest der Menschheit ausgeschlossen worden waren, die in unterirdischer Finsternis einander stießen und drückten, in einer Finsternis, in die sie von ihren Brüdern geworfen worden waren und in der sie nach einem Ausgang suchten und an jede erste Tür pochten, um im dunklen Kellergewölbe nicht zu verrecken. Es war wie ein letzter, verzweifelter Versuch, sich zu einem eigenen Haufen zusammenzuschließen, zu einer eigenen Masse, um sich von allem abzusondern, um nur ja mit denen nichts mehr gemein zu haben, die die Schuld an ihrem Elend trugen.

Eine Szene an einem Ecktisch des Lokals war wie ein Abbild einer ähnlichen in einer Londoner Kneipe, in die er, heillos verirrt im Gewimmel der Straßen, um zwei Uhr Nacht geraten war. Auch hier war der Mann wesentlich älter als die Frau, mit der er saß. Er hätte ihr Vater sein können. Auch hier fühlte sie sich sichtlich unwohl, gehorchte aber den Regeln irgendeines unlustigen, wahrscheinlich grausamen Spiels. Der Mann strahlte Macht über sie aus und genoss die Lage. Der Hauptzweck ihres Beisammenseins schien schon beendet zu sein, unruhig wartete die junge Frau darauf, endlich gehen zu dürfen, und war doch durch einen seltsamen Bann gefangen, der sich erklärte, als der Mann ihr drei Geldscheine zuschob, ihr zuprostete, austrank und sie kurz und fest auf den Mund küsste und aufstand. In seinem Rücken wischte sie sich die Lippen ab und stand ebenfalls auf. Ihr Schnapsglas ließ sie fast unberührt stehen. Das Mädchen in London hatte seinen Gin ausgetrunken, ehe sich sein Begleiter auf gleiche Weise von ihm trennte. Dostojewskij war ihm nachgegangen, auf die dunkle Straße, sosehr hatte ihn seine Armut, seine schäbige Kleidung, seine Abhängigkeit von Männern dieser Art berührt, und als es seine Schritte hinter sich hörte, war es stehen geblieben, und er hatte dem Mädchen die paar Münzen, die ihm noch übrig waren, in die Hand gelegt, und es hatte ihn überrascht angesehen, und dankbar, doch dann war sein Blick länger auf seinen Augen geblieben, in seinem Blick, und da hatte sich sein Gesicht auf einmal in einem ängstlichen Ausdruck verzerrt und es war von ihm weggelaufen, hastig, in die Nacht. Wahrscheinlich, dachte er, hatte das Mädchen befürchtet, er würde ihm die Münzen wieder abnehmen.

Die junge Frau vor ihm hier ließ nun den Mann hinausgehen und stand ein paar Sekunden recht verloren da, als überlegte sie, wie der Abend für sie weiterzugehen hatte. Und bemerkte, dass sie beobachtet wurde. Und als sich Dostojewskij schuldbewusst abwenden wollte, weil sie ihm mitten ins Gesicht sah und wirkte, als ob sie ihm Vorwürfe machen wollte, erlebte er die größte Überraschung dieses an Überraschungen nicht gerade armen Tages, dass sie ihn nämlich anlächelte. Da er sein Lächeln vom Mittag wie beabsichtigt noch mithatte, gelang es ihm ganz gut, ihre Freundlichkeit zu erwidern, und der Moment, wie sie da plötzlich herzlich zueinander gewandt standen, tat ihm so gut, als wenn sie ihn mitten im Lokal auf den Mund geküsst hätte. Als sie im Freien war, beeilte er sich, zu zahlen, raffte seine Sachen zusammen und ging hinaus.

Erst schien es, er habe sie verloren. Aber dann sah er sie am anderen Fuß der Brücke stehen und herüberschauen, als habe sie auf ihn gewartet, was natürlich nicht sein konnte, und doch blieb ihr Blick in seinem, als er vom Kanalufer zu ihr hinübersah. Sie lächelte nicht mehr. Ihr schmales, blasses Gesicht unter den in der Mitte gescheitelten, flach am Kopf anliegenden, hellbraunen Haaren, die ihr in zwei Zöpfen über die Schultern fielen, hatte einen so herben, für ihr Alter viel zu ernsten, lebenserfahrenen Ausdruck; tägliche Not und das Wissen um die Ungerechtigkeit der Besitzverteilung hatten ihm eine Art sachliches Leid, eine selbstverständliche Illusionslosigkeit eingeschrieben, die braunen, wissenden Augen passten zwar zum ärmlichen, grauen Rock und der schwarzen hochgeschlossenen Bluse, nicht aber zu den beinahe noch mädchenhaften Beinen und Armen, die aus diesen herausragten. Die Augen hatten sich irgendwie in seinen verfangen, es war kein Zweifel, sie sprachen zu ihm. Riefen sie ihn zu sich? Er klemmte die Jacke mit dem Buch unter den Arm und bestieg die Brücke. Als sie sah, dass er zu ihr herüberkam, schaute sie zu Boden und blieb so, bis er vor ihr stand. Er griff in die Tasche, fühlte die Scheine seines Spielgewinns und zog so viele heraus, wie ihm gerade in der Hand zu liegen kamen. Ohne hinzusehen reichte er sie in der geschlossenen Faust. Sie hielt den Blick gesenkt und wartete ein paar Sekunden. Dann hob sie zugleich Arm und Kopf, und während die Scheine von seiner Faust in ihre wanderten, sah sie ihn aus halb geschlossenen Augen kurz und, wie ihm schien, mit fast mahnendem, hartem Ausdruck an und öffnete ihre vollen, aufgesprungenen Lippen zu einem geflüsterten *„Grazie"*. Nun hätte er eigentlich gehen sollen, aber er blieb vor ihr stehen und schaute sie weiter ernst und schweigend an. Nachdem sie die Scheine in einer Rocktasche hatte verschwinden lassen, warf sie einen geübten, prüfenden Blick auf die Brücke und Ufer bevölkernde Menge, drehte sich um und ging. Dostojewskij sah ihr nach, wie sie sich in der langen Gasse vor ihm entfernte, und hätte es auch dabei belassen, hätte sie sich nicht, als sie an einen weiteren Kanal kam und rechts um eine Ecke bog, umgedreht und zu ihm geschaut. Was sollte das heißen? Als wäre ihr Blick eine Aufforderung, ging er, als sie hinter der Ecke verschwunden war, nun seinerseits die lange Gasse hinunter. Um Jacke und Buch besser tragen zu können, auch, um dadurch etwas Lüftung zu bekommen, machte er die Ärmel des Hemdes auf und streifte sie zu den Ellbogen hoch.

Als er um die Ecke bog, sah er sie gerade in eine nächste Gasse biegen, und wieder hatte sie sich über die Schulter schauend seiner vergewissert. Zwei, drei Abbiegungen lang ging das so, bis sie ein längeres Kanalufer erreichte und ihren Schritt verlangsamte, fast als schlenderte sie. Er ging etwa dreißig Meter hinter ihr, nicht zu langsam, um ihren Vorsprung nicht zu groß werden zu lassen, nicht zu schnell, um nicht den Eindruck zu erwecken, er verfolge sie. Am Kanal säuberten Fischer ihre Netze, schwammen Buben um die Wette, eine friedliche, dörfliche Szene, die auch die junge Frau als solche aufzunehmen schien, denn auf einmal, als Wasser von den Schwimmenden aufspritzte und ihre Waden traf, lachte sie auf und drehte sich um und schenkte ihm den Rest ihres Lachens als Lächeln. Welchen Eindruck er wohl auf sie mit seinem leicht derangierten Äußeren und dem dicken Buch unter der Achsel machte, dachte Dostojewskij. Den eines zerstreuten Professors? Oder eines verbummelten Studenten? Im Spasskij-Viertel in Petersburg, wo sich die Dirnen auf der Straße anboten, war im letzten Winter ein Serienmörder umgegangen, sechs, sieben Opfer hatte er bestialisch erstochen, danach waren die Mädchen – viele von ihnen minderjährig und noch mehr geschlechtskrank – über Wochen in Panik vor jedem fremden Freier gewesen.

Schließlich hielt sie an einer großen Wasserstraße, und er konnte nichts tun, als langsam näher zu kommen und ein paar Meter hinter ihr zu halten. Sie standen am Ufer des Canal Grande. Eine Gondel legte gerade an, deren

Aufgabe es offenbar war, Leute von einer Seite zur anderen zu bringen, da es hier weit und breit keine Brücke gab. Der Fährmann ließ die beiden einsteigen, wartete eine Weile und stieß, da niemand mehr kam, sein Boot ab.

Die vor Kurzem untergegangene Sonne untermalte die Schäfchenwolken, die sich auch diesen Abend gebildet hatten, mit schmeichlerischem Rosa. Noch immer trübte kein Hauch die Hitze auf dem hier weniger befahrenen Teil des Kanals, die Stille nach den akustischen Exzessen der Oper und der Menschenmenge tat gut. Schweigend saßen die beiden einander gegenüber an den Längsseiten der ungedeckten Gondel, schweigend tauchte der Gondoliere sein Ruder ein und aus, für ihn mussten die zwei wie voneinander unabhängige Fahrgäste wirken, für die kurze Strecke vom Zufall ins Boot geworfen, er konnte die zarten unsichtbaren Bande nicht ahnen, die zwischen ihnen waren, zumal auch kein Blickwechsel die Geschichte ihrer kurzen Bekanntschaft verriet. Sie hielt die Augen gesenkt. „Mit einer jungen Venezianerin redend, schweigend, in einer Gondel treibend", zitierte sich Dostojewskij in Gedanken wieder das Puschkin-Gedicht und musste lachen, was in ein Husten ausartete und den Frieden des Moments zerriss. Nach dem Anlegen gab er dem Mann zwei Münzen und machte eine Bewegung, die zeigte, dass er für die schon an Land Gestiegene mit zahlte, recht überflüssig, wie er fand, da die Venezianerin wahrscheinlich umsonst fuhr, außerdem hatte er damit die Illusion ihrer Fremdheit zerstört und ärgerte sich über sich und den Blick des Gondoliere, mit dem er ihnen nachsah.

Höher waren die Häuser in diesem Viertel, Kleidung und Haartracht der wenigen Passanten verrieten, dass es das jüdische war. So weit man in Hauseingänge und Hinterhöfe sehen konnte, waren sie reinlich, aber arm. Ärmer als die anderen Gegenden, die er bisher in Venedig gesehen hatte. Mit der Promenade, an der er am Abend zuvor zu speisen versucht hatte, war hier nichts zu vergleichen, vom Markusplatz ganz zu schweigen. Fast schien es unglaublich, dass man sich in derselben Stadt befand. Seine Wohnung in Semipalatinsk fiel ihm ein, wo er nach der Haftentlassung gelebt hatte, eine Wohnung in Untermiete nahe der Kaserne. Sie war verrußt und dunkel gewesen. Schaben rannten über den Tisch, die Wände, das Bett, im Sommer gab es Flöhe. Es war ein so anderes Russland gewesen als das westliche. Das raue, derbe, irgendwie noch unverdorbene Russland der Kosaken, Tataren, Kirgisen. Die Zimmerwirtin hatte zwei Töchter gehabt, sechzehn und zwanzig Jahre, die ihn bedienten, bei ihm sauber machten, sie kamen immer barfuß, nur im Hemd mit rotem Gürtel und Halstuch. Es war offensichtlich, dass ihre Mutter sie zusammen mit dem Zimmer vermieten wollte, und Dostojewskij machte ihr darüber Vorwürfe. Wenn die Vernunft in ihm überwog. Er war ja nicht Casanova. Aber er war ein Mann. Und mehr als einmal hatte er in Semipalatinsk lernen müssen, wie leicht sich die Vernunft gegenüber der Wirklichkeit als bankrott erwies. Auch jetzt hätte er der Vernunft folgen und umkehren sollen. Aber hatte er das nicht ebenso in der Gondel zum Casino gedacht und schließlich gewonnen? Über das völlig Unzutreffende dieses Vergleichs schüttelte er im Gehen den Kopf.

Sie betrat eine Bäckerei, und er blieb im Schatten eines Hoftors stehen. Das Verbrechen, dachte er in Hinblick auf seinen Roman über Raskolnikow, müsse in dessen Fall einem totalen Aussetzen der Vernunft entspringen, einem Nachlassen der Willenskraft und des Verstandes, an deren Stelle eine Art kindlicher Leichtsinn trat. Wie ein Fieberanfall. Nach dem Verbrechen, wenn das Fieber zurückginge, würde der Verbrecher am liebsten gestehen wollen, um endgültig zu genesen. Das Verbrechen entsprang einem Ausnahmezustand, einer Krankheit. Als die junge Frau mit einem in Papier eingeschlagenen Laib Brot aus dem Geschäft trat, suchten ihre Augen ihn und sahen rasch weg, als sie ihn im Schatten stehen sah. Zwei Häuser weiter verschwand sie in einem offen stehenden Haustor, ohne sich noch einmal umzusehen. Dostojewskij war unsicher. Und doch ging er eilig über den Platz und konnte vom Eingang aus ihre Schuhe sehen, wie sie vom ersten Stock auf den Treppenabsatz des zweiten stiegen. Er wartete, bis er ihre Schritte gerade noch hörte, und folgte ihr. In der zweiten Etage stand eine Türe offen, zwei Arbeiter malten eine völlig leere Wohnung aus und sahen zu ihm. Sie konnten ihm, wäre er auf dem Weg zu einem Verbrechen, später als Zeugen gefährlich werden. Aber, dachte er nicht ohne Amüsement, ich trage nur ein Buch, keine Axt. Im dritten Stock kam ihm eine dicke Frau entgegen, die sich mühte, eine Kiste mit Abfällen hinunterzutragen und ihn fragend ansah. Noch eine Zeugin, dachte er. Und: War es nicht ein Verbrechen? Da ging er, ein verheirateter Mann, auf den zu Hause eine kranke Frau mit ihrem Sohn wartete. Aber es gab kein Zurück mehr. Die Füße trugen ihn von allein, und wäre es gegen seinen Willen gewesen. Ja, obwohl er sich fast sicher war, dass er einem Missverständnis unterlag – im Ganzen hatte sie ihm nur zweimal zugelächelt, nun aber schon lange nicht mehr und seit Beginn der Gondelfahrt Augenkontakt gemieden –, war der Antrieb ihres ersten freundlichen Blicks und ihr Schauen über den Kanal, von dem er sich gerufen gefühlt hatte, so stark, dass er auch über den vierten Stock hinaus weiterstieg, als der bewohnte Teil des Hauses aufzuhören schien, die Treppe schmaler wurde und man nur mehr einen Dachboden vermuten konnte. Von unten durch das Geländer sah er sie durch eine Tür gehen. Sein Herz schlug nicht nur aus Anstrengung des Treppengehens schneller, als er sich der Tür näherte. Er hatte nicht gehört, dass sie von innen verschlossen worden wäre. Das war vielleicht doch ein Zeichen? Eine Frau ohne Absichten würde in jedem Fall ihre Wohnung zusperren. Wenn er jetzt umkehrte, wäre noch nichts geschehen. Er hätte sich mit seiner Gabe ein wenig ihre Gesellschaft erkauft. Einen kleinen abendlichen Spaziergang, mehr nicht. Was immer sich gleich hinter dieser Türe abspielen würde, nähme hier seinen Anfang. Erst mit dem Drücken der Klinke übertrate er die unsichtbare Linie, die zwischen Anstand und Verworfenheit lief, erst diese Handlung machte, was dann käme, unumkehrbar, und seine Verfolgung des Mädchens von einer harmlosen Laune zur bösen Absicht. All das war ihm vollkommen bewusst, als die Tür unter der gedrückten Klinke nachgab und nach innen aufging. Und es brauchte keine Sekunde, um alles zu verstehen: seinen hitzigen Wahn und die kühle Wirklichkeit. Die junge Frau legte einem älteren Mann mit brustlangem Bart, schwarzem Hut und Bejkeles – ganz offensichtlich ihrem Vater –, der an einem Tisch saß, alles Geld hin, das sie in den letzten Stunden so oder so bekommen hatte, während drei kleine bloßfüßige Kinder sich in der Ecke – die Wohnung schien überhaupt nur aus diesem Zimmer zu bestehen – über den Brotlaib hermachten. Alle sahen zu ihm, dem Fremden, der wie versteinert in ihrer Wohnungstüre stand. Was hätte er sagen sollen, was erklären? Ein letztes Mal trafen seine Augen die der Frau, und es war der gleiche gerade, ernste Blick, den er bei der Geldübergabe als hart und irgendwie mahnend empfunden hatte und in dem er jetzt nichts als Ernüchterung sah. Sie klagte ihn nicht an, aber nur deshalb, weil er das nicht wert war, das sah er genau, und weil schon eine Anklage eine Hinwendung bedeutet hätte, die ihm nicht zustand.

„Pardonnez-moi", sagte er fast lautlos und zog die Tür zu. Ihn schwindelte und er musste sich am Geländer stehend festhalten, ehe er die Treppen hinunterstieg, nicht zu schnell, weil er zum Laufen zu schwach war.

Im Freien allerdings bemühte er sich, rasch von dem Haus wegzukommen, und sah sogar einmal zum fünften Stock hinauf, weil er fürchtete, die Frau oder gar ihr Vater könnten ihm nachschauen. Aus einer Synagoge kamen Menschen mit brennenden Kerzen von einem Gottesdienst. Er musste aus der ganzen Gegend weg, die ihn an das jüdische Viertel von Sankt Petersburg um die Obuwskij-Brücke erinnerte, durch das er aufgrund seiner strengeren Bräuche und der im Alltag stärker verankerten Religion auch immer mit einem schlechten Gewissen ging, selbst wenn er sich keine Verfehlung vorzuwerfen hatte, wie sie hier vorlag. Was war ihm nur eingefallen, dachte er, als er vor Eile fast über seine Füße stolpernd dahinlief, in welche Lage hatte er nicht nur sich, sondern vor allem die junge Frau gebracht? Sicher hatte sie ihren Vater in dem Glauben gewiegt, arbeiten zu gehen oder aber zu betteln, was im orthodoxen Judentum schnorren hieß und den, der um Geld fragte, zum Wohltäter machte, indem er dem Gläubigen ermöglichte, der religiösen Pflicht der Barmherzigkeit nachzukommen. Wie konnte sie erklären, dass ihr ein Mann gefolgt war? Musste sie ihn dazu nicht immerhin ein wenig ermutigt haben? Kein normaler Mensch stieg doch einem anderen bis in die Wohnung nach ohne die Zuversicht, dort eine Erfüllung etwelcher Absichten zu finden? Und wenn man dem Mädchen seine Unschuld glaubte, was sein Vater sicher tat, lag dann nicht die ganze Schuld bei ihm? Konnte man ihn dafür nicht sogar polizeilich belangen? Zeugen gab es genug, auch der Gondoliere hatte sich seinen Reim gemacht, als er sie aussteigen ließ, die ordentliche und in seiner Schilderung sicher „verängstigte" junge Frau und den hemdsärmeligen Fremden mit dem Buch, der schwitzte und nach Branntwein roch, dachte Dostojewskij, als er sich nach unzähligen Brücken und Gassen überrascht auf dem Platz fand, wo er zu Mittag gegessen hatte, und aus Erschöpfung auf denselben Stuhl fallen ließ.

Er musste sich irgendwie beruhigen, dachte er, der Raserei dieses Tages ein Ende machen. Mehrfach hatte er sich heute schon schuldig gemacht. Zumindest moralisch, was die junge Frau betraf, gesetzmäßig, indem er an verbotenem Glücksspiel teilgenommen hatte, und das Verlassen der Oper war eine gesellschaftliche und eigentlich auch professionelle Ungeheuerlichkeit, die Rossini bestimmt schon hinterbracht worden war. Zusammen mit seinem unglücklichen Auftritt im Café der Österreicher am Morgen war das eine stattliche Bilanz der Schande und ein deutlicher Beleg für seine Unfähigkeit, mit der Freiheit umzugehen. Zu den aktiven Verfehlungen kam nämlich noch die ihnen zugrunde liegende Unterlassung dessen, was sein Beruf und seine Aufgabe in der Welt war: zu schreiben. Die schwerste vielleicht von allen Schulden, sein einziges wirkliches Talent liegen zu lassen und dafür die Welt zu durchziehen mit Leidenschaften, die nur Verwirrungen waren.

Der Bettler von früher streifte über den Platz und sah wieder zu ihm, ohne näher zu kommen. Dostojewskij legte das Buch auf den Tisch und zog die Jacke an, weil ihn, erhitzt wie er war, im Schatten auf einmal seltsam fröstelte, auch wenn es immer noch vierzig Grad haben musste. Beim Kellner bestellte er Kaffee, gleich darauf fiel ihm aber ein, dass ihn Kaffee aufregte, und er lief in das Lokal, um auf Tee umzubestellen. Die Zigarette machte ihn zittrig, und er warf sie nach zwei Zügen weg. Der Bettler, sah er, überlegte, ob er sie aufheben sollte, ging aber weiter seines Wegs, der offenbar aus der taglangen Hin- und

Her-Überquerung des *campo* bestand. Am Nebentisch nahm ein altes englisches Paar Platz und schaute skeptisch auf den recht unordentlich in seinem Stuhl mehr hängenden als sitzenden Gast, vor dem eine Zigarette am Boden verglühte und der sie seinerseits mit stumpfem, düsterem Blick ansah. Er fühlte, was sie nicht wissen konnten, seit dem Niedersetzen schreckliche Krämpfe in den Gliedmaßen. Arme, Beine und Rücken waren ganz verkrümmt, zudem röchelte er kurzatmig. Weil für sein Empfinden seit der Teebestellung eine Ewigkeit vergangen war, quälte er sich auf und humpelte langsam in das Lokal. Dort saß sein Kellner allein beim Essen und las Zeitung. Beim Anblick des erzürnten Gastes fiel ihm eine Kartoffel aus dem Mund und sich entschuldigend stand er auf und ging in die Küche. Dostojewskij wollte warten, bis der Kellner mit dem Tee zurückkam, doch nach weiteren zwei Minuten beschloss er, das Unternehmen aufzugeben und weiterzugehen, am besten in Richtung Hotel, und sich dort schlafen oder wenigstens ins Bett zu legen.

Als er hinaustrat, schrie ihn der Engländer, der aufgestanden war, heftig an, und er überlegte, was er sich nun wieder zu Schulden hatte kommen lassen. Doch das Vergehen, auf das der Mann mit „*Sir! Sir!*"-Rufen hinwies, war diesmal gegen ihn, Dostojewskij, begangen worden, denn den zeigenden Gesten des Rufers folgend sah er erst den Bettler auf der anderen Seite des Platzes laufen und um eine Hausecke verschwinden und dann auf seinen Tisch, der leer war. Sein Buch war weg, sein Buch mit den Umschlägen und dem Rossinigeld. Und schlagartig wusste er, dass es für immer verloren war. Nur, wenn er sich sofort aufgemacht und den Dieb verfolgt hätte, hätte er eine Chance gehabt, ihn zu stellen, aber erstens befand er sich körperlich dazu überhaupt nicht in der Lage und dann hatte der andere gut dreißig Meter Vorsprung, was im Gewinkel der Gassen viel war, er wusste es von seinen Verfolgungen des koffertragenden Beppo, genug, um einen Ortsunkundigen abzuhängen.

Der Engländer erklärte ihm den Hergang, aber Dostojewskij hörte kaum zu, denn er hatte schon verstanden: Der Bettler war, seine Abwesenheit nützend, an den Tisch getreten, das Ehepaar hatte ihn nicht als Bettler erkannt und gedacht, er sei ein Bekannter des auch nicht sehr ordentlich wirkenden Gastes, der ja vielleicht gar kein Gast war, sondern sich nur zum Verschnaufen kurz hingesetzt hatte, erst, als der andere das Buch nahm und weglief, hatten sie die Situation verstanden, und das war auch der Moment gewesen, in dem der Bestohlene zurückkam, alles war sozusagen „in der Sekunde" geschehen, und wäre Dostojewskij eine Spur früher gekommen, abzuwenden gewesen. Er stand, während der Engländer auf ihn einredete, an seinem leeren Tisch und berührte zerstreut mit den Fingerspitzen die Tischplatte, als prüfe er, ob das Gestohlene wirklich weg und nicht nur unsichtbar geworden war. Nun kam der Kellner mit dem Tee heraus, und auch ihm wurde die Geschichte auf Englisch erzählt, er verstand gar nichts und schaute immer nur auf die Teekanne, als ob es um sie ginge. Das Ganze mündete in *„Police!"*-Rufen des Engländers zum Kellner, der schaute ratlos zu Dostojewskij, doch dieser schien alles und alle um ihn vergessen zu haben und stand, die Finger nach abgeschlossener Prüfung auf der Tischplatte, mit einmal sehr ruhig geworden da und sah zu der Ecke, zu der er nicht gelaufen war, sah seinem gestohlenen Gut nach und ging in Gedanken vielleicht noch ein paar Gassen hinter dem Dieb her, mit ihm, und sagte dann, unverständlich für die anderen, weil leise und auf Russisch: „Der arme Mensch."

Damit ließ er alle zurück, den aufgeregten Engländer, der wahrscheinlich aus schlechtem Gewissen, nicht eingegriffen zu haben, nun so aktiv nach der Polizei rief, dessen sprachlos sitzende Frau, den Kellner, den Tee, und ging davon.

Konnte er denn keinen Schritt mehr tun, ohne einen Fehler zu machen, dachte Dostojewskij, als er seine Wanderung über immer gleiche, immer neue Brücken und Wege wieder aufnahm. Hier hatte er sich einer doppelten Unvorsichtigkeit schuldig gemacht. Außer, dass er das Buch nicht hätte liegen lassen dürfen, musste ihn der Dieb wohl am Nachmittag beobachtet haben, als er das Geld zum Zählen aus dem Umschlag genommen hatte. Nun war er weg, sein unverdienter Vorschuss, die Anzahlung auf etwas, dem viele weitere, ungleich höhere Zahlungen gefolgt wären, und ein bisschen schien es, als wäre mit dem Casanovabuch gleich alles weg: die Casanovaoper, das Rossiniangebot, selbst die Rossinibekanntschaft rückte dadurch in weitere Ferne oder in den Bereich des Unwahrscheinlichen, Phantastischen – wo sie eigentlich ja auch hingehörte –, und eingeleitet hatte diesen schneckenartigen Rückzug einer eben erst sich aufgetanen Möglichkeit zur Lebensveränderung sein vorzeitiges Verlassen des Theaters. Hatte er damit nicht begonnen, alles durchzustreichen?

Auf einmal erkannte er den Barbierladen wieder, den er durch gezieltes Suchen nie gefunden hätte, und freute sich schon, nun wenigstens seine Handschuhe wiederzubekommen, doch die Tür war verschlossen, und er drückte die Nase ans Fenster und versuchte zu sehen, ob er sie im Geschäftsdunkel irgendwo liegen sah, seine hellvioletten Handschuhe, da riss ihn ein Schrei zurück, ein Polizist stand am Ende der Gasse und ermahnte ihn mit einem gebrüllten „Heh!", hob drohend und nicht im Geringsten spielerisch den Zeigefinger, hatte aber offenbar Wichtigeres zu tun und ging weiter. Erst nach Sekunden fuhr Dostojewskij der Schreck in die Glieder, und die fatale Ungerechtigkeit. Minuten, nachdem er Opfer eines Diebstahls geworden war, unterstellte man ihm selbst diebische Absichten. Ein Anschlag an der Tür belehrte ihn, dass das Friseurgeschäft erst am übernächsten Tag wieder öffnen würde, weil es Montag seinen *giorno di riposo* hatte. Ein Ruhetag am Montag? Sonderbare Bräuche, dachte er und ließ seine Beine weiterlaufen, ohne zu wissen, wohin. Nur dass er so nicht ins Hotel zurückgehen könne, wusste er, nicht mit dieser mehrfachen Niederlage. Immerhin hatte er noch den Großteil des Spielgewinns in der Tasche. Und bei diesem Gedanken war es ihm, als spalte ein Blitz sein verdüstertes Inneres und als eröffnete sich ihm ein Ausweg aus dem mehrfachen Dilemma dieses Tags, eine Lösung, die einzige, und diese Vision haben und am nächsten

Kanal in eine Gondel springen war eins, und diesmal war es schon keine Scheu und keine Vorsicht mehr, mit der er dem Ruderer ins Gesicht sagte: *„La bottega!"*

Dem Befehlscharakter folgend, ließ sich der Überrumpelte auch keine Zeit für abwägende Überlegungen – es schien klar, dass sein Fahrgast ein Kenner der Materie, wahrscheinlich ein gewohnheitsmäßiger Spieler war – und legte ab.

Dostojewskij war nicht unstolz über seine spontane Handlung. Und sah auf einmal überhaupt nichts Verwerfliches darin, den Zufall, der der Verzögerung eines bestellten Getränkes den Verlust einer nicht unbeträchtlichen Summe folgen ließ, dazu einzusetzen, einen Teil wiederzugewinnen, wenn nicht zu vermehren. Und es stimmte nicht, dass nichts wiedergutzumachen war. Geld war Geld, ob es von Rossini oder einer Spielbank kam, ein Buch war wieder zu besorgen, und die Handschuhe lagen wahrscheinlich wohlverwahrt in einem abgeschlossenen Geschäft und warteten auf ihre Abholung. Am wichtigsten aber war, dass er seine Schuld der Jüdin gegenüber gutmachen, geradezu auslöschen konnte, indem er ihr das Dreifache, Vierfache seiner ersten Gabe in die Hand legen würde – beziehungsweise, darauf kam es ja an, sie vor ihrem Vater rehabilitieren, indem er nämlich noch einmal in den fünften Stock hinaufsteigen, vor sie hintreten und sich offen für seinen Auftritt von früher entschuldigen würde, sie habe ihn durch nichts dazu ermutigt, er selbst sei es gewesen, der, von ihrer Armut gerührt, sich ein Bild ihrer Lebensumstände habe machen wollen, als Schriftsteller fühle er sich dazu manchmal verpflichtet und stoße damit immer wieder Leute vor den Kopf, zur Wiedergutmachung bitte er sie, dieses Geschenk anzunehmen, worauf er dem Vater einen Berg Scheine auf den Tisch legen würde, der den Hunger der Kinder und die gesamte Not der Familie vielleicht ein wenig würde lindern können. Ein Spieler in Wiesbaden hatte ihn allerdings davor gewarnt, nach einem Gewinn am selben Tag noch einmal das Glück zu versuchen.

Die Dunkelheit, die längst hereingebrochen war, änderte nichts an der Hitze, als habe die Sonne nur einen schwarzen Vorhang zugezogen und brenne dahinter unvermindert weiter. An einem kleinen Seitenkanal schimmerte eine Laterne, unter ihr hielt die Gondel. Diesmal ließ der Gondoliere Dostojewskij bloß zahlen und aussteigen und fuhr weg. So professionell war sein Auftreten als *bottega*-Besucher also schon, dachte er und klopfte in dem Rhythmus, den er sich grob gemerkt hatte, an die einzige Türe der alten, schimmelbeschlagenen Mauer. Es stank unerträglich aus der Kanalisation. Schnell wurde ihm aufgemacht, schnell ging es Treppen abwärts, in nichts gab sich dieser verbotene Ort den Anschein der Legalität und der Pracht eines echten Casinos wie im Palazzo vom Nachmittag, nüchtern war der Raum und kahl, schmutzig und verraucht, nur ein Spieltisch stand in der Mitte, und nicht einmal der Croupier hatte einen ordentlichen Anzug, bloß Hemd und Weste, und eine Zigarre im Mund. Fünf Gestalten saßen im Halbdunkel um das Feld und überwachten ihre Einsätze. An einer Wand war ein Mann an einem Tisch gerade dabei, einem Herrn in Frack mit Instrumentenkoffer in der Hand eine goldene Uhr abzunehmen und gab ihm ein paar Scheine dafür. Es war kein glänzender Saal, der das Spiel zu einem festlichen Ritual veredelte, es war ein finsterer Keller, ein Spielbüro für Verzweifelte, die ihr letztes Hab und Gut riskierten. Hatte er auf den Gondoliere einen solchen Eindruck gemacht? War es nicht das nächstgelegene Casino, zu dem er ihn gefahren hatte, sondern das ihm seiner Einschätzung nach angemessene?

Ein Spieler stand gerade auf und taumelte zur Tür. Sein Blick war irr und sein Haar zerzaust. Dostojewskij nahm den Stuhl ein, dessen Sitzfläche noch die Körperwärme des Mannes trug, ein Umstand, der ihm immer unangenehm intim vorkam. *„Faites votre jeu!"*, sagte der Spielleiter in gebrochenem Französisch und sah den Neuankömmling prüfend an, wie er einige zerknüllte Scheine aus der Hosentasche zog und alle bis auf einen auf das Feld Rot legte. Schon rollte die Kugel. Schon „ging nichts mehr". Da fuhr die Hand des Musikers an seinem Kopf vorbei und warf das Geld, das er für seine Uhr bekommen hatte, auf Schwarz. Ob er eben noch „La gazza ladra" gespielt hatte? Klick, klick, klick, schneller, weniger vornehm drehte sich hier das Rad, unsanfter nahm es die vom Rand fallende Kugel auf und warf sie hin und her, bis sie endlich auf einer von siebenunddreißig möglichen Zahlen liegen blieb. *„Dix-neuf, rouge, impair, passe!"*

Unwillkürlich schaute Dostojewskij auf das Gesicht des hinter ihm stehenden Musikers. Es war in schmerzvoller Wut verzerrt. Da wanderte der Wert seiner Uhr vom Feld Schwarz in die Kasse, während das restliche Vermögen eines Bestohlenen auf Rot verdoppelt wurde. Unheimlich war es, sich der Laune des Schicksals so auszuliefern. Dostojewskij spürte körperlich einen kalten Hauch vom Zufall ausgehen wie von einem Grab, als sei das ganze Leben nichts als eine zynische Erfindung eines launischen Bankiers, dem man ständig opfert und der keine Verantwortung hat, aber immer recht, und von dem etwas zu bekommen nichts mit dem Glauben daran, nur mit einer kalten Berechnung von Wahrscheinlichkeiten zu tun hat. Warum sollte er sein Geld nicht auf Rot lassen? Warum die Glückssträhne aufgeben? Noch einmal, dann wäre der Diebstahl korrigiert, zweimal, und die Familie der jungen Frau getröstet.

Er sah sich um. Der Musiker war gegangen. Der Wucherer saß allein an seinem Tisch an der Wand und schätzte die Gegenstände ab, die er in einer Schublade übersah und teilweise herausnahm, noch eine Uhr, eine Tabatiere, ein Collier. Persönliche Dinge, voll Geschichten, Erinnerungen, zu Geld gemacht und verloren, auf das Berechenbare reduziert, getötet, ein Friedhof.

„Vente, noir, pair, passe!" Die Stimme riss ihn aus seinen Betrachtungen, doch er hörte nur das *„noir"*, das wirklich alles vor seinen Augen in Schwarz hüllte und in einer routinierten Bewegung des Râteaus sein Geld an sich zog, von ihm weg, in den Abgrund, aus dem er es vorher kalt wehen gespürt hatte. Er hatte noch einen Schein in der Hand. Wie klug war es gewesen, dachte er, sich diesen Anker zu bewahren. *„J'ai la chance"*, dachte er, ich habe sie immer noch. Und die Chance war schon das Glück.

Jedenfalls im Französischen. Mit leichter Hand warf er die Note auf das weiter von ihm entfernte Feld Schwarz. Und wartete. Sechs, sieben Mal, dann wäre er wieder bei seinem früheren Gewinn. Er dachte an Victoria und dass er ihr gern etwas gekauft hätte, ein Tuch oder einen Schal, keinen Schmuck, er wollte ihr nicht zu nahe treten. Ob er wirklich mit Apollinaria in Paris leben würde? Und wenn Victoria Rossinis Einladung doch nachgab und auch nach Paris kam? Was dann? Was sollte schon sein, dachte er sofort und schüttelte den Kopf und zwang seine Aufmerksamkeit zum Roulette, das unermüdlich kreiste wie ein Mühlrad des Schicksals, alles in seinen Sog ziehend, alles zermalmend, erbarmungslos, gefräßig, kalt. Wieder klickte die Kugel. Und lag. Doch noch wusste vom Ausgang nur der Croupier. Das war der magischste Moment im Spiel, wenn alles entschieden, aber noch nicht bekannt war. Vielleicht ist das ganze Leben so, dachte er, und wir sitzen und schauen zu und hängen an den Lippen eines unrasierten groben Kerls, der sein Urteil ausbellt und seine Macht über uns ausspielt mit Worten wie: *„Dix-neuf, rouge, impair, passe!"*

Rot! Neunzehn, wie beim vorletzten Mal. Wie bei seinem letzten Gewinn. Neunzehn – zwanzig – neunzehn, was für ein seltsamer Lauf. Man musste nun ... aber er hatte nichts mehr. Sein letzter Schein war weg. Er stand auf und durchwühlte alle Taschen und fand drei Münzen und legte zwei auf Schwarz und eine auf Rot, er hatte diese Technik einmal beobachtet, diesen kalkulierten kleinen Verlust, um mit dem anderen Einsatz höher zu gewinnen, eine Art Ablenkung des Schicksals. Aber es kam Rot, und er verlor zwei Münzen und verdoppelte eine, und er ließ die beiden auf Rot liegen, und im letzten Moment, im allerletzten, als die Kugel bereits von Zahl zu Zahl sprang – lockerer war die Spieldisziplin an diesem formlosen Ort –, griff er nach den zwei Münzen und legte sie auf das Feld für gerade Zahlen. Doch es kam eine ungerade, und sie waren verloren. Auf Rot wären sie nun vier gewesen, bald acht, bald ein Schein, in zehn Minuten ein Vermögen. Was war das für ein teuflisches Spiel. Und war es denn ausgemacht, dass sein Geld – es war ja nicht weg, es lag drei Meter von ihm in der Kasse – wirklich verloren war? Galten die Regeln eines Spiels, das an sich schon außerhalb der Regeln, nämlich illegal war? Konnte er nicht ganz ruhig vor den Croupier hintreten und ihn auffordern, seine Einsätze zurückzugeben? Andernfalls er nicht umhinkönne, die Behörden zu verständigen, er kenne einflussreiche Leute in Venedig? Aber weder der Gedanke, zu drohen, noch der, Behörden heranzuziehen, die er in jedem Fall gegen, aber nie für ihn zu arbeiten sich vorstellte, gefiel ihm. Und war er nicht durch seine Teilnahme am Spiel unweigerlich mitschuldig? Im Zweifelsfall kämen sie alle ins Gefängnis, und das Geld kassierte der Staat.

Es gab hier nichts mehr zu tun. Auch hatte ihm der penetrante Zigarrenqualm schon seit ein paar Minuten Übelkeit verursacht, und er musste an die Luft. Doch als er aus dem Keller nach oben gestiegen war, die Tür zum Kanal öffnete und seinen Kopf schon in die feuchte Schwüle steckte, aus der ihn der Kanalisationsgestank menschlicher

Exkremente anwehte, empfand er außer der nun noch gesteigerten Übelkeit eine solche Verlassenheit, ein so trostloses Ausgestoßensein, ein Ausgeworfenwerden, als wäre er selbst ein ausgeschiedenes Exkrement und nichts wert und nur dem Verfall preisgegeben, dass er den Kopf zurückzog und wieder die Treppen hinabstieg. Es zog ihn in den Keller und ins Dunkle, wo Leidenschaften herrschten, die man im Lichte der Vernunft leicht verwarf, und sehr selbstsicher trat er wieder in die luftlose Höhle und beinahe erleichtert. Der Wechsler sah ihn, als er an dessen Tisch stand, fragend und zutiefst gleichgültig an. Wortlos streifte Dostojewskij seinen Ring vom Finger und legte ihn ruhig auf die Platte. Wortlos nahm ihn der Mann in seine schwulstigen Finger und besah ihn gelangweilt. Mit einem Schnalzen, als zöge er mit der Zunge einen Essensrest aus einer Zahnlücke, griff er in die Schublade und holte drei Scheine heraus und legte sie vor sich hin. Drei jämmerliche Scheine. Dostojewskij hatte viel mehr erwartet und schüttelte mehrmals den Kopf und sagte: *„No …"* Er wusste gar nicht, welche Sprache das sein sollte, es war auch egal, *„No"* hieß *„No"*, aber dem Wechsler war auch das egal, und er reichte ihm den Ring zurück. Keine Diskussion, hieß das. Alles in ihm drängte ihn, den Ring zu nehmen und zu gehen. Aber die kleine Gegenkraft war stark und gewann. Er nahm die drei Scheine, die, wie um die Schande zu erhöhen, extrem abgegriffen und zerknittert waren, und sah seinen Ring in die große Lade mit den verschleuderten Gegenständen gehen, seinen Ehering. In Omsk gekauft, in der Zeit der höchsten Verliebtheit, einen schmalen

Goldring, der innen den Namen Marija Dmitrijewna eingraviert hatte. Einen Namen, der irgendeinem künftigen Besitzer nichts bedeuten würde. Eine fremde Geschichte. Dostojewskij setzte sich nicht hin. Am Spieltisch stehend fiel ihm auf einmal die alte Russin in Wiesbaden ein, und er hatte den Impuls, alles auf Null zu setzen wie sie, und damit das Fünfunddreißigfache zu gewinnen. Doch dann dachte er an den Nachmittag und wie seine Glückssträhne begonnen hatte, und wie um einen Kreis zu schließen, legte er die Scheine auf Rot.

Während die Kugel rollte, außergewöhnlich lang, weil fest eingeworfen, rechnete er noch, dass er, wenn er auf Null gesetzt hätte und Null gewänne, einhundertfünf Scheine in der Hand hätte und mit welchem Hochgefühl er in die Welt stiege, und als die Kugel sich in ihre zufällige Lücke gelegt hatte, war seine Vorstellung dieses Triumphs so stark in ihm, dass er fast aufschrie, als der Croupier „Zero!" verkündete und ein Raunen durch die Spieler ging wie in jedem Casino, wenn die Null kam, die alleine der Bank gehörte, der Bank und den wenigen, die ihr Glück dieser geringen Wahrscheinlichkeit anvertrauten. Fast wäre ihm jener Schrei der Freude entfahren, doch dann fiel ihm ein, dass er ja gar nicht auf Null, sondern auf Rot gesetzt hatte, und mit all den anderen Einsätzen des Feldes verflüchtigte sich auch seiner durch die Kralle, die Râteau genannt wurde und doch nichts als eine Kralle war, Fanggarm einer gefräßigen, ungeheuren Krake im Dunkel des Untergrunds, gierig, unbarmherzig, gemein.

6

Noch lange begleitete ihn der Kanalisationsgeruch, und er wusste nicht, ob er wirklich um ihn war oder ob er ihn nur noch in der Nase hatte. Venedig war auch ein Verwirrspiel, ein Irrgarten der Gerüche und Düfte. Deren meisten ihm von Petersburg vertraut waren. Doch hier waren sie aufgrund der Kurzatmigkeit der Gassen, durch die man ständig sozusagen von einem Mikrokosmos in den nächsten trat, flüchtig und trafen den Passanten nur ein paar Schritte lang, ob sie von Rosen und Narzissen aus einem Garten hinter hohen Mauern kamen, den man gar nicht sah oder durch enge Gitterstäbe kurz erspähte, von Oleanderbäumen, deren süße Freundlichkeit um die nächste Gartenecke abgelöst wurde von der beißenden Ortsmarkierung durch Katzenurin, in die sich nach wenigen Metern der Öl- und Knoblauchgeruch aus einem Küchenfenster mengte, der trockene Weinatem aus einer offenen Kneipentür, der giftige Hauch verrottender Algen aus einem Kanal, auf einmal umspielt und besänftigt von einer parfümierten Schönen, die zu langsam ging, um nicht, leider, irgendwann überholt werden zu müssen, doch da wehte schon der Steppenduft gegerbten Leders aus einer Werkstatt, die

Waldwürze frisch gesägten Holzes, das Bergaroma wilden Rosmarins vom kleinen Garten neben einer Kapelle. Jetzt, nach der wochenlangen Hitze, hatte sich die Luft wie zum Trotz mit Feuchtigkeit aus der Lagune vollgesogen und salzte und verstärkte gerade die Auswirkungen der hohen Temperaturen um ein Vielfaches, den stinkenden Abfall vor den Türen und den bis in die Gedärme ziehenden Ekel verfaulender Fischreste. Jeder Geruch war zudem Bote von Geschichten, an denen man keinen Anteil hatte.

Was hatte ihm das Schicksal in den letzten vierundzwanzig Stunden in die Hände gelegt, dachte Dostojewskij, und wie war er damit umgegangen. Vom Größten der Musikzunft zu einer Zusammenarbeit eingeladen, beschenkt, hatte er, statt sich in Ruhe in einen stillen Garten zu setzen, das Buch zu lesen und sich von den Scheinen in dessen Umschlag verwöhnen zu lassen, alles leichtfertig verloren und nichts als Unfug getrieben, wie ein Gefangener auf Freigang, der an einem Tag die Versäumnisse seiner Haftzeit aufholen möchte. Lebensunfähigkeit, dachte er, als er plötzlich vor dem weiten Hafenbecken stand, das von Lichtern auf den näheren und ferneren Inseln begrenzt war. Er erkannte, dass er von einer anderen Seite dahin gelangt war, wohin er am Vorabend nach der Polizeikontrolle gewandert war, und dass er der langen Uferpromenade, die vor ihm lag, folgend den Markusplatz erreichen musste.

Die meisten Lokale zu seiner Rechten waren geschlossen. Er hätte auch nicht die Muße gehabt, sich in eines zu setzen, vor allem, fiel ihm ein, kein Geld dazu. In einem Strumpf in seinem Zimmer hatte er einen Notvorrat, seit einem Spielgewinn in Baden-Baden trug er ihn mit sich durch Europa. Sollte er ihn holen und in die dritte *bottega* des Tages tragen? Wenn er wieder verlor, konnte er nicht einmal mehr das Hotel zahlen und käme ins Gefängnis, wo man vielleicht wegen der vielen Verdachtsmomente, deren er sich in dieser Stadt schuldig gemacht hatte, schon auf ihn wartete. Hinter einer Brücke, die er hinunterstieg, duckte sich am Eck des Kanals, den sie überspannte, ein kleines Restaurant mit fünf Tischen im Freien. Alle waren leer bis auf einen, an dem im Schein eines Windlichts ein Herr mit kahlem Schädel saß und auf sein Essen zu warten schien. Drei Kellner standen in der Tür, sahen in die Nacht und rauchten. Noch drei, vier Brücken und er wäre auf der Piazza, dachte Dostojewskij und überlegte gerade, ob das Florian noch offen haben mochte, als ihn ein plötzlicher Gedanke anhalten ließ. Der einsame Gast im Restaurant war ihm bekannt vorgekommen. In der Sekunde hatte er diesen Einfall verworfen, weil es nicht sein konnte. Aber nun, im Weitergehen, sah er, mehr als im konkreten Hinschauen auf die Erscheinung des Mannes, im inneren Nachsehen dessen Wesen, und da schien ihm wieder, dass es sehr wohl sein konnte. Und er ging zurück. Ein Kellner wollte ihm entgegentreten und ihn auf die nahe Sperrstunde aufmerksam machen, doch wie er merkte, dass der Fremde den einzigen Gast auf der Terrasse anvisierte, ließ er ab. Als er am Tischende stand und den Mann näher ansah, der bewegungslos mit gesenkten Augen dasaß, glaubte er schon wieder, sich getäuscht zu haben. Schwermut und Resignation gingen von ihm aus, kein Witz und Esprit. Außerdem war er sehr alt. Dostojewskij drehte sich zu den drei Kellnern um, alle drei sahen ihn rauchend an. Sie schienen überhaupt nichts mehr zu tun zu haben, auch, dass der Einsame auf sein Essen warten sollte, kam ihm nun abwegig vor. Warum wurde er noch geduldet? Vor ihm stand ein halb leeres Glas Wasser, sonst nichts. In der Sekunde, als Dostojewskij sich fragte, warum er trotz seines Irrtums immer noch stehen blieb, sagte der Alte von unten her auf Französisch und ohne aufzuschauen: „Halb leer oder halb voll, das ist doch immer die Frage, nicht wahr?"

Und hob den Kopf und sah den an seinem Tisch Stehenden mit kleinen, schwarzen, gütigen Augen an. Das Gesicht hatte so viel Lachen in sich gespeichert, dass es zu lächeln schien, auch wenn es ernst blieb. Es war unzweifelhaft Rossini.

„Ich habe mir einen Abend Pause verordnet", erklärte er leiser als gewöhnlich, „und so", er zeigte auf seine Glatze, „kennt mich keiner." Da naturgemäß auch Dostojewskij nicht lächelte, er hatte es seit der Branntweinschänke nicht mehr versucht, war es ein ernstes In-die-Augen-Schauen, womit die zwei Herren, die vielleicht demnächst eine komische Oper zusammen schreiben wollten, einander begrüßten.

„Außer Ihnen natürlich", fügte Rossini nach ein paar Sekunden hinzu, und weil er spürte, dass der andere sich entschuldigen und innerlich schon Anstalten machen wollte, weiterzugehen, sagte er: „Monsieur Dostojewskij, ich freue mich, Sie zu sehen. Nehmen Sie bitte Platz." Er zeigte auf den einzigen Stuhl an dem kleinen Tisch, und der so Eingeladene setzte sich ihm gegenüber.

„Leider kann ich Ihnen heute keinen Festschmaus anbieten. Ich habe einen enthaltsamen Abend eingelegt." Er rollte die Augen und zeigte auf das weiße Tischtuch, das bis auf sein Glas, eine Wasserkaraffe und das Windlicht leer war. Ein Wink zum Lokaleingang, und ein Kellner brachte ein neues Glas und schenkte es voll.

„Wollen Sie noch etwas essen?" Dostojewskij verneinte. „Das ist gut, denn die Küche hat zu." Aber als bereute Rossini, dass ihm damit fast ein kleiner Scherz entfahren war, kratzte er verlegen etwas vom Tischtuch und blieb dann mit gesenktem Blick, die Hände aufeinandergelegt.

Dostojewskij sah ihn staunend an. Die Nase, dachte er, die raubvogelhafte Nase, im Profil gesehen, auch daran hatte er ihn erkannt. Doch alles außer ihr war heute Abend wie verkleinert, beziehungsweise vertieft: die großflächigen Wangen hohler, die Lippen fast nach innen gesogen, die schwarzen Augenringe noch schwärzer, die Tränensäcke noch schwerer, die Schultern schmaler, der ganze Mensch wirkte im Vergleich zu gestern und heute früh eingesunken, älter, ein wenig saß er da, wie man sich seinen Vater vorstellen mochte, kein rüstiger, kraftstrotzender Siebzigjähriger, sondern ein alter Mann, beinahe ein Greis.

„Mein Magen macht mir wieder zu schaffen", sagte er nun noch leiser. „Über alles andere fange ich gar nicht an. Alt werden ist … nun ja, Sie werden es sehen." Wieder blieb sein Ausdruck ernst, der Blick gesenkt. Dann schwieg er lange, und dem dreißig Jahre Jüngeren, den das Leben früh hatte altern lassen, kam vor, er sei zum Mitschweigen eingeladen worden, zum schweigenden Mitsitzen. Das tat ihm gut. Wieder hatte ihm der alte Zauberer ein Gefühl der Behaglichkeit gegeben. Wieder hatte er ihn überrascht. Mit seiner Anwesenheit an diesem entlegenen Ort, mit seinem Aussehen, mit dem Nichtüberraschtsein über den Zufall ihrer Begegnung. Er hatte ihn wahrscheinlich aus den Augenwinkeln die Brücke heruntersteigen gesehen, weitergehen, zurückkommen – oder hatte er ihn erst wahrgenommen, als er an seinem Tisch stand, ihn, ohne aufzuschauen, erkannt, und es war genau das seine Art, wie er Unvorhergesehenem begegnete, der Mann der „Intuition des Moments"?

Doch da lachte dieser kurz auf und sagte fast unhörbar, als spräche er zu sich: „In meiner Pariser Stadtwohnung wohnt über mir eine Familie Cocteau. Die Kinder sind schrecklich laut, der Vater ist Opernnarr, den ganzen Tag singt er mir durch die Zimmerdecke meine Arien vor, und Frau Cocteau bringt mir in der Früh frische Eier, wenn ich noch im Bett liege. Sie lacht immer über das ‚Riesenei zwischen den Kissen', wie sie meinen kahlen Kopf nennt. Und staunt über die vielen Perücken, die aufgespannt im Zimmer stehen. Als würden viele falsche Rossinis den echten in seinem Schlaf bewachen."

Hier schaute er zum ersten Mal auf, seit sein Gegenüber, das gute Ohren hatte und jedes Wort verstand, saß. „Die Haare sind mir im Zuge meiner Urethritis-Behandlungen ausgefallen. Sie wissen, was das ist?"

Dostojewskij wusste nur, dass es eine Geschlechtskrankheit war und hob zur halben Zustimmung eine Hand vom Tisch.

„Eine scheußliche Sache." Rossini winkte ab. „Ich habe sie mir in meiner Jugend im Bordell geholt. Ja", verfiel er in einen fast singenden Ton, „ich habe der Göttin Venus von früh an gedient. Sie?" Und er blitzte ihn aus schmalen, mit einem Mal hellwachen Augen an. Da war sie wieder, dachte der Gefragte, diese Finte, dieser Überraschungsangriff, dieser Sprung in den Gemütslagen. Die nächtliche Schwüle legte sich hier, in unmittelbarer Nähe der weiten Lagune, als salziger Film derart auf die Haut, dass man nicht mehr wusste, ob sie oder der eigene Schweiß einen benetzten. Außerdem saß man am Ufer im Revier der Stechmücken, die sich munter über den Neuangekommenen hermachten.

„Ja", hörte er sich sagen und erschrak.

Rossini lachte. „Natürlich! Sie sind zu verführerisch, die Joujous, Froufrous und Madeleines, nicht?"

Nun sah Dostojewskij auf die Tischdecke. Bei ihm hatte es sich, da die Prostituierten in Petersburg in der Mehrzahl Deutsche waren, eher um Minchens, Klärchens und Mariannchens gehandelt. „Aber auch schrecklich teuer", gab er in einer Offenheit zurück, zu der er vor vierundzwanzig Stunden noch nicht in der Lage gewesen wäre und an der der Maestro einen nicht unbeträchtlichen Anteil hatte. Entsprechend freute dieser sich. In beider Jugend hatte dem Bordell noch nichts Skandalöses angehaftet und war es kein moralisches Problem gewesen. Höchstens ein finanzielles.

„Mich haben sie meine Gesundheit gekostet. Und meine erste große Liebe. Es war nach der Uraufführung der ‚Elster', übrigens damals ein sensationeller Erfolg. Meine

Leidenschaft mit Amelia flammte hoch. Doch dann störte sie sich an meinen pikanten Gewohnheiten, die ich unvermindert fortsetzte. Sie hatte schlichtweg Angst, fühlte sich ‚körperlich bedroht'. Und gegen die Krankheit verordnete sie mir Bäder auf Ischia. Kennen Sie Ischia?"

„Leider nein."

„Eine höchst langweilige Insel. Nach zwei Wochen Baden und Wassertrinken reiste ich ab. Dafür hatte ich eine neue Liebe. Eine junge Sängerin, die ‚zufällig' auch dort war. Isabella Colbran. Sie hat mich zum ersten Mal an eine Stadt gebunden, Neapel, und trieb mir meine Junggesellenbräuche aus. Sie wurde meine Frau. Nun, meine erste, meine ich ... Sind Sie verheiratet?"

Wie am Vorabend reizte es Dostojewskij, diesem Meister der Pointen eigene entgegenzusetzen, und ihm war, als ritte ihn der Teufel, als er die Antwort in eine Formulierung hüllte, die er in einem Brief an einen Freund verwendet hatte: „Ich habe die Bürde des Familienlebens auf mich genommen und trage schwer daran."

Zu seiner Erleichterung, ein wenig auch zu seiner Enttäuschung, lachte Rossini nicht. *„Eh"*, sagte er nur, einen dieser italienischen Laute, die alles heißen können, und maß ihn nachdenklich. „Und davor waren Sie im Gefängnis."

Erst nach zwei, drei Sekunden merkte Dostojewskij, was er meinte. „Nun ja, es kamen dort immer Semmelverkäuferinnen ins Lager. Kleine Mädchen. Wenn sie reifer wurden, kamen sie weiterhin ins Lager. Aber ohne Semmeln."

„Ah."

„Ein, eineinhalb Kopeken waren ihnen genug …"

Rossini machte eine Pause, bevor er fragte: „Haben Sie Kinder?"

„Meine Frau hat einen Sohn aus erster Ehe. Und ich wünsche mir sehr ein eigenes Kind. Sehr."

„Wo leben Ihre Eltern?

„Sie sind beide tot."

„Entschuldigen Sie. – In der Jugend macht und liebt man manches, weil es ungewöhnlich erscheint. Aber das Herz entwickelt sich im Familienleben. Sie werden sehen, dass ich recht habe."

Dostojewskij atmete tief ein und aus. Als der Atem über den Kehlkopf fuhr, löste sich ein minimaler Klagelaut, der den Musiker natürlich aufhorchen ließ.

„Marija … meine Frau … es sah eine Zeit so aus, dass ich sie nicht mehr würde sehen können … bevor sie der Heirat zustimmte, meine ich. Sie war sehr galant, kultiviert, redegewandt wie eine Schauspielerin … auch sehr heftig und ungestüm … eine richtige Frau. Wir lebten in Sibirien in weit voneinander entfernten Städten. Ich dachte, ich verliere den Verstand."

„Wie sagen Sie ihren Namen?"

„Marija …"

„Mit einem so weichen ‚j' … Mari-j-a …"

Beide wussten, dass konsequenterweise jetzt die Frage nach der Gegenwart zu kommen hatte, doch beide schwiegen. Ein alter Kellner brachte unaufgefordert eine frische Karaffe mit Wasser. Die zwei jungen waren gerade am Gehen.

„Ich bin mit dem Besitzer seit hundert Jahren befreundet", erklärte Rossini. „Ich kann hier sitzen, bis Venedig versunken ist."

Die Stechmücken hatten Verstärkung geholt, Motten stürzten sich auf das einzige Windlicht weit und breit, um- und durchflatterten es und machten sich an die lange Arbeit der Selbsttötung. Wie von diesem Anblick inspiriert, fragte Rossini: „Was zieht Sie an Marija so an?"

Dostojewskij überlegte nicht lange. „Das Unbekannte."
„Aber Sie kennen sie doch?"

„Noch nicht zu einem Tausendstel. Ich kenne ihre Stimme. Und ihr Äußeres. Ihre Sorgen und Überlegungen. Ich kenne …" Er sah kurz auf, als wollte er sich davon überzeugen, wer ihn zu derart intimen Äußerungen ermunterte, und wieder gaben ihm die Augen, der Ausdruck, die Ruhe des berühmten Mannes das Gefühl, in seiner Gegenwart aufgehoben zu sein. „Ich kenne ihren Geruch, und ich habe sie einige Male umarmen dürfen. Alles Andere muss ich erst noch entdecken."

Er brachte es nicht übers Herz, zu sagen, dass er von einem Gefühl sprach, das eigentlich vergangen war. Aber gestern Abend, auf der Rialto-Brücke, in Minuten, die ihm für immer als die letzten vor der Rossinibegegnung gelten würden, war es wieder dagewesen, stark und beinahe wie am ersten Tag.

„Ich hoffe, sie eines Tages zu kennen wie ein Mann seine Frau. Ich hoffe es. Hoffen ist manchmal eine heftigere Erfahrung als das Erleben selbst."

Darauf schwiegen beide lange und dachten nach.

„Die Menschen geben sich nicht so schnell zu erkennen." Dostojewskij sprach zur Kerze und meinte den Zuhörer und auch sich selbst. „Und sie tun es nie vollständig."

Ein Blitz zuckte auf in der Lagune, über einer der Inseln. Beide sahen hin und warteten, aber kein Donner folgte. Dostojewskij kämpfte gegen die Mücken, die ihn hartnäckig attackierten, während sie den alten Meister wie aus Respekt verschonten.

„Ich war einundzwanzig, als ich Amelia traf. Sie war fast sechzehn Jahre älter, schön, mit einem schmalen, feinen Gesicht, aus schwerreichem Mailänder Hochadel. In ihrem Landhaus ließ es sich gut leben – und komponieren. Ich schrieb ‚Sigismondo' für Venedig. Das Premierenpublikum langweilte sich. Was mir nicht oft im Leben geschah und was mich betrübte. Doch dann besuchte mich Amelia, und meine Laune war wiederhergestellt."

Dostojewskij schwitzte stärker. Nun wäre es an der Zeit gewesen, etwas über seinen Opernbesuch zu sagen. Aber was? Dass er eingeschlafen und in der Pause geflüchtet war? Um einer Frau hinterherzulaufen und sich sein, Rossinis Geld stehlen zu lassen?

„Was ist Musik?", riss ihn dieser aus der Verwirrung in eine noch größere. Fragte er ihn das im Ernst? „Melodie und Rhythmus", antwortete er sich selbst und klopfte mit drei aneinandergelegten Fingerspitzen zweimal auf den Tisch. „Bei der Oper kommt noch die Deklamation hinzu." Ein drittes Klopfen. „Die genaue Artikulation der Texte. Verboten ist nur, was langweilt." Ein abschließender Schlag mit der Handfläche. „Wie ich sehe, haben Sie die Aufführung überlebt."

Nun gab er ihm, es war deutlich, diskret Gelegenheit, etwas dazu zu sagen. Eine kurze Gelegenheit, ohne ihn anzusehen, und sogar diese milderte er mit einem Glattstreichen des Tischtuchs. Als sie vorbei war, zuckte er die Schultern, sah in die Lagune und sagte leise: „Der zweite Teil soll besser sein."

Dostojewskij durchfuhr es kalt. Ließ er ihn auf diese höfliche Weise wissen, dass er informiert war? Wenn, dann zeigte sein ruhiges Weiterreden mit Blick in die Ferne auch, dass es ihm egal war. „Ich war sechzehn Jahre nicht mehr in der Oper. Mindestens so lange ist es her, dass jemand richtig singen konnte. Sie schreien, sie bellen, sie quälen sich ab. Ich bin für das musikalisch Schöne. Wissen Sie", wandte er sich ihm wieder zu, „die italienische Oper war reine Unterhaltung. Sie humanistischen Idealen zu widmen, ist eine deutsche Erfindung. ‚Wir sehen uns in der Scala!', sagte man. Es gab Restaurants, Cafés mit Billardtischen, Bibliotheken und Spielhallen. In vierzig Sälen standen Tische für Pharao und Trente et Quarante. Die Bankiers machten gute Geschäfte und zahlten große Summen an die Theaterbesitzer. Der Italiener ist von Natur ein großer Spieler."

Er hielt inne, weil es aussah, als ob sein Zuhörer etwas sagen wollte. Doch er trank nur einen Schluck Wasser und verscheuchte eine Mücke aus seinem Kragen.

„Eine Loge war weit mehr als ein Theaterplatz. Sie war der Salon, in dem man seine Empfänge gab, Eis und Sorbet schlürfte, Süßes knabberte. Es wurde fast unentwegt konversiert. Musik und Szene waren nur die Zutaten. Das Hauptinteresse lag in den Gesprächen, in den amourösen großen Themen und kleinen Intermezzi, in den Rendezvous. Noch zu Casanovas Zeiten …", er zeigte dabei auf Dostojewskij, was diesen unangenehm berührte, „… ging man in den Logen ordentlich zur Sache. Wenn das Gespräch oder … das andere nicht mehr interessierte, lauschte man der Musik. Leute, die die ganze Oper anhören wollten, saßen im Parkett. Man nahm die Sache … leicht!" Er beschloss den kleinen Vortrag mit einer ungemein graziösen Geste, die aussah, als würde er das letzte Wort mit dem akzentuierten Öffnen von Daumen, Mittel- und Zeigefinger beider Hände nach oben entlassen, das „leicht" zum Fliegen bringen, in die Lüfte, wo es hingehörte. Wieder blitzte es, näher diesmal, über der großen venedignahen Insel, an deren Ende eine prächtige weiße Kirche mit Campanile stand. Wieder blieb es danach still.

„Ich liebe die Lagune", sagte Rossini mit Blick auf das Lichtspiel, das nicht die typischen Blitzzacken in den Himmel zeichnete, sondern diesen für eine Sekunde und über einen großen Ausschnitt komplett erleuchtete, als schalte jemand in den Wolken eine gewaltige Lampe ein oder mache eine Photographie, wie die Daguerreotypie neuerdings genannt wurde.

„Das Wetter hier hat seine eigenen Gesetze und Launen. Wie eine gute Geliebte. Oft zieht ein Unwetter tagelang an ihren Rändern umher, ehe es sich entlädt. Während die

Luft immer heißer wird und die Atmosphäre immer geladener mit Energie. Haben Sie den Donner gestern Abend gehört?"

„Auf der Piazza."

„Vorbote eines Sturms, der erst in Tagen kommen kann – oder nie. Die Natur ist die große Stimmungsmeisterin. Sie ist nie langweilig."

„Außer auf Ischia."

„Außer auf Ischia!" Beide lachten zum ersten Mal. Sanft geleitete der *compositore* wieder zum Ernst, blieb aber heiter, irgendwie waren alle Launenregister gleichzeitig in ihm gezogen, griffen unmerklich ineinander über, lagen miteinander im Frieden statt im Krieg wie bei den meisten Menschen. „Auch da war es nicht die Insel, sondern die menschengeschaffenen Einrichtungen. Und meine Wasserdiät. Ich weiß nicht …"

Sein Gegenüber sah auf. Was wusste er nicht? Man hatte den Eindruck, dass dieser Mann alles wusste, alles, worauf es ankam. Er sah in sein irgendwie träumerisches Gesicht, das von der Kerze, auf die sein Blick beim Reden die meiste Zeit ging, magisch von unten beleuchtet war.

„Irgendein Kritiker hat einmal festgestellt, dass meine Musik zur Hälfte aus dem Wechsel Tonika – Dominante – Tonika besteht – und sich gefragt, warum sie trotzdem nicht langweilig ist. Es ist ein Geheimnis! … Das berühmte Rossini-Crescendo: Glauben Sie, ich habe es mir ausgedacht? Es ist mir passiert, weil meine Natur mich dazu getrieben hat. Ich grüble nicht lange herum. Geben Sie mir einen Einkaufszettel und ich komponiere ihn. Die Ouvertüre zur ‚Diebischen Elster' habe ich am Tag der Uraufführung unter dem Dach der Scala geschrieben, wo mich der Direktor gefangen gesetzt hatte. Ich wurde von vier Aufsehern bewacht, die meine Noten Blatt für Blatt den Kopisten aus dem Fenster zuwarfen. Falls meine Lieferung ausbleiben sollte, hatten sie die Anweisung, mich selbst aus dem Fenster zu werfen. – Das ‚Crescendo' ist hier in Venedig geboren. Vor einundfünfzig Jahren. Es war mein zweiter Auftrag am San Moisè. ‚L'inganno felice'. Eine bejubelte Premiere, eine triumphale Serie. In der letzten Vorstellung wurden in den Logen Tauben und Kanarienvögel freigelassen. Und ich bekam den ersten Auftrag für die Scala. Und verwendete das ‚Crescendo' fortan in allen Ouvertüren. Zum Glück befreite mich ein Minister vom Militärdienst, sonst hätte ich mit Napoleon nach Russland ziehen und gegen Ihre Landsleute kämpfen müssen. *Una stupidità!"*

Er nahm das Glas Wasser, roch daran, als wäre es Wein, nahm einen Schluck und stellte es wütend ab. Dostojewskij fuhr sich mit der Hand über die Stirn. Weil sie feucht war, und wegen der Mücken, und weil ihn schwindelte, wenn er dem Maestro zuhörte. Obwohl er selbst Artikel für seine Zeitschrift oft in letzter Minute fertigstellte und die Drucker schon ungeduldig in der Tür standen.

„Ich habe politische Ereignisse nie kommentiert. Wissen Sie, was Heinrich Heine in Hinblick auf mich gesagt hat?"

„Nein."

„‚Haben die anderen – wer immer die fremden Herrscher sein mögen – das Sagen, so bleibt den Italienern das Singen. Das ist der esoterische Sinn der Opera buffa!'"

Mit regungslosem Gesicht von der Kerze kurz auf- und gleich wieder hinunterzuschauen, schien Dostojewskij für diesmal Ausdruck genug zu sein, dass ihm der Ausspruch gefiel. Rossini verstand es auch so.

„Ich bin aufgewachsen", fuhr er fort, „als Italien, über Jahrhunderte aufgeteilt zwischen Kirchenstaat, Spanien, Habsburg und Frankreich, von so vielen Kriegen erschüttert, sich nach Freiheit sehnte. Und Einheit. Ich hatte nie Beziehung zu revolutionären Kreisen. Wie Sie sie hatten", fügte er mit einer höflichen Handbewegung hinzu, die unterstrich, dass das kein Vorwurf war.

„Eine Zeit lang, ja."

„Und dann?"

„Das ist schwer zu erklären."

„Wir haben Zeit", sagte Rossini freundlich und mit einem kurzen Seitenblick auf den alten Kellner, der in der Lokaltüre auf einem Stuhl saß, rauchte und das Schauspiel der immer wieder an den verschiedensten Punkten der Lagune aufflammenden Blitze betrachtete.

„Ich habe Ihnen erzählt", begann Dostojewskij langsam, „dass ich in Petersburg inhaftiert war. Ich saß neun Monate in Festungshaft. Nur eine Viertelstunde täglich durfte ich im Hof auf und ab gehen."

„Da bekommt man Beklemmungen."

„Man bekommt Hämorrhoiden. Und natürlich: Schlaflosigkeit, Angst. Schließlich wurde ich verurteilt."

„Zum Tode", sagte Rossini mit einer Färbung, die mit seinem offenbar ununterdrückbaren Hang zu komischen Effekten andeutete, dass zwischen dem Urteil und der physischen Anwesenheit des Verurteilten ein Widerspruch bestand.

„Zum Tode. Am frühen Morgen, zwei Tage vor Weihnachten, wurden wir aus den Zellen geholt. Es war ein trüber Tag, ein typischer grauer Petersburger Morgen. Feuchtkalt, vereinzelte Schneeflocken. Sie fuhren uns durch die Stadt zu einem großen Platz. Als wir aus den Kutschen stiegen, war es wie ein kurzer Moment der Freiheit. Die Sonne war gerade aufgegangen, wir schauten ins Licht, wir hatten einander im Gefängnis monatelang nicht gesehen und begrüßten, umarmten einander, bis ein General uns zur Ordnung rief. Von der Ferne sah Volk zu. Es kann nicht wahr sein, dachte ich immer nur, es kann nicht sein, dass ich inmitten von all den Tausenden, die in dieser Stadt am Leben sind, in fünf, sechs Minuten nicht mehr existiere. Ich glaubte es erst, als uns ein langes, weißes Totenhemd angelegt wurde. Ein Priester wollte uns die Beichte abnehmen. Ich beichtete nicht. Nicht, weil ich nicht religiös bin, ich hatte in der Festung um zwei Bibeln gebeten und in ihnen gelesen, eine im alten Kirchenslawisch und eine in Französisch, aber ich hielt mich für völlig unschuldig! Ich küsste das Kreuz, das mir der Priester hinhielt. Eine Trommel wurde geschlagen. Ein Beamter verlas die Urteilstexte. Alle einundzwanzig. Das dauerte eine Ewigkeit. Es ging ein eisiger Wind. Wir wurden in Dreiergruppen geteilt. Ich war bei der zweiten. Ich sah zu, wie die ersten drei an Pfähle gefesselt wurden und weiße Kapuzen bekamen. Ich nahm in Gedanken Abschied von allen, die mir nahestanden. Bilder aus meinem Leben schossen an meinem inneren Leben vorbei wie Blitze … ‚Wir werden bei Christus sein', flüsterte ich zu dem Mann neben mir, Speschnoe. Aber der antwortete: ‚Ein bisschen Staub.' Er war Nihilist. Wieder wurde die Trommel gewirbelt. Ein Offizier hob den Säbel und gab das Kommando: ‚Legt an das Gewehr!' Es war totenstill auf dem weiten Platz. Schon fast eine Minute warteten die Verurteilten, doch der Ruf ‚Feuer!' blieb aus. Plötzlich entstand Verwirrung. Kutschen rollten auf das Gelände, ein Befehl ertönte, noch einer. Wieder schien es, als werde ein Urteil verlesen. Nein, der Zar hatte sich anders entschieden. Und was nun verlesen wurde, war sein Gnadenerlass."

Dostojewskij hielt inne. Sein Gesicht war weißer denn je, die Wangen eingefallen, die Augen entrückt. Er trank einen Schluck Wasser.

„Trommelwirbel", bemerkte Rossini nachdenklich, und es war klar, worauf er anspielte.

„Ja. Ich gebe zu, dass ich heute beim Beginn Ihrer Oper erschrocken bin. – Das Leben ist ein Geschenk, dachte ich am Abend in meiner Zelle. Und sang vor Freude. Das Leben ist ein Glück. Jede Minute kann eine Ewigkeit Glück enthalten. Ich fühlte mich tatsächlich wie neu geboren. Die Begnadigung des Zaren war eine Erleuchtung, ein Wunder, eine Offenbarung."

„Derselbe Zar hatte Sie doch verurteilt?"

„Ja. Aber nun verdankte ich ihm mein Leben. Und danke es ihm noch heute. Zwei Tage später fuhren sie mich nach Sibirien."

Etwa eine Minute schwiegen beide. Schon lange war niemand mehr an ihnen vorbeigegangen. Venedig lag im Schlaf. In der Lagune zuckten die Lichter.

„Ich war immer ein Anhänger der Monarchie", nahm Rossini das Gespräch wieder auf. Während die österreichische Armee gegen die Revolutionäre auf Neapel zumarschierte, feierte ich in Rom Karneval. Mit Paganini, der mich damals auf Schritt und Tritt verfolgte, dichtete ich eine Litanei, vertonte sie, und zusammen zogen wir los, in ärmlich geflickten Lumpen, und gaben uns als blinde Bettler aus."

Dostojewskij schüttelte staunend den Kopf. Paganini. Noch eine legendäre Gestalt. Zwanzig Jahre früher und er würde hier mit ihnen am Tisch sitzen.

„Paganini war extrem dünn, gelenkig. Er verkleidete sich als Frau. Als meine Frau." Rossini lachte laut auf, und Dostojewskij erschrak. Aber weil das Lachen vom Herzen kam, tat es gut, und gut tat es, sich davon anstecken zu lassen und mitzulachen. Leise, rau, hüstelnd.

„Da standen wir auf der Straße, klimperten auf unseren Gitarren und gaben unseren Singsang zum Besten. Wir verdienten genug für zwei Teller Pasta und Wein. Als wir am nächsten Mittag aufwachten, erfuhren wir, dass es in Neapel keinen Widerstand von den Revolutionären gegeben hatte und König Ferdinand wieder fest im Sattel saß. Ich habe ihm später für meine wunderbare Zeit in Wien eine Dankbarkeitsarie gewidmet."

„Ich habe dem neuen Zaren Huldigungsgedichte geschrieben, um aus Sibirien zurückkehren und wieder arbeiten zu dürfen."

„Ich habe für Metternich Kantaten komponiert!"

Dostojewskij wunderte sich schon nicht mehr, dass dem „Maestro Crescendo" immer noch eine Steigerung egal welcher Bizarrerie einfiel, lachte und sagte: „Ich wurde auch dafür verurteilt, dass ich gesagt hatte, Russland diene der Politik Metternichs."

„Als er noch Europa dirigierte, lud er mich zu einer Konferenz der Nationen in Verona ein. Wenn die europäische Harmonie mit Kantaten herzustellen gewesen wäre, so hätte ich sie zustande gebracht! Aber das Spektakel in der Arena war wunderschön. Ich wurde allen vorgestellt. Kaiser Alexander und George von England waren die liebenswürdigsten von den anwesenden Herrschern. Auch Metternich war umgänglich, wenn er nicht gerade Politik machte. Gebildet und sehr höflich. Ich habe ihn zuletzt hier gesehen, als ich im Fenice die Neubearbeitung meines ‚Maometto' machte. Er kam alle Abende zu den Proben und schien glücklich über diesen Ausgleich zu seinen Staatsgeschäften. Die Aufführung war übrigens ein Misserfolg. Dem venezianischen Publikum gefiel meine Annäherung an die *grand opéra* nicht. Die Premiere der ‚Semiramide' gleich darauf war hingegen ein großer Erfolg. Mit Isabella Colbran, damals noch meine Frau, in der Titelrolle. Meine letzte italienische Oper. Dann ging ich nach Paris. Und wurde Leiter des Théâtre-Italien. Als der reaktionäre König Karl an die Macht kam, gab es viel Geschrei in den fortschrittlichen Kreisen. Ich hingegen schrieb ihm eine szenische Kantate, die ‚Reise nach Reims'. Jahre später, als ich schon wieder in Italien war, gab es eine Revolution gegen ihn. Ich fuhr sofort nach Paris."

„Um für ihn zu kämpfen?"

„Aus Sorge um meine Rente. Ich hatte von ihm den Titel ‚*Premier compositeur*' mit lebenslanger Pension erhalten. Nun, ich hatte es ihm geradezu abverlangt. So etwas konnte wirklich nur ich mir erlauben. Die Revolution stellte nun alles infrage."

„Was geschah?"

„Ich prozessierte und gewann."

Dostojewskij nickte. Und wurde gefragt: „Waren Sie in Paris?"

„Ja."

„Wie fanden Sie es?"

„Unglaublich langweilig."

Rossini hob den Kopf. „Wo waren Sie sonst in Europa?"

„Zunächst in Berlin."

„Wie hat es Ihnen gefallen?"

„Es hat mich an Sankt Petersburg erinnert. Die gleichen schnurgeraden Straßen. Ich habe sehr daran gezweifelt, ob es sich gelohnt hat, sich achtundvierzig Stunden rädern zu lassen, um genau das vor sich zu sehen, wovon man weggefahren ist. Überdies sehen die Berliner alle so unglaublich deutsch aus. Berlin hat auf mich den säuerlichsten Eindruck gemacht, und ich bin nur einen Tag geblieben."

„Und dann?"

„Jeden Tag eine andere Stadt. Dresden, Frankfurt, Baden-Baden, Heidelberg, Mainz, Köln."

„Turgenjew ist im Sommer in Baden-Baden, nicht wahr?"

„Ja. Ich habe ihn besucht. Er hat mir eine noch unfertige Erzählung zum Lesen gegeben. Bei der Abreise musste ich sie ihm ungelesen zurückgeben."

„Es hat Sie nicht interessiert?"

„Ich bin immer im Casino gewesen." Selbst überrascht von diesem Geständnis hielt Dostojewskij inne. Sein immer waches, hellhöriges Gegenüber sah ihn ernst an. Zu einem Teil fürchtete er, er würde ihn nun fragen, ob er in Venedig auch schon gespielt habe. Zu einem Teil hoffte er es, um dann beichten zu können. Und am Grunde all dessen hatte er das dunkle Gefühl, dass es der andere längst wusste. Vielleicht war diese Stadt nicht aus Stein, sondern aus Glas.

„Ich hatte mir viel vom Kölner Dom versprochen", wechselte er vorsichtshalber Stadt und Thema.

„Ja?" Der Zuhörer schien zu hoffen, endlich etwas Positives in der Reiseschilderung zu vernehmen.

„Ein monströser Briefbeschwerer."

„Ah …"

„Ich kaufte mir ein Eau de Cologne, weil man in Köln nicht umhinkann, ein Eau de Cologne zu kaufen, an jeder Ecke halten sie es dir unter die Nase, und fuhr geschwind nach Paris. In einem unerträglich pfeifenden und stampfenden Zug."

„Ich fahre nie Zug."

Unwillkürlich musste Dostojewskij lachen. Auf einmal schien es ihm, als säße ihm hier, über der Hälfte des neunzehnten, ein Mann aus dem achtzehnten Jahrhundert gegenüber.

„Aber Paris ist nun eine moderne Metropole", sagte dieser, wie um genau diesen Eindruck wieder wettzumachen. „Das Lebenstempo ist so ungeheuer gestiegen. Obwohl ich Hektik nicht ausstehen kann, ist mir der *élan vital* von Paris angenehm."

„Ich habe es nicht so empfunden. Für mich ist Paris die ordentlichste, vernünftigste Stadt der Welt. Alles ist vorliniert und vorausberechnet. Alle sind zufrieden und glücklich, oder zumindest haben sich alle mit Fleiß und Mühe zu der Überzeugung gebracht, sie seien zufrieden und glücklich, und … und auf diesem Punkt sind sie stehen geblieben. Paris ist für mich …" – kurz sah er in die Lagune und wieder zurück – „… Windstille und Ordnung. Noch ein Weilchen und das riesige Paris wird sich in irgend so ein versteinertes deutsches Professorenstädtchen verwandeln, von der Art zum Beispiel irgendeines Heidelbergs. Paris engt sich ein. Paris kauert sich zusammen. Kauert sich gerührt von sich selbst zusammen."

Rossini wirkte beeindruckt von diesem Ausbruch einer leidenschaftlichen Überzeugung, wie er sie bei dem zurückhaltenden Russen bisher noch kaum erlebt hatte. Doch dieser schien erst am Anfang zu sein. Monatelang hatten sich die Eindrücke seiner Reise in ihm aufgestaut. Nie hatte er darüber gesprochen, wenig darüber geschrieben. Nun aber waren, gegenüber diesem aufgeschlossensten aller Menschen, die er zumindest in Europa getroffen hatte, die Schleusen geöffnet, und er redete sich zusehends in Rage.

„Ich habe zu Turgenjew gesagt: ‚Kaufen Sie sich in Paris ein Teleskop und richten Sie es auf Russland, damit Sie sehen können, was dort geschieht, sonst verstehen Sie es nicht.'"

Vielleicht zum ersten Mal war es ihm gelungen, endlich auch den Meister der Verblüffung staunen zu machen. „Was hat er geantwortet?", fragte er.

„Er sei Realist. Da habe ich gesagt: ‚Das scheint Ihnen nur so. Die Deutschen verstellen sich oft und gaukeln eine falsche Realität vor.' – Damit, sagte er, hätte ich ihn persönlich beleidigt, denn er sei Deutscher geworden und kein Russe mehr."

„Ich verstehe. Die Deutschen sind oft rüde in ihrem Urteil. Mendelssohn hat mich ‚eine Mischung von Schelmerei, Fadaise und Überdruss' genannt, den ‚Großen Meister Windbeutel'. Ich fürchte, seine vielen Reisen nach London haben ihm die Laune verregnet."

„In London ist es dasselbe." Dostojewskij hatte kein Verlangen, jetzt auf das Thema Rossini oder eine Ablenkung zum Heiteren hin einzugehen. „Dasselbe verzweifelte Bestreben, auf dem Status quo stehen zu bleiben. Aber äußerlich ist London natürlich anders. Und um nichts besser. Eine Tag und Nacht hastende Stadt, ein unaufhörliches Gepfeife und Geheule von Maschinen, über den Häusern hinjagende Eisenbahnen … ab nächstem Jahr sollen sie auch *unter* den Häusern fahren, können Sie sich das vorstellen? Doch auch diese Dreistigkeit des Unternehmergeistes, die vergiftete Themse … die mit Kohlenstaub durchsetzte Luft … die großartigen Squares und Parks … die unheimlichen Stadtwinkel wie Whitechapel mit einer halb nackten, wilden und hungrigen Bevölkerung … die

City mit ihren Millionen und dem Welthandel … diese ganze scheinbare Unordnung ist im Grunde nichts als die bürgerliche Ordnung in ihrer höchsten Entwicklung. Man spürt die furchtbare Kraft, die alle diese unzähligen Menschen aus der ganzen Welt zusammengetrieben hat. Man erkennt einen Riesengedanken. Man fühlt, dass hier schon etwas erreicht ist: ein Sieg, ein Triumph?"

„Worüber?"

„Angst überkommt einen. Sollte am Ende dies das erreichte Ideal sein, denkt man sich. Das Ergebnis von Jahrtausenden des Kampfes, des Ringens um die beste Form des Zusammenlebens, der Gedanken von Philosophen und Gelehrten, der Träume der Dichter, ist hier vielleicht schon das Ende? Als ich die Menschen gesehen habe, die sich in diesem riesenhaften Kristallpalast umherdrängten, hatte ich ein ganz klares Bild … etwas Biblisches, etwas von Babylon, eine Prophezeiung aus der Apokalypse, die sich leibhaftig verwirklicht hat. Und ich fühlte, dass es viel geistiger Gegenwehr brauchen wird, um diesem Eindruck nicht zu erliegen, standzuhalten, nicht mitzumachen, sich nicht selbst alle Wünsche und Hoffnungen mit dem Fleisch aus sich herauszureißen. An die eigene Zukunft zu glauben, statt dieses Verwirklichte, Bestehende als Ideal hinzunehmen. Baal nicht für Gott zu halten."

„Wen?"

„Baal. Den Drachen von Babylon. Für den der König von Daniel Verehrung forderte: ‚Siehe', sagte er, ‚er lebt ja, denn er isst und trinkt, und du kannst nicht sagen, dass er nicht ein lebendiger Gott sei. Darum bete ihn an.' Baal ist der wahre Herrscher von Babylon, sein falscher Gott. In London habe ich ihn gesehen. Ich war nur acht Tage dort, aber immer, wenn die Nacht vergeht und der Tag beginnt, erhebt sich dieser stolze und finstere Geist von Neuem über der Riesenstadt. Baal herrscht und verlangt nicht einmal mehr Unterwerfung, denn er ist sich ihrer auch so schon sicher. Sein Glaube an sich selbst ist grenzenlos."

„Aber gerade in London wird viel *charity* betrieben."

„Natürlich. Baal gibt organisierte Almosen. Voll Verachtung. Und danach ist sein Selbstgefühl nicht mehr zu erschüttern. Die *charity* ändert nichts am falschen System. Arme werden ja nicht einmal in die Kirche gelassen, weil sie ihren Platz auf der Bank nicht bezahlen können. Die Ehen unter den Arbeitern sind oft illegitim, denn Heirat kostet Geld. Viele Männer trinken, schlagen ihre Frauen, die Familien verwahrlosen, die Kinder enden auf der Straße. Die anglikanischen Pfarrer und Bischöfe sind stolz und wohlhabend, leben in reichen Pfarreien und mästen sich in vollkommenster Gewissensruhe. Sie glauben allen Ernstes an ihre stumpfsinnige Würde, an ihr Privileg, ihre selbstgerechte Moral zu predigen, fett zu werden und nur für die Reichen da zu sein. Das ist die Religion der Reichen, und zwar schon ohne jede Maske. Und über allem steht Baal und schleudert seinen Blitzspeer."

Blitze umtanzten den im Zuhören versunkenen Rossini, den im wütenden Vortrag geradezu exaltiert gewordenen Dostojewskij. Mit heißem Atem saß er aufgerichtet da, die Augen starr, die Hände, die seine Rede mit eckigen, fahrigen Gesten begleitet hatten, in Fäusten auf dem

Tisch. Hatte er seine Londoner Erzählung langsam und fast flüsternd begonnen, war er immer schneller und lauter geworden, beinahe überdreht bei aller Präzision der Gedanken. Ein zorniger Philosoph, ein flammender Prediger zwischen Erregung und Trance.

Mit einer raschen Bewegung rückte Rossini seinen Stuhl einen halben Meter vom Tisch ab und stellte ihn schräg, sodass er nun halb zur Lagune gewandt saß und sein Gesicht außerhalb des Kerzenscheins im Dunkeln lag. Und er wartete, bis sein darüber schwerer gewordener Atem sich beruhigte. Offenbar war er vom Gehörten sehr eingenommen, sehr bewegt. Aber etwas darüber hinaus schien ihn zu beschäftigen und zu drängen, es auszusprechen.

„Ich war ein halbes Jahr in London. Es begann mit der Einladung, im King's Theatre einige Aufführungen zu dirigieren. Alles ging gut. Der Rossini-Rausch begann sich auch in England auszubreiten. Aber ich erlitt eine *crise nerveuse* und lag wochenlang danieder. Auf einmal, ohne ersichtlichen Grund. Ein italienischer Arzt hat es später, als die Krankheit wieder und wieder kam, einen *tragitto della mania* genannt … ich weiß nicht, wie ich das übersetzen soll. Einen Weg … eine Strecke … des Wahns, der Manie … ich lag wie gelähmt, obwohl ich körperlich bis auf die alten Gebrechen gesund war. Mein Geist hatte sich verdunkelt. Mein Gemüt lag schwerer auf mir als mein schwerer Leib auf der Bettstatt. Niemand konnte mir helfen. Schließlich erholte ich mich, der *King* empfing mich in Brighton, eine *banda* spielte meine Musik, der *King* sagte: *„Buona sera."* Aber etwas war anders geworden. Meine Frau meinte, ich wäre ‚in meinem Herzen verändert'. Aber auch sie konnte mir nicht helfen. Sie war selbst krank. Zum wiederholten Mal hatte sie ihre Stimme verloren. Wissen Sie …", hier machte er eine lange Pause und ließ sich über das dunkle Wasser schauend lange Zeit, die richtigen Worte zu finden, „… ich hatte mir von der Ehe glückliche Ruhe erwartet, eine Art Hafen. Aber Isabella war eine Frau mit eigenen Problemen."

Auch Dostojewskij saß nun zurückgelehnt im Dunkeln. Wie leicht hätte er auf die Ähnlichkeit zu seiner eigenen Situation hinweisen können. Er ließ es dabei, sie für sich festzustellen. Zwischen den zwei bewegungslosen Schatten kämpften Motten an der Kerze zuckend mit dem Tod, eine nach der anderen versengte sich die Flügel, starb, fiel hinab.

„Noch setzte ich mein gesellschaftliches Leben fort. Und sang ‚*God save the King*'. Aber alles war getrübt, der große Elan begann zu versiegen. Noch merkten es die Leute nicht. Nach London kam Paris. Und wieder war alles im Fieber über meiner Musik. Haben Sie schon einmal ein Galadiner mit einhundertfünfzig Gästen ausgerichtet bekommen? Ich wünsche es Ihnen nicht. Vor allem, wenn Sie die anderen in unerreichbarer Ferne wahrnehmen, wie durch ein umgedrehtes Fernrohr. Meiner schwerkranken Mutter schrieb ich nur Ratschläge nach Bologna. Ich besuchte sie nicht. Ich hatte mit meiner Karriere an der Opéra zu tun. Sie starb. Mein Vater blieb allein. Ich ging nach Mailand. Die Stadt war völlig verändert. Nichts war mehr da von der alten Lebenslust. Österreich hatte die Lombardei fest im Griff. Mailand war eine Stadt unter Druck, es herrschte eine Atmosphäre des gegenseitigen Übelwollens, des Klatschs, der Bosheit. Mein ‚Barbiere' triumphierte in Madrid. Der Geistliche gab mir, wie gesagt, den Auftrag zum Stabat Mater. Nach Madrid überfiel mich die *mania* stärker als je zuvor. Ich gab alles auf, sagte alle Opernaufträge ab und zog mich von der Bühne zurück. Ich wäre nicht mehr in der Lage gewesen, auch nur eine Probe zu besuchen. Was früher leicht gewesen war, wurde unerträglich schwer. Ich verfiel, wie der Belcanto mehr und mehr verfiel zu jener Zeit. Als ich vierzig war, wusste ich, dass mein Leben … diese Art von Leben … hinter mir lag. Was wollen Sie?" Zwei Arme waren im Dunkel auszunehmen, die in die Höhe gingen, dort verharrten und wieder nach unten fielen. „Ich habe keine Kinder. Wenn ich welche gehabt hätte, ich hätte ohne Zweifel weitergearbeitet. Ich ging wieder nach Paris."

„Und Ihre Frau?"

„Ließ ich in Mailand zurück. Sie war spielsüchtig geworden."

Dostojewskij erschrak. Erst jetzt fiel ihm ein, dass er sich noch nicht für das Geld bedankt hatte, nicht für das Buch. Doch wie konnte er das tun, ohne zu gestehen, dass beides weg war? Musste er überhaupt davon reden? Er hätte sich bedanken und den Rest verschweigen können. Aber hieß zu schweigen nicht gleichzeitig zu lügen? Die Höflichkeit zog in diesem Fall die Wahrheit nach sich, wie die Unhöflichkeit die Lüge. Er entschied sich für Ersteres.

„Sie waren heute so großzügig", begann er und war froh, dass die Dunkelheit ihm dabei half, „mir zusammen mit dem Buch eine beträchtliche Summe zukommen zu lassen."

Die schwarze Rossinikopfsilhouette nickte, eine Hand wehrte schon im Voraus jegliche Dankbezeugung ab.

„Ich muss Ihnen leider gestehen, dass beides nicht mehr in meinem Besitz ist … Buch wie Geld."

„Ach ja?"

„Ich habe es auf sehr leichtfertige Art verloren." Er hätte auch sagen können: Es wurde mir gestohlen. Aber das „verloren" bezog auf heimliche Weise das Verspielen mit ein, und in seiner Vorstellung waren die zwei Varianten des Verlustes, Diebstahl und Spieltisch, längst zu einer Verfehlung verschmolzen, zu einer Schuld, die alleine bei ihm lag.

Rossini fragte nicht nach. „Bedrucktes Papier", sagte er und schaute nach oben. Das Gewölk der letzten Stunden hatte sich verzogen, nur mehr vereinzelt leuchtete ein schwacher Blitz weit draußen in der Lagune auf. Über ihnen stand der Mond, voll und strahlend weiß.

„Aber ich habe das Buch gelesen."

„Ja?"

„Zum Großteil."

Rossini antwortete nicht. Er behielt den Blick im Himmel. Dostojewskij wartete. Ein wenig hatte er sich mit der Bemerkung entlasten wollen, ein wenig auch testen, ob der Komponist darauf überhaupt noch einging. Immerhin hatte er ihre Begegnung heute Abend abgesagt. Und das Thema in diesem Gespräch nicht berührt.

„Als ich die schmutzigen Treppen von Beethovens Behausung hinabstieg, habe ich geweint", sagte er nun scheinbar zusammenhanglos und als lese er es aus den wenigen Sternen. Die Wiener erklärten mir, er wäre ein griesgrämiger Menschenfeind und wolle es nicht anders. Wie kann man derart über einen Mann reden, der eine solche Musik schreibt. ‚Versuchen Sie nicht, etwas anderes als eine Opera buffa zu komponieren‘, hat er zu mir gesagt. ‚Da kann niemand euch Italienern gleichkommen, die Lebhaftigkeit eures Temperaments bestimmt euch dazu‘, und zum Abschied rief er mir nach: ‚Schreiben Sie noch viele ‚Barbiere‘!‘ Vielleicht kann ich mit meiner letzten Oper diesem Wunsch nachkommen und den großen Meister im Elysium erfreuen. Freude, schöner Götterfunken."

Mit diesen letzten drei auf Deutsch gesprochenen Worten schaute er über den Tisch, auf dem das Windlicht erloschen war, und öffnete seine Handflächen, wie ein Priester, der seine Gemeinde segnet oder wie um zu zeigen, dass diesem Zitat nichts hinzuzufügen wäre. „Haben Sie an dem Sujet Gefallen gefunden?"

Etwas von der heraufbeschworenen Freude durchfuhr Dostojewskij, als er schneller als vom Gefragten und auch von sich selbst erwartet mit „Ja" antwortete. Das helle Mondlicht beschien beider Gesichter, und nach Längerem sahen sie einander wieder in die Augen, freundlich und neugierig der eine, ernst und staunend der andere. Da öffnete Rossini die Lippen und ließ sein Gurren einer Nachteule los, dem das Knarren einer Gondel am Ufer vor ihnen folgte. Auch der geduldige Kellner schien mit dem

Zeichen zum Aufbruch vertraut und kam, um den Tisch zu leeren. Leise Beethovens „Ode an die Freude" summend, zog der Vogelimitator, ohne hinzusehen, Scheine aus der Tasche und gab sie dem schläfrig wirkenden Mann in die Hand.

„Nehmen Sie bitte wieder mein Boot." Sie standen am Kai. Der erwachte Ruderer erkannte seinen Fahrgast der letzten Nacht und bereitete das Ablegen vor.

„Ich habe für morgen einen kleinen Ausflug organisiert. Bitte kommen Sie mit. Dann machen wir ‚Nägel mit Köpfen'." Scherzhaft sagte er das auf Deutsch, und da Dostojewskij das Wort „Nagel" und schon gar nicht dessen Plural kannte, verstand er nur, dass Rossini irgendetwas mit ihren oder auch anderen Köpfen zu machen vorhatte.

„Gerne."

„Gut! Wir holen Sie um zehn da ab, wo Sie heute aussteigen. An den Zattere."

„Wohin fahren wir dann?", fragte Dostojewskij, als der neuerliche Meister der Überraschungen schon davonging.

„In die Lagune", rief er über die Schulter zurück. „Dann können wir endlich auch das Meer sehen." Und lachend winkte und zwinkerte er dem abermals Verdutzten zu, der sich allen Ernstes fragte, ob dieser Mann in seinen Gedanken lesen konnte.

Zum zweiten Mal wurde er nun in der Gondel des berühmten Komponisten gefahren, diesmal am Markusplatz an der Mündung des Canal Grande vorbei. Beim Anlegen erkannte er schon das Oleanderbäumespalier und fühlte sich, als er in dessen Duft dahinging, nach Hause gekommen. In seinem Zimmer öffnete er als Erstes die Fensterflügel weit. Dann zog er sich nackt aus. Die Anzugbürste fiel ihm auf den Fuß und rollte von dort unter das Bett. Weil er sich nicht bücken wollte, hängte er alles ungebürstet in den Schrank. Er setzte sich und wollte beten, doch dann dachte er, dass er sich vorher besser ankleiden sollte. Aber warum eigentlich, überlegte er im nächsten Moment. Er wusch sich und legte sich nackt auf das ordentlich gemachte Bett. Nun hatte er zu beten vergessen. Er würde heute im Liegen beten, nahm er sich vor, und dann das Hemd anziehen, doch nun kam ihm die „Ode an die Freude" dazwischen, die er seit Rossinis Summen im Ohr hatte, und er versuchte, sich an den Text des Chors zu erinnern, der mit „Seid umschlungen, Millionen, diesen Kuss der ganzen Welt" begann und dessen letzte zwei Zeilen ihm nicht einfallen wollten. Aber weil er vom Bett aus den Nachthimmel sah, kam auch die Erinnerung: „Brüder! Überm Sternenzelt muss ein lieber Vater wohnen." Und als so sein fehlgeleiteter Gebetswunsch auf Umwegen über Schiller und Beethoven doch seinen Adressaten erreicht hatte, schlief er einigermaßen ruhigen Gewissens, von den Eindrücken des Tages überwältigt und noch bevor ihm die Augen zufielen, mit einem tiefen Atemzug ein.

IV

1

Frieden fand er im Schlaf nicht. Wieder und wieder musste er Dutzende Gassen durch- und Brücken überqueren, wirr drehten sie sich um ihn mit der gehässigen, überheblichen Langsamkeit des Rouletterades in einem Traum, der die ganze Nacht zu dauern schien und in der Gondel mit der Jüdin mündete. Nur dass diesmal der Fährmann ein totenkopfähnliches Aussehen hatte und die junge Frau sehr beunruhigt schien. Beim Aussteigen legte der Träumende dem Gondoliere als Bezahlung das Buch auf die Bank. Die Jüdin lief durch die Gassen des Ghettos, Dostojewskij hinter ihr her. Wieder verschwand sie im Haustor, und er sah ihre Füße die Treppen hochsteigen. Die zwei Arbeiter in der leeren Wohnung ermunterten ihn, mit derben Gesten und Grimassen feixend, weiterzugehen, die dicke Frau machte im Entgegenkommen ordinäre Bewegungen mit Zunge und Mund. Wieder sah er die Türe im fünften Stock zugehen. Diesmal war sie nur angelehnt, was er als klare Erlaubnis auffasste, einzutreten. Im Gegensatz zum Erlebten war die Verfolgte allein in einem Raum, der nun wirklich ein finsterer, staubiger Dachboden war, mit Holzbalken, Schrägen und einem halb offenen Fenster und schwüler, stickiger Luft. Es gab nur ein Bett und am Boden eine brennende Kerze. Die Jüdin stand in einer Ecke und trug, als er die Türe hinter sich geschlossen hatte, nichts als ein langes Hemd und schaute ihn aus großen, furchtsamen Augen an, ein in die Enge getriebenes Wild, das am ganzen Leib zitterte. Er stand da und dachte im Traum: Schau, wie ruhig ich atme. Sie zitterte weiter und behielt ihren Blick in seinem, als sie das Hemd hob und über den Kopf zog und fallen ließ. Sie war vollkommen nackt, aber nun war sie keine Frau mehr und nicht einmal ein erwachsenes Mädchen, sondern ein Kind, ein Kind von zehn, elf Jahren, unschuldig, unentwickelt, rein. Dostojewskij erschrak bis in die Knochen. Und noch immer sah sie ihn an mit einem Blick, der sagte: Ich weiß, was du mir antun wirst, ich werde mich nicht wehren, ich kann es nicht. Nun zitterte er, während sie ruhig geworden war, schicksalsergeben und vorwurfslos. Da ging er einen Schritt auf sie zu und fiel auf die Knie, nicht, weil ihm die Beine nachgaben, sondern weil er sie um Verzeihung bitten wollte, um Verzeihung betteln, weil er der Sünder war und sie die Heilige und nur sie ihn aus der Schuld retten konnte, in die er sie beide gestoßen hatte. Nachdem er eine Entschuldigung gestammelt hatte, ähnlich wie in der Wirklichkeit am Nachmittag, raffte er sich auf und lief davon, über die Treppen, fast flog er das Stiegenhaus hinunter, wie man nur im Traum fliegen kann, und aus dem Haus, doch schon in der ersten Gasse kam er nicht weiter, weil sie voll Menschen war. Sie führte zu einem Kanal, der an der Seite des Hauses hinlief, und auch diese Ufer waren voll Menschen in großer Erregung, und die Fenster der Häuser und sogar die Dächer, wie auf dem Gemälde, das er in der Accademia gesehen hatte, nur dass die Augen der Masse nicht auf einen im Wasser schwimmenden Priester gerichtet waren, der ein Kreuz in die Höhe hielt, sondern auf ein nacktes Kind, das mit dem Gesicht nach oben trieb und tot war. Es war das Mädchen, das, nachdem er das Zimmer verlassen hatte, aus dem Fenster gesprungen war. Und alle, als sie seiner gewahr wurden, wie er ans Kanalufer trat und betroffen auf den toten Körper schaute, zeigten auf ihn und riefen seinen Namen und forderten seine Bestrafung, und schon griffen die ersten Hände nach ihm, als er sich mühsam mit Händen und Füßen aus dem Traum befreite. Wirklich war es ein physischer Kampf, den er nackt auf dem Bett liegend schon die längste Zeit ausführte, weil er auf sich, auf seiner Brust vor allem, etwas Schweres liegen und springen fühlte, das ihn niederdrückend quälte, ihn schlug, wogegen er sich wehrte, während er gleichzeitig vergeblich versuchte, die Decke, auf der er lag, über seinen Körper zu bringen, der so den auf ihm tanzenden, mit ihm ihr grausames Spiel treibenden Mächten schutzlos ausgeliefert war.

Erst in den Morgenstunden fand er Ruhe, ließen die bösen Kräfte von ihm ab. Von der Straße hörte er etwas in Scherben gehen und eine Katze miauen. Er wischte sich den Schweiß vom Körper, der an Armen und Füßen von juckenden Insektenstichen übersät war, deckte sich zu und versank in Schlaf. Doch nicht lange, und die zwei Kinder über ihm fingen zu schreien an. Er wickelte seinen Kopf in die Decke und legte ein Kissen darauf, da bekam er keine Luft und ließ das Kissen, wo es hingehörte. Lange wälzte er sich so zwischen Einschlummern und Aufschrecken, bis es ihm zu dumm war und er sich aufsetzte. Diese Schreihälse, dachte er. Sie weinten ja nicht einfach, sondern brüllten zum eigenen Vergnügen statt aus Not. Als sie immer noch lauter wurden, konnte er nicht mehr an sich halten und schrie zurück. Er imitierte ihre Stimmen, die hellere und die etwas dunklere, die stoßhaft klagendere und die ruhigere, aber penetrant monotonere, so laut, dass sie es hören mussten, und verzerrte, den nackten Oberkörper im Sitzen aus dem Fenster reckend, das Gesicht dazu in bizarre Grimassen, machte die Kiefer breit, streckte die Zunge innen gegen das Kinn, im Moment, als er seine Schreie unterstützend wild mit den Fäusten neben seinem Kopf auf und ab zappelte, sah er nach rechts und schaute in die völlig fassungslosen Gesichter der zwei Russinnen am Fenster. Er verharrte erschrocken, kurz verharrten alle drei, dann schlugen die Frauen resolut die Flügel zu, jetzt hatten sie genug von ihm.

Als er sich zurückbeugte und eine Hälfte seines Fensters schloss, hörte er die Türe hinter sich. Sie stand offen. Einen Spalt breit. Er musste sie nicht nur nicht abgesperrt, sondern auch unordentlich zugemacht haben, und ein Luftzug zwischen seinem und dem am Korridor stets geöffneten Fenster bewegte sie hin und her. Schnell ging er sie schließen. War jemand im Zimmer gewesen? An der Kommode stieß er sich die Hand und schimpfte laut, fand aber den Socken mit dem Spielgewinn aus Deutschland.

Der Koffer, die Papiere am Schreibtisch, alles war da. Neun Uhr, in einer Stunde holte ihn Rossini zur Bootsfahrt ab. Bei diesem Gedanken schüttelte er den Kopf und lachte auf. Er wollte Gymnastik machen, hatte aber schreckliche Gliederschmerzen am ganzen Körper und ließ es bleiben. Außerdem fesselte ihn die Phantasie über den kommenden Ausflug. Wie er den Meister inzwischen kannte, würden sie nicht allein sein. Dass er „einen kleinen Ausflug organisiert" habe, hieß ja, dass er ihn auf jeden Fall gemacht hätte, auch ohne den seltsamen Russen, der auf geheimnisvolle Weise sein Buch und Geld in Venedig ausgestreut hatte, am Vorabend oder in der Nacht vorher zu treffen. Wie spät war es gewesen? Wie viele Stunden Schlaf hatten ihm erst die Dämonen, dann die Kinder gelassen? Er hatte Hunger, was er selten in der Früh verspürte, und schämte sich ein wenig über die Hoffnung, dass Rossini seine Diät heute aufgeben würde. In seine Gondel passten leicht fünf, sechs Leute, gestern hatte er eine mit acht Asiaten gesehen, die war aber ohne Verdeck gewesen. Dass Victoria dabei sein könnte, wagte er nicht in ernsthaften Betracht zu ziehen. Seine Handschuhe lagen vielleicht im Laden des *barbiere*, der heute zu war. Immerhin hatte er einen frischen Haarschnitt, der ihn jünger machte. Seine Gesichtsfarbe, fand er im Spiegel, war weniger bleich als sonst, was an der vielen Sonne liegen musste, die man hier unwillkürlich abbekam. Vorsichtig zeigte er sich die Zunge. Sie war beschlagen, aber weniger als gestern nach dem Tee.

Er wusch sich mit viel Wasser und sang eine alte russische Romanze, in der von im Mondlicht glänzendem

Schnee die Rede war und die auf ihm dahinfahrende Troika durch ein wiederholtes „Ding, ding, ding" ihres Glöckchens hörbar gemacht wurde, das, wie es am Schluss hieß, „von Liebe spricht". „Ding, ding, ding", sang Dostojewskij und zog sich die frische Wäsche an, „Ding, ding, ding" sang er, als ihm einfiel, dass ihm die Kleiderbürste unter das Bett gerollt war, und er sang es selbst noch, als er flach am Boden lag, um den Gegenstand, der grotesk weit weg zu liegen gekommen war, mit ausgestrecktem Arm zu erreichen. Er sollte sich einen neuen Anzug machen lassen, dachte er beim Bürsten, aber die Stoffe in den Auslagen hier und noch mehr die Geschäfte hatte er bisher schrecklich gefunden. Er beeilte sich, um vor der Abfahrt noch Tee zu trinken.

Obwohl der Hotelgarten hübsche Bäume und Tische im Halbschatten hatte, saßen die Gäste – allesamt Paare – im Inneren, kauten lustlos an den vor ihnen aufgetürmten Bergen von Eiern, Würsten und Speck und maßen den Fremden misstrauisch mit müden und im Kauen kuhäugigen Blicken. Dieser setzte sich abseits in einen Fauteuil und bestellte Tee. Die italienische Zeitung berichtete in der gleichen Kurzbündigkeit, dass Abraham Lincoln die Abschaffung der Sklaverei in den Südstaaten vorbereitete und in Bozen ein Turnverein gegründet worden war. Der Tee war so dünn, dass man ihn nicht trinken konnte. Dostojewskij stellte sich an die Bar und bat den Kellner, der Teller säuberte, um ein Stück Schwarzbrot. Die Frage, ob er Kaffee wolle, verneinte er und sagte stattdessen schlicht: „Wodka."

„Wodka?", kam es von dem Mann zurück, und ohne sich abfällige Gedanken über Reisende im Allgemeinen und Russen im Besonderen anmerken zu lassen, schenkte er ein kleines Glas ein. Dostojewskij biss ein Stück Brot ab, zerkaute es und trank einen Schluck. Er versuchte nicht, zu verbergen, dass es ein Socken war, aus dem er das Geld holte, und legte einen Schein, sicher zu viel, neben das Glas. Trank es aus, steckte sich noch einen Bissen Brot in den Mund, den Rest nahm er ins Freie und verstreute ihn unter den Tauben. Bestens gelaunt nahm er den Weg zum Kai.

Das Leben auf der Straße war, weil Montagmorgen, geschäftiger als am Vortag. Und doch, dachte der mit übermütig am Rücken verschränkten Händen Dahinschreitende, was war es, das jeden Gang hier, auch den banalsten, zu etwas Festlichem machte? Die Abwesenheit von Verkehrslärm und -staub aller anderen Städte der Welt? Setzte sich das Fließende der Kanäle und das Treibende der Fortbewegung auf ihnen in den Körpern und Herzen der Venedig Bevölkernden, Venedig Besuchenden fort, fühlte man die Stadt auf Pfählen ruhen und dadurch sich selbst wie auf einem mit spitzen Fingern getragenen goldenen Tablett laufen? Übertrug sich die Schönheit, die hinter jeder Ecke neu aufging, auf den Betrachter und veredelte auch ihn, jedenfalls seine Stimmung und sein Hochgefühl?

Es war kurz vor zehn auf der Fondamenta delle Zattere und Rossinis Gondel nicht in Sicht. Aber in Venedig, das hatte Dostojewskij, der von Natur ungeduldig war, schon gelernt, war selbst das Warten ein Geschenk, denn so viele sinnliche Eindrücke – eine in der Sonne aufleuchtende Kirchenfassade, die Boote auf dem breiten Kanal, das melodische Rufen von Händlern, das alltägliche Parlieren der Italiener, das jeden Platz, jedes Uferfundament wie das, auf dem er stand, zu einem Markt machte – taten alles, um die Zeit kostbar zu machen und den sie Genießenden dankbar. Ein großer Hund zog einen Wagen mit Milchkannen, ohne Herrn, er schien seinen Weg zu kennen. Hier könnte man den ganzen Tag stehen, ohne Langeweile zu empfinden, dachte Dostojewskij in dem Augenblick, als von ferne Musik erklang. Höfische, tänzerische Musik nicht von diesem Jahrhundert, gestrichen, gezupft, wahrscheinlich eine Probe für ein Konzert, dachte er und schaute sich um, aus welchem der das Ufer säumenden Palazzi diese angenehmen Klänge kommen mochten. Das Seltsame war nur: Sie kamen näher, wurden lauter, nun sogar von einem Sänger unterstützt – eine Sinnestäuschung? Vielleicht war das Wodkafrühstück, das er in Sibirien kennengelernt hatte und sehr selten einnahm, zu viel gewesen für sein ohnehin schon aufgekratztes Gemüt? Aber nun war es auf einmal untrüglich klar, dass die Musik aus keinem Haus, aus keiner Gasse kam, sondern – vom Wasser. Und da sah er auch: Ein Boot bewegte sich auf ihn zu, groß, mit einem mächtigen Aufbau in der Mitte, der eine Art Balkon bildete – und auf ihm saßen und spielten so viele Musiker mit Geigen, Gamben und Gitarre, wie gerade Platz hatten. Denn ein Cembalo stand auch, mit Seilen festgezurrt, auf der schwimmenden Konzertbühne, sein Spieler saß gefährlich nah am Abgrund, und seine Rockschöße wehten zu seinen im Spiel sich wiegenden Bewegungen. Alle waren in barocker Kleidung. Die zwei Ruderer, einer hinten, einer vorn auf der anderen Seite, trugen weiße Hosen und Jacken, hohe Hüte und schwarze Gesichtsmasken aus der italienischen Komödie, auch die teils mit Tauen zum baldigen Anlegen beschäftigte, teils das Spiel der Instrumente mit leichten Schlagwerken begleitende, tänzelnde Besatzung war theatralisch gewandet und trug Masken, deren meiste Augen, Stirn und Nase bedeckten und den Mund freiließen.

Einzig der Mann am Bug des Schiffes – es Boot zu nennen, schien, je näher es kam, zu wenig –, einen Fuß hochgestellt, eine Hand in der Hüfte, die andere in den Rock geschoben und ans Herz gelegt, war in seinem gewöhnlichen schwarzen Anzug der Gegenwart, wenn auch mit herausgestreckter Brust und stolz erhobenem Kopf der sichtliche Anführer, der Inszenator des burlesken Schauspiels, das da wie ein bewegtes Bild aus einem alten Gemälde langsam aufs Ufer zugefahren kam. Es war natürlich Rossini, der, mit der einen Hand Napoleon spielend, mit der anderen munter winkend, den an Land stehenden, einmal mehr fassungslosen Schriftsteller – seinen neuen Librettisten, wenn es nach ihm ging – begrüßte.

In den wenigen Minuten seit Auftauchen des Gefährts hatte sich eine Menge Schaulustiger versammelt, die nun, als es anlegte und auch die Musik zu einem Halt kam, applaudierte und „*Bravi!*" rief. Groß war das Erstaunen, als einer von ihnen, der einzige Nicht-Venezianer, von einem jungen Mädchen in kurzen, blauen Seidenhosen, engem

Mieder und weißer Spitzenbluse, das an Land sprang, mit einem vollendeten Knicks und einer theatralischen Geste an Bord geladen wurde. Durch die goldfarbene Halbmaske erkannte Dostojewskij die veilchenblauen Augen Victorias, wie er zuvor bereits ihre schlanke Figur und ihre selbstbewusste tänzerische Haltung erkannt hatte. Die Perlen, mit denen die Maske bestückt war, funkelten im Licht wie die zwei großen, goldenen Ohrringe. Bemüht, auf ihr höfisches Spiel einzugehen, verbeugte sich der Eingeladene so galant er konnte und nahm ihre Hand, die sie ihm zum Einsteigen reichte.

Rossini hatte wieder Haare und war auch sonst in seiner alten Form, lachte über das ganze Gesicht und bewillkommnete den Neuling am Schiff mit einem lauten *„Benvenuto, Dostojewskij!"*, das von der gesamten Besatzung einschließlich Musiker wiederholt wurde wie einstudiert. Lachen und Applaus folgten, und der auf diese Art Geehrte dankte mit einem Heben der Hand und einem lachähnlichen Spannen der Gesichtsmuskeln, das ein bisschen wehtat, weil sie darin nicht geübt waren. Auf ein Zeichen des *capitano* wurden die Taue gelöst und lenkten die Ruderer die stattliche Barke, die gut zwanzig Meter in der Länge maß, in die Mitte des Kanals und in Richtung des Beckens von San Marco. Kaum abgelegt, nahmen die Musiker ihr Spiel wieder auf, während die Maskierten und die kleine Volksmenge am Ufer winkend Abschied nahmen. Dostojewskij stellte, da er merkte, dass man so besseren Stand hatte, wie der neben ihm stehende Rossini einen Fuß auf die das Schiff umlaufende Erhöhung.

„Das ist ein Burchiello", bekam er von diesem erklärt, „die Aristokraten sind damit in den Sommermonaten zu ihren Villen am Brentakanal gefahren. Goldoni gibt eine prächtige Beschreibung in seinen *Mémoires*, und Casanova …"

„Ich weiß. Er wurde als Kind darin nach Padua gebracht und hat mit seiner Mutter im Inneren übernachtet. Als er aufwachte, war das Schiff in Bewegung, und da er vom Bett aus nicht das Ufer, wohl aber die Wipfel der Bäume sah, rief er: ‚Mutter, die Bäume laufen ja!'"

„Genau! – Es gibt Gerüchte, vielleicht auch eine Verleumdung – *una calunnia* – ", schmunzelte der Mann, der dieser gesellschaftlichen Untugend in einer weltberühmten Arie ein Denkmal gesetzt hatte, „über den Vater Casanovas. Man sagt, es könnte Goldoni gewesen sein. Nun, die Mutter war Schauspielerin", ergänzte er mit einer vielsagenden Geste zu den Maskierten, offenbar die Leute des hiesigen Theaters, die am ersten Abend seine Tischgesellschafter gewesen waren. *„La calunnia è un venticello"*, sang er leise an, „ein Lüftchen, das zum Sturm werden kann." Damit hob er den Kopf. „Ich weiß nicht, ob wir heute trocken zurückkommen."

Auch der ungleich Ortsunkundigere neben ihm schaute nach oben. Der Himmel war blau wie je. Nur ganz hinten über Land, wo man die ersten Gebirgsreihen sah, türmten sich Wolken, weiße, graue, mit Schattierungen von Schwarz. Doch sie waren weit weg, das Wasser vor ihnen glitzerte, ein weiterer heißer Sommertag hatte gerade erst begonnen. Dostojewskij ertappte sich, wie er sich darüber freute. Die festliche Musik in seinem Rücken, den Maestro neben, Victoria hinter sich, zu der er sich nur umschauen musste, um von ihr das freundlichste Lächeln zu bekommen, wie sie da auf einem Hocker saß und ein Tamburin zwischen ihren Schenkeln schlug, das alles gab ihm ein selten empfundenes Hochgefühl und eine noch seltener verspürte Ahnung von Freiheit. Eben fuhren sie am kleinen Platz vor San Marco vorbei, am Ufer, wo er nach der Polizeikontrolle gestanden und in die Lagune geschaut hatte.

„Wohin fahren wir?"

„Nach Kythera, zur Insel der Liebe."

Zu einer sachlicheren Auskunft war er nicht aufgelegt. *„Hélas, hélas",* sangen nun zwei Männer ein kurzes Lied, das mit *„amoureux"* endete. Die Stimmen der Streichinstrumente griffen geschmeidig ineinander, umgarnten, neckten, streichelten, als begleiten sie eine höfische Gesellschaft zum Tanz, der eine Vorbereitung oder eine ästhetisierte Form wilderer, intimerer Spiele war.

„Die Seufzerbrücke soll in einer eigenen kleinen Arie besungen werden." Der künftige Schöpfer einer Casanova-Oper zeigte nach links. „Wie viele Verurteilte haben von ihr aus das letzte Mal in die Lagune geschaut. Am liebsten", dabei lächelte er entschuldigend und legte eine Hand auf die Brust, „möchte ich ganz Venedig vertonen. Die Stadt ist wie ein komplizierter, göttlich zusammengefügter lebendiger Körper. Wir haben einander im Marktviertel kennengelernt, das ist der Bauch von Venedig – der Ausdruck ist nicht von mir, Zola hat mir erzählt, dass er ein Buch über den Markt von Paris schreiben und ihn deren ‚Bauch' nennen will. In den Kanälen, den Venen und

Adern, fließt das Blut. In den kleinen Gassen verlaufen die Nervenstränge von Venedig. Im Arsenale, an dessen Rand Sie gestern auf mich getroffen sind, schuften die Muskeln der Stadt. Die Lagune", er hob die Hand zu der weiten Wasserfläche, „ist ein eigenes Reich. Für mich ist sie die Seele Venedigs. Die Menschen haben Mythen, Legenden und Aberglauben in sie gelegt. Aber die Menschen spielen in ihr keine Rolle. Sie drängen sich an ihren Rändern und durchkreuzen sie furchtvoll oder stolz in schwankenden Booten, in die sie Fische ziehen. Sie zerteilen sie mit Netzen und schlagen Pfähle hinein. Aber sie sind eine vorübergehende Erscheinung. Selten wo ist das so spürbar wie in der Lagune zwischen Land und Meer. Hier herrscht kein Mensch. Und nicht einmal die Zeit. Die wahre Herrscherin ist … das Licht. Wie in einem Gemälde von Lorrain."

Damit schloss er die Augen und hielt der benannten Regentin hingebungsvoll sein Gesicht entgegen. Die zwei Ruderer tauchten ihre langen Stangen beinahe diskret in das glatte Wasser, wie um seine seidene Oberfläche nicht unnötig zu zerteilen. Die Geigen sangen ein melancholisches Lied. Die Gambe träumte dazu. Das Cembalo umspann alles mit sanften, sich unablässig entwickelnden silbernen Fäden.

Dostojewskij spürte, wie der Friede der Umgebung, die Harmonie der Töne, der Zauber des Lichts auch ihn friedlicher, harmonischer machten und zu verzaubern begannen. Und doch blieb er nachdenklich. Heute wäre es endgültig soweit, dass er Rossini zu- oder absagen musste. Dieser rechnete, wie es schien, bereits mit der Zusammenarbeit. War es doch für ihn, den siebzigjährigen Meister keine so große Sache, die überraschende Verlängerung einer aufgegebenen glanzvollen Karriere, ein lachender Schlusspunkt, mehr nicht. Für ihn selbst bedeutete es eine Lebensentscheidung. Denn die Möglichkeit, den Auftrag zwar anzunehmen, sein bisheriges Sankt Petersburger Leben aber fortzuführen und das Libretto zwischen Zeitschrift und Familie, eingebettet in seine literarischen und gesellschaftlichen Verpflichtungen, als eine Arbeit von vielen zu schreiben, war ihm, seit er darüber nachdachte, nie in den Sinn gekommen. Zu außergewöhnlich waren die Umstände des Angebots, zu verlockend die von Rossini daran geknüpften Aussichten eines zumindest temporären Schreibaufenthalts in Venedig und einer folgenden europäischen Laufbahn, zu schicksalhaft war ihm das Ganze von Anfang an erschienen, als hätte etwas in ihm sein Leben lang darauf gewartet und konnte sich erst erfüllen, als er seiner lebenslangen Sehnsucht nachgab und endlich nach Venedig reiste. Etwas Folgerichtiges lag in der Begegnung mit Rossini und dem, was damit zusammenhing, so unvorstellbar es vorher gewesen sein mochte, und so phantastisch es bei nüchternem Hinsehen immer noch war. Nein, die Entscheidung für die Oper war die zu einem neuen Leben. Ein Ja zu Italien fürs Erste, und ein Nein zu Russland. Wie im Roulette: Rot oder Schwarz. Nichts dazwischen. Nur die Null, aber die kam nie, und wenn, war alles weg. Die Null im Roulette war die große Spielverderberin, im Leben war sie mit dem Tod zu vergleichen, der alle Einsätze kassierte. Außer, man hatte darauf gesetzt. Was hieß es, sein Lebensspielkapital der großen Null anzuvertrauen, was hieß es, im Leben auf den Tod zu setzen?

„Gleich kommt das Frühstück." Mit dieser Auskunft riss Rossini ihn zurück in die Wirklichkeit, als sie eine Insel mit einer prächtigen weißen Kirche passierten. „San Giorgio Maggiore. Palladio hat die Kirche so errichtet, dass der Blick von San Marco auf sie fällt und Halt findet. Er sollte sich nicht in der Unendlichkeit des Meeres verlieren. Der Campanile ist ein Bruder des größeren und ein letzter göttlicher Gruß für den, der auf See fährt. Für den, der an Gott glaubt, natürlich."

Er schaute Dostojewskij fröhlich an, der schaute ernst zurück. Dieser Mann, dachte er, hat die Gabe über Gott mit der gleichen Nonchalance zu reden wie übers Frühstück. Aber war das wirklich eine Gabe? Man konnte es auch als eine Unart sehen. Wenn alles gleich wichtig war, war es dadurch nicht automatisch irgendwie unwichtig? Man konnte einem solchen Menschen zugutehalten, dass er innerlich frei war. Aber war diese Freiheit auch frei von Hochmut, gar von Überheblichkeit?

„Es gab Zeiten", setzte Rossini in leichtem Ton fort, „in denen das selbstverständlich war. Heute verlangen die Menschen Beweise. Dabei müssen sie nur Bach hören. Beethoven ist ein Wunder der Menschlichkeit. Bach ist ein Wunder Gottes."

Dostojewskij, von der Sonne geblendet, blinzelte dem Mann zu, der sich rühmen konnte, in einer Reihe mit den genannten Namen zu stehen, und drehte sich zu Victoria. Sie saß in dem schmalen Schattenstreifen, den das Verdeck warf, und diskutierte hitzig mit einem Kollegen, der rote Kniebundhosen, rote Strümpfe, ein rotes Wams und eine schwarze Maske trug und mit seinem Spitzbart genau so aussah wie der Mann an der Tafel, den Dostojewskij für sich Pantalone genannt hatte. Verkleidung und private Erscheinung deckten sich völlig. Die engen Beinkleider betonten sein Geschlecht auf obszöne Weise. Das Mädchen hatte die Bluse weit aufgeknöpft und war darunter nackt. Die Musiker hatten den Balkon verlassen, das Cembalo wurde gerade mit einem weißen Tuch in einen Tisch verwandelt, auf dem Flaschen, Gläser und Teller Platz fanden, und ein von unter dem Verdeck aufgetauchter Koch blies in eine große Muschel, was einen erstaunlich lauten, klagenden Ton ergab und die Ankündigung des Frühstücks war. Die beiden Herren wurden vom Bug über eine Leiter auf den Balkon geführt und setzten sich, die anderen gruppierten sich um sie und ergingen sich in einem gesungenen „Aah!", als der Koch und ein Maskierter eine gewaltige Schüssel mit dampfenden Nudeln heraufschleppten und abstellten.

„Voilá! Maccheroni alla Rossini", rief der Namensgeber und klatschte in die Hände. „Die Füllung habe ich selbst gemacht. Eine Farce aus Huhn, Mortadella, Schinken, Kalbsleber, Gruyere, Parmesan und weißen Trüffeln. Mit Béchamelsauce übergossen. Etwas Leichtes zum Frühstück!"

Schon hatten alle großzügig gefüllte Teller in der Hand, selbst die weiß gewandeten Ruderer legten ihre Stangen beiseite und aßen. Am Rand des Schiffes nebeneinander sitzend, ergaben sie ein komisches Paar, baumlang und dürr der eine, dick und klein der andere. „Pulcinelli", kommentierte Rossini mit Blick auf sie. „Figuren aus dem neapolitanischen Volkstheater. Schlau, durchtrieben, gefräßig – und zugleich naiv, verträumt und bedürfnislos. Die ganze menschliche Komödie ist in ihnen versammelt."

„Wir haben in Russland eine ähnliche Figur. Petruschka."

„Petruschka, natürlich. Es gibt ein Ballett dieses Titels, nicht?"

„Nicht dass ich wüsste."

„Vielleicht bringe ich etwas durcheinander."

„Ich habe die Figuren der italienischen *commedia* als Kind kennengelernt."

„Ja?"

„Auf Jahrmärkten und Rummelplätzen in Moskau. Da gab es neben den Schaukeln und Karussellen auch Komödienaufführungen – mit Petruschka … oder Pulcinella … Pantalone und Arlecchino, Beppo, Kassandra, Feen und Teufeln. Und viel Musik", sagte er auf die wieder einsetzenden Spieler hin. „Die Komödien haben wir zu Hause nachgespielt."

„Ich mag es, mich als Teilnehmer einer Aufführung zu sehen. Der Wirklichkeit des Lebens eine höhere Wahrheit gegenüberzustellen. Das war die großartige Leistung der Epoche, die heute abfällig als ‚Barock' bezeichnet wird. ‚*Barocco*' nannte man ursprünglich eine schiefe, ungleich geformte Perle. Natürlich sieht unsere aufgeklärte Zeit auf eine Vergangenheit, in der die Schönheit gefeiert und der

Augenblick veredelt wurde, wie auf etwas Missratenes, Abartiges. Ich habe eine große Sehnsucht nach einer ästhetischeren, in meiner Vorstellung irgendwie ‚heileren' Welt. Im ‚Tell' habe ich versucht, sie auszudrücken."

„Aber das Stück ist doch eine Anklage", wehrte sich Dostojewskij, der sich an einer Nudel die Zunge verbrannt hatte und dafür von Victoria, die neben ihm saß, aufs Liebenswürdigste ausgelacht wurde. Das Stück von Schiller und die Oper von Rossini hatten seine revolutionäre Gesinnung beträchtlich beflügelt.

„Gegen die Unterdrückung einer Besatzungsmacht, natürlich. Konkret gegen die Habsburger in der Schweiz. Aber im Gegensatz zu Schillers politischen und moralischen Diskussionen habe ich doch sehr die lyrischen Momente betont. Was soll eine Oper auch anderes tun?"

„Schiller hat das Musiktheater gemieden." Der Russe blies auf eine der gefüllten Nudeln, die er sich als Pelmeni vorstellen konnte, und zügelte mit Mühe seine Lust, sie auf einen Sitz zu verschlingen. „Er nannte die Gattung der Oper ‚ein Autodafé über Natur und Dichtkunst'."

„Schade. Ein wenig Unterhaltung hätte ihm gutgetan. In Neapel haben mir die Zuschauer beim Verbeugen vor Begeisterung Orangen zugeworfen. Probieren Sie den Frizzante. Ein herrlicher Aperitif, ein Pignoletto aus den Hügeln um Bologna."

Sofort reichte Victoria dem Gast ein Glas, und der kühlte seine Zunge mit dem eiskalten, perlenden Wein und empfand eine sofortige Berauschung, als der erste Schluck in seinem hungrigen Magen angekommen war.

Berauschung oder Betäubung, fragte er sich und steckte endlich eine Nudel in den Mund, zerbiss sie und schmeckte die kräftig gewürzte Füllung.

„Auch die Béchamelsauce kommt ja aus meiner Heimat." Der Feinschmecker, der selbst heute, in praller Sonne, die sich gegen Mittag neigte, in vollendeter Korrektheit gekleidet dasaß, hatte aus lebenslanger Übung im Umgang mit heißen Nudelgerichten schon beinahe die Hälfte seiner Portion verzehrt. „Ein Koch des Sonnenkönigs verfasste ein Rezeptebuch in Versen. Eine köstliche Lektüre, Sie können es lesen und vielleicht ins Russische übersetzen. Er benannte die Sauce einfach nach sich, doch erfunden hatten sie die Hausfrauen aus der Emilia-Romagna."

Der Angesprochene aß schweigend. Es waren Bemerkungen wie diese, die ihn an dem Projekt der gemeinsamen Oper zutiefst zweifeln ließen. Stellte der Komponist sich allen Ernstes vor, er sähe seine literarische Aufgabe darin, alte gereimte Kochrezepte zu übersetzen? Und ein Schokoladenterzett zu schreiben? Um dafür vielleicht mit dem Meister vor den Vorhang eines Opernhauses tretend mit Orangen beworfen zu werden?

„Die Maccheroni sind aus den besten Eiern Norditaliens gemacht." Zufrieden stellte der Mann, der früher einmal große Kunstwerke geschaffen hatte, den leeren Teller auf das Cembalo.

„Sie selbst haben sie hergestellt?"

„Nein. Nonnen aus Aquilea."

Victoria verschluckte sich lachend und machte eine zweideutige Geste, indem sie eine imaginäre Nudel zwischen den Handflächen rollte. Pantalones schmutziges Lachen war ihr sicher. Auch Dostojewskij lächelte gegen seinen Willen. Trotzdem zwang er sich, die Situation mit einiger Nüchternheit zu betrachten. Das war es also, was der alte Zauberer „einen kleinen Ausflug machen" nannte. Da trieben kostümierte Theaterfiguren, ein Komponist und ein Dichter mitten in der Lagune auf einem historischen Boot, aßen, tranken, hörten höfische Musik und genossen das Nichtstun, während in der Stadt hungrige Gestalten herumstrichen und hofften, einen Bissen Brot oder ein paar Kreuzer von den Tischen der Reichen zu bekommen. Der Gitarrist saß am Rand des Balkons, ließ die Beine baumeln und spielte eine süß-bittere, strahlende und zugleich nachdenkliche Melodie.

„Das Te Deum von Charpentier", erklärte Rossini. „Eine Hymne an Gott. Ich wünschte, es könnte eine Hymne für den Frieden der Völker werden." Er hatte die enorme Schüssel auf seinen Schoß gestellt und löffelte die restliche Sauce aus ihr. Sein Gast, der den halben Teller der reichhaltigen Speise stehen gelassen hatte, sah ihn an. Die Hälfte seines erwachsenen Lebens, dachte er, verbringt dieser Mann schon in Pension. Mit vierzig hat er aufgehört, Opern zu schreiben, um bis ins hohe Alter im Wesentlichen nur mehr zu essen.

„Heute steht Charpentier auf dem Speisezettel", sagte Rossini und lachte, weil ihm Victoria die Schüssel wegnahm und mit den Fingern die Sauce vom Rand wischte. Die Musiker waren zu ihnen auf das Oberdeck gekommen, der Cembalist schlug das Tischtuch um und spielte mit

Geige und Gambe, Victoria summte die Finger leckend *L'Amour nous mira* dazu und lächelte zu Dostojewskij, der mit übereinandergeschlagenen Beinen und ernstem Gesicht dasaß und schwitzte. In der völligen Windstille hatte das Schiff während der Essenspause kaum seine Position in der Lagune verändert, erst jetzt nahmen die Pulcinelli die Ruder wieder auf, weil sie auf eine Insel zutrieben.

„Charpentier hat großartige Stücke geschrieben. ,Les Arts Florissants', in dem alle Künste personifiziert werden. Die Oper ,Médée'. Schäfer und Hirten huldigen dem Sonnenkönig, und Allegorien des Sieges und des Ruhms verkünden, dass der Krieg das Schauspiel, in dem es um Liebe geht, nicht stören wird. Das hier ist aus ,*Les Fous*'. Und hier leben sie."

Er zeigte auf die Insel, die lückenlos ummauert war und an deren Stirnseite zwei Kirchtürme aufragten.

„Wer?"

„Die Verrückten. San Servolo. Ursprünglich war es ein Lazarett für Cholerakranke. Heute ist es ein Irrenhaus."

In ehrfürchtigem Abstand ruderten die Maskierten das illustre Fahrzeug an der weißen Seitenmauer entlang, an den zweistöckigen Gebäuden, in denen die meisten Fenster verbarrikadiert waren. Dahinter sah man Bäume, durch Gittertüren ahnte man einen Park, ein grünes, friedliches Reich, und doch ein Gefängnis. Kein Mensch zeigte sich, kein Laut kam aus den Häusern, die wirkten wie unbewohnt.

„Lange war es ein Kloster. Junge adelige Töchter wurden hierhergeschickt, um sie vor den Verlockungen des Fleisches zu schützen. Doch die waren stärker als die stärksten Mauern. Fischer und Weinlieferanten sahen zu, dass kein Schoß ungetröstet blieb. Die Orgien waren berüchtigt."

„*Buono*", seufzte Victoria, als sie ihren Kopf tief in die Saucenschüssel senkte.

„Bis Männern das Anlegen verboten wurde. Erst Cholerakranke, dann lebenslustige Nonnen und jetzt – *les fous*. Die Methoden, die man zu ihrer angeblichen Heilung anwendet, sind grausam. Die Gesellschaft ist demgegenüber, das die Norm verlässt, hilflos. Die Kunst feiert das Anormale. Sie lebt von ihr. Sie macht die Narren zu Weisen. *Voilá, ‚les fous déchaînés‘.*" Und der Burchiello fuhr mit dem Lied der „entfesselten Narren" an der Enklave der Eingesperrten vorüber.

Gleich darauf kam wieder eine Insel, ohne Mauern, mit viel Grün und nur einem, aber höheren Kirchturm und flachen, langgestreckten Häusern.

„San Lazzaro. Das Kloster der Armenier. Die Bibliothek umfasst zweihunderttausend Bücher. Byron hat hier Armenisch gelernt und an einer zweisprachigen Grammatik gearbeitet."

„Byron?", fragte Dostojewskij und schaute auf das eben aus der Schüssel auftauchende Gesicht Victorias, die sich Béchamelsauce aus dem Mundwinkel leckte.

„Ja. Ich war in London, als er im griechischen Freiheitskampf gefallen ist und habe eine Tenorkantate für ihn komponiert. ‚Die Klage der Musen über den Tod von Lord Byron'. Massimo?"

„*Sì!*" Der Gitarrist sprang von der Bank an der Schattenseite des Verdecks und stellte sich an den Bug, wo zuvor der Maestro selbst gestanden war.

„Mach mir die Harfe. F-Dur."

Mit besonders spitzen Fingern gelang es dem Musiker, harfenähnliche Töne auf der Gitarre anzuschlagen. Rossini stand in diesem Vorspiel auf und sang eine lyrische Kantilene. „*Ahi, qual destin crudel ...*" sandte er zu der vorbeiziehenden Insel, vor der ein großer Zweimaster mit roten Segeln lag, „*invola al nostro core*", streckte er flehend den Arm aus, und Dostojewskij konnte nicht anders, als auch aufzustehen, um nicht singend, aber in Gedanken dem verehrten Dichter, der so maßgeblich an seiner dichterischen Frühzeit und seiner Sehnsucht nach Venedig Anteil hatte, die Reverenz zu erweisen.

„Haben Sie Byron je getroffen?", fragte er Rossini, als die kurze Gedächtnisarie vorbei war und beide wieder saßen.

„Nur einmal in einem Restaurant in London, wo er mir vorgestellt wurde. Eine sehr oberflächliche Begegnung. Er sagte etwas zu mir, aber ich habe es nicht verstanden." Er schüttelte den Kopf und kratzte sich die Stirn. Offenbar ärgerte er sich über seine damalige Unaufmerksamkeit oder sogar Unhöflichkeit. „Es war kurz nach Ausbruch meiner *mania*", sagte er noch, machte aber gleich eine wegwerfende Handbewegung, die ausdrückte, dass das keine Entschuldigung war. Sein Gesicht blieb bedrückt.

„Und kurz bevor Sie aufhörten, Opern zu schreiben?"

„Es war ... an der Schwelle zu meinem zweiten Leben", schlüpfte Rossini elegant aus dem Gespräch über eine Facette, die sein Gegenüber besonders zu interessieren schien. Doch da Victoria Geschirr nach unten trug und auch die Musiker sich am Fuß des Verdecks gesammelt hatten, gelang ihm die Flucht nicht ganz. Er blieb dem Dichter ausgeliefert, der ihn unverwandt ernst, geradezu streng ansah, nicht im Geringsten bereit, sich von Sonne, Schaumwein oder Bootsfahrt korrumpieren und von dem ablenken zu lassen, was ihn beschäftigte.

„Ich begann, meine Liederzyklen zu schreiben. Metastasio, den barocken Dichterfürsten zu vertonen. ‚Mi lagnerò tacendo'. Auch Mozart hat daraus ein Lied gemacht. ‚Ich trage still mein Leiden, das mir ein Gott gesandt, doch meine Lieb' zu dir zu meiden, Liebste, fordre nicht von mir.' Das war eigentlich neu bei mir, dieses Motiv … eine lebenslange Liebe, die bleibt, auch wenn sie nicht erfüllt wird."

Er sah seinem Gegenüber ins unbewegte, konzentrierte Gesicht. Mit einem Lächeln, das ein Gegenlächeln ersehnte, erbat, erwartete. Seit Jahrzehnten wird ihm diese Erwartung erfüllt, dachte Dostojewskij, wo er hinkommt, will jeder nichts als von ihm angesprochen und angestrahlt zu werden und zurückzustrahlen, er hatte sich diesem Spiel seit ihrer Begegnung bis auf zwei-, dreimal verweigert, und er spürte, wie es den in Erfüllung seiner Wünsche Verwöhnten verunsicherte. Er sah ihn in seinen Augen forschen, ihn, der gewohnt war, in allen Augen sofortiges Eingehen auf jede seiner Stimmungsvorgaben zu finden, Zustimmung im wahrsten Sinn, er wollte, kurz gesagt, in heitere Augen schauen, in bejahende, positive, weil er sich seine eigene

Welt so gestaltet hatte, heiter, positiv, und er mit seinen von diesem Geist getragenen Werken die Welt erobern konnte. Und die dankte es ihm, in seinen Klängen das eigene Leid, eigene Sorgen zu vergessen und in seiner Fröhlichkeit, einer in der Musik vor ihm nie dagewesenen, aufzugehen. Er hat die Lebensfreude in die Musik gebracht und geglaubt, damit das ganze Leben bewältigen zu können. Und dann hat etwas anderes nach ihm gegriffen, aus den Tiefen seines Selbst, hat ihn in Besitz genommen, und die Fröhlichkeit ist ihm vom Gesicht gefallen wie eine zerbröckelnde Maske aus Ton.

„Meine musikalischen Soireen sind sehr beliebt. Alle Welt besucht mich in Paris. Auch Rubinstein war da."

„Ich bin mit Rubinstein aufgetreten!"

„Wirklich?"

„Bei musikalisch-literarischen Abenden in Sankt Petersburg."

„Haben Sie … gesungen?"

„Ich habe aus meinen Werken gelesen, und er hat gespielt."

„Ach so. – Kommen Sie nach Paris, ich möchte Ihnen meine Frau vorstellen."

„Ihre Frau?"

„Meine zweite. Isabella blieb in Italien. Sie hat schließlich einer Trennung zugestimmt. Da war ich schon jahrelang mit Olympe Pélissier liiert."

„Auch eine Sängerin?"

„Eine Kurtisane."

Dostojewskij musste lachen, und er sah, wie das wiederum Rossini amüsierte. Und er spürte wieder, wie erwärmend das Zusammensein mit diesem Menschen war, belebend, wie seine Musik.

„Ich hatte in Paris meine alten Gewohnheiten wiederaufgenommen. Die *paesi bassi* des Sexuellen aufs Neue erkundet, die mir seit meiner Heirat verschlossen waren. Olympes Salon wurde mein zweites Zuhause. Sie war schon mit vierzehn in diesem Metier gewesen und also sehr erfahren. Dort begann auch meine Freundschaft mit Balzac, einem weiteren Stammgast. Er wollte Olympe unbedingt zur Frau nehmen. Ich bewundere Balzac. Aber Olympe wurde meine Frau."

Ein weiteres Mal schwindelte Dostojewskij vom Zuhören. Was für ein Leben, dachte er und schaute ans Ufer einer großen Insel, an der ihr Schiff schon einige Zeit vorbeifuhr, eine offenbar viel größere als die vorherigen. Nahe am Wasser stand ein Maler an seiner Staffelei. Seine Augen sprangen zwischen dem Blatt und der Lagune, vielleicht auch der Silhouette Venedigs in der Ferne, hin und her. Mit einem kurzen Heben des Arms grüßte er die Reisenden und insbesondere den Komponisten, der mit ihm bekannt war, denn er sagte freundlich: „*Salve, Edi.*" Gar nicht laut, doch gestützt und deutlich in die Stille des Orts gesetzt. Dann lenkten die Ruderer in einen Kanal, der von einer Brücke überspannt war. „*Attenzione!*", riefen sie, und die Herren am Oberdeck mussten ihre Köpfe nicht nur einziehen, sondern tief an die Brust drücken, um unter dem Steinbogen, unter dem es schlagartig kühl war, knapp durchzutauchen. Da sie währenddessen gegenseitig im Blick blieben, erheiterte sich einer an der gestauchten Haltung des anderen.

„Olympe ist meine Geliebte, Frau und Pflegerin. Sie hat mich überredet, die berühmtesten Fachleute zu konsultieren, meine Kuren organisiert, meine Medikamente gemixt. Mit ihr war ich übrigens das letzte Mal in Venedig. Vor sieben Jahren. Zum Karneval. Ich bekam Durchfall." Er lachte auf. „In meiner Jugend holte ich mir in Venedig die Gonorrhoe, später nur doch die Diarrhoe. Das ist der Lauf."

„Seit wann leben Sie in Paris?"

„Mit Olympe seit dreißig Jahren. Aber mit vielen Unterbrechungen. Juli achtundvierzig sind wir vor der Revolution nach Florenz geflohen. Politische Unruhen fürchte ich seit meiner Kindheit. Sieben Jahre waren wir dort und in Bologna. Eine triste Zeit. Dann zogen wir in die Pariser Peripherie. Unsere Villa in Passy wurde zum Treffpunkt von Künstlern und Aristokraten. Wie hier."

Er zeigte auf die Ufer des Kanals, hinter dessen überbordenden weißen und rosafarbenen Oleanderbäumen elegante Häuser zu sehen waren. „Der Lido. Die Zier Venedigs. Sozusagen ihr Kopfschmuck. ‚Al Lido vanno i signori', hieß es immer."

Der Rest der Fahrt, wenige Minuten, verging schweigend. Alle, auch Musiker und Besatzung, ergingen sich in stiller Betrachtung der Schönheit und Vornehmheit, die an ihnen vorüberzog. Äußerst geschickt manövrierten die Pulcinelli das schwere Schiff durch die gerade nicht zu schmalen Kanäle, stießen es mit den Rudern und manchmal mit den Füßen von den Uferbefestigungen ab und hielten es unbeschadet in der Bahn. In einem kleinen Hafen endete die Reise.

2

Als Dostojewskij die Leiter hinuntergestiegen war, musste er im Gedränge der mit dem Anlegen Beschäftigten kurz ausweichen, um dem nachtreffenden Rossini Platz zu machen, und kam im Inneren des zu beiden Seiten offenen Verdecks zu stehen. Die Sonne noch in den Augen, konnte er nur Umrisse der Kochutensilien, einen kleinen Ofen und einen Wassertank erkennen. Doch auf einmal blieb vor Schreck sein Herz stehen, als er ganz nahe vor sich in die weißen aufgerissenen Augen eines wilden Tieres sah. Es schien auf dem Sprung, mit weitem Maul, und bereit, ihn anzufallen. Hätte es einen Satz gemacht und sein Gesicht zerbissen, er wäre vollkommen wehrlos gewesen. Nach ein paar Sekunden, als er sich an die Dunkelheit etwas gewöhnt hatte, kam ein neuer Schreck hinzu, der den ersten zwar beruhigte, für sich genommen aber noch größer war und seinem Herzen einen zweiten Stich versetzte: Aus dem Maul des Lebewesens ragte ein spitzer Pfahl. Und nun verstand er, dass das Tier ein Schwein, dass es tot und von vorn bis hinten aufgespießt und also ein zum Gebratenwerden präpariertes Spanferkel war. Eine Decke umhüllte es bis an die spitzen Ohren, dennoch schwirrten Fliegen herum und krochen dem Tier über das

Gesicht und in die Augen. Um sich nicht zu übergeben – die Luft in dem Verschlag war säuerlich von Kochabfällen und Wein, zudem musste es sechzig Grad haben –, drehte sich Dostojewskij ab und drängte sich ins Freie.

Dort war alles in lachender Bewegung, wie üblich in diesem Land lärmten und sprachen die Menschen alle gleichzeitig und ohne Atem zu holen. Dostojewskij fühlte sich sehr schwach und bereute, auf der langen Überfahrt keine Kopfbedeckung getragen zu haben. Im Umdrehen sah er, wie die clownesk gewandeten, maskierten Ruderer gerade das Schwein an Land hoben, wobei sie über die beste Handhabung stritten und dabei trotz der Tragelast so heftig gestikulierten, dass sie fast mitsamt dem Tier ins Wasser fielen. Über das Cembalo war eine schwarze Decke gezogen worden.

Rossini ging, die Hände am Rücken und ein Lied summend, in Gedanken versunken dahin, und von hinten, aus einigen Metern Abstand, sah Dostojewskij auf einmal sehr deutlich, wie allein dieser Mann war. Auch in der muntersten, ihm freundschaftlichst zugetanen Schar, auch wenn er den einen oder anderen Scherz nach links und rechts schickte, auch wenn er gar einmal jemandem während einer Bemerkung die Hand auf die Schulter legte, blieb seine Aura unberührt und unberührbar, und er ganz bei sich. Und im selben Moment, als ihm das bewusst wurde, sah er den Meister sich umwenden und ihm ein für seine Verhältnisse herbes Lächeln schenken, und wieder einmal war es, als habe er seine Gedanken erraten, diesmal sogar, ohne ihn anzusehen.

Vom Hafen überquerten sie nur eine Straße und waren schon am Strand, der gute fünfzig Meter breit war und sich in beide Längsrichtungen ohne erkennbares Ende verlor. Ein gewaltiger, im Sonnenlicht blendender Streifen Land, eine langgezogene Wüste. Dahinter lag wie das blau funkelnde Fell, wie der Rücken eines gewaltigen schlafenden Tieres das Meer mit seiner unermesslichen Oberfläche. Träge patschte es mit seinen Wellenarmen ans Ufer, in einem Rhythmus, der gleichförmig, aber ohne Monotonie war. Zwischen Straße und Strand war eine grüne Zeile aus Pinien und Gras, und dort, im Schatten, breitete die angekommene Schar Decken aus, Kissen und Koffer, die sich im Aufklappen als reisepraktikable Tische mit Gläsern und Geschirr entpuppten. Victoria nahm ihre goldenen Ohrringe ab und gab sie Pantalone, der sie mit einem eigentümlichen Grinsen in die Westentasche steckte. Dann hopste sie jauchzend mit großen Sprüngen über den Sand, streifte ihre Stoffpantoffeln ab, ließ das Mieder fallen und lief weiter, wie sie war, mit Hosen und Bluse geradewegs ins Wasser, strampelte darin herum, schlug es, spritzte es in die Höhe, lachte wild und tauchte schließlich mit dem ganzen Körper und sogar dem Kopf ein und blieb lange ungesehen, bis sie ein gutes Stück weiter draußen, prustend vor Freude und Atemnot, auftauchte. Sie winkte den anderen, nachzukommen, und rief ein Wort, das dank ihrer kräftigen Stimme und geschulten Artikulation eindeutig als „Dostojewskij" zu identifizieren war, mit einem langen „e" – so, als würde ein Zirkusartist angekündigt, hatte er seinen Namen noch nie gehört. Zu diesem Ruf und der Ausgelassenheit der Schauspielerin in krassem Gegensatz war seine Reaktion. Er nämlich hob kurz vor sich die Hand zum Gruß und ließ sich am Stamm einer Pinie nieder. Immerhin hatte er sich vom Rock befreit und legte ihn auf die Knie. Der Traum der letzten Nacht stand vor ihm, wie es Alpträumen eigen ist, mitten am hellen Tag wieder ins Bewusstsein des Menschen zu dringen, ihre schrecklichsten Bilder noch einmal aufzuschlagen und alles, Sonne, Tag und Zuversicht zu verdüstern und an jene dunkle Seite der Seele zu gemahnen, aus der sie kamen. Aber das Fatalste daran war, dass Dostojewskij die Schwere seiner Verfehlung der Jüdin gegenüber im Verhältnis zu der doch viel größeren im Traum nicht mehr beurteilen konnte. Die Verzerrung, die Zuspitzung der Wirklichkeit im Traum vernebelte diese, zerstreute sie beinahe ein wenig, was natürlich eine infame Selbsttäuschung war.

Was machte Rossini? Er stand auf halbem Weg zwischen Bäumen und Meer, alleine mitten am Strand, die Hände in die Hüften gestützt, aufrecht, und sah den Möwen zu, die sich, neugierig und wahrscheinlich angelockt vom rohen Fleisch, das von den zwei Dienern eben herangeschleppt wurde, am Himmel formierten. Dann sah er nach links und betrachtete das Strandtreiben. Während nämlich der hiesige Bereich vor ihrer Ankunft leer gewesen war, tummelten sich etwa fünfhundert Meter weiter eine Menge Leute in leichter, offenbar zum Zweck des Badevergnügens angefertigter Kleidung in und am Wasser, standen darin herum, tauchten ein, die wenigsten schwammen. Am Strand waren dort Kabinen aufgestellt, vor denen auf einfachen Stühlen gesessen wurde, Zeitung gelesen, gedöst. Eine neue Art von Freizeitbeschäftigung schien hier zu entstehen, und unter der Pinie sitzend stellte sich Dostojewskij vor, was wäre, wenn das in Mode käme und in einigen Jahren der ganze riesige Strand voll Menschen wäre, was natürlich nicht infrage kam, weil sich doch nur wenige den Luxus leisten konnten, um teures Geld hierherzureisen, um dann – nichts zu tun.

Da bewegte sich eine der Hütten – war es eine Sinnestäuschung? – auf Rossini zu. Sie war nicht weiß wie die anderen, sondern rot, hatte zwei Räder und rollte und rumpelte behäbig über den Sand vom belebteren Abschnitt weg und geradewegs zu ihm. Erst, als sie sich drehte und so zu stehen kam, dass er ihre Türe und ein Treppchen vor sich hatte, sah man, dass sie anhand von an der Rückseite angebrachten Stangen wie eine Lastkarre von zwei Männern geschoben worden war. Als wäre es das Selbstverständlichste, ging der *compositore* die grünen Stufen hinauf und verschwand hinter der weißen Tür. Eine elegante und dem alten Herrn durchaus angemessene Weise, sich Ruhe zu verschaffen, dachte Dostojewskij und erschrak, als die zwei kräftigen Burschen die Stangen wieder aufhoben und die Kabine mit großer Kraftanstrengung um einen Halbkreis drehten, sodass sie schließlich mit der Tür zum Meer stand. Das einzige kleine Fenster war verhängt. Und nun? Würden sie wahrscheinlich ablassen und der honorige Gast könnte sich auf einem etwa in der Hütte bereitgestellten Kanapee ausruhen. Schon sah sich der Beobachter am Pinienstamm um, ob es für ihn auch so ein Gefährt gab, da erschrak er wieder, weil die Burschen ihres nicht nur nicht in Ruhe ließen, sondern erst zwar ein wenig zurückzogen, um es dann aber – es war nur ein Anlauf gewesen – sich mit vollem Gewicht dagegenstemmend und einander mit Schreien Kraft machend in hohem Tempo zum Wasser zu schieben. Er stand auf. Sollte er eingreifen? Machten sich die beiden einen unziemlichen Spaß? War es gar ein Anschlag gegen die sich in Sicherheit wähnende Berühmtheit? Ein österreichisches Attentat auf den italienischen Patrioten? Waren am Ende die Pläne für die Casanova-Oper durchgesickert und sollten so zunichte gemacht werden? Und war es ganz sicher, dass die Kraftschreie nicht *„Viva Verdi"*-Rufe waren wie bei den wütenden Männern am Tag zuvor? Als die Räder schon im Wasser waren, schaute er von der Pinie auf die Theatergesellschaft, die ohne ein Anzeichen von Verwunderung saß, lag, rauchte, alle hatten sich ihrer Masken entledigt, manche ihrer Kostüme, und einige trugen wie die Leute weiter drüben Badeanzüge, die aber in ihrem Fall von Unterwäsche nicht recht zu unterscheiden waren. Die Musiker kümmerten sich um genügend Schatten für ihre Instrumente. Keine Gefahr schien für sie alle davon auszugehen, dass das Komponistenhäuschen immer weiter hinausgeschoben wurde, bis die Männer hüfthoch im Wasser waren und man erwartete, die Räder würden als Nächstes Grund verlieren und die Hütte zu schwimmen beginnen, hinauszutreiben, davon nach … was war die nächste Küste? Afrika? Einer der beiden klopfte an die Rückwand, und sie wateten, die Kabine im da draußen wohl immer noch ziemlich seichten Meer stehen lassend, zum Ufer, ließen sich in den Sand fallen und zündeten Zigaretten an. Das machte ihnen der verhinderte Lebensretter nach und setzte sich rauchend ebenfalls wieder. Eine Zeit lang geschah nichts.

Auf einmal geriet die Hütte in Bewegung, was nicht an den sehr ruhigen Wellen liegen konnte, wackelte immer mehr, schwankte fast, neigte sich dann zur abgewandten Seite und schnellte abrupt wieder in ihre gerade Position zurück. Im nächsten Moment sah man die markanten seitlichen Lockenschwünge des Rossinitoupets auf dem runden, strahlenden Rossinikopf im Wasser schwimmen, kräftige nackte Schultern und Arme ruderten, als wäre der Maestro Neptun und das Meer sein von ihm dirigiertes Element. Nun war es klar: Er hatte sich in der Kabine, die zu genau diesem Zweck fahrbar gemacht war, komplett ausgezogen und war – daher die Neigung des Gefährts – aus der Tür über die Stufen ins Meer gestiegen. Auf diese Weise konnten also Gäste nackt und ungesehen ihr Bad genießen. Der schwere Mann legte sich auf den Rücken wie in eine Hängematte und hielt sich schwebend an der Oberfläche. Dann schwamm er wieder, tauchte bis zu den Ohren ein und auf und spuckte eine Fontäne in hohem Bogen in die Luft wie ein wasserspeiender Marmorkopf in einem Lustgarten.

Victoria war nur mehr als Punkt weit draußen zu erkennen. Dostojewskij dachte daran, wie oft sie ihn heute angelacht hatte, manchmal auch ausgelacht, aber das gehörte wohl zu ihrer Art, Sympathie zu zeigen, ihn zu necken und zu mehr Aktivität herauszufordern. Leichtlebige Frauen waren in seiner Jugend wild auf ihn gewesen, weil er tüchtig feiern konnte. Femmes fatales hatten sein Anderssein bewundert, seine „Schrägheit", wie Apollinaria es ausdrückte. Junge Mädchen waren seiner Begeisterung und seiner eindringlichen Art zu sprechen erlegen. Viel von all dem hatte Victoria noch nicht von ihm kennengelernt. Was sein Singen am ersten Abend für einen Eindruck gemacht haben mochte, konnte er nicht beurteilen. Aber seine Erfahrung mit Frauen ging doch so weit, um mit ziemlicher Sicherheit sagen zu können, dass die Schauspielerin ihm nicht abgeneigt war. Und was hieß „nicht abgeneigt"? Warum war er mit seinen Gedanken in diesen Dingen immer so hinterdrein? Wäre er ihrem Ruf gefolgt, schwämme er jetzt dort draußen neben ihr, und dann … Er schloss die Augen. Seine Phantasie schenkte ihm gewisse Vorstellungen, wilde, zärtliche, und die trugen ihn in einen leichten Schlummer, nicht Schlaf zu nennen, da die Umgebung durchaus präsent blieb, die Stimmen der Gaukler, das Plätschern der Wellen … und so war es auch kein Traum, sondern ein als plastisch und real empfundenes Bild, eine Art Vision oder Eingebung, als er durch die nicht vollständig geschlossenen Lider eine unheimlich große Schar Menschen sah, Hunderte, Tausende, die vor ihm und über den ganzen weiten Strand verteilt in Reihen lagen, alle nackt, oder beinahe, mit von der Sonne versengter Haut, manche am Rücken, manche am Bauch, und er wusste nicht: Waren sie tot? Welches schreckliche Gericht hatte sie zu der Strafe verurteilt, bei lebendigem Leib geröstet zu werden? Zwischen ihnen liefen Kinder herum, die groteskerweise zu spielen schienen, und einen ganzen breiten Streifen des Meeres sah man nicht, weil auch er voll nackter Leiber war. Gräuelbilder von Hieronymus Bosch fielen ihm ein, die er in der seit Kurzem öffentlich zugänglichen Eremitage gesehen hatte, Folterszenarien, Höllenvisionen. Er riss die Augen auf und zwang sich zur Wachheit. Alles lag ruhig vor ihm. Ein leerer Strand. Nur Möwen. Und eine Hütte auf zwei Rädern ... also musste er doch geschlafen haben – deren Rückkehr aus dem Wasser hatte er versäumt. Da ging auch schon die weiße Tür auf, und aus dem roten Häuschen trat wie aus dem Ei gepellt, korrekt gekleidet und sichtlich erfrischt kein Geringerer als Gioachino Rossini, stieg die grünen Stufen in den Sand und ging auf den eingesunken am Stamm lehnenden, vom Schlaf noch betäubten russischen Dichter zu.

„Warum sitzen Sie denn so unbequem?", rief er schon von Weitem. Unter einer besonders schattenspendenden Pinie, wo das Gras am wenigsten verbrannt war, hatte man ein fürstliches Lager aus weichen Decken und Kissen vorbereitet, auf das der Meister schwer atmend sank und Dostojewskij einlud, dasselbe zu tun.

„Byron hätte Sie eingeladen, mit ihm den Strand entlangzugaloppieren. Das tat er gern am frühen Morgen. Ich ziehe den Müßiggang vor. Kommen Sie!"

Nun sitze ich also auch auf einer Wiese, dachte er, während er zusah, wie dem Zurückgekehrten Wein eingeschenkt und ein Teller gereicht wurde, was er selbst beides dankend ablehnte. Das hatte er nämlich in Paris als zweite große Sehnsucht des dortigen Bürgers – nach der, das Meer zu sehen – erfahren: auf einer Wiese zu liegen. Der Pariser, der aus Paris hinaus in die Umgebung fuhr, liebte es und hielt es sogar für seine Pflicht, sich im Gras zu wälzen mit dem Bewusstsein, sich *avec la nature* zu vereinigen. Überhaupt hielt es der Pariser für angemessen, sich außerhalb der Stadt als ein natürlicher, der *nature* näherstehender Mensch zu geben. In der Pension kaufte sich der Bourgeois ein Stückchen Land, ein Haus mit Garten und einem Zaun herum, dazu eigene Hühner und eine Kuh. Und um sich auf eigenem Grund und Boden im Gras wälzen zu können, legte er sich vor seinem Haus einen Rasenplatz an. Rossini erfüllte genau das Bild, das er vom Pariser Bürger gewonnen hatte.

„Kosten Sie wenigstens die Erdbeeren. Sie sind süß wie die Sünde." Er steckte sich eine in den Mund und hob das Glas. „Mit Champagner … ein Liebesakt!" Und nahm einen tiefen Schluck. Wie in Sibirien, dachte Dostojewskij. Bei den Oberen und Soldaten, die es sich leisten konnten, gab es beim kleinsten Ereignis Champagner. Alles war Anlass für Veuve Clicquot.

„Es ist meines Wissens das einzige Gericht", Rossini zeigte auf seinen Teller, „das aufgrund seiner Farben komponiert wurde: *Risi e bisi e fragole*. Reis, Erbsen, Erdbeeren. Weiß, Grün, Rot: die Farben der italienischen Einheit. Wer laut von Italien spricht, selbst wer Dante öffentlich rezitiert, macht sich bei der österreichischen Polizei schon verdächtig und kann verhaftet werden. Was den Venezianern als Fahne verboten ist, malen sie auf die Teller. Oder auf die Badekarren." Er wies mit dem Kopf auf die dreifarbige Hütte, die wieder zurück zu den anderen geschoben wurde. *„Risi e bisi e fragole!"*, sind die beliebtesten Rufe am Markt. Ein Bekenntnis zu Italien, gegen das die Besatzer machtlos sind.

„Ich habe gestern ,*Viva Verdi*'-Rufe gehört." Die Bemerkung war Dostojewskij entschlüpft und nun fürchtete er, sie könnte ein Affront gegen den Komponisten sein. Doch dieser lachte.

„Natürlich. ,*Viva V-E-R-D-I. Vittorio Emanuele, Re d'Italia*'. So kann man unbehelligt ,Es lebe der König von Italien' rufen. In der Improvisationskomödie sind die Venezianer unschlagbar. Die Pulcinelli", hier schaute er hinunter zu den zwei Ruderern, die, noch mit ihren Masken und Kostümen, knapp vor dem Wasser eine Gruppe junger Damen unterhielten, die auf einer Strandwanderung waren, „hat Goethe sehr treffend eine ,lebendige Zeitung' genannt. Bevor man die Neuigkeiten der Stadt las, hörte man sie schon am Abend in der *commedia*. Aber ihr Dialekt ist so, dass ihn Ausländer nicht verstehen. Genial, oder?"

Dostojewskij nickte und schaute zu den zwei Gestalten, deren weite weiße Gewänder wehten, als sie sich vor den Damen drehten und sprangen und diese mit allerlei Scherzen und Kunststücken zum Lachen brachten.

„Fahren Sie zur Villa Tiepolos. Die Pulcinella-Fresken gehören zum Schönsten, das je gemalt wurde."

Musik hatte wieder begonnen. Die zwei Violinen sangen eine getragene Kantilene, die von der Gambe im Bass gestützt und in kurzen bewussten Dissonanzen infrage gestellt wurde.

„Charpentier. ‚Pour les comédiens‘." Rossini nickte im Takt und wiegte sich zur heiteren Melancholie des Liedes. Dostojewskij fühlte sich an den Marienhain am nördlichen Moskauer Stadtrand versetzt, wohin seine Eltern gern mit ihm gegangen waren. Es war ein kleiner Wald nahe dem Lazarus-Friedhof, auf dem Verbrecher und Selbstmörder begraben lagen, ein Erholungsort für die Moskauer, wo sich an Feiertagen das einfache Volk vergnügte und fahrende Puppenspieler, Moritatensänger und Bärenführer auftraten. Rossini ließ sich Teller und Glas, beides leer, abnehmen und seufzte.

„Ein Idyll. Sie wissen, wie ich wegen meiner Liebe zum *Settecento* genannt werde?"

„Nun?"

„‚Le vieux Rokoko'." Er hob die Arme wie am Vorabend, lehnte sich in die Kissen und verschränkte die Hände am Bauch.

Ja, dachte sein etwas ungelenk halb auf der Decke, halb im Gras sitzender Gast, dem eine Schale Erdbeeren gereicht worden war – denen er, wie allem Süßen, doch nicht entsagen konnte –, eine Idylle. Fast, als wären die Wandgemälde des schummrigen Lokals gleich nach seiner Ankunft Wirklichkeit geworden. Auch der Marienhain in Moskau war in der romantischen Literatur als ein mit Lilienduft und Nachtigallenschlag gesättigter Ort besungen worden. Doch mittlerweile misstraute der Schriftsteller der Idylle. Seit er von Gefängnis und Verbannung zurückgekehrt war, sah er sie mit anderen Augen. In Wahrheit verabscheute er sie als lebensfernes, geradezu lebensfeindliches Gesellschaftsmodell. Sie entsprach dem Rückzugsbedürfnis des Bürgers aus der Stadt in grüne Oasen und war nichts anderes als ein Resultat seiner Besitzgier.

„Dabei erkläre ich den Neuerern nicht den Krieg", sagte „Le vieux Rokoko", nachdem er in die Faust gegähnt hatte, „keineswegs. Ich wünsche nur nicht, dass man glaubt, an einem Tag machen zu können, wofür man viele Jahre braucht. Und ich bin absolut gegen die sogenannte ‚Zukunftsmusik' von Wagner und Berlioz."

„Ich habe ‚Roméo et Juliette' von Berlioz in Petersburg gehört. Er hat selbst dirigiert."

„Berlioz hat mich den ‚Erfinder des Lärms in der Musik' genannt." Er schüttelte den Kopf. „Es dreht sich mir der Magen um, wenn ich von Fortschritt, Dekadenz, Zukunft, Gegenwart und so weiter lese oder reden höre. Kunst ist etwas Überzeitliches."

„Das ist sie."

„Wagner nennt meine Musik ‚narkotisch-berauschend' und meint das abfällig. Mir gehe es nur um ‚Stimmenluxus'. Er hat mich vor zwei Jahren besucht."

„Richard Wagner?"

„In Paris. Seine Tannhäuser-Premiere an der Opéra stand bevor, und er wollte mich bitten, in der Öffentlichkeit keine spöttischen Bemerkungen mehr darüber zu machen, weil das die Stimmung gegen ihn verderbe. Er war verärgert, weil ich noch beim Essen war und ihn warten ließ. Ich sagte: ‚Um Ihre Musik zu missbilligen, müsste ich sie kennen. Alles, was ich von Ihnen kenne, ist ein

Marsch aus dem ‚Tannhäuser'. Ich hörte ihn in Kissingen und fand ihn sehr schön.' Dann griff er die Konvention in der Oper an, und ich entgegnete ihm, das ganze Genre, modern oder nicht, sei auf eine Weise ‚konventionell', da kein Mensch, Liebhaber oder Verschwörer, im alltäglichen Leben fortwährend zu singen pflege. Darauf wusste auch Wagner nichts zu sagen. ‚Tannhäuser' in Paris wurde ein Fiasko. Nur Baudelaire hat die Musik gepriesen."

„Wer ist das?"

„Ein *poète maudit.*"

„Ich habe nie eine Wagner-Oper gesehen. Was ich von ihm in Konzerten gehört habe, fand ich langweilig im Vergleich zu Mozart und Beethoven."

Rossini hob beide Schultern und suchte mit den Augen die Sonne zwischen den dichten Piniennadeln über ihnen. ‚Der Saal der italienischen Oper schien der Vorhof des Himmels', hat Heine gesagt", seufzte er und sah lächelnd zu Dostojewskij, der ausnahmsweise widerlächelte, weil ihm die Formulierung gefiel. Davon ermuntert, fuhr der Mann, der diesen Vorhof ausgiebig bespielt, gestaltet, erneuert hatte, nachdenklich fort: „Bis der kalte Wind der Vernunft in ihn gefahren ist. Und der ‚aufgeklärte Mensch' den Himmel leergeräumt hat."

Sein Zuhörer hob den Kopf. Jedes Lächeln war aus seinem Gesicht gewichen. Er sagte: „Die Aufklärer wissen für jede Gemeinheit eine vermeintliche Rechtfertigung. Dabei waren es Rousseau und vor allem seine Nachfolger, ihre Auffassungen von Natur, Wahrheit und Fortschritt, die zur Katastrophe geführt haben."

„Die schreckliche französische Revolution", sagte Rossini mit halber Stimme.

„Die schreckliche französische Revolution", wiederholte Dostojewskij fast unhörbar.

„Was ist das für eine Vernunft, die ein Land in ein Blutmeer verwandelt? Das Ancien R*égime* war fehlerhaft, aber das neue gebärdete sich grausamer, barbarischer, teuflischer als alles zuvor."

„Eine Höllenstrafe."

„Angst und Schrecken sind die Kinder dieser Vernunft. Die Religion in Europa wird sich davon nicht mehr erholen."

„Die Religion oder der Glaube?"

Hierauf wusste Rossini keine Antwort.

„Die Religion", sagte Dostojewskij langsam, jedes Wort prüfend wie an einer strengen Zollstation, „ist nur eine Formel der Moral. Aber die größte Zerstörung der Aufklärer bestand doch darin, den Menschen weißzumachen, sie wären allein – ohne Gott – imstande, ethisch anständig zu leben."

Rossini sah ihn an und dachte darüber nach. Beide schwiegen etwa eine Minute.

„Mein Stabat Mater wurde als eine Wiederentdeckung des Religiösen bezeichnet. Das in dem halben Jahrhundert seit der Revolution in die Ferne gerückt war." Der Italiener hatte die langsame Redeweise seines russischen Gastes übernommen. „In meinen Opern wurde viel gekämpft", sagte er mit einem Anklang von Fröhlichkeit, wiewohl sein Grundton ernst blieb. „Für die Liebe, gegen die Willkür.

Einen Moment habe ich empfunden, dass das Heilmittel der Religion für alles Leiden … nicht der Kampf ist …"

„Sondern?"

„Teilnahme. Teilnahme am Schmerz. Und am Leid. Ein ausgestreckter Arm … eine Handreichung … in den Abgrund."

Wieder blickten sie einander lange an, ohne etwas zu sagen.

„Der Abgrund", kam dann kehlig und leise als Antwort oder Fortführung, „bringt den Willen zum Glauben hervor."

„Dieser Wille steht aber ständig in Gefährdung?"

„Ja. Durch den gesichteten Abgrund."

Rossini nickte bedächtig und schaute in die Ferne. Da sein Blick an etwas hängen blieb, drehte sich Dostojewskij um und sah, dass Victoria an Land gestiegen war und, Stoffschuhe und Mieder in der Hand, über den heißen Sand zu ihnen hüpfte. Die beiden Herren kommentierten dieses Ereignis mit einem Blick zueinander, in dem aber noch das eben Besprochene weiterwirkte. Ein wenig war es, als hätten sie miteinander einen Hang bestiegen und ein Plateau erreicht, auf dem sie nun ausruhen.

Victoria war voll der freudigsten Schilderung ihres Schwimmerlebnisses – sie habe Schwärme kleiner silbern leuchtender Fische gesehen – und schalt die anderen, warum sie faul herumlagen „wie trockene Rosinen" – so viel verstand der Russe von ihrer italienischen Suada. Wie eine Verdurstende schlürfte sie den Champagner, den ihr Pantalone hinhielt, ein Teil rann ihr Kinn und Hals hinunter und vermischte sich mit dem Salzwasser auf ihrer Brust. Bluse und kurze Hose lagen klitschnass eng an ihrem schlanken Körper an und betonten ausgiebig seine Formen, der ganze Leib pochte und pulsierte vom langen Bad, und die Haare begannen bereits, sich in der Sonne trocknend zu kräuseln. Unter Lustseufzern steckte sie zwei Erdbeeren in den Mund und eine in die Hand, nahm eine Decke, breitete sie demonstrativ außerhalb des Schattens und der Wiese auf den Sand und streckte sich wohlig darauf aus, sich dehnend und räkelnd, und warf dem Fremden, der ihren Ruf ignoriert hatte, neckisch vorwurfsvolle Blicke zu. Selten hatte er eine Frau gesehen, die so im Einklang mit ihrem Körper war.

Als er zu Rossini sah, glaubte er, dieser sei eingeschlafen. Dabei hatte er nur seine immer noch am Bauch verschränkten Hände beobachtet, vielleicht auch den Bauch selbst. „Haben Sie gewusst", fragte er mit halb geschlossenen Augen, „dass sogar Beaumarchais, der immerhin den ‚Figaro' geschaffen hatte, den Schergen der Revolution suspekt war und fliehen musste?" Es war eine rhetorische Frage, die keine Antwort erwartete. „Ein großer Mann. Ein Mann des achtzehnten Jahrhunderts. Wie Casanova. Die Oper über ihn sollte zugleich eine Preisung jener Epoche sein. Aber ich weiß nicht …"

„Was?"

„Ich bin faul, Dostojewskij. Faul aus Passion. Auch als ich noch komponiert habe, war ich so. Wenn mir ein Notenblatt aus der Hand fiel, schrieb ich die Szene lieber neu, statt es aufzuheben."

Manchmal schon hatte der Angesprochene beim Zuhören das Gefühl gehabt, er müsse gewisse Sentenzen des Meisters mitschreiben. Und er war sich sicher, dass es Leute gab, die das taten. Seit Jahrzehnten sprach dieser weltberühmte Mann immer und über alles von einer jedenfalls äußerlich gesicherten Warte aus. Er wusste, dass er nie mehr so viel essen und trinken können würde, wie ihm zur Verfügung stand. Und das schien ihm zu genügen. Wie musste das sein, fragte er sich, die Welt aus einer solchen Sicherheit heraus zu sehen? Aber hatte er nicht einige Male im Gespräch erlebt, wie diese Sicherheit rissig wurde, Ritzen bekam, aus denen, wie durch Tür- oder Fensterspalten Licht fällt, Dunkelheit fiel? Und was hatte es mit seiner *mania* auf sich?

Wieder einmal gab dieser feinnervigste, hellhörigste, intuitivste Mann, den Dostojewskij vielleicht je kennengelernt hatte, eine Antwort, ohne eine akustische Frage bekommen zu haben. „Ich bemühe mich, über alles zu lachen, aus Angst, darüber weinen zu müssen.' ‚Der Barbier von Sevilla', erster Akt, zweite Szene." Und als er nun wirklich die Augen schloss, ergänzte er noch – und ein bisschen war das schon, als spräche er zur Nachwelt: „Ich habe diesen Satz in der Oper nicht verwendet."

Die Frage nach dem Warum erließ sein möglicher zukünftiger Librettist ihm, weil klar war, dass seine Nachmittagsruhe begonnen hatte. Einige der Gaukler folgten der Ermahnung ihrer jungen Kollegin und liefen zum Meer, eine kleine Gruppe um Pantalone zog sich auf eine große abseits gelegene Decke zurück und bildete sitzend einen Kreis, offenbar zum Zweck irgendeines Spiels. Victoria lag mit den Händen den Kopf stützend und hatte auf den nächsten Blick Dostojewskijs nur gewartet, denn als er kam und auf die inmitten der nun gänzlich geteilten Blusenhälften im Bauchnabel ruhende Erdbeere fiel, lachte sie so los, dass die Frucht zur Seite kullerte und fast in den Sand gefallen wäre, hätte sie sie nicht durch eine äußerst schnelle Bewegung der Rechten von hinter ihrem Kopf an ihre Hüfte aufgefangen. Darauf legte sie die Frucht in die Mulde zwischen den geschlossenen Lippen und der Nase, sog tief ihren Duft ein, öffnete den Mund und ließ sie halb hineingleiten, all das mit von verhaltenem Lachen zitterndem Bauch und beständigem Blinzeln zu ihrem Zuschauer, der mit halb offenem Mund dasaß und merkte, dass er schon die längste Zeit eine Erdbeere in der Hand gehalten und vollkommen zerdrückt hatte. Er zeigte ihr den Matsch in der Handfläche. Nun musste sie so lachen, dass ihr das Obst wie ein Champagnerkorken aus dem Mund sprang und in hohem Bogen geradewegs auf ihren Oberschenkel fiel, wodurch auch der verlegen seine Hand säubernde ernste Gast in ein kicherndes Hüsteln geriet, sie hingegen völlig entfesselt vor Amüsement sich nach rechts drehte und einige Meter den Strand hinunterrollte, auch diese tatsächliche Ausführung der Redewendung „sich kugeln vor Lachen" hatte der Staunende bisher noch nicht erlebt. Das Mädchen kam, von den Haaren bis zu den Fußspitzen mit Sand paniert, am Bauch zum Halt und reckte in einer spaßhaften Siegesgeste mit verdrehten Armen die Fäuste zum Himmel, schwang sich auf, machte dem ihr nach wie vor aus dem Schatten Zusehenden mit drohendem Zeigefinger spielerisch Vorwürfe und sprang abermals ins Meer, sich vom Sand reinigend, ein sich mit dem Wasser vereinigendes, geradezu beneidenswert lebendiges Wesen, eine spielende junge Löwin.

Dostojewskij stand auf. Er brauchte unbedingt Bewegung, doch um mit den Kleidern – wie Victoria, die fast nichts auf der Haut trug – schwimmen zu gehen, waren sie zu schwer, und sich vor allen auszuziehen, kam nicht infrage. Im Vorbeigehen an der abseitigen Gruppe erkannte er auf einen Blick, dass sie Pharao spielten, ein Kartenspiel um Geld, das Puschkin in „Pique Dame" verewigt hatte, das, wie er bei Casanova gelesen hatte, venezianischen Ursprungs und ihm schon an einigen Orten in Europa begegnet war. Pantalone hielt die Bank, vier Spieler hatten Karten mit Einsätzen vor sich liegen, einige saßen nur und schauten zu. Nun erst kam dem im Abstand von ein paar Metern Stehengebliebenen zu Bewusstsein, dass es dieser Schauspieler gewesen war, der von Anfang an ob seines Aussehens von ihm Pantalone genannte etwa fünfzigjährige Mann mit Spitzbart und stechendem Blick, der ihm den Hinweis auf die verbotenen Casinos in Venedig gegeben hatte. Man sah ihm an, dass er merkte, beobachtet zu werden, doch als geübter Schauspieler registrierte er nur die Aufmerksamkeit und reagierte nicht, außer dass er die Handgriffe – das Aufdecken der Karten, das Einziehen der verlorenen Einsätze, das seltenere Auszahlen von Gewinnen – mit besonderer Akkuratesse und zur Schau gestellter Objektivität erledigte, hinter der aber unverkennbar die Lust an der eigenen

Bereicherung lag. Nach ein paar Minuten schaute er zu dem Fremden, der da unschlüssig zwischen Wiese und Straße, zwischen Zuschauen und Fortgehen stand, und als hätte er ihn erst jetzt bemerkt, winkte er ihm zu und lud ihn mit einer Geste ein, näher zu kommen. Dostojewskij hatte diese Einladung gefürchtet, sie andererseits mit seinem langen Dastehen provoziert, entsprechend wehrte er mit den Händen ab, wiewohl die Füße ihn hinbewegten. Auf ein Zeichen des Spielleiters stand einer der Vier auf und bot dem geheimnisvollen Mann, der eine so bevorzugte Behandlung des im Abstand schlafenden Maestro genoss, seinen Platz an, doch nun, da es so konkret wurde, fand dieser die Kraft, seine Teilnahme am Glücksspiel definitiv abzulehnen. Es wäre ihm unangenehm gewesen, seinen Socken mit der letzten Habe herauszuziehen. Und er musste sich beweisen, dass er Nein sagen konnte. Außerdem wollte er schlicht nicht schon wieder sitzen. Es überraschte ihn selbst, dass er sich bei Pantalone mit einer leichten Verbeugung entschuldigte. Da war er, dachte er über sich, der kleine Staatsbeamte, der denen, die er irgendwie fürchtete oder denen er misstraute, mit Unterwürfigkeit begegnete. Die Antwort war ein geschmeidiges Kopfnicken mit einem Lächeln, dessen Höflichkeit sich den Hohn nicht verkneifen konnte oder wollte.

Zum ersten Mal an diesem Tag, der seine Hitzeschlinge fester und fester zuzog, schwitzte Dostojewskij weniger durch ihre Atem und Verstand beraubende Kraft als aus Scham. Was für eine erbärmliche Erscheinung er bot, dachte er und ging, die Jacke über dem Arm, geradeaus, die lange Uferstraße entlang, die jetzt, am Nachmittag, leer war, die Menschen in ihren eleganten Villen verschanzt hinter bürgerlich vernünftig geschlossenen Fensterläden. Warum nur sah er sich ständig vor Erwartungen gestellt, die zu enttäuschen er nicht müde wurde, statt sie als Angebote zu sehen, die man doch auch annehmen konnte? Ein sich vor ihm im Sand räkelndes Mädchen, so begehrenswert wie kaum eines zuvor, deren Einladung ohnedies nicht mehr offensichtlicher sein konnte, ein im Schatten schlafender ihm mit freundlicher, wenn nicht schon freundschaftlicher Offenheit zugetaner Künstler, ein Genie der Musikgeschichte, das ihm mit ausgebreiteten Armen Zusammenarbeit, Ruhm und Wohlstand anbot, selbst die Verführungskünste eines gefinkelten Schau- und Glücksspielers, denen nachzugeben auch heißen konnte, in einer halben Stunde reich zu werden – rief da nicht etwas nach ihm, das er eigentlich seit je immer als das wirkliche Gesicht des Lebens empfunden hatte: das Abwegige, Tiefe, Unergründliche, die Verschlingung statt des geraden Wegs, die Unauslotbarkeit, von deren Ausmaß man nur eine Ahnung bekommen konnte, wenn man sich in sie fallen ließ? Wie lange wollte er seine Beobachtung des Mädchens – eine Beobachtung, deren Anteile von Begehrlichkeit niemandem verborgen bleiben konnten – noch fortführen? Wie viele Versuche des Meisters, mit ihm über die Oper ins Gespräch zu kommen, noch mit Schweigen quittieren? Wie lange sich zwischen Angezogen- und Abgestoßensein am Rand eines verbotenen Spiels herumdrücken, bis man ihn fast schon einladen *musste*, teilzunehmen, was vielleicht weniger Verführung als einfach gesellschaftlicher Anstand war? Schlug er diesen romanischen offenherzigen Menschen nicht fortwährend ins Gesicht mit seiner slawischen Zurückhaltung? Und war es nicht gegen seine Verpflichtung als Dichter, den Schritt von der Oberfläche zu meiden, das, was darunter lag, was das Leben ausmachte, auch in sich zuzulassen, um es dann in der Kunst – aber nur, wenn er es gesehen, erlebt hatte – anschaulich zu machen?

Schnell wie kaum einmal ging er dahin, es war schon fast ein Trab, mit dem er vor diesen Forderungen davonlief, die Scham peitschte ihn und setzte ihre Gewalt über ihn in Schritte um. Er zwang sich, anderes zu denken, und floh in die beiden Romanprojekte, die er längst zu einem hatte zusammenfließen lassen und seit seiner Ankunft in Venedig sträflich vernachlässigte. Es wäre wichtig, dachte er, seine neue Hauptfigur, einen Menschen im Untergrund, der die gesamte „ordentliche" Gesellschaft herausforderte, trotz seiner Isolation nicht als krankhaften Einzelfall zu schildern, sondern als einen, mit dem sich der Leser identifizieren, mit ihm hoffen und leiden könne, mit ihm „fiebern" im wahrsten Wortsinn. Der russische Leser? Oder bald auch der italienische, französische, englische, deutsche? Würde ein möglicher Erfolg mit einer komischen Oper ihm helfen, psychologische, fast allesamt in Sankt Petersburg angesiedelte Romane zu verkaufen? Wahrscheinlich käme er durch Rossini in Paris in Kontakt mit Größen wie Victor Hugo und Émile Zola und die würden ihn vielleicht an ein bedeutendes Verlagshaus empfehlen.

Oder würden sie ihn als Konkurrenten sehen? Als unliebsamen Eindringling aus dem Osten, der sich anmaßte, die europäische Literatur mit russisch geprägten Gesellschaftsromanen zu überziehen? Kann ich mir Raskolnikow auch als französischen Studenten in Paris vorstellen?, dachte er. Und dass ihn auch die versuchte Ablenkung auf seine Arbeit automatisch zu der Frage zurückgeführt hatte, die wie aus dem Nichts zur brennendsten seines Lebens geworden war, zur entscheidenden, alles unterordnenden, und die heute noch beantwortet werden musste.

Der lange Strand mündete in einen Steinpfad, der, wieder ohne absehbares Ende, am Ufer entlangführte. Meerseitig war er, wohl zum Schutz vor Sturmfluten, flankiert von einer Reihe riesiger aufgetürmter Felsbrocken, rechts waren die Häuser schon längst weniger geworden und in wildes, unkultiviertes Land übergegangen, ein undurchdringlich wirkendes Reich aus Dorngebüsch und wilden Kakteen, aus dem es martialisch von Hunderttausenden Insekten dröhnte. Ein dort abgelegter Leichnam wäre nach wenigen Tagen unkenntlich, dachte Dostojewskij und amüsierte sich darüber, wie leicht seine Gedanken ins Abseitige, Makabre gingen. Gewalt, sinnlose, tierische ebenso wie die politisch motivierte, sosehr er sie ablehnte, faszinierte ihn. Im Straflager hatte er die Erzählungen der Mörder und Schänder geradezu aufgesogen. Und sich später, als Soldat, Gerichtsfälle und -aussagen von Wrangel, einem Freund und angehenden Juristen, detailreich schildern lassen. Dieser war es auch, der ihn einen „in der Phantasie bösen Geist" genannt hatte. „In Gedanken sind wir alle Mörder", so seine Antwort darauf. Was stimmte, war, dass er das Extreme liebte. Und ein Mensch für ihn umso interessanter wurde, je mehr an ihm auszusetzen war.

Als folgte die Landschaft seinen Gedanken, lief der niedere Urwald in karge Hügel aus, die ihn an den Ort seiner Kasernierung, an Semipalatinsk, erinnerten, eine sandige Einöde ohne Bäume oder Sträucher, nur mit von Disteln überwuchertem Sand, der in Auge und Nase drang, in dem man bis zu den Knöcheln versank und sich die Füße verbrannte. Nun war die Landschaft hier weniger abweisend, aber doch ein Kampfplatz der Natur, in dem das Vegetative dem Amorphen trotzte und der man jetzt schon ansah, dass sie eines Tages wieder Meeresgrund sein würde, ohne dieses Antlitz in der verhältnismäßig kurzen Spanne ihres Aufgetauchtseins je ganz abgelegt zu haben. In Semipalatinsk wie hier gab es als einzige Oasen der Kultivierung kleine Gemüsegärten. Wie den, an dem er eben vorbeikam. Er lag am Fuß des Walls, auf dem sein Weg lief, und so nur durch diesen vom Meer getrennt, das an einem schmalen Streifen Strand vor den Wellenbrechern auslief. Ein Mädchen in bodenlangem, grauem Rock arbeitete in den ordentlich angelegten und gepflegten Reihen des winzigen Grundstücks. Dostojewskij blieb stehen. Mit Wrangel hatte er Sommertage auf der Datscha eines reichen Kosaken verbracht, am Ufer des Irtysch, die endlose Weite der Kirgisensteppe vor ihnen, die Jurten der Nomaden, wo die Zeit stehen geblieben schien.

Einige hundert Meter hinter dem Garten begann eine dörfliche Siedlung aus alten Steinhäusern, die bis zur jenseitigen Küste der hier schon sehr schmal zusammenlaufenden Insel reichte. Von einem Ufer zum anderen waren es zu Fuß wohl keine zwanzig Minuten. Die Arbeiterin war gerade dabei, eine abgebrochene Bohnenstange durch eine neue zu ersetzen und sah, während sie sich Schweiß von der Stirn wischte, zu dem über ihr stehenden Mann. Ihr dunkelbraunes Haar war in der Mitte gescheitelt und hinten zusammengebunden, dichte schwarze Brauen liefen über große dunkle Augen, die Nase war fast zu kräftig für das schmale Gesicht, doch wohlproportioniert und ohne es im Geringsten zu entstellen. Sie stemmte die Füße mit den klobigen Holzpantoffeln fest auf den erdigen Grund und zog mit Mühe an der tief eingegrabenen Stange, wobei sie gleichzeitig versuchte, das sich um diese rankende Kraut nicht zu zerreißen. Dostojewskij, dem Gartenarbeit von Kindestagen an vertraut war, wusste, dass das eine Arbeit war, die Kraft und Fingerspitzengefühl zugleich verlangte und schwer alleine zu machen war. Ohne zu überlegen, verließ er den Weg, rutschte und stolperte den steilen Hang hinunter und stand im Nu zwei Meter vor der Arbeiterin. Auf ihren fragenden, doch weder erschrockenen noch irgendwie ängstlichen Blick bot er ihr mit zwei offenen Händen seine Hilfe an, die sie mit einem Lachen annahm. Ein Lachen, das, wie er freudig registrierte, in keiner Weise gesellschaftlich war, eher ein herzliches Lachen-Müssen über eine ungewöhnliche Situation. Er ließ die Jacke fallen, ging in die Hocke und nahm die Stange unten, knapp vor der Erde, in beide Hände. Automatisch legten sich die Finger des Mädchens nun schützend um die feinen grünen Krautgirlanden, den Ruck des Herausziehens erwartend. Doch die hölzerne Stange saß fester, als er angenommen hatte, und er musste sich hinknien und seine Kraft nicht in einem oder zwei festen Zügen, sondern in einem ununterbrochenen, gleichmäßigen, langen Ziehen einsetzen, durch das sich das Objekt, unterstützt von leichten Drehbewegungen, Millimeter für Millimeter aus dem Boden löste, eine Anstrengung, bei der ihm – proportional gleichmäßig – der Schweiß aus den Poren und übers Gesicht strömte. Weil aber die Stange fast ebenso tief in der Erde steckte, wie sie aus ihr herausragte, mussten Kraut und Bohnen erst von ihr entfernt werden, ehe er im Ziehen von den Knien wieder in die Hocke ging, sich im Weiterziehen langsam aufrichtete und, als die Stange endlich heraußen war, aufrecht stand. Dann nahm er die neue, intakte Holzstange, doch da sie etwas dicker war als die alte, musste erst das Loch in der Erde vergrößert werden, und weil er vom italienisch gefärbten *Danke* der Gartenbesitzerin oder Gartenbesitzerstochter entnommen hatte, dass sie Deutsch sprach, bat er sie um ein *Messer*, ein Wort, das ihm als geübten Restaurantbesucher geläufig war. Überraschend zog sie eines aus dem Gürtel, der ihren Rock um die weiße Bluse zusammenhielt und klappte es auf. Er drehte die Stange um und verdünnte sie schnitzend im unteren Drittel so, dass sie in eine lange scharfe Spitze auslief. Diese stieß er in das Loch und weitete es, indem er sie hin und her bewegte und wieder herauszog und nachstieß und schließlich, als es mit der bloßen Kraft seiner Hände nicht mehr ging, mithilfe eines Hammers, der schon von ihr bereitgelegt worden war, die Stange mit festen, doch vorsichtigen Schlägen tief genug in das harte, trockene Erdreich rammte, ohne die Triebe, die aus demselben kamen, zu zerstören. Schließlich half er ihr noch, die Schlingen des Krauts neu anzubringen und schaute nicht unzufrieden auf das fertige Werk. Sie fragte ihn, ob er etwas trinken wolle, und er bejahte so enthusiastisch wie selten etwas. Vor einem kleinen Geräteschuppen stand eine lehnenlose Bank, auf der er wartete, während sie hineinging.

Der Garten war vorbildlich angelegt und gepflegt, wiewohl die Dürre der Sommermonate ihre Spuren zeigte. Trotzdem gab es Tomaten, Paprika, Gurken, Zucchini, manche davon in erstaunlicher Größe und Form, wie die wild aufgewachsenen und freier entwickelten Brüder und Schwestern ihrer zivilisierter aufgezogenen stadtnahen Verwandten. Es war ein friedlicher Flecken Land und die Stille vollkommen. Ein einzelner Glockenschlag zitterte durch die träge Luft und markierte irgendeine Nachmittagsstunde, welche, hätte Dostojewskij nach der langen Schifffahrt, dem Verweilen am Strand und dem ausgiebigen Fußmarsch nicht mehr sagen können. Von den Häusern der Ortschaft, zwischen denen der Kirchturm nahe der anderen, lagunenseitigen Küste aufragte, drang kein anderer Laut hierher, wo ein ewiger Sonntag zu sein schien, akustisch ein Reich der Libellen, der Hummeln und der allgegenwärtigen Zikaden, die in den niederen Büschen und Baumkronen unsichtbar ihre Flügel schlugen. Die Wolkenbank, am Morgen weit über den fernen Bergen aufgetaucht, war über die Stunden näher gerückt und hing nun bereits da, wo Venedig zu vermuten war. Über dem Lido aber und dem seegleich daliegenden funkelnden Meer war der Himmel ungetrübt und der Sommertag unangerührt. Nur wenige Möwen schwebten durch die zu dieser Zeit für sie kaum Nahrung bietende Luft.

Die Gärtnerin brachte einen Krug und zwei Gläser und setzte sich neben den langsam zu Atem kommenden Helfer. Die Limonade war frisch und angenehm säuerlich und nicht zu süß. Nun, abseits der gemeinsamen Arbeit, vermied sie direkten Augenkontakt und sah schweigsam auf ihr Getränk. Dennoch gab sie ihm nicht das Gefühl, dass seine Anwesenheit sie störte. Er betrachtete sie mit wenigen, scheinbar beiläufigen Blicken. Ihr Gesicht war schön. Aber es war selbstverständlich so, ohne sich selbst je Rechenschaft darüber gegeben zu haben. Die Gärtnerin, sah man, hatte nie Zeit gehabt, sich über ihr Äußeres Gedanken zu machen. Ihr lebendig geschwungener, wie zum Lachen geschaffener Mund drückte frühes Leid aus. Und eine Kummerfalte hatte sich tief auf die noch mädchenhafte Stirn gesetzt. Während sie in kleinen Schlucken trank, schaute sie in den Garten, überlegend, welche Arbeiten als Nächstes zu tun seien, und prüfend auf die Wolken hinter ihnen.

„Riechen Sie den Regen?", fragte sie.

„Nein."

„Ich rieche ihn."

„Wann kommt er?"

„In zwei Stunden."

„Du bist von hier?"

Sie nickte und wies mit dem Kopf über die Schulter.

„Wie heißt der Ort?"

„Malamocco", sagte sie in einem wiegenden Ton, wie man ein altes Kinderspiel benennt. Dabei wanderte sie mit den Augen konzentriert die Beete ab. Zwischen den Schlucken hielt sie das Glas nah am Mund.

„Warum sprichst du Deutsch?"

„Papà", sagte sie und sah ihn kurz an.

„Ah", wagte er beinahe ein Lächeln, aber das Mädchen nahm es ihm schon im Ansatz weg.

„Er ist vor drei Jahren gestorben. Solferino." Sie trank das Glas leer und schaute ihm so fordernd in die Augen, als hätte sie ihm mit dem letzten Wort eine Frage gestellt. „Er war Österreicher. Aber er lebte schon so lange hier. Er wollte nicht gegen Italien kämpfen. Er wollte nur seine Arbeit tun."

„Was hat er gemacht?"

„Boote gebaut." Noch einmal trank sie aus dem schon leeren Glas, saugte die letzten Tropfen Zitrone auf. „Erst hat er sich versteckt. Dann haben sie ihn gefunden und mitgenommen. Drei Monate später kam ein Brief. ‚Gefallen fürs Vaterland'. *Me ne fotto di una patria così.*" Die Verachtung, mit der sie das sagte, machte klar, auch wenn man die Worte nicht verstand, was sie von einer Heimat hielt, die solche Opfer verlangte. „Und die Italiener haben unsere Nachbarn geholt. Auch sie sind nicht zurückgekommen. Vielleicht haben sie gegeneinander kämpfen müssen. Nachbarn. Freunde." Und sie schaute zum Himmel, wie um ihn zu fragen, ob er eine Erklärung für diese Absurdität hätte. Dann stand sie auf.

„Und deine Mutter?"

„Ist seit der Geburt meines Bruders krank."

„Wie alt ist er?"

„Vier. Sie liegt im Bett, und ich weiß nicht, wie ich ihre Medikamente zahlen soll."

„Wie alt bist du?"

„Vierzehn." Sie trug ihr Glas in die Hütte, kam mit einem großen Korb zurück und machte sich daran, die reifsten Stücke Gemüse einzusammeln. Schlagartig schämte sich Dostojewskij für das sinnlose, schale, oberflächliche Leben, das er führte. Im Angesicht einer solchen Wirklichkeit verstand er wieder, dass er nichts als *raskolot* war, abgespalten vom Volk, ein intellektueller Müßiggänger, der sich neuerdings im Glanz eines fremden, aus einer alten Zeit kommenden Ruhmes sonnte und daran war, die Sehnsüchte eines europäischen Bürgers in sich aufzuspüren und zu kultivieren und sein Leben, seine Arbeit danach auszurichten. Wütend stand er auf und trank das Glas leer. Und wie oft in der Wut, die aus der Scham kam, fühlte er eine starke Begier, diese Scham zu vertiefen und die Wut dadurch noch größer zu machen, sich zu beschmutzen, sich noch schuldiger zu machen, als er schon war, der Schuld und der Scham auf den Grund zu gehen, sie auszukosten, wie man ein leeres Glas nach den Resten der bitteren, beißenden Zitrone ausschlürfte und auf die Bank stellte und trocken und beinahe hart dabei „Danke" sagte.

„Danke für die Hilfe", wandte sie sich in der Arbeit um, auf die gemeinsam errichtete Bohnenstange weisend, und als er sie nun zum ersten Mal seit der Begrüßung lachen sah, sah er auch, dass dieses Lachen ohne Schmerz und ohne Schwere war, ohne die Bitterkeit, die über ihrem vorherigen Bericht gelegen hatte, ohne den erwachsenen Ernst, der über ihren Gesichtszügen sonst wachte, ein Lachen, das noch aus einer heileren, heitereren Zeit kam und das sich herübergerettet hatte, ein Kinderlachen. Im Lachen war sie wieder und noch Kind, das nichts wusste und nichts zu wissen hatte von Krieg, Tod, Verlust – Begriffen, die sich heimtückisch hinter dem lieblichen Wort „Heimat" versteckt hielten wie scharfe Messer in Seide. Oder Nägel in Zuckerguss.

Und als er nun fortging, auf den Damm und den Weg zurück, den er gekommen war, wusste er, dass es wieder eine Flucht war, und vor mehr als einer unterlassenen Hilfeleistung. Denn selbstverständlich hätte er dem Mädchen, dessen Namen er nicht einmal erfragt hatte, seinen restlichen Besitz schenken müssen. Eine Bitte, und Rossini würde ihm neuen Kredit geben. Nein, etwas anderes quälte ihn und trieb seine Schritte, eine Formulierung, ein Bekenntnis, das er bei Casanova gelesen hatte, als dieser den Abschied von einer Geliebten beschreibt, mit der ihn ein tieferes Verhältnis als zu den meisten anderen Frauen verband: „Ich wusste, dass ich, um glücklich zu werden, bei diesem Mädchen hätte bleiben müssen. Aber mein Stern, oder besser: meine Natur trieb mich fort." Zuvor hatte Casanova sie mit der Zusicherung baldiger Rückkehr belogen und sie schließlich nie wieder gesehen. Warum ihm nun diese Episode in Bezug auf das Mädchen im Gemüsegarten einfiel, das doch nicht mehr als eine flüchtige Bekanntschaft war, weit von der Intimität einer Geliebten oder auch nur einem Gedanken daran, wusste er nicht. Aber die Empfindung war da, und stark, und schon seit sie nebeneinander gesessen und Limonade getrunken hatten. So stark war sie, dass er sich ein paar Mal im Gehen umdrehte, um sich vielleicht doch noch selbst herumzureißen und den Wall zurück und hinunter der dann aber sicher Erstaunten vor die Füße zu werfen und nicht, wie seine Schritte es taten, dem Magnetismus dessen nachzugeben, dem er vor zwei Stunden entflohen war und das ihn jetzt an sich zog, sodass sein Gehen ein Eilen wurde, ein Hasten, dass ihn die paar Male, die er sich umdrehte, fast niederzwangen auf den harten, staubigen Weg und dann womöglich den Hang hinab auf die spitzen, gewaltigen, aufgetürmten Steine. Der Trab, mit dem er sich vom Strand davongemacht hatte, lief nun in die umgekehrte Richtung, obwohl, und das war das Seltsame daran, nichts passiert war, als dass ihn eine zufällige Begegnung innerlich davon überzeugt hatte, dass die Flucht richtig gewesen war. Gegen seinen Willen trabte er die Küste entlang, auf jeden Fall gegen seinen Verstand. So stark war, was ihn anzog und schneller gehen ließ, wobei das auch mit den hinter ihm langsam, aber sichtlich näher rückenden Wolken zu tun hatte, als liefe er vor ihnen davon, mit dem Wind, der aus ihrer Richtung blies und ihn antrieb, beflügelte, dass die schlampig unter den Arm geklemmte Jacke hinter und über ihm herwehte wie eine schwarze Fahne, ein Wind, der minütlich stärker wurde und selbst den Trab noch antrieb, schneller zu werden. Zwei Bilder waren es, die in seinem Inneren hin und her flackerten, einander abwechselten, überlagerten, übertreffen wollten, und ihm die Sporen gaben. Den ganzen Weg vom Strand weg waren sie dagewesen, hatten auch während der Arbeit im Garten nicht aufgehört, und im Gespräch mit dem Mädchen – wenngleich da etwas anderes vorherrschend und beinahe beruhigend wirkte – in ihm weitergearbeitet: Pantalones höhnisches Lächeln und die im Sand liegende, über den Sand rollende, so befreit wie keine sich des Moments erfreuende Victoria. Rossinis Erscheinung, das, was er mit ihm endlich zu besprechen hatte, verblasste daneben fast, obwohl es sein Hauptantrieb hätte sein sollen. Die zwei anderen Bilder, diese zwei Herausforderungen, lockten ihn an, peitschten ihn, ließen sein Eilen ein Laufen werden, denn, kam ihm auf einmal in den Sinn, wer wusste, ob der geruhsame Strandausflug wegen des heranziehenden Unwetters nicht vorzeitig abgebrochen worden war, Menschen, Instrumente und Spanferkel auf das Schiff verfrachtet und längst in der Lagune und auf Rückfahrt waren? Nach ihm, der sich kommentarlos entfernt hatte, hätte man gerufen, noch eine Weile gewartet, ihn letztlich aber als „selbst schuld" zurückgelassen? Das alles machte, dass er, gefühllos, vor wie langer Zeit er davongegangen war, im Galopp den Wall hinunter und die gerade, den breiten Strand flankierende Straße dahinjagte, Menschen unfreiwillig stoßend, Flüche und verständnislose Blicke auf sich ziehend, das Herz den Hals hinaufschlagen spürend, überwältigt von seiner eigenen Kraft und Ausdauer.

Was sich am Strand vergnügt hatte, war am Heimweg, der bei den meisten aus ein paar Schritten bestand. Dass seine Gruppe, die die lange Schifffahrt vor sich hatte, noch hier war, schien nun schon beinahe unwahrscheinlich. An einem Strandlokal rannte er vorbei, in dem eine Gesellschaft lautstark feierte und musizierte, und erst im Weiterlaufen kamen ihm im Nachhall die Klänge der Instrumente und sogar manche der Stimmen vertraut vor, und er blieb stehen, und im langsamen, schwer atmenden Zurückgehen wurde ihm Schritt für Schritt klarer, dass es Rossinis Gesellschaft war, die da feierte, und seine Geschichte mit ihm und ihr, was auch kommen würde, nicht vorbei war.

3

Das kleine Hauptgebäude des Lokals war durch eine Holzterrasse unter weißen Stoffplanen zum Strand hin verlängert, von dem noch ein breites Stück bis zum Meer frei blieb. Zwar saßen viele an langen Tischen in der ausgelassensten Völlerei, viele schwärmten aber auch dazwischen hin und her, um neue Getränke zu holen oder sich vom seitlich über starker Kohlenglut drehenden Schwein weitere Scheiben absäbeln zu lassen. Der Wind trug den Geruch des schmorenden Fleisches über die Tische und tauchte die Szenerie in weißen Nebel. Zu der an ihren Kostümen erkennbaren Gauklerschar hatten sich Zivilisten gesellt, manche in Fest-, andere in Straßenkleidung, bunt gemischt saßen, standen, gingen sie herum, man konnte nicht sagen, ob sie alte Bekannte oder durch die Laune einer Stunde zusammengewürfelt waren, dass diese Grenzen in diesem Land verschwammen oder eigentlich gar nicht existierten, hatte Dostojewskij nun schon lange verstanden. Sehr derangiert vom Laufen stand er am straßenseitigen Eingang und staunte vor allem einmal wieder über den Maestro, der im Zentrum einer vollbesetzten und überreich mit Weinkaraffen, Tellern und Schüsseln beladenen Tafel saß, das Wort führte, Reden schwang, Bonmots verstreute, dazwischen gewaltige Stücke Fleisch verschlang, Gläser leerte und das schiere Gegenteil, eine wie mit neuem Leben erfüllte, irgendwie aufgepumpte Version des gestrigen, in sich zusammengesunkenen, so viel schwächeren und „älteren" Rossini war. Er schien glatte zwanzig Jahre jünger. Hinter seinem Rücken stand ein Pianino.

„*Ah, ah, che bella vita!*", rief er auf einmal so laut, dass alle, wirklich alle im Lokal in der Sekunde in ihren jeweiligen Tätigkeiten oder Gesprächen innehielten und zu ihm schauten, und er sprang auf und sang, ein Opernrezitativ improvisierend, auf den bislang unbeachtet am Eingang Stehenden zeigend: „*Dostojewskij è tornato!*"

Nun schwangen sich alle Köpfe zu diesem, der, wäre er nicht schon erhitzt gewesen, errötet wäre, so aber nur die Hand hob und tat, was wohl in solcher Situation erwartet wurde, nämlich lachen, und wer weiß, dachte er dabei und erschrak auch gleich darüber, während er die Jacke anzog, vielleicht brauche ich dieses Lachen schon bald als praktikable Reaktion auf die huldigende Aufmerksamkeit größerer Mengen. Gleich wurde am Tisch Platz gemacht, gleich ein Stuhl angestellt, schon saß er dem Gastgeber zur Seite, hatte einen Teller vor sich und ein Glas Wein in der Hand.

„Ein *rosso* aus den etrurischen Hügeln der Toskana, Sangiovese und Malvasia di Chianti", erklärte der Feinschmecker, „brillant, lebhaft, spritzig." Er hob das Glas zur Runde. „Passt perfekt zu unserem Freund."

Kurz fühlte Dostojewskij sich angesprochen, verstand aber dann, dass das Schwein gemeint war. Roch am Wein, besah ihn, dachte „Rubinrot trifft zu" und trank.

„*Maialino* hat Durst", deutete Rossini zum schon halb abgegessenen Spanferkel, über das großzügig Rotwein gegossen wurde, der mit Fett vermengt in eine große Wanne abtropfte. Aus der wurde geschöpft und die so entstandene Sauce erneut über die darunter knackende Haut, das zischende Fleisch geleert, was Geruch und Rauch jedes Mal verstärkte und den Appetit der unersättlich scheinenden Festgesellschaft neu entfachte.

„Rosmarin, Lorbeer, Knoblauch", sagte der Komponist schulterzuckend zum Schriftsteller, in einem Ton, der ausdrückte, wie leicht das Leben doch sein konnte. Zum Spaß, und ein wenig aus Erleichterung, dass ihm seine Absentierung nicht übel genommen wurde, zuckte auch dieser mit den Schultern. Und suchte mit den Augen das Mädchen und den Spieler und fand beide nicht. Doch schon zog der Entrepreneur neben ihm die Aufmerksamkeit der Runde wieder auf sich.

„Ich bin in meiner musikalischen Erforschung der Gastronomie fortgeschritten", sagte er in ausländerfreundlich deutlichem, ausgestelltem Italienisch, „und habe meinen Petitessen über Radieschen, Rosinen und Trockenfeigen zwei kleine Stücke hinzugefügt." Raunen und Applaus folgten. „Ganz frisch – sozusagen ofenfrisch –, heute früh komponiert: mein ‚Romantisches Ragout'."

Er nahm Schwung und drehte seinen schweren Leib federleicht im Kreis, und erst jetzt sah der etwas zu nah mit der Brust am Tisch sitzende russische Gast, dass der dreißig Jahre ältere, so viel quirligere Italiener auf keinem gewöhnlichen Stuhl saß, sondern auf einem Klavierhocker, der es ihm erlaubte, sich in Windeseile, ohne Zeit zu verlieren, dem Klavier hinter sich zuzudrehen, übergangslos vom Essen zum Spielen zu wechseln und zurück, wobei er die in den Kragen gesteckte Serviette nicht abnahm und mit voller Wucht in die Tasten griff, Akkorde anschlug, mit Läufen verband, tremolierend ein virtuoses Stück begann, dessen Dramatik zu der Banalität des Titels in groteskem Widerspruch stand.

Da läuft sie wieder, dachte Dostojewskij, die rossinische Musiklokomotive, die alles mit der gleichen Energie bewegte, ob es sich nun um einen Barbier, der das Faktotum einer Stadt sein will, oder um Soldaten, die eine Stadt niederbrennen wollen, handelte. Zerstörung oder Aufbau waren irgendwie austauschbar, solange sie nur mit Kraft und Vitalität geschahen. Entsprach das dem Menschenbild des Meisters? War es im Grunde – illusionslos? Und warum griff seine Musik dennoch so ans Herz? Warum konnte sich kein Mensch von ihr nicht angesprochen fühlen? Warum hob man unter ihren Klängen das Haupt zum Himmel? Der nun zweigeteilt dastand, reinstes Blau gegen schmutziges Grau kämpften um die Sonne, die noch wie trennend zwischen den Fronten von Schön- und Schlechtwetter ihren Platz behauptete. Am Strand saßen die Pulcinelli mit ihren Dameneroberungen essend und trinkend auf einer ins Meer führenden Steinmauer, an deren Ende festgebundene Boote schaukelten. Das Wasser war durch den Wind in Bewegung geraten, wie passend zum drängenden Rhythmus des Klavierstücks, das alles zu illustrieren schien: die unaufhaltsam näher rückende Wolkenfront, die im Begriff war, den Sommerfrieden zu vernichten, die Lebendigkeit der im Genuss schwelgenden Menge und die im Streitgespräch aufgeregten Gesten zweier Figuren, die den Strand entlangspaziert kamen, die eine weiblich mit kurzen, blauen, die andere männlich mit halb langen, roten Hosen, die eine mit Namen Victoria und die andere in der geckenhaften Verkleidung des Pantalone. Die von hier aus stumme Szene ihres Streits bekam durch die Klavieruntermalung etwas Komisches, aber auch etwas Rührendes, Angreifenderes, als wenn man ihre Worte gehört hätte, etwas menschlich Allgemeineres, Beispiel- und Schicksalhaftes. Die Vergeblichkeit des Ringens um Zweisamkeit konnte man herauslesen, die seelische Fremdheit zweier körperlich naher Geschöpfe vor dem weiten, gleichgültigen Meer. Musik überhöhte, veredelte, machte Unsichtbares fühlbar und nahm den Moment aus der Zeit, der trivialen. Manchmal war Dostojewskij neidisch auf die Musik. Wie viel mühsamer war es, mit der Sprache – ohne Umweg über den Verstand – zu den Herzen vorzudringen. Musik schloss die Herzen auf, oft schon in wenigen Takten. Sie erinnerte den Menschen an seine Sehnsucht, zu lieben. Vielleicht war sie sogar die Liebe selbst. Etwas stand zwischen der Literatur und der Liebe. Wie im Leben das, was der Liebe entgegenstand, nicht so sehr der Hass war, sondern das Für und Wider des Gehirns. Der Verstand war der Feind der Liebe. Das Böse, dachte Dostojewskij, trüge in seiner russischen *commedia* die Maske der Vernunft. Der Teufel, so leuchtete es aus einem noch dunkel in ihm schlummernden Romangedanken heraus, müsste die Karikatur eines Aufklärers sein.

Mit grandiosen Akkorden schloss das Stück und trennten sich die Figuren am Strand. Zum donnernden Applaus verschwand der Wütende zwischen den Pinien, trottete die Schauspielerin mit gesenktem Kopf, die Stoffschuhe in der Hand, zum Lokal.

„*Ouf!*", rief Rossini. „*Les petits pois!*" Und spielte wieder. Und wieder fügten sich die Töne, die er auf die „kleinen Erbsen" komponiert hatte, zu der Handlung, deren Akteur nun Dostojewskij selbst werden sollte. Fast als führte ihn die zarte, gefühlvolle Melodie, stand er auf und ging an die Ecke der Terrasse, die Victoria anstrebte. Erst zwei Schritte vor ihm hob sie den Kopf und sah ihn. Und als sich ihr Gesicht aus tiefem Nachdenken im Wiedersehen des verschollen Geglaubten erhellte, ließ sich dieser von den tänzelnden Klängen des Klaviers hinunter in den Sand tragen, vor sie hinstellen, ihre Hand nehmen und mit einer galanten Verbeugung einen fast nur angedeuteten Kuss darauf drücken. Sie lächelte, und die Triller Rossinis tanzten in ihren vollen Lippen und ihren jugendlich nach oben gerichteten Mundwinkeln. Das Lächeln drückte eine Rührung aus, wie man sie hat, wenn einem ein Kind unerwartet ein selbst gemachtes Geschenk gibt. Und dann, als das Lied die Anfangsmelodie wieder aufnahm, geschah etwas Ungeheures: Als gäbe ihr die Musik die Kraft, sich schwach zu zeigen, trat sie nahe an Dostojewskij heran, schlang ihre Arme um seine Schultern und legte ihren Kopf an seine Brust, die rechte Wange und das rechte Ohr drückte sie fest an sie, als ob sie sich ausruhen oder in sie hinein und sein Herz hören wollte. Drei, vier Sekunden stand sie so, und als sie sich löste, hatte sie Tränen in den Augen. Bevor der von ihr Ergriffene etwas sagen konnte, flüsterte sie ein *„Scusa"* und lief an den Tischen vorbei zum Ausgang und war exakt mit den Schlussakkorden verschwunden. Für den wie versteinert Zurückgebliebenen wurde der Beifall so zu ihrem Abgangsapplaus. Und sein Herz schlug nach der kurzen Szene schneller als nach dem langen Lauf.

Rossini hatte sich zurückgedreht und aß schon wieder. Interessanterweise wusste er, wohin sich Dostojewskij während seines Spiels entfernt hatte, und winkte ihm mit einer Gabel, auf der ein Kloß steckte. Dann schaute er sinnend in die Ferne, zu den Pinien, in die Pantalone getaucht war, während er mit dem Kloß Sauce von seinem Teller wischte. Als er ihn mit der Rechten zum Mund führte, griff die Linke nach hinten zu den Tasten und schlug seine Kaubewegung nachahmend Töne an, was die Tischrunde wieder sehr amüsierte. Dostojewskij seufzte, stieg vom Sand auf die Holzbretter der Terrasse und sah sich um. Der Fleischgeruch machte ihm keinen Appetit. Viel entblößte Haut saß an den Tischen, fettglänzende Backen zerkauten krachende Schweineschwarten und lachten dabei, tranken und lallten ihre vokalreiche Sprache, es war wirklich unvorstellbar, was sich diese Leute ununterbrochen zu erzählen hatten. Der Schweiß in ihren Gesichtern vermengte sich mit Fett und rann ihnen die Hälse hinab in wogende Dekolletees, auf tierhaft behaarte Männerbrüste, immerfort tranken sie nach, um den Brunnen ihrer Poren weiter fließen zu lassen, es sah aus, als hätte das Fleischliche in dieser Stadt, in der der Karneval – der schon im Wort *carne* das Fleisch in den Mittelpunkt stellte – einst den Großteil des Jahres dauerte, endgültig gesiegt. Der immer penetrantere Geruch störte sie nicht, vielmehr schienen sie das Schlachtopfer des Tiers, das sich von Rotwein als ob vom eigenen Blut triefend mit irren, traurigen Augen, die noch den Anblick des Schlächters im Moment des Todes in sich trugen, wie eine perverse Jahrmarktsattraktion im Kreis drehte, zu brauchen für ihre Selbstgewissheit und Gier. Wieder musste Dostojewskij an den Marienhain am Moskauer Stadtrand denken. Unromantisch betrachtet, war es nichts als ein Ort wilder Lustbarkeiten und Zechgelage, umgeben von Friedhöfen. Im Marienhain kochte das Leben und gemahnte doch alles an den Tod. Zwischen alten Grabstätten klang der ausgelassene Chor von Zigeunerinnen, auf den Grabplatten standen Rumflaschen und wälzten sich Kaufleute in Rausch und Unzucht. Dorthin waren die Ausflüge seiner Kindheit gegangen.

Ein entsetzlicher Donner, einer, bei dem man das Blut in den Adern gefrieren spürte, schlug wütend in das menschliche Geschnatter und ließ es verstummen. Mit offenen Mündern starrten alle nach oben, wo gerade die lange bevorgestandene Wachablöse vollzogen wurde, die Sonne dankte nach vielen ununterbrochenen Wochen Dienstes ab und überließ das Himmelsfeld den Heerscharen zusehends schwärzerer Wolkengebirge, die türmten sich auf und durchdrangen einander und schoben sich weiter vor, verschluckten die Sonne, fraßen Meter für Meter Blau, gierig, entschlossen, unaufhaltsam. Aufgerissene Augen verfolgten das Schauspiel, für eine Minute war es still geworden, nur die Möwen besprachen wild umherfliegend, kreischend das Ereignis. Das Meer wechselte unter den neuen Lichtverhältnissen zu einem schillernden Türkis, als wäre es von innen illuminiert. Der Wind fuhr mit nerviger Hand über den Strand, wirbelte Sand auf und ließ die Planen der Lokalabdeckung flattern.

„Amici!", beendete der Taktgeber des Fests das geduckte Schweigen und bestieg, sich am Klavier stützend, mit erstaunlicher Behändigkeit den Hocker, nahm seine riesige Serviette aus dem Kragen, hielt sie in den Wind und rief: *„Maestro degli elementi! Maestro delle quattro stagioni! Aspetta un po' di più, finché ti rilasci la tempesta di*

mare ci darai ancora una mezz'ora da godere! Mangiamo! Beviamo!" Auf diese Beschwörung der Elemente, noch eine halbe Stunde zum Genießen zu gewähren, bei der nicht klar war, ob mit „Maestro" Gott oder – da zwei seiner Musikstücke zitiert wurden – der Venezianer Vivaldi gemeint war, tobte die Menge in einem Aufschrei, dessen Energie dem heraufziehenden Sturm Konkurrenz machte, und antwortete dem finalen *„Cantiamo!"* des *compositore,* der mit seiner Serviette den Himmel dirigieren zu wollen schien, mit einem geschmetterten, beinahe einstimmigen „*Cantiamo!"* Etwas mühsamer als hinauf, stieg der *conductore* vom Hocker hinab, setzte sich und spielte seine Arie aus dem ‚Barbiere', in der die Verleumdung mit einem kleinen Lüftchen verglichen wird, das sich im Gehen von Mund zu Mund zu einem immensen Stadtsturm steigert, was im Zusammenspiel mit dem tatsächlich anwachsenden Gewitter eine phantastische Wirkung hatte und die Zuhörer, besonders als Rossini mit der Faust in die Luft boxend einen Paukenschlag simulierte und nur wenig später der nächste tatsächliche Donner folgte, vor Begeisterung außer Rand und Band geraten ließ. Kurz beruhigte sich daraufhin das Wetter, als habe es dem Ersuchen um Aufschub stattgegeben, und entsprechend spielte der alte Zauberer ein leiseres Stück, gingen die Münder wieder an die Gläser, wurde das geschlachtete Tier, auf der einen Seite schon ein Skelett, unermüdlich weitergedreht und übergossen. Dostojewskij kam an einer großen Tonne mit Abfällen vorbei, und dort vermengte sich der Hautgout von Fischresten mit dem des toten Schweins so widerlich, dass ihm übel wurde und er glaubte, sich im Moment übergeben zu müssen. Er lief über den Strand und zwischen die Pinien, doch da empfing seine Nase eine andere Zumutung, der mit Nadelduft gemischte Gestank menschlicher Exkremente, und er lief weiter, bis er vor einer großflächig ausgebreiteten Decke stand und von einem nunmehr unverhohlen höhnischen *„Finalmente!"* Pantalones empfangen wurde.

„Finalmente! Il poeta russo! Si accomodi!", lud er den Zurückgekehrten ein, der vor Schreck seine Übelkeit vergaß. Pantalone saß wieder vier Spielern gegenüber, hielt wieder die Bank im Pharao und nun auch eine Schnapsflasche zwischen den gekreuzten Beinen. Diesmal wurde auf die Zustimmung des früher Davongegangenen gar nicht gewartet, seine Rückkehr galt als Spielabsicht, die Karten der Vier wurden zusammengeworfen und gemischt, einer machte seinen Platz frei und setzte sich abseits. Die wilden geröteten Augen Pantalones schauten Dostojewskij von unten an. Noch immer hätte er gehen können. Aber hatte er nicht seit seinem Weglaufen vom Gemüsegarten darauf gewartet? War er nicht unter anderem deswegen zurückgekehrt? Wütend setzte er sich und zog den Geldsocken aus seiner Jacke. Pantalone lachte sein unangenehmes in der Brust sitzendes Lachen. Er nahm einen Schluck aus der Flasche und hielt sie seinem neuen Gegenspieler hin. Der wies als Antwort mit dem Kopf auf das zweite, nach Farben geordnete Kartenpaket. Er erhielt die dreizehn Karten der Farbe Kreuz. Pantalone ließ von seinem Paket abheben, zeigte die Karte und legte sie als unterste ab. Vor

ihm lag bereits sein Einsatz, zehn bis zwölf Geldscheine. Die Spieler legten je eine ihrer Karten offen hin und ihre Einsätze darauf. Dostojewskij hatte noch drei Banknoten und setzte eine auf die Kreuz neun. Pantalone deckte zwei seiner Karten auf. Sie hatten beide den gleichen Rang: neun. Worauf er den Schein von der Kreuzkarte einzog, ohne etwas zurückzugeben. Dostojewskij protestierte. Bei solcher Ranggleichheit, einem *plié*, erhielt die Bank nur die Hälfte des Einsatzes. Doch der Spielleiter hob die Arme: „Diese Variante des Spiels haben wir von den Österreichern gelernt", erklärte er auf Französisch, wie man ein Naturgesetz konstatiert. Dostojewskij hätte am liebsten gleich wieder aufgehört. Das Spiel begann schon mit einem Betrug. Doch die Wut hielt ihn, und er legte den zweiten Schein auf das neu aufgedeckte Kreuz-Ass. Die Karten zweier Mitspieler entsprachen der aufgedeckten Drei des Bankiers, und zwei Scheine wanderten zu ihnen. Dostojewskijs Einsatz blieb liegen. Als Nächstes kam Ass, und er verlor wieder, und hatte noch einen Schein. Pantalone grinste hämisch, als er seinen Gegner die Dame aufdecken sah. Und die Note darauflegen. Die zweite des nächsten Bankierpaars war eine Dame. Mürrisch wollte er dem in diesem Fall siegreichen Dostojewskij einen Schein geben, aber der wehrte ab und bog die Ecke seiner Spielkarte um. Alle schauten auf. Das hieß, er spielte Paroli, verzichtete vorläufig auf den Gewinn und setzte ihn für die nächste Runde ein. Im Fall eines Sieges würde er das Dreifache des ursprünglichen Satzes bekommen. Und es geschah. Die zweite Karte des Bankiers war wieder eine

Dame. Doch als Pantalone, bemüht, gute Miene zu machen, die drei Scheine auszahlen wollte, schlug ihm ein leises, doch gut verständliches *„Sept et le va"* entgegen. Also erneutes Paroli. Diesmal mit der Aussicht auf siebenfachen Gewinn. Das Gesicht des Schauspielers zeigte, dass er begann, Achtung für seinen Gegner zu entwickeln. Er trank Schnaps und sagte etwas in venezianischem Dialekt zu den anderen, und alle lachten. Ruhig hielt Dostojewskij den Blick auf das Paket der Bank und wartete, ob eine – und welche – von den zwei nächst aufgedeckten Karten ein Ass sein würde. War es die zweite, hatte er gewonnen. War es die erste, alles verloren. Doch entgegen aller Wahrscheinlichkeit war es wirklich die zweite, und er gewann. Jetzt muss ich die Scheine nehmen und gehen, sagte er sich. Aber als er in die glasigen, verdorbenen Augen des Gauklers sah, war es, als ob ihn etwas von innen an die Stirne stach, glühende Nadeln des Teufels spürte er hinter seinen Brauen und eine unbändige Lust auf Verkommenheit und Schmach. Lieber verlieren, als jetzt aufhören, dachte er. Und sagte, lauter als vorhin, und mit einer vom Schauspieler übernommenen Häme, die aber ganz gegen ihn selbst gerichtet war: *„Quinze et le va!"*

Nun lachte keiner mehr. Das Fünfzehnfache, im Fall eines Gewinns. So viel hatte die Bank nicht. Pantalone sah Dostojewskij lange an. Die kurz aufgeflammte Achtung war in Verachtung übergegangen. Er schnalzte mit der Zunge und griff in seine Westentasche. Und während er etwas zweifellos Unflätiges in sich hineinfluchte, zog er zwei große goldene Reifen heraus und legte sie vor sich auf das Geld. Es waren Victorias Ohrringe, die sie ihm vor dem Schwimmengehen zur Aufbewahrung gegeben hatte.

Sie waren des Spielers letzter Einsatz. Die Schmuckstücke des Mädchens, das seine Avancen, deutete man den Streit vorhin am Strand richtig, abgewiesen hatte. Durfte er das? Sein Ausdruck verriet, dass es ihm egal war. Dass ihm eigentlich alles egal war. Die Welt schien dem, der davon lebte, belacht zu werden, selbst ein lächerlicher Ort zu sein. Nichts galt etwas. Nichts war heilig. Dostojewskij fühlte einen Schmerz in der Brust. Alle hielten den Atem an. Pantalones Augen funkelten belustigt und gemein. Dostojewskij nickte. Pantalone drehte die erste Karte um. Es war Pik sieben, und er gewann einen Schein von einem anderen Spieler. Er legte die Hand auf das Paket und zog die oberste Karte. Es ist wie im Roulette, dachte Dostojewskij, wenn die Kugel gefallen und alles längst entschieden ist, aber noch niemand den Ausgang weiß. Niemand außer dem Croupier. Der die Bank hielt. Die Bank gewann immer. So war das Spiel konstruiert. Seine Regeln arbeiteten für die Bank. Beim Roulette lag ihr Vorteil bei fast drei Prozent. Beim Pharao in dieser angeblich österreichischen Variante musste er viel höher liegen. Pantalone verstieß gegen alle Gebräuche, als er die Karte so umdrehte, dass nur er ihren Rang sehen konnte. Doch weil sein vom Theater geprägtes Gesicht seine inneren Regungen wiedergab wie eine hauswandgroße Leinwand die Figuren zweier vor einer Flamme schattenspielender Hände, konnte man ihm unmissverständlich ablesen, dass er eine Dame in den Fingern hielt und verloren hatte. Nur sein besonders bitteres

Lächeln, mit dem er den Mund verzog, erklärte sich erst, als er die Karte endlich auflegte und man sah, dass es die Herz Dame war. Scheinbar emotionslos nahm der Gewinner die Scheine und die Ohrringe entgegen, steckte sie in die Jacke, stand auf, verbeugte sich leicht, murmelte *„Merci pour le jeu"* und verließ die Pinien zum Strand hin.

Dort fand er eine in jeder Hinsicht veränderte Situation. Die Wolkendecke hing nunmehr lückenlos und schwer am weiten Himmel, der Wind war stärker geworden und wehte dem gegen ihn Angehenden Sand in Mund, Augen und Nase, auf der Terrasse waren die strandnahen Tische weggeräumt und kämpften Männer mit den im Losgebundenwerden wild um sich schlagenden Stoffplanen. Die Menschen standen nah aneinandergedrängt und sangen im Chor, von Rossini in der Mitte am Klavier begleitet und dirigiert. Das Lied handelte von einem *sereno cielo*, einem heiteren Himmel, der durch aufkommenden *vento* in Gefahr gebracht wurde. Der die *laguna* aufraute und einen Sturm anzukündigen schien. Die eben noch in Völlerei badende Schar war in schlichter Andacht um den Meister vereint und sang so akkurat wie mit spitzen Fingern, um jeden Ton, jede Phrasierung bemüht. Erst jetzt verstand man, dass es keine zufällig zusammengewürfelte Gesellschaft, sondern irgendeine Sangesvereinigung, vielleicht sogar der Chor des Theaters war. Oder lag das Singen hier den Menschen einfach im Blut? Im Gefängnis hatte Dostojewskij in ein eigenes Heft die Lieder notiert, die seine Mithäftlinge sangen und so tief ins russische Volk hineingehört. Auch dort konnte der Gesang Einzelner zu einem Chor werden, aus acht Stimmen, von Balalaika und Gitarre begleitet, und er war dann oft den Tränen nahe gewesen. Als von weiteren Instrumenten – Geigen, Tamburin, Bass und Harmonika – verstärkt, die „Kamarinskaja" von Glinka ertönte, hatte er sich gewünscht, der verehrte Komponist selbst hätte ihren Gesang im Gefängnis gehört. Als er nun auf die Terrasse stieg, hatte sich die Furcht vor dem Sturm im Lied als „*vano timor*" herausgestellt, der Himmel war wieder „*sereno*", und alles löste sich in lachendem „*cantiamo*" auf.

Doch nicht in Wirklichkeit. Schon spürte man erste Regentropfen, wurde eine Plane auf das Klavier geworfen und über dem unbekümmert Weiterspielenden schützend in die Höhe gehalten. Als dieser den am Rand stehenden, abermals zurückgekehrten, flüchtigen Gast erblickte, rief er ihn freundlich zu sich, der Chor öffnete eine Gasse und ließ ihn zum Klavier treten.

„Bitte", sagte Rossini, „singen Sie uns etwas aus Ihrer Heimat." Und war erfreut, wie spontan die Antwort kam:

„Kennen Sie ‚Lastotschka', ‚Die Schwalbe'?" Er summte die Melodie, und der Maestro rief:

„Aber das ist ‚Vieni sul mar'! Eine alte neapolitanische Volksweise!" Und spielte die „Lastotschka" perfekt am Klavier an. Erstaunt begann der Russe sein Lied von der Schwalbe, die im stillen Frühlingsgarten singt, während die Italiener leise, ohne ihn stören zu wollen, zur selben Melodie das ihre von dem Mädchen, das schläft, obwohl der Seemann am Schiff sehnsüchtig auf sie wartet, sangen. Und während sie im Refrain die Geliebte beschworen, aufs

Meer zu kommen, ermunterte er die Schwalbe, zu singen, dem Herzen Frieden zu geben und ihr Lied gesegneter Liebe zu wiederholen. Die beiden Handlungen, zwei Sprachen und zwei Sehnsüchte trafen sich in einer Kantilene, die auf geheimnisvolle Weise über Tausende Kilometer von einem Volksgut ins andere übergegangen war, frei wie die Wolken, frei und grenzenlos, wie es die Herzen der Menschen, losgelöst von Nationen und Vorurteilen, ihrem Wesen nach sind.

Um nur ja keinen Unterbruch und dadurch ein möglicherweise vernunftbedingtes Ende des Musizierens aufkommen zu lassen, modulierte Rossini bereits im Ausklingen der russisch-italienischen Romanze in das Vorspiel der nächsten, in die schaukelnde, wie von Wellen bewegte Melodie, die er schon am ersten Abend gespielt hatte, nur dass er jetzt nicht alleine sang, sondern der Chor mit Hingabe diese Hymne an die Gondolieri intonierte, wenngleich ihm der immer wildere Sturmwind die Standfestigkeit nahm und Sand in die sangesoffenen Münder trieb, die Plane über dem wie um sein und aller Leben an die Tasten sich klammernden Maestro auf und nieder schlug und von vier Männern mit Mühe festgehalten wurde. Und dazu sah Dostojewskij in der zunehmenden Düsternis, die den blendenden Sommertag beschlagnahmt hatte, und durch die immer dichteren Sandwehen und erste Regenschwalle, wie sich unten am Strand ein schlanker Körper mit aller Kraft gegen den Wind stemmte, in seine Wucht hineinfallen ließ, schräg vor dem Meer mit ausgebreiteten Armen und wirbelnden Haaren wie ein zum Abflug, zum sich Mittragen-, zum sich weg von der Erde Nehmenlassen bereiter schöner, aber flugunfähiger, vielleicht verzweifelt verwundeter Vogel. Dostojewskij bahnte sich seinen Weg durch den Chor, stieg von der Terrasse und lief zu Victoria.

Der Strand war sonst leer, nur die beiden Pulcinelli, von den Damen verlassen, machten sich ein Vergnügen daraus, auf der ins Meer führenden Steinmauer zu balancieren, was besonders für den einen weit draußen, der dem Wind durch seine Länge eine größere Angriffsfläche bot, schwierig war, auch wegen seines Kostüms, das wie ein Segel im Wind stand. Der kleine Dicke hatte es da leichter, auch war er näher am Ufer. Doch sogar er zappelte hin und her wie betrunken. Victoria war auf halbem Weg zwischen Terrasse und Wasser. Im Näherkommen fand Dostojewskij, dass ihre Haltung ebenso die eines den Sturzflug einleitenden Raubvogels sein konnte, und der Verwundete wäre, wenn er nicht aufpasste, dann er selbst. Drei Meter vor ihr hielt er, und da der Wind ihn von hinten traf und er sich nicht mit dem Rücken gegen ihn stemmte, sondern ihm eher nachgebend, sich vor ihm duckend nach vorn beugte, bildeten die zwei Figuren eine Art Dreieck, indem die Köpfe gut einen Meter näher beieinander waren als die in den Sand gestemmten Füße. Sie blinzelte ihn aus halb geschlossenen Lidern an und lachte, als hätte er sie beim Üben eines noch gänzlich unbeherrschten Kunststücks ertappt, blieb aber mit ausgebreiteten Armen und als konzentriere sie sich auf etwas Bevorstehendes wie Abflug oder eben Niederstoßen. Er hätte es gerne graziöser gemacht, aber seine Hand verhedderte sich in der Jackentasche in den Geldscheinen, und zwei flogen auch davon wie Herbstblätter, als er sie mit den Ohrringen herauszog. Die goldenen Reifen tanzten und klirrten im Sturm vor ihrem Gesicht. Ihre Lippen waren wund von Salz und Trockenheit und standen in der Verwunderung offen wie in Erwartung eines Kusses. Die Geldscheine mochten ihr die Geschichte erzählen, wie der Schmuck zu dem Fremden gewandert war. Sie fragte nichts, doch sie gab die Flughaltung auf und nahm die Reifen leise dankend entgegen.

„Was hat er Ihnen getan?", fragte Dostojewskij auf Französisch.

„Er hat mir gedroht."

„Womit?"

„Dass er meinen Bruder bei der Polizei meldet", sagte sie. „Er weiß, dass er in einer verbotenen Gruppe gegen die Besatzer arbeitet."

Sie schauten einander an, und die Frage nach dem Preis, den sich der Erpresser von ihr erwartete, wurde stumm und in beider Blicke gestellt und beantwortet. Wie vorhin füllten sich ihre Augen mit Wasser. Sie glänzten im aufflackernden Blitz, der die wachsende Dunkelheit anzündete wie ein Streichholz und dem ein markerschütternder Donner folgte. Endlich waren die beiden Naturphänomene, die seit Tagen voneinander getrennt die Lagune durchirrt hatten, vereint. Endlich entluden die Wolken ihre lange gesammelte Last, und der Regen fiel wie in Stäben hernieder und bohrte sich in den Sand, schlug hart auf den Kopf und die nackten Schultern des Mädchens, das im krassen Temperatursturz, den der Sturm mit sich brachte, wohl aber auch in der Not über ihren Peiniger, der dadurch, dass er ihren Besitz verspielte, demonstrierte, wie er sie zu besitzen meinte, am ganzen schlanken, sehnigen Leib zitterte und nun nichts mehr von einem Raubvogel hatte, vielmehr eher etwas von einer aus dem Wasser gezogenen, beinahe ertrunkenen und hungrigen jungen Schwalbe, dachte Dostojewskij, und im nächsten Moment, dass es doch nichts als ein Mensch war, ein frierendes, ängstliches, schutzloses Menschenwesen mit einem verletzlichen, kleinen, tapfer gegen die Welt anschlagenden Herzen in einem selbstbewussten, strahlend schönen jungen Körper, begehrens- und beschützenswert zugleich.

Die gegen die Naturgewalt in die Tasten schlagenden Finger Rossinis waren bis zu ihnen zu hören und gaben dem unbändigen Regen einen Takt, vielleicht sogar irgendeinen höheren Sinn. Der Chor schwoll an. Verzweifelt rührend und komisch, wie er dem Meister die Treue hielt und sang und sang, während rundherum die Welt unterzugehen schien und letzte Planen wie Flammen in die Höhe züngelten und mit einem einknickenden Holzgestänge zu Boden fielen. Der Regen beherrschte, unterwarf sich, schlug alles mit unbarmherziger, gefühlloser, zerstörerischer Wucht. Er schlug auf die so lange heile Sommerwelt ein wie eine Strafe. Im Bund mit dem Wind fiel er über die Erde her und machte ahnbar, wie brüchig alles Menschengemachte auf ihr war. Stühle flogen durch die Luft wie Stroh, ein Tisch von irgendwo kam als Geschoss über den Strand auf die beiden einzigen Menschen zugerast und verfehlte sie nur knapp. Doch der Chor sang.

Und Rossini spielte. Dostojewskij schöpfte Mut aus allem, und obwohl auch ihn fröstelte, war ihm durch die Musik warm in der Brust, durch die Musik und die Nähe Victorias, die vor einer Stunde ihren Kopf an ihn gelegt hatte. Und es war doch nichts anderes als eine Antwort darauf und eigentlich ganz selbstverständlich, als er jetzt den letzten Schritt zu ihr machte und sie umarmte und mit der Linken ihren Rücken und mit der Rechten ihren Kopf drückte und hielt, so fest er sich getraute, seine ganze Liebe und seine ganze Traurigkeit legte er in diese Umarmung, der sie nachgab. Und so standen sie umschlungen, als der von Sturmböen manchmal kurzfristig unhörbare Gesang wie zur Bestätigung noch lauter wurde und ihm, dem so lange Passiven, sogar die Kraft gab, ihren Kopf von seiner Schulter zu heben und ihre Gesichter nahe aneinander zu bringen. Der Regen rann über beide, als wollte er alle Unterschiede und alles Trennende verwischen, wegwaschen alle falsche Scham und alle trennenden Gedanken. Wie schön sie ist, empfand Dostojewskij im Herzen mehr, als er es dachte. Wie vertrauensvoll ihre Augen in seine schauten, wie warm, wie nahe. Da lächelten ihre halb offenen, aufgesprungenen, wunden Lippen, während Rossinis Finger heiter auf den Tasten tanzten, und auf einmal verspürte Dostojewskij ein unbeschreibliches Gefühl, eine vollständige Harmonie mit sich und der ganzen Welt, ein starkes, süßes, wollüstiges Gefühl, dass er für die wenigen Sekunden dieser Seligkeit zehn Jahre seines Schreibens, ja sogar das ganze Leben hingeben hätte können, ein Glück, wie man es in normalem Zustand nie empfand und von dem sich andere Menschen keine Vorstellung machen konnten. Und da wusste er, dass es ein Anfall war, der sich vorbereitete, und dass er dagegen wehrlos war, und dass der euphorische Schwebezustand, den er, das Mädchen in Armen haltend, erlebte, die Einleitung von etwas Entsetzlichem war, womit er sie verschrecken und ängstigen würde, wie er seine Frau geängstigt und verschreckt, für immer verschreckt hatte in jener Hochzeitsnacht, als ein Anfall alles zunichte gemacht hatte, was zwischen ihnen Schönes gewesen war. Und er schaffte es gerade noch, Victorias Kopf, der sich mit geschlossenen Augen zum Kuss zu ihm neigte, in einige Entfernung von seinem zu bringen, doch der Schrei, der ihm nun entfuhr, war zu laut, zu grauenvoll, um sie nicht zu Tode zu erschrecken. Sie fuhr zurück, er ließ sie los und taumelte den abschüssigen Strand hinunter und sah im Taumeln die an Land ragende Kante der Steinmauer auf sich zukommen und wusste, dass sie ihn anzog, dass sie für ihn bestimmt war, für seinen gleich niederfallenden Körper und Nacken, doch er wirbelte und drehte sich ohne Kontrolle auf seinen Beinen, die alle Kraft verließ, und stolperte rückwärts auf die Steinkante zu, die vor Entsetzen starre Victoria im Blick, und erwartete im Fallen den Hieb im Genick und sein Ende und war überrascht wie nur einmal zuvor in seinem Leben, als er auf etwas Weiches fiel, sein Kopf wie auf einem großen, warmen, dicken, weißen, seidigen Kissen zu liegen kam – und da verstand er, dass der kleine, wendige Pulcinella von der Mauer gesprungen war und ihn aufgefangen hatte.

Mit zuckenden Gliedern lag er röchelnd in dessen Armen, auf dessen Bauch, er fühlte seinen Puls schwächer werden, und als er, wissend, dass er gleich ohnmächtig werden würde, den Kopf vom Strand weg nach oben wandte, um seinen Retter mit der auf die Stirn geschobenen Maske zu sehen, während er in Krämpfen gegen das Ersticken kämpfte und spürte, wie der Urin rann, während der Chor sein glorioses Finale sang, Rossini letzte triumphierende Akkorde schlug und oben bei den Pinien, das sah er noch im Augenwinkel, Pantalone mit einem Polizisten stand und in seine Richtung, vielleicht auch in die des Mädchens, zeigte, der Sturm in die Bäume fuhr und Äste brachen und Blitz und Donner in endgültiger Übereinkunft gleichzeitig und mehrmals hintereinander flammend und krachend die Tore zur Hölle zu öffnen schienen, in der alles versinken würde, während das Meer anschwoll und anrollte wie eine schwarze, kochende Masse flüssiger Lava, schaute er, schon als die Sinne ihn verließen, mit weit offenen, brechenden Augen in das schreckverzerrte, weiche, gutmütige Gesicht von Beppo. Er sah ihn noch die Lippen aufgeregt bewegen und etwas rufen, er hörte ihn nicht, als die Nacht kam.

V

1

Dostojewskij träumte, er wäre ein Kommissar der venezianischen Polizei und ein junges Mädchen wolle ihn töten. Es gab keinen erkennbaren Grund dafür, doch war die Mordabsicht eindeutig und verbunden mit dem zärtlichen Vorspiel eines Liebesakts. Durch eine Finte konnte er die Fremde verhaften lassen – im Moment der ausbrechenden Leidenschaft traten von ihm bestellte Sbirren ein und nahmen sie fest. Das hatte aber nur zweierlei zur Folge: Erstens tat sie ihm unheimlich leid, wie sie ihm da in die Falle gegangen war, denn ihre Zärtlichkeit und ihre Sehnsucht rührten ihn, sosehr er ihre brutale Entschlossenheit fürchtete. Und außerdem war klar, dass nichts auf der Welt, keine noch so strenge Einsperrung der Fremden oder Isolierung seiner selbst ihn vor ihr schützen konnte, jetzt, da zu den starken Gefühlen, die sie für ihn hatte, noch die Enttäuschung über seinen Betrug hinzukam. Auch, dass man ihn in Eisregionen weltabgeschieden verbergen wollte – man fuhr ihn in einem mechanischen Aufzug, wie er neuerdings in Amerika verwendet wurde, ein Gebirge hoch, „wir sind in der Höhe von Nepal", sagte ein Begleiter –, konnte nicht helfen. Er wusste, sie kam, war am Weg, vielleicht – „was ist das?", fragte er, auf ein auffahrendes Nebelwölkchen zeigend – war sie schon hier ...

Im Erwachen lag er lange mit geschlossenen Augen und versuchte, den Traum mit dem in Übereinstimmung zu bringen, was er hörte: Möwen und sanft plätscherndes Meer. So war er noch nie aufgewacht, und es war das Friedlichste, was er sich vorstellen konnte, friedlicher noch als die Stille in seinem venezianischen Hotel. Wo war er? Er schlug die Augen auf und sah Sonnenlicht durch Ritzen des Bretterverschlags oder der Hütte fallen, in der nicht viel mehr war als das Bett, auf dem er lag. Ein kleiner Tisch, an den Wänden Regale mit Fischereiutensilien, Netze, Flickzeug, Angeln. Er schaute unter der Decke an sich herab und sah, dass er ein fremdes, langes, blaues Hemd trug und darunter nackt war. Wo waren seine Sachen? Was war geschehen? Es war erst, als er aufstand, mit schweren Beinen zur Tür ging, hinaustrat und in den Tag blinzelte, dass ihm seine völlige Zerschlagenheit zu verstehen gab, dass er einen epileptischen Anfall gehabt haben musste. Er konnte sich nur an Victoria erinnern, dass er ihr am Strand gegenübergestanden war und sie in die Arme nehmen wollte. Oder hatte er es getan? Und zuvor hatte er Beppo erkannt. Oder war das danach gewesen? Beppo! Den ganzen Tag, den er die zwei rudernden und dann am Strand tollenden Pulcinelli beobachtet hatte, war ihm nicht aufgefallen, dass hinter der Maske des kleinen Dicken sein Träger und Cicerone des Ankunftstages gesteckt hatte. War es nicht auch er gewesen, dessen geheimnisvoller Schatten ihn von der Rialto-Brücke zu Rossini gelockt hatte? Oder war das nur Einbildung gewesen? In einem Entwurf für seinen Raskolnikow-Roman ließ er dessen finsterste Figur, den liederlichen Erpresser Swidrigailow, sagen: „Ich gebe zu, dass nur Kranke Wahngebilde haben; aber das beweist doch nur, dass Geister eben nur Kranken erscheinen können, und nicht, dass es sie überhaupt nicht gibt."

Vor der Hütte lagen umgedrehte Boote im Sand. Unvorstellbar, dass der Strand und das Meer die gleichen waren wie der Hexenkessel von gestern Abend, dachte er. Da es noch nicht so spät gewesen sein konnte, auch wenn der Sturm alles nachtgleich verfinstert hatte, musste er, nachdem er ohnmächtig hierhergebracht worden war, sehr lange geschlafen haben, denn die Sonne, die wieder heiß schien, als wäre nichts gewesen, stand schon gegen neun. An einer Leine neben der Hütte hingen seine Kleider und seine Wäsche. Alles war gereinigt worden und beinahe trocken. Er griff in die Taschen seiner Jacke, sie waren leer. In der Ferne erkannte er die Reste des Holzgestänges über der leeren Terrasse. Ihn schwindelte, und er ging wieder hinein, um sich noch einmal hinzulegen. Auf einer Kommode am Kopfende des Betts, die er erst jetzt sah, lagen sämtliche Gegenstände aus seinem Anzug, auch die Geldscheine des Spielgewinns. Daran, musste er sich sagen, war zu erkennen, dass er nicht in Russland war. Er roch an einem mit Wasser gefüllten Krug und trank ihn fast leer. Er hatte Magenschmerzen. Und war furchtbar müde. Und traurig. Wie immer nach einem Anfall. Arme Victoria, dachte er. Sie hat dem Wahnsinn ins Gesicht geblickt. Der Schreck, der Ekel würden nicht mehr weichen. Wie bei seiner Frau nach der Hochzeitsnacht. Er war durch den Anfall – er hatte ihr vorher nichts von seiner Krankheit erzählt – ein Fremder für sie geworden. Bald darauf hatte sie begonnen, Blut zu husten. Ihre Schlafzimmer blieben getrennt. Die Ehe war vorbei gewesen, ehe sie angefangen hatte.

Fast wäre er wieder eingeschlafen, als es an der Tür klopfte. „*Da*", rief er automatisch auf Russisch und korrigierte es nicht, weil er erschrocken merkte, dass seine Stimme nach dem Anfall noch heiserer war als sonst. Beppo stand da, in normaler Kleidung, ein Tablett mit einer Suppenschüssel in Händen.

„*Buon giorno*", flüsterte er und trat mit komödiantisch übertriebenen Schritten auf Zehenspitzen ein. Das Tablett auf den Tisch stellend, lüpfte er den Deckel der Terrine und roch am heißen Dampf. „*Un bel brodo per fare risorgere i morti. E come va, signore?*"

Dostojewskij musterte ihn finster aus dem Bett. Auch wenn er ihn aufgrund der Ähnlichkeit der Formulierung im Französischen – nur „*brodo*" war ihm fremd – verstand, hatte er weder Lust noch Kraft, sein schlechtes Italienisch auszupacken und außerdem keine Stimme. Zweitens war er infolge des Anfalls stets schlechtester Laune. Drittens hatte er vor, seinen Raskolnikow öfter in seiner engen Kammer in der Stoljarnaja im Bett liegend Besuche empfangen zu lassen und sah sich nicht gern selbst in dieser Situation. Und viertens war er weder „*morto*", noch hatte er es nötig, „aufzuerstehen", aufzustehen reichte, und das tat er mit einem ruckartigen Zurückschlagen der Decke. Beppo trat zurück und rückte einen Stuhl an den Tisch. „*Grazie*", kam darauf, im Versuch, alles Vorige in einem Wort gutzumachen. Beppo begriff, dass aus dem auch sonst nicht gesprächigen Herrn nicht mehr herauszuholen war und empfahl sich mit einem *„Buon appetito"*, nicht ohne in der Tür noch einmal kehrtzumachen und in gespieltem oder wirklichem Ärger über seine Vergesslichkeit ein Briefcouvert aus der Jacke zu ziehen und es mit nun aber wirklich gespielter Servilität – er machte einen Ausfallschritt und senkte den Kopf bis zum Knie – zu überreichen. *„Grazie"*, war die Antwort, ein Echo des vorherigen.

Erschöpft sank Dostojewskij auf den Stuhl. Kaum war Beppo fort, tat ihm sein rüdes Benehmen leid. Wie konnte er ihm klarmachen, dass alles an ihm – seine ständige gute Laune, sein Humor, seine Gesprächigkeit, auch, was er die ganze Zeit Gutes von ihm empfing –, dass ihn das alles einfach überforderte, dass er zu schwach dafür war, zu ungelenk, steif, mürrisch. Dass was wie Misstrauen wirken musste, in Wirklichkeit das Gefühl der eigenen Unzulänglichkeit, des eigenen Unwerts war. Menschlich sah er sich tief unter Beppo. Und aus dieser Unterlegenheit behandelte er ihn wie von oben herab. Während er ihm gleichzeitig aus irgendeinem Grund immer leidtat. Wie kompliziert das Leben war, wenn ein Anderer dem Individuum hinzutrat. Und fing doch aber damit erst an?

Das Gericht, das so ähnlich klang wie das deutsche „Brot", *brodo,* eine Brühe aus Fleisch und Gemüse, war, als er es in den Teller geschöpft hatte, noch zu heiß, und er öffnete das Couvert. Gleich sprang ihm die lachende Schrift Rossinis entgegen.

„*Gentile amico Dostojewskij*", war die Anrede, um dann auf Französisch fortzufahren: „Mir tut außerordentlich leid, wie unser kleiner Ausflug gestern für Sie geendet hat. Sie haben uns einen ordentlichen Schrecken eingejagt! Wir waren gerade dabei, das Klavier und uns vor der Sintflut in Schutz zu bringen, als Victoria ganz außer sich auf die Terrasse gestürzt kam und von Ihrem Zusammenbruch erzählte. Wir trugen Sie ins Trockene, und zum Glück war ein erfahrener Arzt, ein Freund von mir, anwesend, der aus den geschilderten Symptomen schloss, dass Sie einen epileptischen Anfall erlitten haben mussten. – Lieber Freund! Hatten Sie das in der Vergangenheit schon öfter? Ich hoffe aufrichtig, dass Sie sich einigermaßen besser fühlen und über die einfache Unterbringung nicht erzürnt sind. Es ging ja gestern alles drunter und drüber, an eine Rückfahrt war natürlich nicht zu denken, und wir wurden alle in die verschiedensten Notunterkünfte verteilt. Wann endlich auch der Lido ein paar vernünftige Hotels bekommen wird, weiß ich nicht. Der Arzt meinte, außer Sie schlafen zu legen, könnte nichts für Sie getan werden. Heute früh musste ich zu dringenden Geschäften nach Venedig. Wann immer Sie sich in der Lage fühlen, steigen Sie in die Gondel, die für Sie bereitsteht. Giuseppe wird Sie hinführen. Sollten Sie hingegen einen *medico* brauchen, wird er sich auch darum kümmern. Ich würde mich sehr freuen, Sie heute Abend um zehn Minuten nach sechs auf der Piazza vor dem Florian zu treffen. – Das Florian, mein Lieber!!

Apropos, wegen der Polizei machen Sie sich keine Sorgen. Ich habe die Wogen geglättet. Sie haben offenbar bei einigen Gelegenheiten die Aufmerksamkeit auf sich gezogen – ohne sich natürlich in irgendeiner Weise schuldig zu machen. Aufzufallen geht hier schnell, die Leute sind … nervös. Und nicht alle sind so vertrauenswürdig, wie sie scheinen. Wenn dann noch Eifersucht dazukommt … oh, là là! Aber keine Angst, auch Ihr Hotel ist informiert.

Ich werde morgen Venedig verlassen, und es wird gut sein, wenn Sie das fürs Erste auch tun. Machen Sie sich heute einen ruhigen Tag. Ich schlage Ihnen vor, die Scuola di San Rocco zu besuchen. Was Tintoretto dort geschaffen hat, ist göttlich. Göttlich – wie meine Musik. (Ich hoffe, Sie können lachen.) *Vostro amico* Rossini."

Und darunter war noch hingeschrieben: *„Laus deo"*. – „Gelobt sei Gott."

Während er die Suppe löffelte, ging er den Brief in Gedanken durch. Es war eine Begleiterscheinung seiner Krankheit, dass die Leute bei ihrem Ausbruch zu Tode erschraken und sich im Nachhinein vor den Kopf gestoßen fühlten. Aber er konnte sie doch nicht jedem auf die Nase binden, „für den Fall, dass …" Nicht nur wegen der heißen Suppe, auch wegen der Andeutung Rossinis über „einige Gelegenheiten", bei denen er sich auffällig gemacht hatte, stieg ihm Röte ins Gesicht. Wie viel wusste er? Alles? Von der Verwechslung der Kaffeehäuser auf jeden Fall. Dass er Pantalone eifersüchtig gemacht hatte, auch. Dass er gegen ihn gespielt hatte, wahrscheinlich. „Machen Sie sich einen ruhigen Tag" – das war schon fast, wie man mit einem Patienten redete. Was er auch war. Aber Besorgnis um seine Nerven, wenn nicht um seinen Geisteszustand, schwang mit. Hielt man ihn für verrückt? Und für politisch gefährlich? Stand die Polizei trotz Rossinis Beschwichtigungsversuch schon in seinem Hotelzimmer und durchwühlte den Koffer, las seine Aufzeichnungen? Von Umsturz war dort die Rede, vom Kampf gegen die Gesellschaft, von Lacenaire … Was, wenn man nicht verstand, dass es Skizzen für einen Roman waren? Oder war selbst das schon kriminell? Wahrscheinlich säße er ohne die unsichtbar schützende Hand des Meisters längst in den Bleikammern. Er legte die Serviette auf sein schweißnasses Gesicht und schüttelte den Kopf, dann fächelte er sich Luft zu. Für den eben eintretenden Beppo musste das aussehen, als inhalierte er die Suppe, statt sie zu essen. Er brachte eine Wasserschüssel, Seife und ein Handtuch und stellte alles auf die Kommode.

„Grazie", sagte Dostojewskij nun zum dritten Mal und dachte, dass er, sollte er je in Italien leben, an seinem Wortschatz arbeiten müsse. *„La soupe è buono",* überwand er sich zu einem ganzen Satz, den nun der Mann, den er Beppo nannte und der eigentlich Pepi und in Wirklichkeit Giuseppe hieß, mit *„Grazie"* beantwortete, ehe er das Tablett hinaustrug. Gleich darauf brachte er die Kleider, legte sie aufs Bett und zog sich zurück. Das Wasser hatte eine angenehme Temperatur, und die Seife roch nach Mandarine. Die Kleider waren trocken und von der Sonne warm und wie frisch gestärkt. Um nicht gleich wieder zu sehr zu schwitzen, legte Dostojewskij die Jacke, nachdem er alles in sie zurückgesteckt hatte, über den Arm, aber es nützte nichts, schon beim In-die-Sonne-Treten öffneten sich die Poren und verrichteten ihren Dienst.

Gleich hinter der Küstenstraße war der kleine Hafen, dort lag noch der Burchiello, aber ohne das Cembalo, und daneben eine verdecklose Gondel, die mit einer schwarzen Plane abgedeckt war. Dostojewskij half, das auf ihr stehende Wasser abgießend, sie abzunehmen und setzte sich in die weichen Kissen. Barfuß, in an den Waden abgeschnittener Hose und Unterhemd legte sich Beppo kräftig ins Zeug und ruderte das schlanke Boot durch die Kanäle an den eleganten Villen und Gärten vorbei. Die Oleanderbüsche und -bäume waren vom Sturm zerzaust, die Blüten teils abgerissen, teils verschrumpelt. Ob sie sich in diesem Sommer noch erholen würden? Ihrem Duft tat es keinen Abbruch, er schien sogar stärker die heiße, doch seit gestern wie gereinigte, frischere Luft zu durchziehen. Eigentlich konnte man seit Tagen zum ersten Mal normal atmen. Dennoch saß Dostojewskij niedergeschlagen und traurig in dieser Pracht. Und als sie die letzte Brücke passiert hatten und ihr Kanal sich zur Lagune öffnete und sehr klar gezeichnet die Umrisse von Venedig vor ihnen lagen, überfiel ihn ein tiefer Kummer über ihre Schönheit, darüber, dass er der Stadt nicht genügen und keine Kreativität aus ihr beziehen konnte. Und auf einmal, mit dem Schrei einer Möwe, kam ihm ein Gedanke, ein Bild, das war so befreiend, so belebend, und es war eigentlich nur ein Wort, das sich ohne sein Wissen und nach nur einmaligem Hören in ihm festgesetzt hatte, und da drehte er sich um und sagte von unten und mit einer gewissen Verschmitztheit, die selten bei ihm vorkam, dem rudernden Beppo ins Gesicht:

„Malamocco?"

„Malamocco?!", riss dieser die Augen auf.

„Malamocco."

„*Vuole a Malamocco?*"

„*Sì*", sagte Dostojewskij und lehnte sich zurück. Und mit einer den Komödianten abgeschauten Geste der rechten Hand, die aussah, als würde er den überhängenden Spitzenärmel einer Rokoko-Bluse durch die Luft wirbeln, fügte er „*Per favore!*" hinzu und dehnte dabei das „o" und rollte die „r"s, so gut er konnte. Doch weil er sich gleich darauf sehr ungehörig vorkam mit seiner launischen Forderung, drehte er sich noch einmal zurück und fragte: „*Va bene?*"

„*Va ben, va ben*", seufzte Beppo schicksalsergeben und setzte lachend zu irgendeiner Geschichte über einen *zio* in Malamocco an, von der sein Fahrgast kein Wort verstand, der auch nicht wusste, was ein *zio* war, und trotzdem mitlachte, herzlich sogar, mit bebender Brust, aus Freude über sein Ziel und Dankbarkeit gegenüber dem, der ihn dorthin brachte. Die Sonne brannte auf seinen benommenen Kopf, und er dachte, dass er sich gegen sie irgendwie schützen müsse. Da spürte er mit den Füßen einen Gegenstand und hob ihn auf. Es war ein schmaler Damenschirm mit kleinen Rüschen, vergessen, liegen gelassen von einer eleganten Schönen vielleicht, und er spannte ihn auf. Der Schatten tat augenblicklich gut, und so blieb er nach einem fragenden Blick zu Beppo, der mit Daumen und Zeigefinger einen Ring bildend sein Einverständnis gab, auch so sitzen, während sie die lagunenseitige Küste des Lido abfuhren.

Nach einer knappen halben Stunde tauchte der Kirchturm auf, bald darauf die ersten Häuser. Die Gondel bog in einen Kanal und hielt nahe an der Kirche und dem kleinen Ortskern, der von Wasserstraßen eingefasst war. Beppo gab, als er die Gondel festband, umfassend Auskunft, der stille Herr wartete nichts verstehend am Kai, zog seine Jacke an und nickte. Dann ging das ungleiche Paar durch stille Gassen, an Häusern vorbei, die älter als die ältesten Venedigs und von denen viele unbewohnt schienen. Sehr bald kehrten sie in einer Schänke ein, wo Beppo bekannt war und ihm sofort ein Glas Wein hingestellt wurde. Dostojewskij lehnte ab und gab zu verstehen, dass er ein wenig spazieren und wiederkommen wolle. Sein erschöpfter Ruderer war darüber gar nicht beleidigt, nahm das Glas und setzte sich in den weinbehangenen Innenhof.

Nicht nur viele Häuser, auch die Plätze waren beinahe wie ausgestorben, was dem geschwächten Fremden angenehm und nach der Hektik Venedigs ein Labsal war. An der Kirchentür rüttelte er vergebens. Er entfernte sich vom Ortskern und ging in die Richtung, in der er die andere, die Meeresküste vermutete, und fand sich bald auf schlammigen, aufgeweichten Sandwegen zwischen Wiesen und Sümpfen, ein Labyrinth aus Brücken, Bächen und Kanälen, eine ganz vom Wasser beherrschte, vom Wasser getragene und dem Wasser trotzende Landschaft. Der Sturm hatte Äste abgerissen und verstreut, ein Baum lag umgeknickt, der Stumpf gespalten wie vom Blitz. Das Konzert und Geflatter von Hunderten Vögeln zeugte von üppigem Leben in den Büschen, im hohen Gras. Dostojewskij dachte an Sibirien, an die vielen

Vögel über den Steppen und Seen, an die stillen, unbelebten Wälder, von denen wohl manche so groß wie halb Italien waren. An die schweren Baumstämme am Flussufer dachte er, an die Abbrucharbeiten an den alten Fährschiffen, an die Schubkarren mit Ziegelsteinen, an die Fußketten. Und wie er in den bis zur Ohnmacht gehenden Qualen der Zwangsarbeit, unter diesen brutalen, zornigen, verbitterten Menschen, den Mithäftlingen mit ihrem grenzenlosen Hass auf die Aristokratie, ihrer Feindseligkeit, die so weit ging, dass sie ihn aufgefressen hätten, wenn sie gekonnt hätten, wie er in dieser Hölle die Welt noch einmal neu kennengelernt hatte. Und wie es die von hundertfünfzig ihn Tag und Nacht umgebenden Widersachern hundertfünfzigfach vergrößerte innere Einsamkeit eines Ostermorgens gebraucht hatte, um sich an ein Ereignis seiner Kindheit zu erinnern. Das Laufen durch ein Sonnenblumenfeld, voller Angst, weil er gehört hatte, dass ein Wolf käme, das um sein Leben Rennen mitten in die Arme des Bauern Marai. Der mit seinen erdverschmierten Fingern ein Kreuz auf die Stirn des kleinen Fjodor gemalt hatte. Es gab doch kein Recht, hatte er als Folge dieser Erinnerung am Ostermorgen gedacht, auch nur einen der Häftlinge um ihn zu verurteilen. Jeder von ihnen konnte der gleiche Bauer Marai sein. Man musste verstehen, wie sie wurden, was sie waren. Man musste ihnen zuhören. Ihre Geschichten erzählen lassen und aufschreiben. Erst in Sibirien hatte er wirklich zu leben begonnen, begonnen, den Menschen zu verstehen, sich selbst zu verstehen. Die besten Gedanken hatte er damals gehabt, was jetzt kam, war höchstens ihre Wiederkehr, aber längst nicht so klar.

Er bestieg den vom Vortag bekannten Damm und sah auf die Wellenbrecher, den schmalen Streifen Sand dahinter, der heute voll angespülten Treibholzes war, Tang und Algen, wie in Sankt Petersburg, wenn die Newa wieder einmal die Ufer geflutet hatte. Über die Flüsse waren die ersten Herrscher gekommen, dachte er und ging den Pfad auf dem Damm entlang, an den Ufern von Newa, Düna, Dnjepr waren die nordischen Seefahrer erstmals auf die Slawen getroffen, die deren Boote bewunderten und deren Fähigkeiten als Krieger und Jäger, und von denen einige Stämme schließlich, der chronischen Zerstrittenheit untereinander müde, sie, die normannischen Rus, gebeten hatten, über sie zu regieren. Am Anfang der Geschichte Russlands stand der Wunsch, die Bitte eines Volks, beherrscht zu werden. Achthundertzweiundsechzig galt als das Geburtsjahr, die Straßen bei den Tausend-Jahr-Feierlichkeiten in Sankt Petersburg waren so voll gewesen, dass er bei seiner Abreise fast zu spät zum Bahnhof gekommen wäre.

Der Anblick des wiederkehrenden Fremden, der so gar nichts Exaltiert-Verspieltes hatte, der korrekt gekleidet war und streng, geradezu finster, vom Damm herunterblickte und dennoch ein gerüschtes Damenschirmchen über dem Kopf hielt, machte, dass die Gärtnerin ihn mit dem gleichen zwanglosen Lachen begrüßte, mit dem sie ihn gestern verabschiedet hatte. Sie war dabei, die Beete von angewehten Ästen, Zweigen, Blättern zu säubern und die ärgsten Spuren der Verwüstung zu beseitigen. Er zögerte nicht, rutschte den Hang hinab, zog die Jacke aus und bot gestisch seine Hilfe an.

„Bitte", sagte sie. „Zum Glück habe ich das meiste reife Gemüse gestern noch geerntet."

„Ich hätte sollen helfen."

Sie schüttelte den Kopf und hielt ihm eine Handvoll Blaubeeren hin. Sie waren kleiner und runder als ihre sibirischen Verwandten, die er gerne gegessen hatte, und schmeckten noch süßer. Himbeeren, Johannisbeeren, arktische Brombeeren, für sie hatte Dostojewskij während seiner Stationierung eine Stunde Schreibzeit opfern können. Und besonders für seine geliebten Pinienkerne mit Honig. Als die Gärtnerin sah, wie sehr ihm die Beeren schmeckten, legte sie ihm mehr und mehr in die Hand und lachte, weil seine Zunge und seine Lippen schon blau waren. Er lachte mit und musste husten, worauf ihr Blick eine Nuance ernster wurde und zu fragen schien, wie ein Mensch in dieser Sommerpracht so blass sein konnte. Ihr Gesicht war braungebrannt und doch hell, verglich man es mit ihren großen, schwarzen Augen. Die nur zögernd mitlachten, wenn ihre Lippen es taten.

„Wie ist dein Name?"

„Agatha."

„Fjodor."

Und ihr zunickend, krempelte er die Arme auf. Eine gute Stunde arbeiteten sie miteinander an den Beeten, rissen vom Regen zerstörte Setzlinge aus und pflanzten neue ein, säuberten die Reihen, auch der niedere den Garten umfassende Zaun war zum Teil beschädigt und musste hier zusammengenagelt, dort neu gebunden werden. Sie sprachen dabei nur das zur Arbeit Allernötigste, ihre Hände harmonisierten und verstanden wie von selbst, welche Tätigkeiten aufeinander zu folgen hatten. Dostojewskij dachte wieder an die Landmonate seiner Kindheit, wie ihn die Gartenarbeit auf der Kosakendatscha daran erinnert hatte, und nun erinnerte ihn das konzentrierte Hantieren an malamoccanischen Gemüsepflanzen daran, wie er im sibirischen Semipalatinsk Blumenbeete angelegt hatte. Das lag gerade fünf Jahre zurück.

Zum Verschnaufen setzte er sich auf die Bank, sie brachte Limonade aus dem kleinen Verschlag. Schweigend saßen sie nebeneinander und tranken in kleinen Schlucken und aßen Beeren. Friedliche Stunden hatte es in seinem Leben wenige gegeben. Die Sommer im Kosakengarten waren reich daran gewesen. Karawanen hatten Halt gemacht und getrocknete Früchte gebracht, Aprikosen, Rosinen. Der Himmel war endlos gewesen – und nach dem Kennenlernen von Marija und in der Zeit des Sehnens nach ihr sein einziger Trost. Dass immerhin er, der weite, hellblaue, immer wie zum Greifen nahe russische Sommerhimmel sie *beide* umspannte, sie beide verband. Man musste sich nur ein Stück hinauf- und hinüberträumen, zu ihr. Und wäre gerettet.

„Möchten Sie nicht schwimmen?", fragte Agatha und zeigte auf sein schweißnass an ihm klebendes Hemd.

„Schwimmen?"

„Ja", lachte sie, weil er das Wort wiederholt hatte wie eine komplizierte wissenschaftliche Formel. „Schwimmen! … Sie können doch schwimmen?"

„Oh, ja!"

„Na los! *Avanti!*"

Dostojewskij schaute so ungläubig und zugleich freudig, als hätte man ihm, in einem Traum vielleicht, mitgeteilt, dass er ab sofort Flügel besäße und fliegen könnte. Unsicher stand er auf, ungeschickt tapste er die Böschung hinauf, zweifelnd wie ein Kind, das man alleine zum Spielen geschickt hat, schaute er von der Anhöhe zurück zum Mädchen, das keinen Einwand duldend, aufmunternd in die Hände klatschte. Da ging er den Hang hinab und dachte daran, wie er die abfallende Wiese hinuntergegangen war zum Ufer des Irtysch, und kletterte über den Wellenbrecher und zog sich aus, und hing die Kleider auf die Felsen, wie er sie in Sibirien über die den Fluss säumenden Grabsteine gehängt hatte. Als er nackt war, drehte er sich um, ob wohl kein Mensch in der Nähe wäre, und spürte das überraschend frische, wahrscheinlich vom Sturm abgekühlte Wasser unter seinen tastenden Schritten und ging weiter, immer tiefer in die sanft an ihm hinaufplätschernden, ihn mit ihren spitzen Kämmen kitzelnden Wellen hinein, bis sie an seine Brust schlugen, an den Hals, ans Kinn, und als er ganz untertauchte, erinnerte er sich an sein letztes Schwimmen im sibirischen Fluss, wie er kopfüber hineingesprungen war. Mädchen hatten vom Ufer kichernd zugeschaut. Auftauchend sah er, dass hier keine Mädchen zuschauten, auch nicht jenes, das auf der anderen Seite des Walls saß und auf ihn wartete.

Wieder tauchte er unter, verharrte reglos und hatte das angenehme Gefühl, für immer so bleiben zu können, nie wieder atmen, nie wieder auftauchen zu müssen, am überraschenden und doch in dieser Minute selbstverständlichen, folgerichtigen Ort seiner Bestimmung angekommen zu sein. Die Arme hoben sich unter der Befreiung von aller Last und Schwerkraft seitwärts. Als er zwei, drei Schritte weiterging, wich auch noch der Boden unter seinen Füßen und er schwebte in einer nie gekannten, nie für möglich gehaltenen Leichtigkeit, und selbst die Gedanken standen einige Sekunden still. Dann schwamm er mit kräftigen Zügen, spürte, wie seine Muskeln und Sehnen sich im weichen Widerstand des Wassers belebten, fühlte, dass sein Körper noch lange nicht so alt war, wie er mühsam über die Erde dahinkriechend, sich mühsam im Gehen aufrecht haltend, oft den Anschein gab. Die Luft hielt ihn nicht. Dieses salzige Element, in dem er sich zum ersten Mal in seinem Leben befand, hielt, trug, hob ihn in die Höhe, selbst als er ohne eine Bewegung am Rücken lag und sich über den hinausgestreckten flachen Bauch hinweg selbst mit den Zehen zuwinkte. Wie damals, als er auf dem improvisierten Kanu mit seinem Bruder „Toter Mann" gespielt hatte.

Wie fern gleich alles ist, dachte er rücklings schaukelnd und die Landmasse betrachtend, die ihm von hier draußen erstmals als Insel vorstellbar war, kaum entfernte man sich ein wenig, schon merkte man, wie fremd man dem war, auf und in dem man sich ununterbrochen bewegte, fremd dem Land, fern den Menschen. Es gab für eine Rückkehr nur rationale Gründe, nur praktische. Man verstand, dass man zurückmusste, wieder Kleider tragen, gehen, essen, mit Menschen verkehren, Geld verdienen. Spüren konnte man es nicht. Nicht wünschen. Und schon gar nicht sehen.

Schließlich lag er auf einer der schmalen Steinmauern, die auch hier ins Meer führten und ließ sich trocknen. Was für ein gesegnetes Land, dachte er. Wie leicht es sich hier leben ließe. Aber waren das nicht unvereinbare Begriffe, „leben" und „leicht"? Ein Paradox? Möwen umkreisten ihn, beutesuchend, er sah, wie sie ihn in Betracht zogen und abließen. Seine Körpergröße machte ihn in ihren Augen überlegen. Dabei wäre er wehrlos gegen ihre spitzen Schnäbel gewesen. Wie lange, dachte er, muss ich hier reglos liegen bleiben, bis sie mich anfallen, auf mich einhacken, mich zerfetzen, ausweiden zu Dutzenden, wild flatternd in Gier und Eile, bis die größeren Vögel kämen, und am Abend lägen nur noch Knochen da, Fetzen Fleisches und Blut, das ins Meer ränne, im hohlen Schädel ein vergessenes Auge, das zum Himmel blickte? Der „Tote Christus im Grabe" von Holbein fiel ihm ein, ein Bild, vor dem er beinahe einen epileptischen Anfall erlitten hatte, so schrecklich und zugleich faszinierend war es. Der lebensgroße Jesus lag mit blau angelaufenem Gesicht in einer Grabnische, der Körper ausgemergelt, jede Rippe sichtbar, schonungslos realistisch und ohne jede Mystifikation. Der Anblick eines gestorbenen, verwesenden Menschen. Ein Bild, das die Kraft hatte, den Glauben auszulöschen.

Aus Angst, die Möwen könnten seine Gedanken erraten, stand er auf und zog sich an. Wieder lagen die Kleider warm und freundlich auf der Haut. Eine weiß-braune, handtellergroße Muschelhälfte blinkte im Sand, und er hob sie auf.

Agatha hatte den Kopf an die Rückwand gelegt und schaute zum Himmel. Als sie ihn kommen sah, winkte sie.

Erfrischt und so viel munterer als zuvor setzte er sich zu ihr und legte die Jacke neben sich.

„Danke", sagte er und reichte ihr die Muschel.

„Wie schön, danke."

Sie hatte eine kleine Stärkung vorbereitet, und er aß mit gutem Appetit von den Tomaten- und Gurkenscheiben, Salatblättern, vom weißen, kugelförmigen, zerrinnenden Käse. Nach dem Schwimmen auf der Kosakendatscha hatten sie auf der Terrasse Mittag gegessen, Zeitung gelesen, Pfeife geraucht. Und von Sankt Petersburg geträumt.

„Nicht viele Leute leben in Malamocco?"

„Nein. Aber früher einmal, noch vor Venedig. Da war es das Zentrum. Fluten haben es zerstört. Das alte Malamocco ist versunken. Und das neue … ist auch schon ziemlich alt." Sie lachte über ihren etwas unbeholfenen Versuch eines Geschichteunterrichts. Und wurde gleich wieder ernst. „Es ist ein schöner Ort. Und ein bisschen traurig."

„Warum?"

„So viele Familien wurden immer wieder zerrissen, getrennt … wenn die Cholera kam oder die Pest. Die Schwester meiner Großmutter wurde als Kind nach Poveglia gebracht … in Quarantäne … auf die Isola del Dolore …"

„Insel des Schmerzes?"

„Des Schmerzes, ja. Und ist dort gestorben. In den Nächten, wenn Vollmond ist, sieht man manchmal ein Mädchen am Ufer der Insel stehen und herüberschauen. Oma sagt, sie ist es."

„Ein Geist?", fragte Dostojewskij nach einer Pause, auch, um die Stille zwischen ihnen, in der ihr zartes, feines Gesicht einen leidvollen Ausdruck angenommen hatte, nicht zu schwer werden zu lassen. „Glaubst du daran?"

„Natürlich", gab sie spontan zurück. „Sie nicht?"

„Nun, ja … unter gewissen Umständen …"

Doch sie schüttelte den Kopf: „Sie sind hier."

„Hier?"

„Überall." Sie hob die Arme in die Luft. „*Fantasmi.* Ich habe große Angst."

„Vor den *fantasmi?*"

„Um sie! Neulich", sie zeigte auf ein angrenzendes Feld, „wurden massenhaft Bäume gefällt."

„Und?"

„Aber die *fantasmi* leben doch unter den Bäumen", protestierte sie beinahe, wie über eine Tatsache, die jedem bekannt sein musste.

Dostojewskij lächelte. „Ich glaube nicht, dass du musst Angst haben."

„Warum?"

„Wenn die *fantasmi* weiterleben … so lange Zeit nach ihrem … Tod, werden sie auch sicher finden einen neuen Platz."

Agatha schaute ihn zweifelnd an, und nicht wegen der Grammatik seiner deutschen Sätze. Sie wollte ihm glauben, doch schien sie zu befürchten, dass der Fremde das Problem nicht in seiner vollen Tiefe verstand. Erst jetzt bemerkte er, dass ihre Augen nicht parallel waren, das rechte sah, wenn das linke geradeaus blickte, leicht zur Seite, nach außen, als wäre es auf etwas Anderes, Entfernteres, hinter den Dingen Liegendes gerichtet. In der Summe waren es die Augen eines Menschen, der viel gesehen hatte und dem man nichts mehr vormachen konnte, der genug von der äußeren Welt wusste und sich längst innerlich von ihr abgewandt hatte, hin zu seiner eigenen, tieferen, vielleicht besseren.

„Reden wir lieber nicht darüber", sagte sie, als dächte sie dabei über etwas Anderes nach.

„Warum?"

„Mama sagt, die Leute halten mich für verrückt, und ich komme auf die Insel."

„Die Insel."

„Die Insel." Aus der Art, wie er das Wort wiederholt hatte, verstand sie, dass er wusste, wovon sie sprach. In Gedanken sah er die weißen, schweigenden Häuser mit den verbarrikadierten Fenstern, an denen er vorbeigefahren war. Sie dachten beide daran. Und schwiegen lange. Ihre Hände spielten mit der Muschel.

„*Lei è artista?*", fragte sie auf einmal mit heiterem, beinahe schelmischem Ausdruck.

„*Sì.*"

„Was machen Sie?"

„Schreiben."

„*Un poeta!*"

„Ja …" Er wusste kein anderes Wort. *Autore* war ihm zu hochtrabend. Und *Schriftsteller* zu gestelzt. Und zu deutsch. Das russische *pisatel* traf es am besten: „Schreiber."

„Erzählen Sie mir eine Geschichte?"

Er lachte verlegen.

„Bitte!" Sie setzte sich aufrecht hin und schaute erwartungsvoll auf seine Lippen, ein Kind, das weiß, dass ihm sein Wunsch nicht verwehrt werden würde. Er schaute etwas hilflos auf die Muschel in ihren Händen, als ob ihr abzulesen wäre, was er diesem Mädchen mit dem tragischen Familienhintergrund erzählen könnte. Etwas Freundliches musste es sein, etwas Erheiterndes, etwas, was man Kindern zum Einschlafen erzählt. Und da fiel ihm wirklich etwas ein, eine Tiergeschichte. Kinder liebten Tiergeschichten. Aber ob er sie auf Deutsch hinbrächte?

„Es war einmal …", begann er heiser und räusperte sich, „es war einmal ein … wie heißt das Tier? Das sprechen kann?"

„Ein Papagei?"

„Ein Papagei."

Ihre Augen glänzten vor Freude, und ihr Mund stand offen, als reichten die Ohren nicht aus, das aufzunehmen, was nun Schönes, Interessantes, Spannendes kommen würde.

„Er hieß Vert-vert."

„Vert-vert!"

„Das ist Französisch und heißt Grün-grün."

Sie lachte. „Grü-grün. – Grüü-grün!", imitierte sie einen Papageienruf.

„Genau. Grüü-grün!", versuchte auch er zu imitieren, aber bei ihm klang es wie ein alter und irgendwie verkühlter Vogel, was beide sehr zum Lachen fanden.

„Es war der Papagei in einem Kloster. Die …"

„Mönche?"

„Nein. Frauen."

„Nonnen."

„Die Nonnen hatten ihm gelernt, zu singen … Lieder, religiöse."

„Religiöse Lieder?" Sie freute sich, und er war froh, die richtige Geschichte gefunden zu haben. Wenn er sie auf Deutsch hinbekam.

„Alle bewunderten den Vogel und wollten singen hören ihn. Die Nonnen aus einem anderen Kloster in der Nahe wollten haben … ihn … und … sagten … können sie ihn aus …"

„Ausleihen?"

„Ausleihen. Für eine kurze Zeit."

„Herrlich." Sie saß andächtig und nahm jedes Wort begierig auf, stolz wie ein Kind auf seinen Vater und sein Geschichtenerzählen ist. Und ihm schmeichelte dieser Stolz und ihre Andacht, und er schlug sich tapfer weiter im Dschungel der deutschen Fälle und Satzstellungsregeln.

„Vert-vert … Grü-grün … wurde mit einem … einem …"

„Einem?"

„*Une voiture à cheval …*"

„Ein Wagen …"

„*… à cheval …*"

„*Cheval?*"

„Iii-ahahah", imitierte er diesmal ein Pferd, auch dieses klang alt und indisponiert.

„Ein Pferd!" Sie klatschte in die Hände.

„Ein Wagen auf Pferden."

„Ein Pferdewagen."

„Ein Pferdewagen also. Der Vogel wurde mit einem Pferdewagen geschickt, und die Männer, die diesen Wagen fuhren, waren grob … und … rau … und" – hier musste er lachen – „der Papagei lernte von ihnen viele … nun, schlechte Wörter und … *malédictions?*"

„*Maledizioni*. Flüche", übersetzte sie widerwillig, es war klar, dass sie diesen Teil der Geschichte schnell vorbeihaben wollte. Da kamen ihm zum ersten Mal Zweifel, ob sie die richtige für das Mädchen war. Victoria würde jetzt erst anfangen, zuzuhören. Aber Agatha sah beinahe ängstlich aus, mitfühlend mit dem armen Tier, das von den Fuhrleuten verdorben wurde, auch wenn ein Papagei nur Laute nachahmte und zwischen Gut und Schlecht nicht unterscheiden konnte, sie nahm sich des Vogels an und erwartete einen positiveren Fortgang der Erzählung. Der aber, er musste es sich eingestehen, nicht kam. Im Gegenteil, wenn man die Episode mit den Fuhrleuten nicht lustig fand, würde es fortan nur schlimmer und schlimmer.

„Im neuen Kloster schrie der Papagei alle diese Flüche und … schlechten … obszönen Wörter auf die Nonnen, und die …"

Agatha schüttelte fast unmerklich den Kopf. Fast schien sie böse, welch unangenehme Wendung die anfangs so heitere Geschichte nahm. Er hätte auch am liebsten schon aufgehört, aber er hatte nichts Besseres anzubieten und fuhr langsam und unsicher fort: „Die Nonnen waren … schockiert."

„Natürlich!"

Natürlich, dachte er, und sie ist es auch.

„Sie wurden böse, weil sie glaubten, die Nonnen aus dem anderen Kloster haben … hätten … hatten …" Es war schrecklich. Er kämpfte gegen zwei Feinde: eine Sprache, die er nicht beherrschte, und eine Geschichte, die überhaupt nicht für Kinder geeignet war. „Sie glaubten, die anderen Nonnen haben dem Vogel alles … gelernen?"

Sie half ihm nicht mehr. Sie wollte an dem fürchterlichen Fortgang nicht auch noch mitarbeiten.

„Sie gingen zum … *vescovo* …" Das Wort für Bischof kannte er auf Italienisch.

„*Dio*", hauchte sie.

„Ja, und …" Längst hatte sein Ton etwas Sachliches bekommen, Betretenes, nicht wie man ein Kind in den Schlaf wiegt, sondern wie man einem Fremden über einen unangenehmen Vorfall berichtet. „Sie klagten die anderen Nonnen … verklagten."

Der Stolz seiner Zuhörerin war Enttäuschung gewichen. Er sah es, spürte es, es tat ihm weh. Verloren blickte er den Wall hinauf, einer Möwe nach, doch die schrie nur, als lachte sie ihn aus. „Und dann …", verlegen schaute er auf seine Schuhspitzen und vermied den Blick des Mädchens, das immer noch erwartungsvoll dasaß, nun aber wie jemand, der auf das Schlimmste gefasst ist.

„Und?", fragte sie tonlos, eine resignative Frage, in der schon keine Hoffnung mehr lag. Er zuckte die Schultern. Es musste zu Ende gebracht werden.

„Die Nonnen bekamen ihn zurück. Auch sie waren … schockiert über die neuen … die neue Sprache des Vogels und …"

Und nun stand er vor dem zweifachen Abgrund. Erstens war der Schluss der Geschichte schrecklich. Und zweitens fehlte ihm der deutsche Ausdruck für „verstoßen". Er versuchte es auf Französisch, vielleicht würde damit auch die Aussage gemildert.

„Les chassèrent le pauvre animal", flüsterte er und fand, dass es in dieser Sprache noch fürchterlicher klang als im Russischen. Weil er nicht wusste, ob sie ihn verstand, machte er eine verscheuchende Geste mit beiden Händen und illustrierte so auch noch den grausamen Vorgang. Er senkte den Kopf.

Als er nach einiger Zeit wagte, aufzuschauen und ihrem Schweigen ein Gesicht zu geben, fand er dieses völlig verändert. Statt Enttäuschung lag etwas Anderes in ihm, ein Schmerz, aber nicht über den Ausgang der Geschichte und das Schicksal des armen Tieres, es war ja, sagte ihr Gesicht, doch nur eine Geschichte. Den wirklichen und offenbar viel tieferen Schmerz fühlte sie für ihn, den Geschichtenerzähler. Für sein Inneres, das sie sich, wenn er imstande war und sogar dahin getrieben schien, einem unschuldigen Kind eine Episode voll Schmutz und Verworfenheit zu erzählen, eigentlich eine Zote, kalt und dunkel vorstellen musste, einsam und verlassen. Ihr Mund stand noch offen, aber nicht aus Unverständnis, sondern aus Verstehen, die Falte über der Nase war wie gemeißelt, aber nicht aus Wut, sondern aus Kummer, und ihre Augen glänzten, aber nicht mehr aus Freude wie zu Beginn, sondern aus Mitleid. Es war sein Schmerz, den sie fühlte, seine Traurigkeit. Und sie legte die Muschel auf die Bank, stand auf, stellte sich vor ihn, nahm seinen Kopf in beide Hände, hob ihn, blickte in seine uferlos tiefen und unerlösbar ernsten grauen Augen und drückte einen warmen, zärtlichen Kuss auf seine Stirn. Im nächsten Moment griff sie nach dem Teller, um ihn in die Hütte zu tragen, nahm die letzte Tomatenscheibe und hielt sie dem von ihrer unerwarteten Geste noch Fassungslosen vor den Mund und sagte sanft: „Aufessen." Er öffnete die Lippen, nahm die Scheibe vorsichtig mit den Zähnen, ohne ihre Finger dabei zu berühren, und musste gleichzeitig, obwohl nun auch er glänzende Augen hatte, lachen.

„Bravo", sagte sie und ging hinein.

Er wusste, dass er jetzt schnell sein musste. Er nahm die Jacke und holte die Geldscheine heraus, die er gewonnen hatte, legte ein paar davon, er zählte nicht wie viele, auf die Bank zwischen die leeren Limonadegläser, setzte die Muschel darauf und ging in Richtung des Walls. Er war keine Sekunde zu schnell gewesen, schon kam sie heraus.

„Sie gehen?"

„Ich muss … nach Venedig."

„Venedig", sagte sie, wie man über ein ewiges Problem spricht, das man aus Überdruss fast schon ein wenig liebgewonnen hat. Wind fuhr in einen der verbliebenen Bäume am Feld nebenan, rauschte in den Blättern, und auf der Bank, die von da, wo sie standen, von der Hütte verdeckt war, fiel ein Glas um, aber ohne zu zerbrechen.

„*I fantasmi*", sagte sie strahlend und zeigte in die Luft.

„Ja", stimmte er zu und sah zerstreut in den Himmel.

„Warten Sie noch!", rief sie, als er sich schon zum Gehen umwandte. Sie lief in die Hütte und kam mit einer prallen, riesigen Tomate, die in einem Tragnetz steckte. „Bitte. Zur Erinnerung an Malamocco."

Er warf die Jacke über den Arm und nahm die Frucht, die groß wie ein Ball war, in beide Hände.

„*Grazie.*"

Dann stieg er den Hang hinauf und ging den Weg, den er gekommen war, und noch dreimal drehte er sich um, sich vergewissernd, dass sie nicht hinter die Hütte ging und das Geld fand, doch sie stand jedes Mal noch am gleichen Fleck und sah ihm nach, und jedes Mal winkte sie. Dann war sie nicht mehr zu sehen. Den Schirm, fiel ihm jetzt ein, hatte er zwischen Bank und Hüttenwand gelassen. Das Tragnetz schnürte die Finger ein, und alle zwei Minuten musste er es in die andere Hand nehmen. Er fand den schmalen Pfad, auf dem er den Wall bestiegen hatte, sah noch einmal zum Meer, das wieder fremd und wie immer teilnahmslos dalag, machte kehrt und ging zurück zum Dorf.

2

Vom Schwimmen im Salzwasser hatten seine Beine eine ungekannte Leichtigkeit behalten, als hätten sie das Gefühl von Schwerelosigkeit mit auf den Weg genommen. Schwungvoll durchmaß er den Platz, der zur Schänke führte, und trat mit viel Energie ein, wodurch die Augen aller auf den Fremdling schossen, der mit unfrisiertem Haar, hemdsärmelig und mit einer großen roten Tomate in der Tür stand. Er ging durch den Gastraum in den Garten. Beppo lag halb auf dem Stuhl, auf den er sich vor zweieinhalb Stunden gesetzt hatte, sein Bauch schien noch einmal ums Doppelte angewachsen, seine Backen gebläht wie nie, das Weinglas, zwei Flaschen und eine immense Schüssel vor ihm waren leer. Als er hochsah, entfuhr ihm ein Rülpser.

„*Ma scusi!! Sono … ho appena mangiato! Scusi, signore! Vuole vino? Zuppa? Pasta?*"

„*No, grazie. Je voudrais …*"

„*A Venezia?*"

„*Sì.*"

„*Questi signori la porteranno …*", er wies auf zwei kräftige Männer an seinem Tisch, die Kaffee aus für ihren Körperumfang absurd kleinen Tassen tranken, „*io non posso più, mi dispiace, con il vento e la gondola è pericoloso in laguna … hanno una barca più stabile.*"

Dostojewskij nickte. Es war ihm egal, wer ihn fuhr und wie, nur sofort sollte es sein. Auf die Ausrede seines eigentlichen Ruderers, der Wind sei zu gefährlich, ging er nicht ein, es war sicher klüger, ihn in diesem Zustand nicht auf die Gondel zu stellen, auch war er selbst schuld, dass er ihn so lange warten gelassen hatte.

„*Si accomodi*", zog Beppo einen Stuhl an den Tisch.

„*No, grazie.*" Er wollte nicht sitzen, er wollte fahren. Die zwei Männer warfen einen Blick zu Beppo, in dem die ganze beinahe traurige Geringschätzung des Südländers für die ewige Hast des Mitteleuropäers lag und leerten ihre Tassen: *„Andiam'!"*

Dostojewskij erklärte dem Wirt gestisch, dass er die Zeche des Gastes im Garten zahlen wollte, bekam nach langem Rechnen und Herumkritzeln einen Zettel, auf dem er nichts lesen konnte, und legte einen Schein auf die Theke, ohne Wechselgeld zu verlangen.

Die Gassen waren in der zu Ende gehenden Mittagszeit noch leerer als am Vormittag. Wenn Malamocco früher das Zentrum war, dachte Dostojewskij, als er hinter den Männern zum Lagunenufer ging, wäre es möglich, dass Venedig in zwei, dreihundert Jahren dasselbe Bild böte: eine verlassene Stadt. Eine vergessene Metropole. Nur die Steine erinnerten sich noch, und auch die verstummten irgendwann einmal.

Im einfachen Fischerboot, das von den zwei kräftigen Ruderern sehr zügig die Küste entlang bewegt wurde, nahm er sich Rossinis Brief noch einmal vor. Er erinnerte ihn daran, in Venedig vorsichtig aufzutreten und sich in keine verfängliche Situation mehr zu bringen. Wie gerne hätte er Agatha das ganze Geld gegeben. Aber er musste sein Hotel bezahlen. Und die Zugkarte. Was hieß, er solle um „zehn Minuten nach sechs" zum Florian kommen? War das ein Scherz? Oder war der Zeitplan des alten Meisters so genau durchgetaktet? Auf jeden Fall wollte er seinem Rat folgen und Tintoretto besuchen. Er hielt den Ruderern den Brief hin und zeigte auf die Worte „Scuola di San Rocco". Der eine hatte noch nie davon gehört, der andere eine dunkle Ahnung, und es begann eine lebhafte Diskussion, wo das nun sei und wie am besten hinzukommen wäre. Dostojewskij bereute, den Frieden der bis dahin still verlaufenen Fahrt zerstört zu haben, denn die beiden schrien, obwohl sie knapp hintereinander saßen, wie von einer Insel zur anderen. Dennoch machten die Hitze und das gleichmäßige Schaukeln ihn schläfrig, und als das Boot am armenischen Kloster vorbeifuhr, schloss er auf seiner kurzen Bank an der Heckspitze, die Tomate im Schatten hinter seinen Füßen, die Augen, legte den Kopf in den Nacken und dachte an Byron, an Rossini, an Victoria und was am Vortag, hätte er keinen Anfall gehabt, noch möglich gewesen wäre.

„*Signore! Signore!*" Dostojewskij fuhr auf. Das Boot hatte angelegt, einer der Männer beugte sich zu ihm und berührte seinen Oberarm, der zweite stand schon mit einem Weinglas in der Tür einer Bar und prostete ihm zu. Aus schlaftrunkener Verlegenheit winkte er zurück wie ein Zechbruder, der bedeutete, gleich zu kommen und mitzutrinken. Als er, die Tomate unter dem Arm, hinter dem Mann, der ihn geweckt hatte, an der Bar vorbeiging, trat der andere deshalb auch einen Schritt zur Seite, um ihn einzulassen. „*Spasibo*", murmelte er kopfschüttelnd dankend, wobei er die letzte Silbe verschluckte und der Angeredete nur „spas" verstand und nachrief: „*Ma sì, sono uno spasso, e dov'è il problema?*" Wodurch der Russe lernte, das *spasso* so etwas wie Witzbold, Spaßvogel heißen musste. Ich werde es in mein Libretto einbauen, dachte er und folgte dem stämmigen Mann um eine Hausecke in eine *calle*, die bereits „Tintoretto" hieß, zwei Haken schlug und auf einen Campo San Rocco und zum Eingang der Scuola führte.

Schulkinder anzutreffen, erwartete Dostojewskij vergebens. Die Scuola hatte mehr etwas von einer Kirche oder von einem besonders prächtig ausgestatteten Kloster. Vielleicht waren auch einfach Ferien. Auf jeden Fall wurde Eintritt verlangt, wie immer und überall in Europa. „Tintoretto", sagte er, als er einen Schein hinlegte. Als würde ich ein Stück Käse kaufen, dachte er und nahm das Wechselgeld. In der Säulenhalle waren alle Wände – auf denen sich wohl die Bilder befanden – mit hohen Brettern verstellt, auf denen *in restauro* stand. Und dafür musste man zahlen? Er ging zurück zum Mann an der Kasse und sagte wieder, diesmal anklagend: „Tintoretto!" – *„Su, su!"*, kam zurück, und ein Finger wies hinauf. Als Dostojewskij die immens hohe Treppenflucht sah, fragte er den Kassier auf Französisch, ob er die große und auf Dauer nicht leichte Tomate bei ihm lassen könne, aber der verstand ihn falsch und winkte ab, indem er auf seinen Bauch zeigte. Ich wollte sie ihm doch nicht zum Essen geben, dachte Dostojewskij erzürnt, als er die Treppen hinaufstieg.

Als *„su"* endlich kam, war es ein von Gold und Marmor glänzender Festsaal, der aber an zwei Seiten von dunklen Holzvertäfelungen eingerahmt war, die ihm wieder etwas Klösterliches gaben. Zudem war am Ende ein Altar mit Kerzen. Also war es doch eine Kirche? Aber neben dem Altar stand eine Frauenskulptur mit nackten Brüsten! Er blickte nach oben. Viele der Tintorettos hingen an der Decke. Man hätte sich, um sie in Ruhe zu betrachten, auf den

Boden legen müssen. Aber der Marmor war wahrscheinlich kalt, und man holte sich eine Nierenentzündung. Den Kopf hätte er auf die Tomate betten können. Aber sicher kam gleich wieder ein Aufpasser wie in der Accademia, und er wollte ja heute nicht auffallen. Also legte er den Kopf weit in den Nacken und schritt langsam rückwärtsgehend die betrachterunfreundliche Galerie ab. Szenen aus dem Alten Testament zogen über ihn dahin wie gemalte Wolken, Moses erkannte er, Manna fiel vom Himmel. Um den Kopf zu entspannen, blickte er zur Seite und auf die Taufe Jesu. Noch nie hatte er in Darstellungen dieser Episode so viele Leute herumstehen gesehen. Wieder nach oben schauend erschrak er, weil ein Engel auf ihn niederzustürzen schien. Wie viele Figuren sich da oben und an den Seiten tummelten, selbst beim letzten Abendmahl begnügte sich der Künstler nicht mit den Aposteln um Jesus. Irgendwelche Diener, die an einem großen Backofen hantierten, deuteten an, dass es in einem öffentlichen Restaurant stattfand, es fehlte nur noch, dass jemand eine Schüssel mit Maccheroni oder eine Pizza an Christus vorbeitrug. Wieder blickte er zur Decke. Durch die unbequeme Haltung und das Rückwärtsgehen wurde ihm unter den vor Jesu Verhaftung schlafenden Aposteln schwindlig, kurz hatte er das Gefühl, gleich hintenüberzufallen, rutschte noch dazu am Marmor aus und konnte sich nur, indem er die Arme hoch in die Luft warf, im Gleichgewicht halten, was aussehen musste, als wollte er die Tomate, die er gleichzeitig nicht fallen zu lassen bemüht war, hinaufschleudern zu den wertvollen Gemälden, und mit einem kräftigen Ausfallschritt, der am

Marmor hallte, kam er gebeugt, die Frucht weit vor sich haltend wie einen aus dem Garten Gethsemane gefallenen roten Ball, zum Stehen.

„Ts-ts!", machte es vom Treppenabsatz. Da war er, der Aufseher in dienstlicher Tracht. Mit bis zum Hals schlagendem Herzen wandte Dostojewskij Schritt und Blick den Holzvertäfelungen zu, die an den Seitenwänden angebracht waren.

Diese aber hatten es im wahrsten Sinne „in sich". Erst aus näherem Abstand sah man aus den vom Boden bis über Kopfhöhe reichenden, dunkelbraunen Paneelen Figuren hervortreten, als zwängten sie sich durch Spalten ans Licht, aus der Dunkelheit der Geschichte, doch nicht ganz, viele steckten noch so halb darin und waren daher ohne Beine, neugierige, bedrohliche, Geheimnisse in sich tragende Männerköpfe und -rümpfe, stumme beredte Zeugen menschlicher Vergangenheit und künstlerischer Phantasie. Die geschnitzten Köpfe und Torsi von Francesco Pianta waren Allegorien. Das „ehrliche Vergnügen" gab es: Ein melancholisch aussehender Mann brach mit einer Lyra durch ein Fenster herein. Auch der Alte neben ihm, „Skandal und Skrupel", hatte Musikinstrumente dabei. Um die Figurennamen zu erfahren, musste Dostojewskij immer zu einer neben dem Livrierten angebrachten Tafel laufen und wieder zurück, nach dem dritten Hin und Her erbarmte sich der Aufseher und bot ihm an, das Netz mit der Tomate zu halten, worauf er gerne einging.

Die Skulpturen waren meisterhaft gemacht und voll Anspielungen. Die „Unterscheidung von Gut und Böse" zeigte nur den Rücken und steckte mit dem Gesicht in der Wand. Schaute sie „hinter die Dinge"? Oder zurück in das Paradies, aus dem sie verstoßen worden war? Vor der nächsten Skulptur erstarrte der Betrachter. Sie war sein Spiegelbild. Mehr als der Heilige Hieronymus Tage zuvor. Der bärtige Alte hatte Geld eingesteckt und ein Buch, alles sorgsam verwahrt, einer, der Dinge besaß und zurückhielt. Sein Name war „Gier". Beschämt ging er weiter. Nein, die „Ehre", das war er nicht, der aus Lauterkeit nackte Jüngling. Auch mit der Reinheit der „Melancholie" konnte er sich nicht messen. Am Treppenbeginn wachte ein Holzmerkur und sah an allen geschnitzten Brüdern vorbei auf einen Holzherkules, der am Ende der Halle eine strahlenumrandete Holzsonne in die Höhe hielt, das Licht der Wahrheit.

Dostojewskij stand ergriffen, die Hände am Rücken, und sah mit schlechtem Gewissen nach oben zu den so viel berühmteren Bildern. Die Allegorien hatten ihm mehr zu sagen. Die Lebensdaten ihres Schöpfers umfassten das siebzehnte Jahrhundert, die Epoche, in der, dem unheimlichen Ankläger des ersten Abends zufolge, die venezianische Welt noch heil, das Leben, wie Rossini meinte, noch ungetrübter, heller, festlicher war. Und hier sprangen dich dieselben Tugenden und Untugenden an, wie sie dir heute auf der Straße begegneten, ewig-menschliche, zeitlose Werte und Wahrheiten, aus dunklem Holz, aus alten gerodeten Bäumen fielen sie direkt in dein sündiges Herz. Die barocke Welt war keine bessere Welt gewesen. Die menschliche Gesellschaft hatte sich immer aus Gut und Böse zusammengesetzt, und die meisten in ihr waren weder das noch das, sondern irgendwie – dazwischen. Sie schwankten, zweifelten, drohten auszugleiten, waren verführbar und wollten verführen, wollten betrügen und waren Betrogene, hilfsbedürftig alle und hilfsbereit die wenigsten. Man musste auf sie einwirken, Hinweise geben, Warnungen, Ermutigungen. Ermutigungen, zur Sonne zu schauen. Zur Wahrheit. Selbst zur Sonne zu werden. Wahrheit zu werden.

Weil der Aufseher den Kopf schüttelte, als er ihm die Tomate abnehmen wollte, glaubte Dostojewskij auf einmal, sie wäre ihm nicht freundlich aufbewahrt, sondern konfisziert worden, doch als die behandschuhte Hand nach links wies, verstand er, dass er noch einen Teil der Räumlichkeiten zu besichtigen hatte und trat in einen weiteren, kleineren Saal.

Dessen Längswand bestand aus einem einzigen großen Gemälde, einer „Kreuzigung" mit dem noch lebenden Christus am Kreuz in der Bildmitte. Wieder tummelten sich Massen von Menschen, und da ihre Aufmerksamkeit auf die zentrale Figur gerichtet war, kehrte auch die des Betrachters immer wieder dorthin zurück. Solche Panoramen galt es zu schaffen, dachte Dostojewskij. Und dabei den Blick nie vom Wesentlichen zu lenken. Aber bedurfte es wirklich jedes Einzelnen dieser Gemäldestatisten? Bei fünfzig hörte er zu zählen auf, weil ihn schwindelte. Dankend nahm er seine rote Frucht in Empfang und verließ Tintoretto und Pianta und ging zurück in die Gegenwart.

Ohne recht daran zu glauben, dass die beiden Ruderer noch da waren, ging er die Calle Tintoretto zurück. Anstelle ihres Bootes lag nun eine Gondel am Kai, ihr Führer saß darin und wartete auf Kundschaft. Da Dostojewskij bei der Ankunft geschlafen hatte, wusste er nicht, in welchem Teil der Stadt er war. Zattere hatte er sich als den seinem Hotel nächstgelegenen Uferpunkt gemerkt und rief es fragend dem Mann hin. „Zattere", echote der und bot seinen starken, tätowierten Arm zum Einsteigen. Sein Gast hatte sich noch gar nicht richtig zurechtgesetzt, als die Gondel in einen Kanal bog, der auf einem Schild als Rio di San Pantalon bezeichnet war.

„Pantalon?", fragte Dostojewskij.

„Pantalon", kam das Echo in gleichgültigem Ton.

„*Chiesa?*"

„*Chiesa*", sagte der Gondoliere, der sich nun schon einen Spaß daraus machte, dem Fremden das Fragewort als Antwort zurückzuschicken, schmunzelnd und zeigte mit dem Finger an, dass man über das nächste Haus am Ufer springend davorstünde.

„*Chiesa*", sagte noch einmal sein origineller Kunde mit der Tomate am Schoß und bedeutete mit einer viel weniger graphischen, eher wirren Fingerbewegung, dass er dort aussteigen wolle. Der Gondoliere, für den sich die Fahrt dadurch drastisch verkürzte, zuckte die Schultern und hielt sich selbst, unter einer breiten Holzbrücke durchrudernd, einen bewusst in tiefstem Dialekt gehaltenen Vortrag, der, das war an den begleitenden Gesten sichtbar, zum Inhalt hatte, dass nur Ausländer auf die Idee kommen könnten, für einen Fußweg von zwei Minuten eine Gondel zu nehmen. Damit zu Ende gekommen, hielt er an der Ecke zu einem breiten Kanal. Die Versuche seines Fahrgasts, für die denkbar kurze Fahrt zu zahlen, ignorierte er völlig und ließ ihn unbeachtet aussteigen, weil er auf einem fünfzig Meter weiter gerade anlegenden Boot einen Bekannten sah und in sofortigen, ansatzlosen Dialog mit ihm trat. Als wären sie seit Minuten im Gespräch und als säßen sie nebeneinander. Aber auch dann hätten sie so geschrien, wie Dostojewskij inzwischen wusste. Vor dem Eingang schaute er noch einmal zurück, wie sie sich über die Länge des die Kirche flankierenden Kanals Scherze und offensichtliche Zoten zuriefen und mit derben Handbewegungen garnierten. In Russland bekreuzigten sich die Kutscher, wenn sie an einer Kirche vorbeifuhren, dachte er und trat ein, womit ihm am vorerst letzten Abend in Venedig erfüllt wurde, was ihm am ersten verwehrt gewesen war.

Nach der schmucklosen, nüchternen Fassade überraschten ihn die eleganten weißen Säulen des Kirchenschiffs. Das Fresko, das die gesamte Decke einnahm, war so riesig, dass die Tintoretto'sche Kreuzigung siebenmal in sie gepasst hätte. Und mit dem Figurenzählen brauchte man hier gar nicht erst anzufangen. Aber war es überhaupt ein Fresko? Gemalte Treppen führten zu einem Himmel, der in der Mitte sichtbar war, als wäre es der echte, und in dem mehr Engel und andere geflügelte Wesen zu flattern schienen als Möwen am Lido-Strand. Die Illusion der Tiefe war ungeheuer, und unter den Scharen von Menschen konnte man sich nur ducken. Der Maler musste Jahrzehnte daran gearbeitet haben. So viel Mühe, dachte Dostojewskij, um abzulenken. Natürlich waren all die großartigen Bilder, die er in Venedig sah, gemacht, zu Gott hinzuführen. Doch er sah auch Menschen in die Kirche kommen, die ausschließlich nach oben schauten. Den Altar ließen sie weit hinten in der Tiefe des Schiffes liegen. Er war ihnen egal. War er nicht das Zentrum eines katholischen Baus? War auch diese Kirche zur Sehenswürdigkeit für Reisende verkommen, zum Museum? In Russland, dachte er, hat es vor dem siebzehnten Jahrhundert überhaupt keine Malerei gegeben. Die Malerei kam aus Europa. In Russland hatte man immer nur Ikonen gekannt. Und diese dann, mit dem Einströmen der freien verweltlichenden Kunst, übermalt. Im neuen, europäischen Stil übermalt, weil man anfing, den alten byzantinischen für ungelenk und überholt zu halten. Ob man, dachte er, die darunterliegenden Originale je wieder sichtbar machen könnte?

Eine Tafel an einer vergitterten Seitenkapelle gab an, dass sich in ihrem Hintergrund ein Bild Veroneses befand, das den einen Knaben heilenden Pantalone darstellte. Es war in der Dunkelheit schwer zu erkennen, doch die rote Bekleidung des Heiligen leuchtete hervor. Sie kam dem Kostüm der Komödienfigur, wie es auch sein Spielgegner gestern getragen hatte, in der Farbe tatsächlich gleich und in der Form sehr nahe, denn auch der zwischen dem kranken Kind und dem Herrn im Himmel dastehende, heilende Heilige hatte rote Kniebundhosen an und rote Strümpfe. Zum Glück war ein etwa durch die enge Hose betontes Gemächt durch ein darüber wallendes, ebenfalls rotes Obergewand verdeckt. Dostojewskij war nun völlig verwirrt. Zogen hier die Maler den Heiligen Possenkostüme an? Oder war die Possenfigur eine Verballhornung des Heiligen? War hier alles gleich? Heilung und Unterhaltung, Spaß und Spiritualität, Kommunion und Komödie? Möglich war es in einer Kirche, deren Oberhaupt, das sich immerhin Stellvertreter Gottes nannte, um die Einhaltung von Wurstrezepten kümmerte. Aber wie war der Name eines katholischen Wundertäters zur französischen Bezeichnung für „Hose" geworden? Oder kam *le pantalon* vom weltlichen der beiden Namensträger? Sollte ich heute noch ins Casino gehen, dachte er und klemmte die Tomate unter den Arm, ich würde jedenfalls auf Rot setzen.

Der Sturm des Vortages hatte dem Sommer etwas von seiner Fraglosigkeit genommen. In die nach wie vor heiße Luft fuhr hin und wieder eine frischere Böe, den klaren Himmel durchzogen manche Wolkenpatrouillen, doch ohne Unheil anzurichten. Auch in der Stadt lagen abgerissene Äste auf den Plätzen, wirkten die Oleanderbüsche verletzt, war noch mancher Pfütze auszuweichen und angewehtem Unrat. Im Gehen dachte Dostojewskij, dass er Rossini auch bei ihrem heutigen Treffen nichts anzubieten habe, keine Idee, keinen wesentlichen Gedanken über eine gemeinsame Oper. Womöglich saßen wieder die bedeutenden Herren im Florian und warteten auf seine Vorschläge, und Rossini traf ihn deshalb vor dem Café, um sich mit ihm noch kurz zu besprechen. „Geben Sie mir einen Einkaufszettel, und ich komponiere ihn", hatte er gesagt. Ja, aber Dostojewskij hatte keinen Einkaufszettel.

Dem Rückweg des ersten Abends folgend fand er sein Hotel. Es war unmöglich zu sagen, was der Rezeptionist dachte, als er ihn in die Halle kommen sah, aber dass er sich etwas dachte, merkte man. Dennoch verschanzte er sich, als der abtrünnige Gast mit einem kleinlauten *„Buona sera"*, in dem die Befürchtung, Erklärungen abgeben zu müssen, lag, näher trat, hinter einem korrekten, nicht als Frage, sondern als Feststellung betonten *„Prego"*. Er reise morgen ab, sagte der Russe auf Französisch und bat um die Zugverbindungen nach Triest. Wenn er um zehn am Vormittag abfuhr, stellte sich heraus, hätte er nur knapp zwei Stunden Wartezeit bis zum Anschlusszug nach Wien.

Das Fenster in seinem Zimmer war geschlossen, und seine Dinge lagen und standen so, wie er sie verlassen hatte. Mit kleiner Bosheit fügte er ihrer grauen Routine die freche Frische einer knallroten Tomate hinzu. Vollkommen angezogen legte er sich auf das Bett, die Schuhe ließ er über das Ende ragen, nicht einmal das Fenster machte er auf. Nie hatte er sich in einem Hotelzimmer fremder gefühlt als in dieser Stunde in diesem. Er wollte nichts berühren, nichts sehen, am liebsten wäre er auch gleich wieder gegangen, aber er hatte noch eine halbe Stunde, seiner Zerschlagenheit, die ihn auf den Treppen zum Zimmer und besonders beim Eintreten mit neuer Wucht überfallen hatte, Ruhe zu geben. Als sich die durcheinanderspringenden Gedanken und Eindrücke, die sich in seinem Hirn auftürmenden, flammenden Barrikaden langsam zu einer träge fließenden Masse geschmolzenen Bleis verdichtet und besänftigt hatten und er hätte einschlafen können, musste er aufstehen. Eine so präzise Zeitangabe für eine Verabredung war nicht zufällig, sicher wartete der *compositore* mit der Uhr in der Hand.

3

So war es auch. Schon von Ferne erblickte er ihn vor den Tischen des Café Florian stehen, die Uhr aus der Tasche ziehen und sich umsehen. Wenn dieser Mann auf etwas wartete, war seine ganze Erscheinung Erwartung, wie, wenn er genoss, alles Genuss war. Weil in alles seine ungeheure Lebensenergie strömte, stand und wartete er auch mit Energie, mit Erwartungsenergie, eigentlich schien er die ganze Zeit wie mit innerlich erhobenem Taktstock zu sein. Dennoch strahlte er dabei nicht die geringste Ungeduld aus. Neben ihm stand sein Assistent. Er trug einen für seine Hagerkeit zu voluminösen schwarzen Koffer, der ihn an einer Seite zur Erde zog und recht schief dastehen ließ. Das werden doch nicht schon die Noten für die Oper sein, dachte Dostojewskij, als er über den nur mäßig bevölkerten Platz ging, und versuchte hinter dem freundlichen Blick des Meisters Enttäuschung darüber zu lesen, dass er mit leeren Händen kam. Aber wenn sie da war, versteckte er sie gut.

„Guten Abend, guten Abend", sang er heiter, „schön, dass Sie gekommen sind. Und so pünktlich."

„Nach zwei Monaten in Europa habe ich gelernt."

„Ha! Wie geht es Ihnen? Konnten Sie sich ein wenig ausruhen?"

„Nun ... es geht."

„Fühlen Sie sich kräftig genug für einen kleinen Weg?"

„Ich weiß nicht. Wenn der ‚kleine Weg' so ist wie unser ‚kleiner Ausflug', bin ich mir nicht sicher."

„Herrlich. Wenn ich krank war, hat man immer gesagt: ‚Er scherzt schon wieder, er ist gesund.'"

„Bei mir ist es vielleicht umgekehrt."

„Kommen Sie. Wir sind gut in der Zeit."

Nach nur wenigen Schritten, die er den beiden anderen vorausgeeilt war, blieb er überraschend stehen, sodass er mit Dostojewskij, der sich zu Boden blickend auf einen langen Fußmarsch einstellte, fast zusammengestoßen wäre.

„Ich habe nicht gelogen mit dem kleinen Weg. Wir sind fast da! Ab jetzt sind es ... nicht einmal hundert Meter. Aber ...", er zeigte geradeaus, „nicht da, sondern ... da!" Und sein Finger ging nach oben, zur Spitze des Campanile, vor dem sie standen. „Achtundneunzig Komma sechs, um genau zu sein."

Wieder war der zum wievielten Mal in diesen Tagen Verblüffte gezwungen, seinen Kopf in den Nacken zu legen. „Nein", entfuhr es ihm.

„Keine Angst, wir haben Hilfe."

Zwei Priester oder vielleicht auch Seminaristen kamen in diesem Moment aus der Tür des Glockenturms, kräftige junge Männer, mehr Ringer als Prediger, fast konnte man meinen, die Ruderer vom Vormittag hätten sich schwarze Soutanen übergeworfen. Aber diese hier waren noch stärker. Das mussten sie auch sein, denn schnell war der Plan klar. Der Dichter und der Musiker sollten den Turm hinaufgetragen werden. Was immerhin dadurch erleichtert wurde, dass der Weg über keine Stufen, sondern über eine relativ steile Steinrampe führte, die sich spiralförmig nach oben wand.

„Los, los, die *signori* müssen um halb wieder hier unten sein!"

Warum, sagte er nicht, aber so erklärte sich die seltsame Eile. Am Fuß der Rampe stand schon ein Geistlicher bereit, nach vorne gebeugt und in die Knie gehend, um den Maestro auf seinen Rücken zu nehmen.

„Ich mache mich leicht! Ich mache mich zum Soufflé!", lachte dieser und nahm Beine und Arme um den festen Priesterleib schlingend Platz. „Kommen Sie! Es ist ganz leicht."

Gerne hätte der weder sportlichen Betätigungen noch der Zweckentfremdung kirchlicher Würdenträger besonders zugeneigte Russe dem Assistenten seine Stelle überlassen, aber der wehrte höflich ab. Also blieb ihm nichts übrig, als die abgeschaute Handlung zu kopieren und sich dem vor ihm Hockenden auf den Rücken zu setzen. Und schon wurde er in die Höhe gehoben und los ging die Reise. Zuerst dachte er, dass es weniger anstrengend gewesen wäre, selbst zu gehen, als sich vor allem in den Kurven, wenn die Fliehkraft ihn nach außen drückte, festzuklammern, aber dann merkte er, dass er sich gar nicht festzuhalten brauchte, die Ellbogen des Trägers drückten seine Schenkel fest an sich, die Hände hielten die seinen verlässlich umschlossen, und spätestens ab der Hälfte des Wegs ließ er seine Glieder locker und genoss fast ein wenig die nach dem Schwimmen im Meer zweite Schwerelosigkeit des Tags. Nun hatte sein Träger zweifellos die dankbarere Aufgabe als der des viel schwereren Komponisten. Aber vielleicht verstand der wirklich, sich leicht zu machen, wie seine Musik die Herzen der Zuhörer leichter machen konnte? Am Ende war er selbst schwerer mit seinem Gedanken- und Sorgengewicht?

„Genießen Sie es!", hallte es von oben durch den Turm, weil der erste Träger mit seiner Last zwei, drei Windungen voraus war. *„Enjoy!* Stellen Sie sich vor, Sie sind Lord Byron! Und ich Napoleon! Auch sie sind hier heraufgeritten. Allerdings auf Pferden!"

„Und sicherlich nicht zusammen", dachte Dostojewskij und sah sich um. Am schwersten hatte es womöglich der Assistent, der sich mit dem Koffer weit unter ihnen heraufmühte. Erstaunlich bald bogen sie um die letzte Kurve. Die zwei Geistlichen machten sofort kehrt und liefen hinunter. Rossini stand in einer der Arkaden, die wie offene Fenster zu allen vier Seiten einen grandiosen Ausblick boten und den Wind durchziehen ließen, sodass die Temperatur frischer war als am Boden, und breitete die Arme aus.

„Willkommen im Herzen der Stadt. Einst schlug es in die entlegensten Winkel der Welt. Und wenn die Seefahrer zurückkamen nach Monaten, nach Jahren, sahen sie von Weitem als Erstes ihn: den Campanile. Seine Spitze, der Engel auf ihr, war das erste Zeichen der Heimat – und das letzte für den, der sie verließ. Vielleicht für immer."

Noch nie hatte Dostojewskij die Erde von solcher Höhe gesehen. Und nie einen solchen Weitblick in alle Himmelsrichtungen gehabt. Man verstand von hier, dass Venedig eine Insel war. Dass sie mit dem Land, das sich am nördlichen Horizont zu schroffen Gebirgen auftürmte und mit dem es nur der schmale Eisenbahndamm verband, nichts mehr zu tun hatte, dass sie ins Meer gebaut war, in dessen freundlichen Vorhof der Lagune. Man sah, wie viele andere Inseln ausgestreut lagen im Gefolge der Serenissima als deren jüngere oder viel ältere, ihre große Zeit längst hinter sich wissende Geschwister. Und das Getümmel der Gassen und Kanäle, die das Stadtbild prägten, wenn man sich unten gehend in und an ihnen verlor, war von oben gesehen nicht vorhanden: Es gab nur Hausdächer. Keine Menschen sah man, keine Brücken, keine festen und keine Wasserwege, nur hundert Rotschattierungen von den Schindeln und Weiß von den Kuppeln und Spitzen der Kirchen.

„Hier hat Galileo sein Teleskop in den Himmel gerichtet und der Menschheit Erkenntnisse geschenkt, die ihre Sicht aufs Universum für immer prägen werden. Auch wenn er dafür von der Inquisition verurteilt wurde. Er brachte den menschlichen Geist zum Fliegen. Wie der Engel von hier abfliegt jedes Jahr."

„Der Engel?"

„Immer am Karnevalsdienstag. Ein Seil wird hinüber zum Dogenpalast oder hinunter in ein Boot im Bacino gespannt. Ein als Engel verkleideter Seiltänzer geht darauf, und von fern sieht es so aus, als würde er schweben. Musik erklingt dazu. Oder …" Wieder zog er die Uhr heraus, hob die Hand, zählte „*Uno, due, tre!*" und gab einen Einsatz in die Luft, der präzise von dem Schlag einer der über ihnen hängenden Glocken befolgt wurde. Ein heller Schlag war es, von der kleinsten.

„Eeee ...", sang Rossini dazu, „das Herz schlägt noch ... Eeee ... das ist die Quinte von Aaaa ... Das Herz Venedigs schlägt in A-Dur. Wie der Chor der Nymphen in meiner ‚Armida'. ‚*Ridiamo, cantiamo che tutto sen va!*' Die höchste Glocke beginnt. Das ‚E' der *Renghiera* kündete eine Hinrichtung an. Deswegen wurde sie auch *Maleficio* genannt."

Zärtlich folgte seine Hand der wild ausschwingenden Bronze, nahe an ihr, doch ohne sie zu berühren. „Aber", sang er weiter in ihrem Takt und in ihrer Tonhöhe, „sie bleibt nicht alleine! Schon gesellt sich zu ihr die ..." Wieder ein Einsatz, und eine größere Glocke begann zu schwingen, bis der Klöppel in ihrer Mitte auch ihr einen Ton entlockte, einen tieferen, „Deee", sang der Maestro, „wir haben es noch mit der alten Stimmung zu tun, die die Halbtonschritte in Sechzehntel unterteilt ... das Phänomen ist, dass Sie den Grundton eigentlich nicht hören ... Ihr Ohr fügt ihn sich selbst hinzu ... das „D" der *Mezza terza* rief die Senatoren in den Dogenpalast. Und nun", er winkte wieder in die andere Richtung, wo schon eine dritte, noch größere Glocke Anlauf nahm, „Auftritt *La Trottiera*, die Sitzung des Großen Rates beginnt. Ciiis!" Und er hob den Kopf und schloss die Augen und dirigierte den dazugekommenen satten Klang, das wuchtige, ungleichmäßige, dissonante und gerade in seiner dissonanten Ungleichmäßigkeit zutiefst harmonische

Zusammenklingen, das den Turm vibrieren ließ und weit ins Land, weit in die Lagune drang. Gut möglich, dachte Dostojewskij, dass auch meine Malamocchianerin kurz in ihrer Arbeit im Garten innehält und aufschaut. Unter – respektive über – den beschwichtigenden Händen des *conductore* schwangen die Glocken, die noch nach Verklingen der Töne wie die schwarzen Flügel ungeheurer bronzener Tauben um die aus ihnen baumelnden Klöppel tanzten, langsam aus. Und noch lange war die Stille, die hier als ein Privileg der Höhe herrschte, voll von Nachhall und Klangerinnerung.

Dostojewskij dachte an Sankt Petersburg, wo sich ihm auch das Herz weitete, wenn er Glocken hörte. In Deutschland hingegen klangen sie ihm unangenehm, wie aus Blech. Hätte er jetzt applaudiert, Rossini hätte sich wahrscheinlich verbeugt. So standen sie nur und schauten einander über drei, vier Meter an. Der Assistent hatte den Koffer abgestellt und der Vorstellung gelauscht. Er wurde mit einem deutschen „*Danke, Ermanno*" entlassen und ging.

„Jetzt verstehen Sie und verzeihen hoffentlich die Hast. Um halb sieben schlagen immerhin drei Glocken. Gezogen von den Padres, die uns getragen haben. Um alle fünf zu hören, müssten wir noch ein paar Tage bleiben, bis *Assunzione di Maria,* aber leider …" Er machte eine lange Pause, als schwänge auch er noch aus wie die Glocken, die stumm um ihn hingen und in deren Mitte er stand wie das blasshäutige, nach unten sich verdickende Oberhaupt ihrer Familie. Bis sein Gesicht ernst war. „Wie geht es Ihnen nach gestern?"

„Danke. Es war einer von den stärkeren Anfällen."

„Möchten Sie … ich kenne ausgezeichnete Ärzte in Paris."

„Nein. Die Epilepsie ist erblich. Es gibt keine Heilung."

Das Apodiktische dieser Verneinung ließ den Meister des Optimismus kurz verstummen. Dann sagte er zögernd: „Als ich … als meine *mania* mich wieder übermannte, empfahl mir ein Arzt, zu reisen. Um die finstern Gedanken zu vertreiben. Ich bin viel gereist. Es hat nicht geholfen. So wenig wie die magnetischen Kuren. Ich habe …", er sah schulterzuckend und beinahe fragend zu den schweren, ruhenden Glocken, „ich wollte nicht mehr leben. Es gab Gerüchte, ich hätte den Verstand verloren, weil ich mitten in Vorträgen auf dem Klavier begonnen habe, zu weinen. Scheinbar grundlos zu weinen. Ich konnte nicht weiterspielen. Ich habe … Gott verzeih es mir … ich habe daran gedacht, mich selbst zu töten."

Sein Gegenüber blickte ihn schweigend aus den grauen, tiefliegenden Augen an, leicht vorgebeugt, wie lauernd, und zwirbelte seinen Bart. Wie immer war das keine eitle, keine kokette Geste, sondern eine aus tiefem Nachdenken und großem Ernst. „Als ich zum ersten Mal nach Sankt Petersburg gekommen bin", begann er heiser, „lernte ich in dem Hotel, in dem ich mit meinem Vater und meinem Bruder abgestiegen war, einen Mann kennen. Er war Beamter im Finanzministerium. Konstantin Schildlowskij. Seine Arbeit gab ihm genau so wenig wie mir mein Studium, und wir taten uns auf eine Weise zusammen. Wir verehrten Schiller. Er war unglücklich in eine verheiratete Frau verliebt. Und litt sehr darunter. Dieses Leiden … machte ihn für mich sehr schön.

Zu einem erhabenen Wesen, einer poetischen Natur, wie sie Schiller uns vorstellt. Zu einem Byron. Außerdem war er ein maßloser Mensch, napoleonisch in seinem Tatendrang, exzessiv, lasterhaft – und religiös. Er gab die Beamtenkarriere auf und wurde Mönch. Doch statt in ein Kloster kam er in ein sibirisches Zuchthaus. Nach der Entlassung schmiedete er aus dem Glied seiner Gefängniskette einen Ring. Er trug ihn bis zum Tod. Und im Sterben verschluckte er ihn." Ein wenig außer Atem stockte er. Zum zweiten Mal an diesem Tag hatte er jemandem, der sich vielleicht Zuspruch erhofft hätte, eine düstere Geschichte erzählt. Diesmal wenigstens auf Französisch und daher sprachlich weniger desaströs. Er wollte noch etwas hinzufügen, fand aber dann, es wäre genug gesagt. Rossini empfing diese Replik auf die Schilderung seines Leids mit einem bitteren Lächeln. Und ging die Arkaden entlang, bis er vor einer hielt und auf die Stadt schaute.

„Am stärksten kam die *mania* nach dem Tod meines Vaters. Ich konnte nichts von seinen Dingen in die Hand nehmen, ohne zu weinen. Ich habe Ihnen erzählt, dass mein Vater Stadttrompeter war. Hornbläser im Opernorchester und *trombetta*. Vom Turm aus, in Lugo und Pesaro, gab er mit der Fanfare die Verlautbarungen der Stadtverwaltung bekannt."

Dostojewskij war ihm langsam nachgegangen und stand nun in derselben Arkade hinter ihm. Gemeinsam schauten sie auf die Piazza und die Kuppeln und Dächer des Markusdomes, die von hier oben aussahen wie festlich aufgespannte Zelte.

„Waren Sie schon drin?"

„Nein. Ich war heute in San Pantalone."

„Ich war als Kind mehr in der Kirche als später."

„Ja?"

„Meine Eltern waren oft auf Operntournee und ließen mich wochenlang alleine. Ich streunte mit anderen Halbwüchsigen umher. Und manchmal ... entschuldigen Sie, dass ich lachen muss ... brachen wir in die Sakristei ein, um den Messwein zu trinken. Wissen Sie ... die französische Besatzung in meiner Jugend hat Italien stark verändert. Besonders den Norden. Und bei aller Wertschätzung für das Ancien Régime muss ich sagen, dass die napoleonische Zeit den Menschen hier eine bis dahin unbekannte Ungezwungenheit gebracht hat. Auf einmal sah man nacktes Fleisch auf den Straßen, Flirt in aller Öffentlichkeit. Der Bürger spürte zum ersten Mal, dass seine Zeit gekommen war. Seine Kraft wuchs. Eine neue Zeit brach an. Und ich – wurde ihr Komponist. Wenn auch die Verwirrspiele zumindest meiner frühen Opern Phantasien freisetzten, die mit der bonapartistischen Ordnung, die natürlich trotzdem hinter allem steckte, nichts gemein hatten. Wie immer, hoffen wir, dass die Werte, in deren Namen so viel Blut geflossen ist, am Ende siegen."

„Welche Werte meinen Sie?"

„Nun, die Grundlage alles bürgerlichen Selbstverständnisses geworden sind."

„Und was ist das, das bürgerliche Selbstverständnis? Ein Vermögen aufzuspeichern und möglichst viele Sachen zu besitzen. Das ist die Intention des Bürgers."

„Ich meine natürlich die geistigen, die menschlichen Werte. Freiheit, Gleichheit …"

„… Brüderlichkeit." Dostojewskij holte tief Atem, wie um zu seufzen. Aber er seufzte nicht. Er ließ die Luft langsam aus der Nase und bewegte sich dabei zur nächsten Arkade. Mit den Fingern berührte er die Fläche der Steinbalustrade vor ihm und sah hinunter auf den Dom. „Der Bürger ist sehr wenig dumm. Aber sein Verstand ist so kurz. Er besteht gleichsam aus lauter Abschnitten. Er hat einen riesigen Vorrat von fertigen Begriffen aufgestapelt, wie Holzscheite für den Winter, und er hat die Absicht, mit ihnen tausend Jahre lang zu leben."

Rossini blickte ihm über die Schulter nach und dann wieder geradeaus. „Die Begriffe, die ich genannt habe, sind heute wieder die Parole der Grande Nation, der Wahlspruch von Frankreich."

„Und von Haiti, habe ich gelesen. *Nu,* ich kenne Haiti nicht."

„Was ist gegen den Begriff der Freiheit einzuwenden?"

„Aber was ist das für eine Freiheit?"

„Die Freiheit, alles zu tun, was man will. Sofern das Wollen innerhalb der Gesetze bleibt."

„Wann aber kann man alles tun, was man will?"

„Wenn man …"

„Wenn man eine Million hat. Gibt die Freiheit jedem Menschen diese Million?"

„Nein."

„Was ist ein Mensch ohne Million? Ein Mensch, der nicht alles macht, was er will, sondern mit dem man macht, was man will. Daraus folgt, dass es außer der Freiheit noch Gleichheit geben muss. Und es gibt sie, vor dem Gesetz. Aber so, wie sie jetzt angewendet wird, kann sie jeder Mensch nur für eine Beleidigung halten."

Rossini sagte lange nichts. Dann fuhren auch seine Finger über den Stein, an den er mit dem Bauch gelehnt stand. „Und die Brüderlichkeit?"

Nun stützte Dostojewskij die Hände auf seinen Stein und senkte den Kopf. „Verzeihen Sie, aber der Europäer – der Westeuropäer, meine ich – redet immer von der Brüderlichkeit wie von einer großen, die Menschen bewegenden Kraft und versteht nicht – oder will nicht verstehen –, dass Brüderlichkeit nicht selbstverständlich vorhanden ist. Als Wirklichkeit einfach vorhanden. Sie lässt sich auch nicht einfach von irgendwoher nehmen. Also, was tun?"

„Man muss sie schaffen."

„Ja, man muss sie schaffen, machen, herstellen. Aber da zeigt sich, dass Brüderlichkeit überhaupt nicht zu machen ist, weil sie sich nämlich von selbst macht, weil sie gegeben sein, in der Natur sein muss. In der westeuropäischen Natur aber hat sich das Vorhandensein der Brüderlichkeit in meinen Augen nicht gezeigt, sondern statt ihrer das Prinzip der Einzelperson, der Persönlichkeit, der Selbsterhaltung, der Selbstbestimmung, der Ichbehauptung, des Ichbetriebs, das Prinzip, das eigene Ich allen übrigen Menschen entgegenzustellen."

„Sie meinen, der Einzelmensch müsste ..."

„Der Einzelmensch müsste als Erstes sein ganzes Ich restlos der Gesamtheit opfern. Ohne alle Bedingungen."

„Ja wie ... muss man denn unpersönlich sein, um glücklich zu sein? Meinen Sie das?"

„Im Gegenteil. Man muss gerade erst zu einer Persönlichkeit werden. Ein freiwilliges, bewusstes, durch niemanden und nichts erzwungenes Opfer seiner selbst zugunsten aller ist meiner Meinung nach das Anzeichen der höchsten Entwicklung der Persönlichkeit, ihrer höchsten Selbstbeherrschung, ihrer größten Freiheit des persönlichen Willens. Freiwillig sein Leben für alle hingeben, für alle den Scheiterhaufen besteigen ... oder den Kreuzestod sterben ... das kann man nur bei der stärksten Entwicklung der eigenen Persönlichkeit. Aber es gibt ein Härchen, ein allerfeinstes Härchen, das, so fein es auch ist, doch alles zerstört, sobald es in die Maschine gerät, nämlich: wehe, wenn der Mensch auch nur die geringste Berechnung zugunsten des eigenen Vorteils anstellt. Man muss sich so opfern, dass man alles hingibt und sogar wünscht, dass man dafür nichts wiederbekommt. – Und was müsste die Brüderlichkeit darauf sagen? Die wahre Brüderlichkeit?"

Mit dieser Frage schaute Dostojewskij an seiner linken Schulter vorbei zu Rossini, der über seine rechte antwortete: „Jetzt bist du einer von uns?"

„Nein." Er ließ seinen Blick wieder, wie während der vorherigen Rede, aufgestützt auf den Stein, zwischen diesem und der Kirche hin und her gehen. „Sie müsste sagen: Du gibst uns zu viel. Aber wenn dein Gebenkönnen, wie du sagst, dein ganzes Glück ist, so nimm denn auch von uns alles. Wir werden uns aus allen Kräften bemühen, dir die größtmögliche persönliche Freiheit zu gewähren. Fürchte dich nicht mehr vor Feinden. Wir stehen alle für dich, wir sichern dich vor Gefahr, weil wir Brüder sind, wir sind alle deine Brüder, und wir sind viele und stark, sei guten Muts, verlass' dich auf uns."

„Und alles würde … untereinander geteilt?"

„Alles würde sich von selbst verteilen. Liebet einander – und alles wird euch zuteil."

Nun war es Rossini, der sich ihm zuwandte, diesmal mit dem ganzen Körper. „Was für eine Utopie! Alles, wirklich alles beruht auf dem Gefühl? Nicht auf der Vernunft?"

„Alles beruht auf der Natur. Doch heute beruht alles auf der Angst. Gerade den Bürger, den glücklich-wohlgeruhsamen Bürger erkennt man vorrangig daran, dass er Angst hat."

„Angst wovor?"

„Das frage ich Sie." Dostojewskij drehte sich ihm zu und lächelte beinahe verschmitzt. „Wovor hat der Bürger Angst? Vor den Arbeitern? Aber die Arbeiter sind doch im Kern gleichfalls Besitzer. Ihr ganzes Ideal besteht doch nur darin, Besitzer zu sein und sich möglichst viele Sachen zu kaufen. Fürchtet er also die Sozialisten? Ja, denn die Sozialisten, die sehr wohl sehen, dass im westeuropäischen Menschen die Brüderlichkeit nun einmal nicht naturgegeben liegt, wollen sie künstlich herstellen. Aber, um einen Vergleich zu bringen, der Ihnen vielleicht gefallen wird: Um ein Hasenragout zu machen, was muss man dafür vor allem haben?"

„Einen Hasen?"

„*Voila.* Nur den Hasen, sprich: die Natur, die es von selbst nach Brüderlichkeit verlangt, gibt es hier nicht. Also beginnt der Sozialist, sich seine eigene Brüderlichkeit zu konstruieren, zu definieren, nach Gewicht und Maß zu berechnen, mit Vorteilen zu locken. Er erklärt, er lehrt, er erzählt, wie viele Vorteile den Menschen durch diese Brüderlichkeit erwachsen und was ein jeder durch sie alles gewinnen könne, das heißt, wie viel jeder daran verdiene. Was aber ist das denn noch für eine Brüderlichkeit, wenn schon im Voraus festgesetzt wird, wie viel ein jeder an ihr verdient? Und wenn dem, der am meisten an ihr verdient hat, daraus die größte Angst erwächst?"

Inhaltlich schwebte die Frage Rossinis, wovor der Bürger denn solche Angst habe, noch zwischen ihnen. Als das Wort nun wieder erklang, hob er den Kopf und erwartete das Weitere mit wachem, gefasstem Ausdruck, weniger als das Fazit einer gesellschaftstheoretischen Erörterung, sondern beinahe wie einen Urteilsspruch, den man tapfer anzunehmen bereit ist.

„Wenn man alles erreicht hat", fuhr Dostojewskij ohne eine Spur von Häme, aber auch ohne jedes Bedauern fort, „kann man alles verlieren. Daraus folgt, dass der, dem es nach allen äußeren Anzeichen am besten geht, der ist, der die größte Angst hat."

Wieder konnte der berühmte Mann nur mit einem schmerzvollen Lächeln antworten. Und dann doch mit einer Replik, von der nicht klar war, ob sie eine Besänftigung des Gesagten oder ihre Zuspitzung war: „Und da haben wir noch nicht von der Seele gesprochen."

Die Antwort darauf hatte nichts Besänftigendes: „Im Grunde schon."

Rossini nahm auch das mit einem Lächeln zur Kenntnis. „Was Sie sagen", begann er, nun selbst heiser geworden und fast wie gegen seinen Willen, „sage ich in meiner Musik auch."

Eine lange Pause folgte. Es war ungewiss, ob sein Gegenüber dem zustimmte oder nicht. Daher fragte er – und er spürte, dass im Kontext ihres Treffens mehr dahintersteckte, als die bloße Frage vermuten ließ: „Was ist für Sie Musik?"

Dostojewskij ahnte, dass in dieser Sekunde alles auf Messers Schneide stand. Dass seine Antwort auch eine Antwort auf die große ungestellte, seit Tagen und nun schon wieder seit einer Stunde zwischen ihnen sich auftuende Frage wäre. An die Oper dachte er in dieser Sekunde, an die Opernhäuser, an Glanz, Beifall und Ruhm, an Paläste, in denen er wohnen, an Städte, die im Taumel ihres gemeinsamen Werks schwelgen würden, sogar an Apollinaria dachte er, und an ein reiches, glückliches Leben mit ihr, und es war ihm, als er schließlich die Antwort gab, als schlüge er schwere eiserne Türen vor dem Glück zu, und wie ein Blitz flammte das Bild eines niederfallenden Beils in ihm auf, einer Guillotine oder das einer unwiderruflich der Zerstörung, der Auslöschung zurasenden Axt, als er sich sagen hörte: „Für mich ist Musik nicht zum Genuss."

Keiner von beiden atmete in diesem Moment.

„Für mich ist Musik nicht zum Genuss", wiederholte er wie jemand, der überprüft, ob er eine Tür richtig abgeschlossen hat, oder wie jemand, der vorsichtshalber noch einmal nachhackt.

„Sie ist auch eine Sprache. Aber eine harmonische."

„Ja, sie ist eine Sprache. Aber eine, die ausspricht, was das Bewusstsein noch nicht bewältigt hat."

„Sie meinen eine metaphysische Bedeutung der Musik?"

„Ja."

Seltsamerweise schien Rossini über diese verschlüsselte Absage – denn im Grunde war es nichts anderes – nicht im mindesten überrascht. Vielleicht war es aber auch ein äußerst raffiniertes Geschick, selbst den augenfälligsten Widerspruch wie eine Übereinstimmung aussehen und wie eine Versöhnung enden zu lassen, als er sagte: „Ich stimme Ihnen insofern zu, als die Musik sich auf Ideal und Gefühl gründet."

„Aber?", kam es scharf zurück.

„Aber dieses Fundament ist ins Wanken geraten. Ideal und Gefühl …", er machte eine vage Handbewegung auf die Stadt und meinte damit alle Städte, „… sind jetzt dem Dampf unterworfen, dem Raub und den Barrikaden." Und auf einmal lachte er unvermittelt los. „Ich mag Sie, Dostojewskij. Auf den ersten Blick schon mochte ich Sie. Auch jetzt, wie Sie – verzeihen Sie – wie Sie mich anschauen. Seit Tagen denke ich über Ihren Blick nach. Ein außergewöhnlicher, ein einzigartiger Blick. Ein Blick, der einen verunsichert, obwohl keine Bedrohung von ihm ausgeht. Der auch nichts fordert, der sozusagen nichts vom anderen will und doch nichts weniger als gleichgültig ist. Jetzt weiß ich es. Sie schauen – verzeihen Sie abermals – in sich hinein. Sie sehen alles von der Welt – aber Ihr Schauen … geht in Sie selbst."

Wenn er ihm gesagt hätte, dass in dieser Minute in Rom eine Säule umgefallen wäre, hätte Dostojewskijs Gesicht nicht ausdrucksloser sein können. Als hörte er ihn gar nicht, oder von sehr weit weg.

„Was wird nun aus unserer *buffa?*", fragte Rossini leicht und spielerisch schmollend, als hätten sie nicht schon die ganze Zeit zwischen den Worten darüber gesprochen und längst eine Entscheidung getroffen.

„Sie meinen, aus unserer Komödie?"

„Nun, unserer komischen Oper, ja."

„Sehen Sie, das Problem mit der Komödie ist: Der Bürger liebt sie. Und mischt ihr Moral bei. Er liebt es nämlich, Moral zu predigen. Weil der Bürger aber, nachdem die alten Herrschaftsstrukturen zerbrochen sind, jetzt uneingeschränkt herrscht, weil er eine Macht ist, sind jene, die Komödien liefern, seine Lakaien. Und Lakaien schmeicheln immer der Macht. Daher geht der Bürger auf den Bühnen in der Komödie immer als Sieger hervor."

„Aber er tritt doch oft als äußerst komische Figur auf?"

„Egal."

„Er wird genarrt, verspottet … "

„Doch zu guter Letzt wird ihm immer vermeldet, dass alles in Ordnung ist. Die Lakaien lassen den Herrscher nicht im Stich."

„Nun", damit wandte sich Rossini wieder der Stadt zu, „ich bin nicht verwundert. Ich habe so etwas erwartet, Dostojewskij. Sie werden Ihr Publikum haben – ich meines. Vielleicht wird es ein paar bunte Vögel geben, die uns beiden ihr Ohr schenken. Auch ich bin ins Zweifeln geraten, ob es wirklich noch eine *buffa* sein soll."

„Ich bezweifle es", kam sehr leise in seinen Rücken.

„Finden Sie? Ich habe immer Beethoven im Ohr, der gesagt hat: ‚Schreiben Sie noch …'"

„Schreiben Sie nicht noch einen ‚Barbier'. Schreiben Sie noch ein Stabat Mater."

„Ein geistliches Werk?"

„Ja."

Rossini schaute zurück. Der Dichter lächelte nicht. Aber seine Augen hatten einen fiebrigen Glanz, etwas Brennendes, beinahe Flehendes lag in seinen Zügen und wurde durch die vor der Brust wie im Gebet verschränkten Hände noch verstärkt. An ihm vorbei ging der Maestro, sah in die Sonne, die rot und kurz vor dem Untergehen war und legte den großen, schwarzen Koffer um, wo ihn der Assistent abgestellt hatte. „Ein kleines Abschiedsgeschenk", schmunzelte er, als er ihn öffnete. Es kamen keine Papiere zum Vorschein, auch keine Torte, wie Dostojewskij in letzter Sekunde befürchtet hatte, sondern ein gewundenes Instrument mit einem großen Trichter.

„Ich habe mir dieses Horn heute Mittag vom Theater bringen lassen. Ich muss Sie gleich um Nachsicht bitten. Meine Kindheit liegt einige Tage zurück." Er zog ein Mundstück aus der Hosentasche, blies tonlos hinein, steckte es an und stellte sich in eine der Lagune zugewandte Arkade. „Im Andenken an *papà* habe ich dem Horn mehr Raum im Orchester gegeben, als es manchen lieb war. Und es als Solo-Instrument bedient." Er blies Luft durch die vielfachen metallenen Windungen und drückte in schneller Folge die Klappen. „Das Stück kennen Sie." Er pumpte seinen mächtigen Brustkorb noch weiter auf, blähte die Backen und spielte einen langen Ton, verhalten, vorsichtig, zur Einstimmung und als Vorspiel. Nach kurzem Absetzen begann er mit demselben Ton eine Melodie, die sein russischer Zuhörer sofort wiedererkannte. Sie war unverwechselbar in ihrer Schönheit und Melancholie, ein Lied, vor dem man stumm den Kopf senkte und nackt dastand angesichts der Unabänderlichkeit des Schicksals, die es auszudrücken schien. Es war nicht von Rossini. Es war von Glinka. Von Michail Iwanowitsch Glinka, den der junge Dostojewskij es einmal selbst am Klavier spielen gehört hatte, und das außerhalb Russlands eigentlich unbekannt war. Es war ein Nocturne, und zart und klagend, wie der Meister es mit weichen, warmen Tönen aus dem Instrument zauberte, verwob sich das Nachtstück mit dem sanften Licht, das den Abend rot und golden färbte, stieg vom Turm über die Dächer Venedigs, die Schiffe, die Inseln und ging weit hinaus zum Lido und über das Meer.

Wahrlich, dachte der Beschenkte, der gebeugt und ein wenig vor Ergriffenheit zitternd dastand, der Mann hat einen Sinn für Wirkung. Für Empfindung. Denn natürlich wusste er, dass der andere wusste, dass das Stück „Der Abschied" hieß. Das hat er für mich geübt, dachte er, als der Spieler tapfer die am Horn nicht einfachen Intervalle des Zwischenspiels bewältigte, weil er meine Liebe zu Glinka verstanden hat und mir ein Stück Heimat schenken wollte, eigentlich schon mitgeben auf den Weg zu ihr. Es war auch eine Verneigung eines musikalischen Genies vor seinem fernen Bruder. Unten, auf der kleineren Piazza vor der Lagune, blieben Menschen stehen und hoben die Köpfe, Boote drosselten ihre Fahrt, und selbst die Schwalben schienen langsamer zu fliegen in ihrer abendlichen Jagd. Rossini hatte die Augen zum Himmel gerichtet und sah in der Konzentration auf Atmung und Intonation dennoch mancher Möwe nach, die jetzt zu der noch einmal einsetzenden Melodie majestätischer denn je ihre freien Bahnen zogen, und während er das Thema nicht bloß wiederholte, sondern eine Nuance noch zarter, noch verhaltener, noch langsamer ansetzte, eine Steigerung im umgekehrten Sinn, sozusagen ein Rossini-Decrescendo, in dem die Töne fast brachen vor Behutsamkeit, schickte Dostojewskij einen Dank zum Himmel, diesem Mann begegnet zu sein, und versprach sich, versprach sich vor Gott, nie einem Menschen von dieser Begegnung zu erzählen, all die Erlebnisse der Tage mit ihm und auch die ohne ihn, die doch irgendwie alle mit ihm verbunden, von ihm veranlasst gewesen waren, tief in seiner Brust verborgen zu halten und unausgesprochen in seinem Herzen zu tragen wie eine stille, einsam flackernde Kerze bis zum Tod.

Kaum hatte der Magier den letzten Ton abgesetzt wie jemand, der eine Raupe von seinem Finger sanft ins Gras gleiten lässt, schaute er hinunter und sagte, kichernd und röchelnd vor Atemlosigkeit: „Die Venezianer denken, ich habe ihnen zur Jagd geblasen." Er nahm mit dieser Bemerkung jeder möglichen Äußerung von Rührung, vielleicht auch seiner eigenen, den Wind aus den Segeln. Dennoch schaute er kurz zu seinem Zuhörer zurück, lachte leise und freute sich, dass dieser die Hand aufs Herz legte und zum Dank den Kopf neigte. Vom Markusplatz drang Applaus herauf, der Ovationsgewöhnte eilte um den Glockenschacht zu den piazzaseitigen Arkaden und zeigte sich, das in den allerletzten Sonnenstrahlen aufblitzende Horn hochhaltend, den paar Dutzend Klatschenden, die sich vor und zwischen Kaffeehäusern, vor dem Dom und in den Gassenmündungen gesammelt hatten. Einige riefen *„Viva Rossini!"*, worauf er lachend den Arm hob und mit lauter, getragener Stimme ein *„Viva Verdi!"* zurückschmetterte, was mit enthusiastischem Jubel und weiterem Applaus quittiert wurde. Vereinzelt standen Polizisten herum, die wussten, was geschah, und nichts machen konnten.

Die Sonne war versunken. Schatten lagen auf den Gesichtern der zwei Männer, von denen einer sein Instrument umdrehte und von Speichelwasser entleerte, routinemäßig wie ein Orchestermusiker nach Ende einer Oper, und, irgendein beiläufiges Thema aufnehmend, fragte: „Lieben Sie die Jagd? Ich hätte Sie gern einmal auf Entenjagd mitgenommen in die Lagune", worauf der andere, halb am Stein lehnend und viel erschöpfter wirkend – als hätte er das Horn geblasen –, antwortete: „Ich habe nur einmal an einer Jagd teilgenommen. Ich mochte es nicht. Ich wollte nicht galoppieren und trabte lieber ruhig dahin, um die Gegend zu betrachten."

„Mein Vater blies auch das Jagdhorn in der Militärkapelle von Ferrara." Damit packte der Musiker das Instrument in den Koffer wie ein Arbeiter sein Werkzeug und stellte ihn zum Ausgang. „Er war ein agiler Mann – in jeder Hinsicht." Er stand auf und machte eine wedelnde Handbewegung. „Sein Spitzname war ‚*Il Vivazza*'." Plötzlich ernst fragte er: „Wie ist Ihr Vater gestorben?"

Dostojewskij zögerte. Brachte er es über sich, zu erzählen, dass sein Vater, der nach dem Tod seiner Frau zu trinken begonnen und mit der achtzehnjährigen Magd ein Kind gezeugt hatte, wahrscheinlich von fünfzehn seiner leibeigenen Bauern erschlagen worden war, weil er sie in seiner Trunkenheit rüde beschimpft und unmenschlich behandelt hatte? Es war ein vertuschter Fall gewesen. „Schlaganfall", sagte er knapp. Das war die offizielle Version. „Wahrscheinlich", fügte er noch an, „ist er ermordet worden. In einer Art ... Aufstand."

Rossini legte die Stirn in Falten und blickte kurz zu Boden, dann, denn das war seine Natur, atmete er durch und sah geradeaus in die beginnende Nacht. „So viel Gewalt. So viel Blut. Ich bin ungerecht, aber ich habe es den Revolutionären, die später diesen neuen italienischen Staat gegründet haben, nie verziehen, dass sie mich achtundvierzig aus Bologna vertrieben haben. Und, verraten Sie mich nicht, aber mir ist dieser neue Zentralstaat suspekt. Ich glaube nicht daran. Ich kenne Italien zu gut. Zu groß sind die Gegensätze. *Viva Verdi,* gut, soll er leben, Vittorio Emanuele, Leben kann man jedem wünschen. Letztes Jahr wollte er mir einen Orden verleihen. Ich habe ihm ausrichten lassen, meine Gesundheit erlaube es nicht." Dabei lächelte er wie ein Schuljunge, der den Unterricht geschwänzt hat. „Nein", bekräftigte er, „das neue Italien kann mir gestohlen bleiben. Und sein König auch."

Dostojewskij verließ seinen Steinbogen und ging zu einem derer, die Richtung Lagune schauten. „Und Venedig?", fragte er, ohne genau zu wissen, was er damit meinte.

„Die letzte Bastion der K.-u.-k.-Monarchie." Rossini umrundete langsam die Glocken und berührte manche mit den Fingerspitzen. „Ich verstehe die Venezianer. Aber ich kann ihrem Österreicher-Hass nicht beistimmen. Es ist schwer, ein Volk zu hassen, von dem man so viel Gutes bekommen hat. Als der Direktor des San Carlo das Wiener Kärntnertortheater bekam, ging ich mit. Ich habe die herrlichsten Vorsommermonate mit der Colbran in Wien erlebt. Im Prater blühten die Kastanien, abends saßen wir in den Weinbergen … nach den Vorstellungen, spätnachts, sammelten sich die Menschen unter meinen Fenstern und verlangten eine Zugabe. Isabella und ich lagen im Bett und tranken Champagner. Also warfen wir uns etwas über, öffneten ein Fenster und sangen ein Duett. Die Menge rief begeistert: ‚*Viva! Viva! Sia benedetto! Ancora! Ancora!*' Als ich mich wieder hinlegen wollte, riefen sie immer noch: ‚Kommen Sie heraus, Maestro!' Also kam ich noch einmal ans Fenster und sang: ‚*Figaro là, Figaro qua.*' Der ‚mythische Rausch', von dem man immer gesprochen hat, ich habe ihn auch über Wien gebracht. Für das Abschiedsbankett, das Metternich mir ausrichtete, komponierte ich ein Lied: ‚Addio ai Viennesi'. ‚Von euch scheide ich'", sang er hinter Dostojewskij näher kommend, „geliebte Ufer, mit einem Crescendo an Seufzern", trat er hinter ihn. Beide schauten auf die letzten Streifen von Rot, die am Nachthimmel über dem Hafenbecken vergingen.

„‚Adieu den Wienern‘, das würden die Venezianer auch gerne singen. Aber ohne ein ‚*crescendo di sospiri*‘. Dabei haben erst die Österreicher aus ihrem rückständigen, mittelalterlichen Dorf eine saubere, moderne Stadt gemacht. Wenn du Post kriegst, kommt sie auch an, weil endlich die Häuser nummeriert sind. Die Eisenbahnbrücke verbindet Venedig zum ersten Mal mit dem Festland, und durch die Wasserleitung auf ihr gibt es in der Stadt neuerdings nicht nur Regenwasser zu trinken. Brackige, ewig stinkende Kanäle wurden zugeschüttet und neue Straßen angelegt, Brücken gebaut, die Pläne, die scheußliche Accademia-Eisenbrücke durch eine hölzerne zu ersetzen, liegen in der Schublade, viele Kirchen wurden wieder geöffnet und aufwändig restauriert. Die *murazzi* am Lido sind der erste und einzige Hochwasserschutz der Geschichte. Die Piazza erstrahlt in Gasbeleuchtung, und in den Cafés serviert man Krapfen und ‚*Cugeluf*‘. Und die köstliche Sacher-Torte. Eine Novität. Als ich in Wien war, gab es sie noch nicht. Sie müssen sie probieren."

„Ich muss in Wien umsteigen."

„Essen Sie eine Sacher-Torte. – Ich brauche eine Welt voll Leben, Tätigkeit, eine optimistische Welt. Ich werde in Paris bleiben, in meiner neuen Villa in Passy. Dort, an der Decke, sind die Fresken mit meinen Göttern: Palestrina, Mozart, Cimarosa, Haydn. Und darunter sitze ich und esse Gänseleberpastete, ganz alleine, weil meine Frau sagt, sie nehme keine Tierkrankheit zu sich. Sie hält mir auch die Luft rein, weil sie Gäste, die rauchen, aus dem Haus wirft. Ich veröffentliche nichts, und ich komponiere, weil ich nicht anders kann. Und Venedig …", er atmete tief ein, als wolle er die Salzluft in seine Lungenflügel ziehen, dort speichern und mitnehmen, „… werde ich wohl nicht mehr sehen. Als letztes Jahr Kaiser Franz Joseph hier zu Besuch war, habe ich mich hingesetzt, etwas dafür zu komponieren. Was ist herausgekommen: ‚Die Lagune von Venedig zum Ausklang des Jahres 1861'. Es hat gar nichts mit dem Kaiser zu tun! Man hört nichts als die Lagune, die vor sich hin träumt. Wichtiger als die österreichische Herrschaft und der österreichische Kaiser ist Venedig selbst. Auch wichtiger als Italien. Es wird immer so sein: Italien ist Italien, Venedig ist Venedig. Venedig bleibt Venedig. Immer."

Und als sich in diesem Moment, wie jeden Abend von Triest kommend, der gewaltige Raddampfer der österreichischen Lloyd mit seinem riesigen Schornstein in das dafür viel zu klein wirkende Hafenbecken schob, ein von einem kleinen Boot gezogener mechanischer Wal, ein Ungetüm, das das filigrane Gebilde der mehr als tausendjährigen Schönen zu überrollen, zu überschwemmen imstande zu sein schien, ein Monstrum aus einer neuen Zeit, eine Ankündigung ferner, vielleicht viel furchtbarerer Besatzermächte, Eroberersscharen und Herrschaftsformen, als das kleine Inselreich in seiner langen, wechselvollen Geschichte je erlebt hatte, sagte Rossini leise singend, als zitiere er eine alte Rhapsodie: „Bis sie untergeht. Und weiterlebt nur in den Herzen derer, die sie gesehen haben. In ihren Erinnerungen, Bildern, Liedern – und Dichtungen.

Wie immer", fügte er sehr sachlich hinzu, "das Gerede vom Untergang Venedigs begann gleich nach ihrer Gründung. Vielleicht schon gleichzeitig. Der Mensch beneidet, was ihn an Schönheit übertrifft. Und muss es töten. – *Addio, Venezia.*"

Mit einem Seufzer wandte er sich zum Ausgang, drehte sich um und wartete auf seinen Begleiter, der in die Ferne sah und seinen Bart zwirbelte. Als auch dieser sich losriss, sagte er: "Hinunter schaffen wir es alleine." An der Mauer steckte eine Fackel, er nahm sie, zündete sie mit einem langen Streichholz an und gab sie Dostojewskij. Erst nach einigen Windungen der im Stockdunkeln liegenden Rampe sah der tapsend Vorangehende und für beide Leuchtende, dass Rossini den Hornkoffer mit sich trug. Unten warteten die Padres, löschten die Fackel und versperrten den Turm zur Nacht. Vom Caffè Florian eilte der Assistent auf sie zu, nahm den Koffer, verabschiedete sich und ging damit so würdevoll, wie das Gewicht es zuließ, in eine der Gassen davon.

Rossini schritt voran, bis sich beide genau in der Mitte des Platzes befanden. Dort zog er die Uhr aus der Tasche. "Ich muss mich beeilen, ich bin noch eingeladen. Ich würde lieber früh zu Bett gehen, aber was soll man machen, wenn einen ein Chateaubriand erwartet?"

Dostojewskij erschrak. "François de Chateaubriand?" Dessen Schriften, vor allem "Der Geist des Christentums", hatten starken Eindruck auf ihn gemacht. Zwar glaubte er, dass der Dichter tot war – aber hatte er das nicht auch von Rossini gedacht?

„Leider nur das nach ihm benannte Rinderfilet", lachte der Musik- und Küchenmeister und strich sich über den Bauch. Dann legte er den Kopf schief. „Wann fahren Sie morgen ab?"

„Um zehn."

„Ich schon um acht. Ich schicke Ihnen meine Gondel. Ihr Retter holt Sie im Hotel ab."

„Wer?"

„Giuseppe, der von Ihnen so genannte Beppo. Erinnern Sie sich nicht? Er hat sich zwischen Sie und die Steinmauer geworfen, als Sie in Ihrem Anfall ohnmächtig wurden. Statt auf Granit ist Ihr Kopf auf seinem weichen Bauch gelandet. Haben Sie keine Erinnerung daran?"

„Ich … nein."

„Die Dicken werden die Welt retten. Evangelium nach Gioachino, Kapitel eins. – Leben Sie wohl, Dostojewskij. Es war mir eine Ehre, Sie kennenzulernen. Und eine große, außergewöhnlich große Freude. Ich wünsche Ihnen alles Gute."

Dostojewskij öffnete den Mund und stammelte etwas zwischen „Ich auch", „Sie auch" und „Danke". Im Verabschieden von Menschen war er noch schlechter als im Kennenlernen. Zugleich rätselte er, welche Geste ihre Trennung begleiten würde. Erst jetzt fiel ihm auf, dass sie einander nie die Hand gegeben hatten. Bis auf die paar Male, als der Berührungen doch so viel Gewöhntere ihm die Hand auf den Unterarm oder an die Schulter gelegt hatte, waren sie ohne Körperkontakt geblieben. Aber auch das waren angedeutete Annäherungen gewesen, Zitate von

Berührungen, immer höflich, respektvoll, nie vereinnahmend. Doch ehe er in die Not kam, selbst etwas erfinden zu müssen, legte der ungleich Kräftigere die Hände sehr vorsichtig an seine Schultern und brachte den Oberkörper näher, sodass ihre Köpfe nebeneinander lagen und einen kurzen Moment lang die aneinander vorbeigehenden Blicke schwiegen, das Reden aussetzte und nur die beiden Körper in dieser behutsamen, auch eher angedeuteten als wirklich vollzogenen Umarmung kommunizierten. Ein, zwei Sekunden schlugen ihre Herzen aneinander, und der zu dieser ihm fremden, aber keineswegs unangenehmen Nähe Gebrachte wusste nicht, ob er das des anderen schlagen spürte oder sein eigenes. Und als sich der mächtige Leib zurückzog, streifte eine Wange die andere so schnell und so flüchtig wie die Flügelschläge der um sie auf und nieder flatternden Tauben. Es sollte das erste und einzige Mal gewesen sein, dass Haut Haut berührte in dieser beide Gemüter nicht unberührt lassenden Begegnung zweier ferner Künstler, die von nun an beide in ihre Fernen zurückgingen, jeder für sich.

Vor Verwirrung hatte Dostojewskij ihn gar nicht weggehen gesehen. Und doch war er schon einige Meter entfernt, als er sich umdrehte und, zwei Schritte rückwärts machend, rief: „Wenn Sie nach Paris kommen, besuchen Sie mich. Und bringen Sie Ihre Frau mit."

Nichts habe ich gesagt, dachte der heillos überfordert in der Mitte des Platzes Stehengelassene und hob schwach die Hand, keinen Dank, kein Wort. Und raffte sich, als er den breiten Rücken schon von sich weggehen und beinahe im

Gewoge der Menschen untertauchen sah, doch noch auf, zu rufen: „Rossini!"

Und in das überraschte, aufleuchtende Gesicht rief er, mit einem Finger scherzhaft drohend: „Fahren Sie doch mit dem Zug!"

„Nein, nein", wedelte Rossini mit dem Zeigefinger zurück und sagte laut in seiner Trichtertechnik, sodass wahrscheinlich nur der Angesprochene es hören konnte: „Mit dem Boot. Bis Mestre. Dann bin ich Gast in der Equipage von Freunden. Den Rothschilds." Das Letzte würzte er mit einem Zwinkern, einem Lachen, winkte und verschwand endgültig in der Menge.

Dostojewskij stand noch lange. Ziemlich lange. Als erwache er sehr zögernd aus einem Traum, in dem er gerne geblieben wäre.

4

Aus wie viel Luft dieser Platz besteht, dachte er sich umschauend, als suchte er irgendwo eine Motivation und vielleicht auch die Kraft, weiterzugehen und weiterzuleben. Rechnete man den Himmel dazu, war der Anteil an Festem, an Gebäuden verschwindend gering: null Komma null null null … wie viel? Selbst der beeindruckende Dom am Ende duckte sich, vor allem, wenn man ihn einmal von oben gesehen hatte, mitsamt seinen goldenen Kuppeln unter den gewaltigen Luftmassen zusammen. Alles auf diesem berühmtesten Platz der Welt war beinahe grotesk niedrig … und vielleicht, dachte er jetzt, war das die höchste Leistung der venezianischen Baukunst, die Menschen dazu zu bringen, Luft zu preisen und zu bestaunen, Luft in einem viel größeren Ausmaß, als er je in einer Stadt gesehen hatte, bis auf den Schönen Platz in Moskau, aber der war als Platz nicht so sehr definiert, nicht so sehr umschlossen von Gebäuden wie hier, auch wenn der gewaltige Kreml mit seinen weißen Türmen daran grenzte. Man konnte, sich auf dem Markusplatz im Kreis drehend, sich eingeschlossen fühlen von auf drei Seiten völlig gleichförmigen Gebäudefassaden und einer Kirche, eingeschlossen auf die großzügigste Weise, vielmehr aufgehoben, in einer Weite, die wohltat nach dem Winkelwerk der Gassen und Kanäle.

Viel Zeit blieb Dostojewskij nicht mehr. Er musste packen und versuchen, genügend zu schlafen, bevor die tage- und nächtelange Tortur der Eisenbahncoupés wieder begänne. Aus Trotz entschied er sich, noch nicht zum Hotel zu gehen, sondern noch einmal zu tun, woran er Gefallen gefunden hatte wie in keiner anderen Stadt zuvor, und was ihm, wenn er an die Möglichkeit dachte, einen erregenden Schauder versetzte, den abenteuerlichen Kitzel, etwas Verbotenes zu tun. Das lag nicht nur an den Jahren der Haft. Noch mit siebzehn war es ihm vom Vater verboten gewesen, alleine auszugehen. Und wenn man ausging, als Familie, wurde artig spazieren gegangen. Gespielt durfte auch dann nicht werden. Das Gehen in Sankt Petersburg, wie es nun wieder auf ihn zukam, war Distanzüberwindung zwischen Terminen. Oder bewegliches Nachdenken, federloses Skizzieren, Entwerfen, Gestalten von Schreibarbeiten. Erst in Venedig hatte er – gegen seinen Willen – erfahren, welche Lust darin bestehen konnte, ungehindert und frei umherzustreifen, zu flanieren. Als gäbe es keine Eile, keine Verpflichtungen. Venedig verführte dazu. Sie hatte die Gabe, dir das Gefühl zu geben, dass alles damit erreicht war, dass du da warst. Dass es nach ihr nichts mehr gäbe. Lieber sterben, als diese Schönheit verlassen, dachte er, während er auf demselben Weg, den er am Sonntag nach der Floriansitzung genommen hatte, Brücken auf- und niederstieg, ehrfürchtig zärtliche Blicke zu denen legte, die seit Jahrhunderten auf stolzen Palazzi und schlichten Wohnhäusern lagen, und minutenlang stand und die ebenfalls jahrhundertelang überlieferten und eingeübten Rudertechniken eines Gondoliere bewundernd dessen einschmeichelndem Gesang zuhörte. Er nahm sein Notizbuch und kritzelte hinein: *„Kakaja prelest Venezija!"* Es war die erste Eintragung, die er über Venedig machte: welch „Entzücken", welche „Herrlichkeit" sie sei.

Und er wusste, dass genau das auch ihre Gefahr war. Ihre Schönheit fuhr dir nach kurzer Zeit so in alle Glieder, dass du dich als Teil von ihr wähnen konntest, als wäre ihre Vollendung ein wenig auch schon die deine, als wären ihre Lorbeeren deine Berechtigung, auf ihnen zu ruhen. Die große Vergangenheit Venedigs verführte zu großen Gedanken über dich und deine Berufung zu großen Taten. Und genauso dazu, es bei diesen Gedanken und beim Wissen um die Berufung zu belassen. Wozu streben? Wohin? Da doch alles schön und gut war. Und morgen wäre ja auch noch ein Tag…

An Beppo durfte er nicht denken vor Scham. Welch hochmütigen Eindruck musste er heute nach dem Aufwachen auf ihn gemacht haben, da der arme Kerl doch nicht wissen konnte, dass Erinnerungslücken nach einem Anfall dieser Stärke normal waren. Nicht nur kein Wort des Dankes, dafür finstere Blicke und rücksichtslose Ausbeutung seiner Ruderdienste. Wahrlich, er hatte einen anderen, entscheidenden Grund gefunden, einen neuen Anlass dafür, dass ihm Menschen wie Beppo immer leidtaten. Weil er in ihnen so etwas wie „den ewigen Diener" sah. Und weil es anscheinend kein Entrinnen aus dieser ihrer Bestimmung gab. In diesem Moment fand er sich auf der Brücke wieder, wo ihm die griechische Gesellschaft entgegengekommen war, und sah den schiefen Turm und dahinter die Kirche.

Es war, merkte er im Näherkommen am Kanalufer, ein geschlossener, von efeuverhüllten Zäunen und Mauern eingefasster Bereich, der abgesehen von der Kirche aus einem kleinen Garten und zwei Nebengebäuden bestand und in dem man nach dem Eintreten sofort in einer anderen Welt war. Die abgeschiedene Lage – das Ufer endete an der Gittertür – sperrte gleichsam die weltlichen Geräusche aus und vermittelte den Eindruck tiefen Friedens und zeitloser Geborgenheit. Griechische Inschriften auf alten Steinen erzählten Geschichten einer ihm unbekannten Vergangenheit. Die fast menschenleere orthodoxe Kirche war, das machte eine freistehende Ikone gleich hinter dem Eingang deutlich, dem Heiligen Georg geweiht. In der Tür der Ikonostase sah er von hinten einen Priester stehen – dort, wohin nur die Geistlichen Zutritt hatten – und hörte ihn einen Psalm singen, ein zweiter stand an einem großen, auf einem Pult liegenden Buch, und erst langsam wurde ihm klar, dass, was da vorging – das Aus- und Eintreten des Pfarrers zwischen der Ikonostase und dem Vorbereich, sein Beten und Singen, das mit dem Verlesen ebenfalls griechischer kurzer Textstellen durch den anderen abwechselte –, ein Gottesdienst war. Einziger Teilnehmer war ein alter Mann, der mit gefalteten Händen in gemessener Entfernung stand und in loser Folge das Kreuz schlug.

Dostojewskij überfiel es mit der Wucht eines Erdrutsches, wie sehr er sich hier heimatlich fühlte. Das Gold der Ikonen, der Duft der Kerzen, das Psalmodieren des Priesters waren mehr als äußere Eindrücke, sie drangen ihm, der damit aufgewachsen war, direkt ins Innere und brachten es in einen sofortigen Kontakt, in sofortige Übereinstimmung mit dem Geist, in dem dieses Haus erbaut worden war und belebt wurde – und übergangslos in seine Kindheit, in der der Glaube fest im Alltag integriert gewesen war. Sein Großvater war Priester in Litauen gewesen und zur russischen Orthodoxie konvertiert. Auch sein Vater war zum Priester bestimmt gewesen, dann aber zur Medizin gewechselt, ehe er Marija heiratete – die Enkelin eines Geistlichen. Beim Einschlafen war gebetet worden, und beim Aufstehen wieder. Vor einer Reise empfing man den Segen, und gesegnet wurden die Felder sowohl zur Ernte wie auch zur Saat. Einmal im Jahr wallfahrtete die

Familie nach Sergijew Possad, dem großen orthodoxen Zentrum vor den Toren Moskaus. Als man vom Brand des Familiengutes erfuhr, kniete man vor dem häuslichen Ikonenschrein nieder. Doch war die Frömmigkeit, die er so von klein auf kennengelernt hatte, keine, die peniblen kirchlichen Vorschriften folgte. Die „Geschichte Russlands", aus der ihm sein Vater fast jeden Abend vorlas, beurteilte die Persönlichkeiten und Ereignisse nicht nach Kriterien der Religion, sondern der Menschlichkeit. Und missbilligte deutlich die von der Kirche verübten Grausamkeiten. Der Diakon, der als Hauslehrer zum Religionsunterricht kam, war eher protestantisch geprägt – wie die „Kindergeschichten aus der Bibel", durch die der kleine Fjodor erstmals mit der Heiligen Schrift in Berührung kam, calvinistischen Ursprungs waren. Tatsächlich lernte er das Neue Testament selbst erst mit dreißig in Sibirien kennen. Und die einzige strenggläubig russisch-orthodoxe Person in seinem näheren Umfeld war Nanja Aljona gewesen, das Kindermädchen. Doch auch ihre „Unterweisung" bestand mehr aus Märchen und Volkslegenden, denn aus Predigten und religiösen Ermahnungen. Frömmigkeit gehörte zum Leben und wurde nicht hinterfragt. Dieser selbstverständliche Kinderglaube half ihm später, in seiner Petersburger Studenten- und Revoltenzeit, über allen Zweifel an der institutionellen Kirche hinweg. Petraschewskijs blasphemische Aktionen konnte er nicht gutheißen. Westliche Literatur, die sich mit dem vom Blutrausch der Aufklärung entvölkerten Himmel nicht abfinden wollte, bestärkte ihn darin, an seinem Gott festzuhalten und ihn eher jenseits der Institutionen zu suchen – sosehr er die Orthodoxie achtete. Gerade Chateaubriand, der im Exil fromm gewordene Aristokrat, hatte formuliert, was in ihm selbst noch fast unbewusst angelegt gewesen war: „Indem das Christentum den wahrhaftigen Gott enthüllt, enthüllt es den wahrhaftigen Menschen." Und während er in Sibirien dem einfachen russischen Menschen nahegekommen war wie nie zuvor, lernte er den Menschen Jesus Christus zum ersten Mal genauer kennen in der Bibel, die ihm die Frau eines Verurteilten, dem sie in die Verbannung gefolgt war, geschenkt hatte. Es wurde sein sehr persönlicher Christus, mit der Kirchenlehre nur bedingt in Übereinstimmung zu bringen. Die Orthodoxie definierte er weniger als mystischen Glauben, sondern als Menschenliebe. Nur so, in ihrer reinsten, menschlichsten Form konnte sie gegen den ebenfalls in ihm grassierenden Hang zum Unglauben ankommen, gegen seine Zweifelssucht, gegen seinen Zwang, Beweise gegen Gott zu suchen, die gerade dann, wenn er viele gefunden hatte, machten, dass seine Sehnsucht nach dem Glauben am stärksten war.

Im Betrachten der Ikonen, den großen an der Bilderwand und den kleineren um ihn, atmete er auf und schämte sich ein wenig dafür. Nie hatte er so viele großartige Gemälde gesehen wie in den letzten Tagen. Doch wie gut tat es, dass die Ikonenmaler so vieles nicht interessierte, wovon die westlichen Künstler besessen zu sein schienen: die Szene, das Umfeld des heiligen Geschehens. Keine italienischen Hügel hinter dem Gekreuzigten. Keine störende Perspektive. Die Ikone war flach. Kein Hintergrund. Nichts war weniger wichtig. Gott hatte nichts vergessen. Kein naturalistischer Babyspeck in den Zügen des Jesuskinds. Keine kumpelhafte Solidarisierung mit dem Betrachter im Blick des Erlösers. Kein Schulterklopfen der Heiligen, deren Aussehen besagte: Ich bin einer von euch. Keine Einladung in den Gesten der Märtyrer, mit ihnen einen trinken zu gehen. Der Ausdruck in den Figuren der Ikonen war streng, unnahbar, spiritualisiert, ohne dabei ihr Menschliches zu verlieren. Doch sie kamen ohne Palmen und Wasserfälle aus, ohne Landschaften – und Anekdoten. Alles Zufällige war weggeräumt, und ausgeschlossen auch jedes überflüssige Personal. Die Statisten hatten sich bei Tintoretto zu bewerben, bei Tiepolo und Veronese und wie sie alle hießen. Der meist anonyme Ikonenmaler war nur ein Mittler zwischen dem Heiligen und dem, der davorstand. Die zentrale Positionierung, die Einsamkeit des Dargestellten und das Licht auf ihren Stirnen und Wangen bewegten sich auf den Gläubigen zu, halfen ihm, in eine Beziehung mit der Ikone zu treten. Niemand in der orthodoxen Malerei wäre auf die Idee gekommen, Jesus oder Maria als „schön" zu bezeichnen. Hier gab es keine Person zu bewundern, keine malerische Raffinesse zu bestaunen, kein erzählerisches oder perspektivisches oder sonst wie originelles Geschick, sondern etwas Höheres, Übermenschliches war ausgedrückt, und gerade dadurch lud die Ikone ein, sich an sie wie an eine lebendige Person zu wenden. Der Betende trat näher, verbeugte sich, küsste und berührte sie – wofür er von den Aufsehern in den weltlichen und geistlichen Gemäldegalerien des Westens gesteinigt worden wäre – und richtete sein Gebet direkt an sie. Ein inniger Austausch fand statt, in dem das Bild nicht mehr und nicht weniger war als ein heiliges Instrument. Man sprach auch nicht vom Malen, sondern vom Schreiben einer Ikone.

Ohne Unterlass ging die Messe fort. Dostojewskij fiel ein, was ihm einmal ein Starez, ein hoher geistlicher Lehrer, gesagt hatte: Der Gottesdienst hat begangen zu werden. Gleich wie viele Leute in der Kirche sind, auch ohne einen einzigen Menschen hätten die beiden Priester ihre Aufgabe zu erfüllen, und wäre es selbst die Ostermesse, die in der Orthodoxie die ganze Nacht dauert. Dies war keine Theatervorstellung, die schlecht besucht sein und abgesagt werden konnte. Es gab kein Publikum, weil nichts vorgespielt wurde. Es gab Mitfeiernde, je mehr, desto besser. Wenn es sie nicht gab, feierte und zelebrierte und diente man alleine.

Ein eigentümliches Gefühl erfasste ihn, als er aus dem kleinen griechischen Reich ans Kanalufer trat. Die Brücke, dieselbe Brücke, von der er gekommen war, von der aus man auf Geschäfte mit Masken und Karnevalskostümen schaute und auf Restaurants, von denen Kellner einladend winkten, und auf das ganze pulsierende, lärmende venezianische Leben, schien ihm nun wie ein Übergang von einer Welt in die andere, wie ein Verbindungsglied zwischen Ost und West, zwischen – so deutlich stellten sich ihm die Gegensätze dar – Geist und Fleisch. Vor allem spürte er eine ununterdrückbare Sehnsucht nach Piter. So, in dieser bei Petersburgern üblichen Koseform, nannte er in diesem

Moment seine als Heimat empfundene Stadt. Wenn er nur zwei, drei Tage dort sein dürfte, dachte er, würde er es hier wieder zwei Jahre aushalten. Er empfand es auf einmal als Ungerechtigkeit, dass er die besten Jahre seines Lebens außerhalb von Sankt Petersburg verbracht hatte. Die russischen Emigranten verstand er überhaupt nicht. Das waren Wahnsinnige. Er würde stumpfsinnig werden, verlöre er die Verbindung mit Russland. Und er sah nun auch seine Aufgabe klar vor sich. Gebirge sah er. Vor ihm sich auftürmende und von ihm zu bearbeitende und abzutragende Gebirge aus Menschenschicksalen, Menschenleid, Leidenschaften, Hass, Frevel, Mord, Sünde, Wahnsinn, Liebe und Raserei, Brände sah er, Brände, in denen diese Gebirge geschmolzen durch seine Feder zu fließen hatten, ein Lebenswerk über Schuld und Erlösung lag vor ihm, ein Waten durch die Menschheitssümpfe der Triebe und Eitelkeiten, der Verblendungen und Truggebilde, des Rauschs und der Wollust, verratener Frömmigkeit und verspielter Unschuld. Ketzer, Diebe, Huren, gierige Kaufleute, erpresserische Perverse, lasterhafte Aristokraten und haltlos Liebende wären sein Umgang, die Untiefen einer oberflächlichen Gesellschaft hätte er aufzuwühlen, zu durchforschen, das ganze menschlich-irdisch-makaber-komische Trauerspiel, bei vollem Realismus – in einer Abwandlung von Chateaubriand – den Menschen im Menschen zu finden. Um am Ende, wer weiß nach wie vielen Romanen und Geschichten und Erzählungen, durch Hunderte und Tausende Seiten des Zweifelns und der Sehnsucht, sich langsam und tastend vielleicht sogar zu einer Ahnung von

Christus hinzuarbeiten. Und auch wenn keiner ihn hörte. Selbst wenn er keinen Leser hätte. Es musste getan werden. Für dieses Lebenswerk, auch das fühlte er deutlich und geradezu körperlich, brauchte er russische Luft und russische Menschen, die russische Wirklichkeit. Dieses sein Lebenswerk würde er nur in Russland schreiben können.

Als er die Brücke hinab in die belebte Gasse gestiegen war, sprach ihn ein Kellner an, ob er etwas essen wolle. *„Sì!"*, sagte er und setzte sich so entschlossen hin, dass sogar der Italiener erstaunt war. Um keine Zeit zu verlieren, zeigte er auf ein Gericht am Nebentisch. Und bestellte Bier. Das Gericht bestand aus klein gehacktem Kalbfleisch, Wurst, Gemüse und war mit einer Mayonnaise überzogen. Es war sehr heiß und schmeckte gut. Er fragte, wie es genannt würde. Der Kellner sagte: *„Insalata russa."* Dostojewskij schüttelte den Kopf. Von einem „russischen Salat" hatte er noch nie gehört.

Dass der Weg zum Hotel ihn noch einmal über die Piazza führte, stimmte ihn hoch. Vielleicht, dachte er seine Überlegungen von früher fortsetzend, war der Freudensprung, den das Herz erfuhr, wenn es auf diesen Platz trat, der einer Befreiung, einer Öffnung, und wie die Weite dem Gemüt nach dem Winkelwerk der Gassen wohltat, atmete die Seele auf nach dem Winkelwerk der Gedanken und Befürchtungen. Und während die Menschen noch glaubten, einen Platz zu preisen und die Vollendung von etwas Irdischem, Menschlichem, priesen sie im Inneren schon das Hauptelement des Platzes, die Luft, und das, zu dem der Campanile sich hoch über die unter ihm zwergenhaften Häuser hinaufstreckte, hinaufwies: den Himmel – und damit das Ende des Irdischen und den Beginn des Göttlichen. Und die unfassbare Ansammlung von Luft und himmlischer Verheißung veranlasste einen, Musik zu machen, teure Getränke zu bestellen und sich in etwas geborgen und festlich zu Hause zu fühlen, das doch schon nicht mehr von dieser Welt war. Wie die Seele nie ganz von dieser Welt war und sich hier vielleicht verstanden und geliebt fühlte.

Es war deutlich nicht mehr so heiß wie die Nächte zuvor. Ob in Sankt Petersburg noch Sommer war?, dachte er, als er die Piazza verlassen hatte. Wie es wohl seiner Frau ging? Ihren Blick fürchtete er, ihren ersten Blick bei seinem Eintreten nach einer zweimonatigen im Grunde ungehörigen Reise. Und was hatte er vorzuweisen? Keinen Roman, kein Geld, und den Ehering verspielt. Verloren, hätte er wohl zu erfinden. Aber wie „verlor" man einen Ehering? Indem man ihn bei gewissen Tätigkeiten oder bei der Absicht auf solche abnahm und irgendwo liegen ließ. Das „verloren" machte alles noch schlimmer. Besser war, bei der Wahrheit zu bleiben. Er sah die Anfangszeit seiner Liebe zu Marija vor sich, die ersten Tage und Wochen des Verliebtseins. Ein Platz kam, auf dem Menschen saßen, und auf einmal empfand er das Glück, geliebt zu haben, als so stark, dass er ihn in einem größeren Bogen überquerte, als es nötig gewesen wäre.

Ein wenig später, schon nicht mehr weit von seinem Hotel, ging er an drei Restauranttischen an einem Kanal vorbei. Knapp vor ihm sprang ein junger Mann auf, kniete sich vor die junge Frau, die mit ihm saß, und hielt ihr ein offenes Schmuckkästchen entgegen. Dostojewskij sah gerade noch ihr sich in Entzücken verformendes Gesicht, da übermannte ihn, im Weitergehen, eine unheimliche Schwäche, und kurz musste er sich am Kanalgeländer festhalten. Er ging weiter. Und dachte an etwas anderes. Als er nach etwa fünfzig Metern wieder an die Szene mit dem Heiratsantrag dachte, schwindelte ihn noch einmal, mehr als beim ersten Mal. Im nächsten Moment bestieg er eine Brücke und sah, wie vom dritten Stock eines Hauses über dem Kanal eine alte Frau auf ihn schaute, während sie ein Fenster schloss. Aber durch das geschlossene Fenster merkte er, dass es ein junger Mann war. Und es hatte nichts zu bedeuten.

Er musste dringend ins Hotel. Er war in dieser gefährlichen Verfassung, in der seine Stimmung ein Spielball der beiläufigsten Eindrücke und Begebenheiten war. Zusammen mit dem Gefühl, mit dem letzten Abend in Venedig die letzten Stunden einer unweigerlich zu Ende gehenden Freiheit zu genießen, machte ihn das zu allem fähig. Schon tauchte hinter seiner Stirn das Wort *bottega* auf. Auf der Accademia-Brücke, die darauf wartete, nach Abzug der Österreicher abgerissen und durch eine hölzerne ersetzt zu werden, blieb er stehen. Um ihn Lachen, Lärmen, Ausgelassenheit. Mein Gott, dachte er, der südliche Mensch, der unentwegt von der Sonne verwöhnte: Wird er sich nicht irgendwann einbilden können, keinen Erlöser zu brauchen, denn wovon sollte er erlöst werden, wenn die Erde, wenn das Leben schon so viel vermeintliche Ähnlichkeit mit dem Paradies hatte, auch wenn es höchstens eine verblichene Ansichtskarte einer geschickten Fälschung davon war? Und warum nur, dachte er im Ansehen junger, irgendetwas feiernder Menschen im letzten Lokal vor dem Hotel, in dem er Tee trank, um sich am letzten Abend noch ein wenig festzuhalten, warum haben sie so alte Gesichter? Von welcher inneren Trägheit sind sie schon so abgelebt? Von welchen viel zu frühen Erfahrungen verzeichnet? Welche ernste Resignation lag in der Tiefe der Augen dieser zuversichtlich lachenden Gesichter?

Auf den Metern zum Hotel spürte er Regentropfen. Im Zimmer bürstete er lange seine Anzugjacke und hängte sie auf. Zum Beten setzte er sich, aber die Gedanken schossen hin und her und strichen einander aus. Er legte den Koffer auf das Bett und alles hinein, was er nicht mehr brauchen würde. Seine Aufzeichnungen blätterte er durch wie die eines Fremden. Er las ein paar Sätze in der Bibel und verstand kein Wort. Im Schließen der Augen – er lag eingerollt wie früher, aber mit dem Kopf im Freien – hörte er durch das angelehnte Fenster den Regen auf die Dachschindeln fallen, die man vom Campanile aus sah.

5

Mit verschränkten Armen flog er über einen breiten Kanal, in den Ausläufer des Meeres gespült wurden. Aber so tief flog er, und etwas wie ein Alp drückte ihm so auf den Rücken, dass er das andere Ufer nicht erreichen und gleich die

Wasseroberfläche berühren würde, die an die Steinmauern klatschte und zurückkam, Teer, Zweige, Federn, tote Möwen und Tauben anschwemmend, ein Todesgewässer. Kurz bevor er in Berührung damit kam, erwachte er, oder eigentlich verharrte er minutenlang in dieser angstvollen Schwebeposition zwischen Luft und Wasser, zwischen Traum und Erwachen, zwischen Leben und Tod, der Alp hält mich wie ein Zauberer die zersägte Jungfrau, dachte er, und überlegte, wie er so aus dem Flug hatte geraten können. Er musste erst ganz wach werden – und dann dauerte es noch Minuten, in denen er lag und in das fahle Morgenlicht starrte und leise die Harmonikaklänge von der Straße vernahm –, bis er sich enttäuscht daran erinnerte, dass er ja gar nicht fliegen konnte ... dass also nicht das Liegen auf dem oder im Brackwasser das Ungewöhnliche wäre, sondern der Schwebezustand darüber und davor.

Immerhin hielt ihn der Traum davon ab, gleich beim Aufwachen daran zu denken, dass nicht – wie fast immer in den letzten zwei Monaten – ein fremder Tag in einer fremden Stadt vor ihm lag, den er nach Belieben und vor allem alleine gestalten konnte, sondern ein von Fahrplänen diktierter mit Bahnhöfen, Zügen und Menschenlärm. Als ihm das einfiel, konnte er nicht länger liegen bleiben, zog das Nachthemd aus und faltete es gleich im Koffer zusammen, öffnete die Fensterflügel und beugte sich hinaus. Der Himmel war verhangen, und es regnete leicht. Das galt in Russland als gutes Zeichen vor einer Abreise. Die ältere seiner beiden Landsmänninnen nebenan, die Mutter, sah auch gerade in den Himmel. „Wie in Sestrorezk", sagte sie mit Erleichterung und schloss das

Fenster fest, als zöge sie einen Schlussstrich. Im letzten Moment fiel ihr Blick auf den nackten Oberkörper des Nachbarn, und das verlieh dem Schließen den finalen Nachdruck.

Gewaschen und angezogen, packte er als Letztes den Reisewecker ein. Es war schon kurz vor halb neun, und wollte er nach dem Bezahlen noch Tee trinken, musste er sich beeilen. Also rückte er den Koffer nah an den Stuhl und setzte sich. Und saß so regungslos zwei, drei Minuten. Ohne diesen alten Brauch zu pflegen, hätte er sich nie zu einer Reise angeschickt. Ganz praktisch ging es darum, genau zu überlegen, ob man nichts vergessen hatte, denn deswegen zurückzuhasten, brachte Unglück. Der tiefere Sinn war, sich auf das zu besinnen, was man verließ, für sichere Reise, gute Ankunft oder Wiederkehr zu beten, der Seele Zeit zu geben zu verstehen, dass es aufging. Sich zu sammeln, ehe man sich aufmachte. Nie im Leben gab es eine Eile, die groß genug wäre, darauf zu verzichten. Immer, wenn er so saß, fühlte er, dass es das Eigentliche wäre. Dieses untätige Sitzen und Schauen und Denken oder Nichtdenken war sinnerfüllter als alles angeblich Wichtige davor und danach. In seiner anstrengungslosen Meditation erinnerte es ihn an die Ruhe, in die er beim Schreiben geraten konnte. Wenn er jetzt an Zuhause dachte, dachte er an seinen Schreibtisch und sein Arbeitszimmer. Wie er dort wieder nach Mitternacht, wenn alle schliefen, alleine mit dem Samowar bleiben und bis fünf, sechs schreiben würde. „Ich komponiere, weil ich nicht anders kann", hatte Rossini gesagt. „Ich schreibe nur, um zu schreiben", hatte Dostojewskij seinem unglücklichen Protagonisten in „Arme Leute" als letzte Worte gegeben.

Dostojewskij fand im leeren Garten einen trockenen Platz unter einem Schirm, stellte seinen Koffer ab, legte die Tomate, die er aus Angst, sie zu zerquetschen in ihrem Netz zu tragen vorhatte, auf den Tisch und bat einen Kellner, ihm dorthin Tee zu servieren. Als er seine Hotelrechnung begleichen wollte, suchte man lange in den Akten und fragte ihn, vor wie vielen Tagen er angekommen sei. Er wusste es nicht. „Drei?", fragte er. „Fünf", fand man die Antwort. Und außerdem, dass die Rechnung schon bezahlt war. Man sagte nicht, von wem, aber es gab keinen Zweifel. Der großzügige Mann saß bereits in der Equipage der Rothschilds in Richtung Paris und hatte so einen letzten Gruß an seinen russischen Künstlerkollegen geschickt.

Der setzte sich nun in seine trockene Garteninsel, leichter Regen fiel in den Kies und tropfte vom Schirm und wehte manchmal an sein Gesicht. Bald würde Beppo kommen. Sein Retter, fiel ihm ein. Heute hatte er sich aber endlich zu bedanken. *„Grazie, que …"*, überlegte er, *„… ma vita …"*. Da kam gerade die jüngere der Russinnen und ging mit einem Hoteldiener, der einen großen Koffer trug, in die Halle. Die Russen verlassen die sinkende Stadt, dachte er, der sonst kein Freund von Wortspielen war, und stand, einem Einfall folgend, auf. Er hatte nämlich gehört, wie die Frau auf Italienisch, sich über irgendetwas beklagend, auf den Pagen einredete. An der Rezeption ließ er sich einen Zettel geben, schrieb etwas darauf und trat an sie heran, die in der Mitte der Halle stand und in ihrer Tasche kramte. An ihrem Blick auf ihn und den Zettel sah er, dass sie glaubte, er käme sie anzubetteln. Fast fremd ging ihm, nachdem er so viel Französisch geredet hatte, die eigene Sprache über die Lippen, in der er sie bat, ihm den russischen Satz ins Italienische zu übersetzen. Nur widerwillig las sie. In dieser Sekunde trat ihre Mutter in die Halle, sehr erstaunt, ihre Tochter eng mit dem fragwürdigen Nachbarn zusammen stehen zu sehen. Ihr Erstaunen steigerte sich, näher gekommen, fast zu einem Entsetzen, weil sie nicht verstehen konnte, warum der fremde Mann ihrem Kind einen Zettel hinhielt, auf dem auf Russisch stand: „Danke, dass Sie mir das Leben gerettet haben!" Fassungslos starrte sie ihn an. Auch dass die Tochter ihr erklärte, worum es ging, besänftigte ihren Ärger kaum. Sie war überzeugt, dass es sich im besten Fall um einen dummen Witz, wahrscheinlich aber um eine geschmacklose Form der Annäherung des ihr seit Tagen suspekten Sonderlings handelte, der nun seinerseits befürchtete, sie würde die Polizei rufen und er hätte es geschafft, sich in der letzten Stunde auf venezianischem Boden hinter Gitter zu bringen, wo dann, ohne die schützende Hand des Meisters, alles auflöge, was er an Anklagepunkten gesammelt hatte, und über ihn herniederbräche und wogegen auch Rossini, und käme er, auf der Poststation in Mailand alarmiert, von fliegenden Rothschild'schen Pferden gezogen – oder selbst auf einem reitend mit wehendem Mantel wie Byron am Lido – zurückgestürzt, nichts mehr würde unternehmen können. Doch da hatte die jüngere Russin schon den Stift in der Hand und schrieb den italienischen Satz auf den in seinem Handteller liegenden Zettel, und er bedankte sich und entschuldigte sich und ging sich verneigend und rückwärts wie ein Lakai mit rotem Kopf ab.

Dann saß er wieder neben seinem Koffer, trank Tee und kaute Zwieback. Von der Straße klangen die herb-süßen Melodien des Harmonikaspielers. Fünf Tage, dachte er. Schon, dass er an der Rezeption „drei" geraten hatte, war mehr gewesen, als es seiner Empfindung entsprach. Die Intensität schmolz die Zeit zusammen, Leben schluckte Leben. Tauben sammelten sich um ihn und pickten nach Bröseln. Er zerdrückte einen halben Zwieback in der Hand und ließ ihn auf die Erde rieseln. Noch mehr Tauben kamen angeflogen, eine landete auf seiner Schulter, eine auf seinem Oberschenkel, er schüttelte sie nicht ab. Starr saß er da wie eines der Denkmäler, auf denen sie so gerne landen und ihre Spuren hinterlassen. Fast als fühlte er sich von ihnen beschützt oder als fütterten sie ihn mit ihrer flatternden, gurrenden Lebendigkeit.

„Signor Dostojewitsch!"

Er schaute auf, als wäre er gerade erwacht, und die Taube auf seiner Schulter flog auf. *„Sì"*, sagte er. Er stellte nichts mehr richtig. Es rührte ihn, dass Beppo zum Abschied seinen Namen falsch auswendig gelernt hatte. Er fühlte sich so schwach, so willenlos, am liebsten hätte er sich wegtragen lassen. Oder am liebsten wäre er sitzen geblieben, für immer in diesem Garten, mit einer Schale Tee am Tag und ein bisschen Brot für die Tauben. Doch da sprang Beppo zu seinem Koffer, und die Tauben wichen ab. Dostojewskij stand auf, sah auf den Zettel und räusperte sich. *„Grazie per avermi salvato la vita"*, sagte er. Er konnte nicht wissen, welche Emotion das auslöste. Die Freude, die Beppo offensichtlich über die Danksagung empfand, machte, dass er alles noch einmal erzählte – vielleicht hatte Rossini ihm vom Gedächtnisverlust des Patienten berichtet –, und erzählen hieß bei ihm deklamieren, als müsse die ganze Stadt davon informiert werden, und deklamieren hieß gestikulieren, und gestikulieren hieß vorspielen, die ganze Strandszene ließ er noch einmal abrollen und vor den Augen des damals ohnmächtig Gewordenen erstehen, indem er sich selbst darstellte, aber auch ihn, hin und her sprang, den rückwärts auf die Steinmauer Zutaumelnden ebenso wie sich als den Taumelnden Sehenden und von der Steinmauer Springenden, und er endete die Charade damit, dass er zu Füßen eines Stuhls am Boden saß und, den Kopf des Gefallenen markierend, wild auf seinen Bauch eintrommelte, auf dem der Kopf gelandet war und ein Klagegeheul, das das Leid und den Schrecken des Anfalls ausdrücken sollte, in die Luft schmetterte. Es war schon fatal, dass genau da die beiden Russinnen mit ihrem Koffer aus der Halle traten. Zum Gartenausgang strebend hielten sie inne und schauten auf die zwei Männer, die in ihren Augen ein Komikerpaar bilden mussten, der quirlige, laute Dicke am Boden und der versteinert Schweigende daneben, wie August und Weißclown im Zirkus. Sich schüttelnd vor Unverständnis gingen sie zur Straße. Dostojewskij hob den Koffer an, um zu signalisieren, dass es auch für sie Zeit zum Gehen wäre.

Unterm Oleanderspalier, durch das Beppo koffertragend vorauslief, grüßte der Harmonikaspieler schon von Weitem den inzwischen vertrauten Fremden mit einer freundlichen Verneigung. Im Vorübergehen ließ dieser einen Geldschein in den Hut am Boden fallen. Und sagte „*Grazie*" dabei. In seinem Rücken verstummte die Musik. Als er sich nach zehn Schritten umdrehte, stand der Spieler den Schein in der Hand haltend und sah ihm staunend nach. Die Gondel lag da, wo vor – wie vielen? – Tagen das Boot zum Lido abgefahren war. Der Regen hatte aufgehört, die Wolkendecke wurde an manchen Stellen brüchig und gab Ausblicke auf dieses Blau frei, das in Venedig nie so ganz weit weg und dessen zeitweiliges Verdecktsein nichts als ein temporäres Missgeschick zu sein schien. Am Ufer standen die Russinnen, wie bestellt und nicht abgeholt im wahrsten Sinn, und sahen nun schon mit offener Verachtung auf ihren ehemaligen Nachbarn, der in eleganter Gondel an ihnen vorbeiglitt, gerudert von seinem kugelrunden Kompagnon, der eine elegische Arie von Rossini intonierte: *„Nessun maggior dolore, che ricordarsi del tempo felice …"*, sang er, und Dostojewskij bewunderte ein wenig die kleine Inszenierung, die dadurch entstand, dass, während sein Gondoliere das Boot in einen Kanal lenkte und dabei *„nella miseria"* mit langen, tränentremolierten Vokalen sang, er selbst zu den erzürnten Frauen am Kai hin, ehe sie für immer seinen Blicken entschwanden, recht theatralisch die Hand hob wie zum schicksalhaftesten, schmerzvollsten Lebewohl.

Das Auflockern der Bewölkung brachte auch gleich die Hitze wieder. Da er bei seiner Ankunft an langen Kanalufern hinter Beppo hergegangen war, konnte Dostojewskij sich einbilden, dass sie nun denselben Weg zurückfuhren, auch wenn das so wahrscheinlich nicht stimmte. Auf jeden Fall war es ein stilles, dörfliches Venedig. Es fehlte nur die sonst allgegenwärtige Wäsche. Leere Leinen gingen von Haus zu Haus wie anderswo von Baum zu Baum. Er dachte daran, dass einstmals der Newskij-Prospekt von Birken gesäumt gewesen war. Die Anwohner hängten an ihnen ihre Wäsche auf. Das missfiel der Großen Elisabeth, als sie in ihrer Kutsche vorbeifuhr, und sie verbot es. Doch die Wäsche wurde weiter aufgehängt. Das Gesetz war nur durchzusetzen, indem man die Birken entfernte, das heißt, da Winter war, sie aus der gefrorenen Erde riss. Seither war der Newskij-Prospekt baumlos.

Ein Fischer, gerade mit seinem kleinen Boot aus der Lagune heimkehrend, verteidigte seinen Fang gegen diebische Möwen. Im April, dachte Dostojewskij, kämen wieder die Korjuschki newaaufwärts zum Laichen im Ladogasee. Nur dann – bis in den Mai – konnten sie in großen Schwärmen gefangen werden und lagen an jeder Ecke der Stadt zum Verkauf aus. Ihr spezifischer Geruch erfüllte ganz Petersburg: der Geruch von frischen Gurken. Und mit den Korjuschki kam der Frühling. An den Ufern hielten Menschen in ihren Wegen inne, um ihr Gesicht nach Monaten in die endlich wieder wärmende Sonne zu halten. Ihr Gemüt taute auf, wie die letzten dünnen Eisdecken der Kanäle knackten und schmolzen, letzte sich sträubende Schollen, in denen das Licht reflektierte und in die vom Winter erwachenden Augen stach. Wie jeder Petersburger, wie jeder Russe, sehnte sich Dostojewskij nach diesen Tagen. Er sehnte sich aber auch nach der Wehmut der Hinterhöfe, dieser ewig schattigen, weltvergessenen Hinterhöfe, in denen bis Mai Reste von Schnee lagen. Der Frühling und der Sommer seiner Heimat waren unvergleichlich, weil sie in solch extremem Kontrast zur ungleich längeren dunklen

Jahreszeit standen. Der russische Winter war im Westen sprichwörtlich, der russische Sommer hingegen unbekannt. Dem Russen aber war er so etwas wie eine Freilassung, der Frühling immerhin schon ein Hofgang seiner endlosen winterlichen Kerkerhaft. Russische Romane und Theaterstücke sollten eigentlich nur in diesen hellen Monaten spielen, dachte er, als seine Gondel in den breiten Kanal vor dem Bahnhof bog. Als er nun wieder auf dem lauten, belebten Platz stand wie vor Tagen, wieder mit seinem Koffer und um eine Tomate reicher, geschah es ihm, dass er sich nicht mehr fremd fühlte in der bunten venezianischen Lebendigkeit, die hier verdichtet wie in einem Kaleidoskop vor ihm lag und ihn umspülte, sondern beinahe wie in seinem Element, das, was ihn vor nicht einer Woche taumeln und ratlos gemacht hatte, ihn nun hielt und bewahrte und ihm guttat. Venedig, spürte er, hatte ihn aufgenommen – wie er sich hingegeben hatte, mit seinen Verirrungen, seinem Schwanken, seinem Schwachsein. Vier, fünf Tage war er hier, immerhin, am Leben gewesen. Die acht Reisewochen vorher verblassten im Scheinwerferlicht dieses Spektakels der Lebendigkeit. Er würde niemandem davon erzählen, wie er es sich geschworen hatte am Campanile unter dem Einfluss der glinka-rossinischen Klänge.

Er musste sich beeilen, die Bahnhofsuhr zeigte zwanzig Minuten vor zehn und er hatte noch keine Karte. Er holte alle Geldscheine aus der Jackentasche, rechnete ab, was er für die Reise benötigen würde, und gab den Rest – es war weit mehr als die Hälfte – seinem Ruderer, Kofferträger und Lebensretter. Der sträubte sich angesichts der großen Summe, doch verstand er, dass die Zeit drängte und das Sträuben nicht zu lange dauern dürfte, weil es sonst akzeptiert werden würde. Also steckte er das Geld rasch ein und breitete die Arme aus, um zu zeigen, dass das Eigentliche des Abschieds noch vor ihnen lag. Da der Abreisende keine Hände frei hatte vor Gepäck und Gemüse, konnte er sich auch gegen die ihm zugefügte Umarmung nicht wehren, die, da der kleine Mann ihm nur bis zum Bauch ging, grotesk aussehen musste. Ständig liege ich hier Männern im Arm, dachte der sonst Berührungsscheue, empfing aber doch gerne noch einmal die Glut und von Körper zu Körper gehende emotionale Freigebigkeit des Italieners. Als dieser ihm jedoch nach gelöster Umarmung wieder den Koffer abnehmen wollte, verneinte er vehement. Sich bis zum Zug, bis an seinen Platz begleiten und womöglich im Coupé, vor den Mitreisenden noch einmal umarmen zu lassen, war dann doch zu viel. Als er vom Eingang zum Bahnhof zurückschaute, stand Beppo, wie er ihn verlassen hatte, und winkte ihm im allerweitesten Radius, der seiner kurzen Rechten möglich war, nach. Nur als er nach erledigtem Kartenkauf ein allerletztes Mal vor das Gebäude trat, war die Stelle leer, und er registrierte überrascht, dass er darüber enttäuscht war. Dafür kam, als er hastig ein paar Züge einer Zigarette rauchte – der ersten seit Tagen –, hinter der sich im fortschreitenden Vormittag völlig auflösenden Wolkendecke die Sonne hervor und traf ihn mit ihrer südlichen, sommerlichen Wucht. Und gleich wurde es dadurch in ihm wieder heller. Mein Gott, dachte er und fasste mit diesem Gedanken auch ein wenig seinen langen, kurzen Venedig-Aufenthalt zusammen, ein Sonnenstrahl, ein ganz gewöhnlicher Sonnenstrahl macht so viel aus. Und er tauchte in den Schatten des Gebäudes und ging zu seinem Bahnsteig.

Der Zug fuhr durch eine flache Gegend mit Obstbäumen. So weit die Wiesen und Felder waren, man spürte, dass sie irgendwann aufhörten. Sie hatten nichts von der Weite russischer Landschaft. Auf Bahnstationen mit unaussprechlichen Namen saßen gebeugte Menschen und hingen einsamen Gedanken nach. Dörfer und mittelalterliche Burgen zogen vorbei. Dahinter glänzte das Meer. In Triest ging er kurz vor den Bahnhof. Graue Häuser und viel Verkehr. Er kaufte die nächste Karte, setzte sich in der Restauration an einen Tisch und bestellte ein Bier. Er wartete endlos. Ein anderer Kellner brachte einen Krug Bier. Nach einiger Zeit kam der erste Kellner mit einem Krug Bier und fragte vorwurfsvoll und auf Deutsch, warum „der Herr" schon trinke. „Sie haben geschlafen", sagte Dostojewskij streng. Das ärgerte den Kellner sehr. Eine Deutsche, die in der Nähe saß, musste lachen. Der Russe bedachte sie mit einem freundlichen Blick. Von einem hohen Stapel Zeitungen auf einem Ecktisch holte er eine österreichische und erst, als er wieder saß, sah er, dass sie über zwei Monate alt war. Er blätterte ohne Interesse. Ein Theaterdichter und Schauspieler namens Johann Nestroy war gestorben. Ein Kaufmann namens Julius Meinl hatte ein Geschäft für Kaffeebohnen gegründet. Mitte August, also jetzt, sollte der neue Wiener Stadtpark der Öffentlichkeit übergeben werden. Ein Medizinprofessor Johann Schnitzler und seine Frau Luise gaben die Geburt ihres

Sohnes Arthur bekannt. Gähnend schlug er die Zeitung zu und saß forthin einfach da, schaute vor sich hin und trank das Bier über eine lange Zeit in kleinen Schlucken. Dann ging er zu den Gleisen und stieg in den schon bereitstehenden Zug nach Wien. So verbrachte er die folgenden Tage. Ein neuer Bahnhof, eine neue Karte, Warten auf den Anschluss. Von den Städten Wien, Dresden, Berlin sah er nichts als die Trostlosigkeiten, die nun einmal an Schienen angesiedelt waren.

Gegen elf Uhr Vormittag fuhr der Zug im Warschauer Bahnhof von Sankt Petersburg ein. Es regnete in Strömen. Es war kühl. Ist hier überhaupt Sommer gewesen?, dachte Dostojewskij und nahm sich eine Equipage. Da er die lange Fahrt jeweils in der billigsten Klasse absolviert hatte – als eine Art Selbstbestrafung für seinen venezianischen Übermut und überhaupt der ganzen in ihrer Länge und Kostspieligkeit anmaßenden Reise –, kam er nicht mit völlig leeren Taschen nach Hause. Die Bäume und Wiesen standen noch in vollem Grün, und wahrscheinlich war das schlechte Wetter nur eine Unterbrechung eines sich danach wieder aufschwingenden Sommers. Mitte August begann noch kein Herbst. Der begann Ende August. Doch der heutige Regen war von solcher offensichtlichen Feindseligkeit gegen Mensch und Tier, dass man in kürzester Zeit bis auf die Knochen nass wurde, selbst auf den dreißig Metern von der Kutsche, die nicht näher zufahren konnte, weil die Straße aufgegraben wurde, zur Haustür.

Als Dostojewskij in die Wohnung trat, war seine Frau gerade in Diskussion mit einer Näherin, die irgendeine Arbeit schlecht gemacht hatte, sodass er der strengsten Prüfung fürs Erste entging. Im Gegenteil leuchteten Marijas Augen auf, als sie ihn sah, und sie schien sich über seine Rückkehr zu freuen. Ihrer Überraschung entnahm er, dass das Telegramm, das er leider erst am Vortag in Pskow aufgegeben hatte, nicht angekommen war. Mit einem Blick auf die Näherin gab sie ihm zu verstehen, dass ihre eigentliche Begrüßung etwas zu warten hatte. Deutlich kühler war die Ansprache von Olga, der Haushälterin. Spöttisch nahm sie auf seine alles andere als strahlende Erscheinung Bezug, seine durchnässte Kleidung, seine von den Tagen und Nächten im Coupé gelbe Gesichtsfarbe, seine triefenden Haare, seine schmalen Wangen und übermüdeten Augen, als sie ihn fragte: „Wie war der Urlaub?" Auf sein Brummen reichte sie ihm ein Handtuch. „Bald ist Mittagessen", sagte sie.

„Was gibt es?"

„Pelmeni."

Er legte die Tomate, die die Reise erstaunlich gut überstanden hatte, in ihrem Netz auf den Tisch.

„Was ist das?", fragte seine Frau.

„Eine Tomate."

„Das sehe ich."

„Aus Venedig."

„Und?"

„Das ist eine lange Geschichte", sagte Dostojewskij mit einem feinen Lächeln, das sie an ihm noch nicht kannte, und ging in sein Arbeitszimmer.

Epilog

Der Andrang am Abend des sechzehnten Dezember achtzehnhundertachtzig vor dem Sankt Petersburger Mariinskij-Theater war enorm. Die aus Equipagen und Pferdebahnwagen Steigenden und zu Fuß Heraneilenden vermischten sich mit denen, die schon seit Stunden vor dem Eingang warteten, um vielleicht doch noch eine Karte für die ausverkaufte Vorstellung zu bekommen. Ein neues Stück von Gioachino Rossini, das hatte es so lange nicht gegeben, dass kaum noch einer daran geglaubt hätte. Seine letzte neue Oper war vor fünfzig Jahren gespielt worden, und seine Hauptwerke gehörten längst zum Repertoire wie die anderer verstorbener Meister der Vergangenheit.

Es war ein typischer Petersburger Winterabend, feuchtkalt und windig, den ganzen Tag war es nicht richtig hell geworden, und die Massen von Schnee, die sich in Wochen gesammelt hatten, waren durch das Tauwetter der letzten Tage zu schmutzigen Sümpfen braunen Matschs geworden, durch die die Konzertbesucher ihre feinen Roben lüftend und um ihre guten Lederschuhe fürchtend leise schimpfend stakten. Nur die Kanäle mit ihren weißen

Schneedecken auf dem Eis wirkten wie mit fester, makellos sauberer Watte ausgelegt.

Doch es war nicht nur die Ankunft eines neuen Werks des europäischen Klassikers, die die Menschen am Vorplatz und im Foyer des nunmehr seit zwanzig Jahren bespielten, hoch angesehenen Opern-, Ballett- und Musiktempels in Aufregung versetzte. Ein anderer Name, nicht minder berühmt als der italienische, ging geflüstert von Mund zu Mund und beschäftigte die Gespräche. Es war der Name des größten lebenden russischen Schriftstellers Fjodor Michailowitsch Dostojewskij. Es hatte sich das Gerücht verbreitet, dass er die Aufführung zu besuchen gedenke, und das war keine kleinere Sensation als das Gastspiel der venezianischen Truppe selbst. Seine Auftritte in der Öffentlichkeit waren rar geworden, weil er, man wusste es, sehr krank war. So kam es auch, dass die Mehrzahl der Besucher dem ersten Klingelzeichen nicht folgte, sondern im Foyer, vor dem Theater oder in den zugigen Türöffnungen verharrte, um das Eintreffen des Mannes nicht zu versäumen, der zu einem Symbol russischer Identität und nationaler Geschlossenheit geworden war, ein Symbol, nach dem das Bedürfnis aufgrund der Schwächung Russlands beim Berliner Kongress und der Flut von Anschlägen und Attentaten im Land groß war. Seit zwanzig Jahren, nach der ersten Euphorie über die Reformen von Alexander II., untergruben antiautoritäre, anarchistische und nihilistische Strömungen die Gesellschaft, und erst im vorigen Jahr war der Zar drei Tötungsversuchen entgangen. Umso wichtiger war die Stimme des Dichters geworden, der mit seinen ab Mitte der Sechzigerjahre erschienenen Romanen, darunter „Schuld und Sühne", „Der Idiot", „Die Dämonen" und „Aufzeichnungen aus dem Kellerloch", als Nummer eins der russischen Literatur galt und mit „Brüder Karamasow" einen Gipfel erklommen hatte, auf dem er unerreichbar bleiben würde. Leo Tolstoj wurde zweiundachtzig und schien nach „Anna Karenina" nichts mehr zu sagen zu haben. Und Iwan Turgenjew war gerade vor einem halben Jahr in einer Art Zweikampf von Dostojewskij besiegt worden – als beide zur Enthüllung des Puschkin-Denkmals in Moskau eine Rede gehalten hatten und der zwei Jahre Jüngere, der lange im Schatten des anderen gestanden war, für die seine enthusiastisch gefeiert wurde. Im Gegensatz zu Turgenjew besang er Puschkin zwar als großen Nationaldichter, der aber zugleich das russische Streben nach „Allmenschlichkeit" ausdrücke. Dem wahren Russen sei „das Los Europas ebenso teuer wie Russland selbst", denn sein Los sei „die Allweltlichkeit, die nicht mit dem Schwert, sondern mit der Kraft der Bruderliebe" und der Sehnsucht nach „Wiedervereinigung der Menschen" errungen werde.

Die Rede hatte einen Sturm ausgelöst. Manche waren in Ohnmacht gefallen. Dostojewskij wurde umarmt und geküsst, Prophet genannt und galt von da an vielen als göttlich inspirierter Dichter. Seine Karriere, fanden viele, war ein Leidensweg geworden, ein Leben in der Nachfolge Christi. Schon sehr lange war er kein Revolutionär mehr. Aber auch die, welche mit ihm ideologisch nichts anfangen konnten, weil er in keine der Parteien und Gruppierungen passte, die das Land zu zerreißen drohten, mussten ihm seine Leistung zugestehen, russisches Volk und russische Seele tiefer und genauer untersucht und beschrieben zu haben als je einer zuvor. Und dadurch den Menschen selbst.

Als auch das zweite Zeichen ertönte, begannen Zweifel laut zu werden. Sicher sei das Wetter zu schlecht, der kranke Dichter könne für einen Theaterbesuch nicht sein Leben riskieren. Und mehr und mehr gingen über die zum Schutz der Teppiche ausgelegten Tücher, traten die Schuhe von Nässe und Schnee ab, gaben ihre Mäntel ab und begaben sich still, enttäuscht zu ihren Plätzen. Der prächtige Vorhang, aus einem Kleid Katharinas der Großen gewoben, war hochgezogen, die schwarz ausgehängte Bühne leer bis auf zwei Klaviere und ein Harmonium, die in einem Dreieck zueinandergestellt waren. Es war nämlich keine Oper, mit der das weltberühmte Teatro San Fenice gastierte, sondern ein geistliches Werk, eine Messe, die Rossini in den Jahren vor seinem Tod komponiert hatte. Warum sie so spät nach Russland kam, hätte niemand sagen können. Es konnte mit der Zensur zu tun haben, die italienische Komödiengastspiele aufgrund ihrer häufigen Freizügigkeit unterm Jahr verbot und nur für die ausgelassene Zeit der Weihnachts- und Neujahrswochen zuließ. Vielleicht hatte ein übereifriger Beamter die „Kleine feierliche Messe" in Zusammenhang mit dem Autor Rossini als blasphemische Zote, als kirchenlästerndes Singspiel eingestuft und ihr bislang die Einreise verwehrt. Vielleicht hatten profitorientierte Konzertveranstalter befürchtet, ein geistliches Werk des für Unterhaltung bekannten Komponisten könnte beim Publikum auf zu wenig Interesse stoßen. Auf jeden Fall kam nun, kurz vor der lebhaften Periode der Bälle und Feste, Weihnachtsmärkte und Neujahrsvergnügungen, ein neues Werk von Rossini wie ein grandioser Paukenschlag zu deren Auftakt. Rossini, das war ein Name, bei dem in den Gesichtern die Sonne aufging. Und die Herzen strebten hin, sich an seiner Glut, die zwölf Jahre nach seinem Tod unvermindert strahlte, zu wärmen.

Die Klingel läutete zum dritten Mal. Das Theater war bis auf den letzten Sitz belegt. Menschenfreundliche Platzanweiser ließen Leute von der Straße ein und setzten sie auf eilig herbeigeschleppte Stühle. Die Bürokratie verstummte vor der Kunstbegeisterung. Keiner der zum Teil auf teuren Plätzen Sitzenden hätte etwas dagegen gesagt. Die Menschen waren behutsam im Umgang miteinander, und keiner zeigte mit dem Finger auf den nächsten. Die Erwartung veredelte den Moment. Um Rossini ging die Rede, wann man zuletzt welches Stück von ihm gesehen hatte, welche Aufführung einem besonders in Erinnerung war. Mit Rossini hatte jeder seine eigene kleine Geschichte. Alle waren sie von Freude begleitet, von Glanz in den Augen und Heiterkeit. Der große Magier beherrschte den Zuschauerraum, noch bevor eine Note gespielt wurde. Aber weil das Theater in Sankt Petersburg stand, gingen Erregung und Erwartung leise vonstatten, gedämpft und ohne äußere Exaltation. Es erklangen auch keine „Vivat"- oder sonstigen Rufe, als sich im letzten Moment, kurz bevor die Lichter erloschen, die Türe zur einzigen unbesetzten Loge auftat und ein alter, bärtiger Mann, eingehängt in den Arm seiner Frau und dadurch leicht gestützt, eintrat und nahe an der Brüstung, die Hände darauflegend, Platz nahm. Aber alle Köpfe drehten sich hin, und in der ganzen weiten Arena des Zuschauerhalbrunds wisperte und zischelte es von den zwei „s" im Namen des berühmten Dichters, der, man registrierte es mit gerührter Befriedigung, doch gekommen war.

Dostojewskij ignorierte die allgemeine Aufmerksamkeit und vermied jeden Kontakt mit den zweitausend auf ihn gerichteten Augenpaaren. Kurz ließ er den Blick über das festlich beleuchtete Gold der Ränge und Logen laufen, verweilte etwas an den obersten, den billigen Stehplätzen und schwenkte zurück, als seine Frau, die halb neben, halb hinter ihm saß, ihm einen Programmzettel zwischen die Hände legte. Als er sich in diesen vertiefte, taten das nicht wenige der Zuseher auch, teils aus wirklichem Interesse, teils um einmal im Leben vom gleichen Gegenstand beansprucht zu sein wie der Geist eines Genies.

Gioachino Rossini komponierte das Werk achtzehnhundertdreiundsechzig in Passy, stand da, die erste öffentliche Aufführung war ein Jahr darauf im Théâtre-Italien in Paris. Es gelte als das bedeutendste Werk seiner letzten Arbeitsphase und als eine seiner wichtigsten geistlichen Kompositionen. Die Besetzung war ungewöhnlich klein. Drei Instrumente und, in den Worten des Meisters, die in der kurzen Werkbeschreibung abgedruckt waren: „Zwölf Sänger von drei Geschlechtern – Männer, Frauen, Kastraten – werden genug sein." Diese Bemerkung sei ironisch zu verstehen, meinte der kommentierende Musikdramaturg, und nur Dostojewskij fragte sich, ob das so sicher war. Jedenfalls musste er kurz lachen, worauf seine Frau erschrak. Doch er schaute zu ihr und schüttelte beruhigend den Kopf. Und wurde gleich wieder ernst, als er die Widmung las, die der Maestro ans Ende der Partitur geschrieben hatte: „Lieber Gott. Hier ist sie, die arme kleine Messe. Habe ich nun wirklich heilige Musik gemacht? Ich bin für die Opera buffa geboren. Du weißt es wohl! Ein bisschen Können, ein bisschen Herz, das ist alles. Sei also gepriesen und gewähre mir das Paradies."

Im Théâtre-Italien, dachte Dostojewskij und sah zum Plafond. Das gemalte Blau war so, als schaute man in den venezianischen Himmel. Engel kreisten um die Goldeinfassung des Lusters. Achtzehnhundertdreiundsechzig, das war ein Jahr nach Venedig. Im Jahr der geplanten „Casanova"-Uraufführung. Und nun schmunzelte er, und seine Frau beugte sich besorgt zu ihm und fragte, ob er Schmerzen hätte. Aber er legte seine Hand auf ihre und drückte sie. Und ließ sie so, als es schließlich dunkel wurde und endgültig still im Saal und das Bühnenlicht anging und zum höflichen, gastfreundlichen Applaus des Publikums die Interpreten der „Petite Messe solennelle" auftraten.

Als der Dirigent kam, legte Dostojewskij die Hände wieder auf das rote Samt, beugte den Kopf weit nach vorn, die Knie fest gegen die Brüstung gedrückt, so nahe saß er und so konzentrierte er sich auf die ersten Takte, und es war vielleicht gut, dass er so eng angepresst saß, als wollte er sich festhalten, denn bereits diese ersten Takte eines Werks, das doch die musikalische Gestaltung eines Gottesdienstes bedeuten sollte, korrumpierten jede Erwartung und zeigten jeder zu hehren, jeder zu sehr auf Jenseitigkeit gerichteten Andacht die Zunge, auf jeden Fall ein fröhliches, diesseitiges Gesicht: Das Stück begann heiter, in einem hüpfenden, tanzenden Rhythmus der Klaviere und des Harmoniums, sodass der fassungslos aus seiner Loge schauende Alte, der lange in keinem Theater mehr gewesen war und schon lange nichts mehr unternommen hatte, sich unterhalten zu lassen, nicht anders konnte, als den kugelrunden, mit seinem Koffer vor ihm her hopsenden Beppo dabei zu sehen. „Herr, erbarme dich", sang der Chor auf Lateinisch – vier Männer, vier Frauen, soweit zu erkennen war, keine Kastraten – und machte ihm damit gleich so warm, als wäre er in seiner Loge auf dem venezianischen Bahnhofsvorplatz gelandet und achtzehn Jahre zurück aus dem trüben russischen Winter in den italienischen Hochsommer, vom fühlbaren Ende seines Lebens in Ausläufer seiner Jugend versetzt. Sein neunundfünfzigster Geburtstag war gerade vorbei. Die epileptischen Anfälle hatten nachgelassen, doch war ein Lungenemphysem aufgetreten, das es ihm aller Wahrscheinlichkeit schwer machen würde, den Petersburger Winter zu überstehen. Seine große Hoffnung war, bis zum Frühling durchzuhalten und noch einmal nach Bad Ems zu reisen, dessen Wasser ihm immer wieder geholfen hatten.

So heiter das Kyrie begonnen hatte, so ernst war das Christe eleison. Um sich dann mit dem wieder dahertänzelnden Kyrie zu vereinigen, entgegengesetzte Stimmungen in Harmonie zu bringen, wie er es in der Person des

Komponisten selbst erlebt hatte. Das Gloria wirkte wie ein Opernfinale. Als die Solisten im Terzettino dem Herrn Dank sagten, glaubte er, eine Gondel schaukeln zu hören. Und auch sonst fühlte sich Dostojewskij in den rund achtzig Minuten, die die „kleine" Messe dauerte, ganz in Bilder, Szenen und Situationen seiner damaligen ersten Venedigreise getaucht. In den „kleinen" Ausflug zum Lido. In den „kleinen" Weg zum Campanile. Wie beschlossen und beschworen, hatte er niemandem davon erzählt. Nicht seiner ersten Frau Marija, die zwei Jahre später ihrer Tuberkulose erlegen, nicht seinem Bruder Michail, der nur drei Monate nach ihr überraschend gestorben war. Nicht Apollinaria, seiner Geliebten, der er nach Paris gefolgt war und die seinen Heiratsantrag abgewiesen hatte, worauf er sich von ihr trennte. Dann hatte er die zwanzigjährige Anna Grigorjewna kennengelernt, die als Stenographin zu ihm gekommen war. Zunächst zu Arbeiten an seinem Roman „Der Spieler". Seit dreizehn Jahren waren sie nun verheiratet, hatten ausgedehnte Europareisen zusammen unternommen und auch Venedig besucht. Da war die Stadt schon seit drei Jahren von den Habsburgern freigegeben und Teil des italienischen Königreichs gewesen. Und selbst dort: kein Wort von Rossini, von Casanova, geschweige denn von Victoria – und sicher nichts von Agatha, der Gärtnerin von Malamocco. Dafür hatte er sich jeden Tag stundenlang im Markusdom und Dogenpalast aufgehalten und seine aufrichtige Begeisterung für die mosaikgeschmückten Wände und Decken zum Vorwand genommen, Annas Wünschen, „mehr von Venedig", den

Lido oder „wenigstens die Rialto-Brücke" zu besuchen, nicht zu entsprechen. Meine gute, meine starke Frau, dachte er und schaute verstohlen zu ihr. Sie hat mich gerettet. Meine Spielsucht erduldet und schließlich mit ihrer Langmut geheilt. Mir vier Kinder geschenkt. Von denen zwei gestorben sind. Ljubow ist jetzt elf, Fjodor neun. Und Anna? Ist vierunddreißig. Noch immer eine junge Frau.

Wo sie wohl alle sind, die Mitspieler meiner venezianischen *farsa,* dachte Dostojewskij, als ihn ein beschwingtes Tenorsolo zurück zur Bühne riss. Keine der Sängerinnen war Victoria. Kein Bass und kein Tenor waren Pantalone. Aber sie kamen vom La Fenice. Und kannten wahrscheinlich beide, waren vielleicht mit ihnen aufgetreten oder sonst wie in Verbindung? Die Sopranistin im Chor konnte eine Tochter Victorias sein … siebzehn wäre sie … wenn sie im Jahr nach seinem Aufenthalt zur Welt gekommen wäre. Hatte sie nicht Ähnlichkeit? Die stolze Leidenschaft des im Singen nach oben gereckten Kopfes, die blendend weißen Zähne, der schlanke, selbstbewusste Körper … unbewusst seufzte Dostojewskij, und gleich beugte sich seine besorgte Frau zu ihm. Wieder schüttelte er den Kopf und behielt den Blick geradeaus. Rossini, dachte er. Alter Zauberer. Wann hat je auf ein Miserere so viel Sonne geschienen? Bei der überschäumenden Fröhlichkeit der Melodie, mit der der Chor dem Heiligen Geist dankte, musste er an das Mortadellalied vom ersten Abend denken und bekam vor Lachen einen Hustenanfall, der zwei Minuten dauerte, viele Köpfe zu ihm schauen und seine Frau fragen ließ, ob er nicht lieber nach Hause gehen wolle.

Doch er wollte nicht. Er wollte das Stück zu Ende hören. Ein Stück, an dessen Entstehen – nur er selbst wusste es – er einigen Anteil hatte. Das Klaviersolo des Offertoriums klang ihm daher – und nur ihm allein – wie eine Reverenz an Beethoven und eine diskrete Entschuldigung, dessen Rat nicht gefolgt zu sein und nun doch nicht noch eine *buffa,* sondern ein geistliches Werk geschrieben zu haben. Und wie er sich in der Beschwörung des Chors, an einen Gott zu glauben, an das Lied von den Gondolieri erinnert und mit Victoria im Sturm stehen fühlte, ihr Gesicht vor seinem, und zum ersten Mal in seinem Leben die Bilder des ihn auffangenden, ihn rettenden Beppo in seinem Erinnern aufleuchteten, meinte er sich im grandiosen Finale wieder auf dem Campanile stehen zu sehen und in der überirdischen Schönheit des „Gib uns Frieden" zu hören, wie der Meister seinen „Abschied" in den venezianischen Abendhimmel spielte. Die Klänge des die beiden Klaviere umschmeichelnden Harmoniums schienen sogar den Straßenmusiker vor seinem Hotel miteinzubeziehen, und mit ihm kamen Erinnerungen an die Gassen und Brücken und verschlungenen Wege seiner rasenden, schmerzlich lebendigen Venedigzeit, und sogar einen Hauch von Oleander glaubte er für einen Moment in der Nase zu spüren. Da geschah, was am Markusturm nicht geschehen war, im Fenice nicht und nicht vor der Abreise am Bahnhofsplatz: Tränen rannen über das von Wachen, Arbeit und inneren Kämpfen gezeichnete, beinahe greisenhafte Gesicht und verfingen sich im ausufernden, fast brustlangen, dichten Bart, fließende Tränen waren das einzig Bewegliche an dem stocksteif an seine Logenbrüstung wie gekettet sitzenden Mann. Sie hatten achtzehn Jahre gebraucht, um sich zu lösen. Achtzehn Jahre und eine Wiederbegegnung mit Rossini.

Als das bravouröse Ensemble die stürmischen Ovationen entgegennahm, blieb Dostojewskij reglos sitzen. Wenn der Blick des einen oder anderen Italieners zu seiner Loge ging, mag er dort auf die Gestalt eines alten Russen gefallen sein, der nicht applaudierte. Er konnte nicht wissen, dass dieser rechnete: Sechsundsiebzig ist Rossini geworden, dachte er. Sechs Jahre nach unseren Tagen in Venedig ist er gestorben. Und hat also tatsächlich noch einen neunundzwanzigsten Februar erlebt. So klatschte der alte Russe in seiner Loge nicht, aber er nickte. Er nickte in voller, dankbarer Zustimmung. Und manche derer, die begierig waren, seine Reaktion zu erhaschen und zu deuten, die in den Logen um ihn und einige mit ihren Operngucksern aus den Rängen, meinten später sogar, ihn lächeln gesehen zu haben.

Anna Grigorjewna hatte den starrsinnig durchgesetzten Willen ihres Mannes, das Gastspiel eines italienischen Ensembles zu besuchen, von Anfang an nicht verstanden. Da sie nun seine Bewegtheit als Schwäche und mögliche Verschlimmerung seiner Krankheit deutete, war sie geradezu verärgert und wehrte alle Versuche, mit dem berühmten und vielen auch persönlich bekannten Dichter auf den Stufen zum Foyer ins Gespräch zu kommen, energisch ab. Knapp vor dem Ausgang sprach ihn ein Journalist an. Mit einer, wie sie fand, völlig deplacierten Frage: wie der „verehrte Meister" sein Verhältnis zu Italien bezeichnen würde. Sie kannte ihren Mann genug, um zu wissen, wie er reagieren würde: ein kurzes Stehenbleiben, ein finsterer Blick, eine gemurmelte Entschuldigung und hinaus zur Tür. Doch zu ihrer großen Verwunderung bohrten sich seine grauen, tiefliegenden Augen fest in die des jungen Zeitungsmannes und die Lippen begannen, eine Antwort zu formulieren. Die wegen des Lärms der Menge, der Straße und der Rufe der Droschkenfahrer schwer bis gar nicht verständlich war. Der aristokratische hohe Gedanke, so viel verstand sie noch, sei mehr als die Heimat. Er selbst habe sich nicht weniger als Russe gefühlt, weil er – und hier wurde die Ablenkung durch zwei vor dem Ausgang zusammengestoßene Equipagen und der darauf folgenden schimpfenden Schreie zu groß –, weil er … sagte er wirklich: „Venedig so geliebt" habe? „Ich habe …" – nun ließ ein Aufschrei eines Equipagenfahrers – vielleicht war es zu einer Handgreiflichkeit gekommen – sogar den Journalisten, herumfahren und unachtsam werden – „… ich habe", sagte er mit leiser, heiserer Stimme, „Venedig noch mehr geliebt als Russland." Erst nach diesem Satz schaute der junge Mann wieder zu ihm.

„Bitte?", fragte er.

Doch Dostojewskij schwieg. Er wiederholte es nicht. Er stammelte nur noch etwas von „Traurigkeit" – und von irgendeinem „Verlangen" nach den „Steinen aus ‚Beppo'". Da zog ihn seine Frau endgültig weiter. Über die Schulter rief er, schon in der Türe, dem Journalisten noch zu: „Und schreiben Sie: ‚Viva Verdi!' Die Venezianer werden wissen, was ich meine."

Vor dem Theater blieb Dostojewskij stehen. Frischer Schnee war gefallen. Weiße, dicke Flocken fielen vom Himmel und umhüllten alles. „Ein Wunder", sagte er und beeilte sich dann, in den Wagen zu steigen.

Den Satz mit „Viva Verdi" brachte der Journalist mit Rücksicht auf den nach dem Rossini-Konzert offenbar verwirrten großen Literaten nicht. Das Liebesbekenntnis zu Venedig konnte er nicht bringen, weil er es nicht gehört hatte. Es findet sich schriftlich in unbekannten, wenig beachteten Aufzeichnungen, Vorarbeiten zu einem Roman.

Es war Dostojewskijs letzter Theaterbesuch und sein letzter Auftritt in der Öffentlichkeit. Seine Krankheit verschlechterte sich. Noch am Sterbebett schrieb er einen Brief an eine Zeitung mit der Bitte um das Resthonorar für die „Brüder Karamasow", weil er sich um die materielle Sicherheit seiner drei Lieben sorgte. Er hatte in den letzten Jahren in guten Umständen gelebt, aber keine Reserven gespart.

Am siebenundzwanzigsten Januar – nach dem julianischen Kalender – des neuen Jahres schlug er aufs Geratewohl die Bibel aus der sibirischen Gefangenschaft auf und las den Satz von Jesus: „Halte mich nicht zurück." Am achtundzwanzigsten ließ er sich das Gleichnis vom verlorenen Sohn vorlesen, erhielt die Sakramente, verabschiedete sich von seinen Kindern und seiner Frau und schloss für immer die Augen. Er wurde neunundfünfzig.

Der Staat wollte die Begräbniskosten übernehmen, doch Anna Grigorjewna lehnte ab. Das Alexander-Newskij-Kloster bot die unentgeltliche Beisetzung an. Anfangs war der Trauerzug von der Kusnetschnij-Gasse mit tausend Menschen fünfhundert Meter lang. Auf den vier Kilometern zum Kloster wuchs die Zahl der Mitgehenden, Mittrauernden auf sechzigtausend. Auf dem Newskij-Prospekt kam der Verkehr zum Erliegen. Kein russischer Schriftsteller war so mit Sankt Petersburg verbunden gewesen wie Dostojewskij. Er war mit fünfzehn gekommen und hatte, bis auf die Jahre in Sibirien und die Reisen, sein Leben dort verbracht. Sein Sarg wurde die ganze Strecke getragen, ein leerer Leichenwagen fuhr hinterher.

Auffällig war der hohe Anteil an Studentinnen und Studenten, an jungen Frauen und Männern, die dem Verstorbenen ihr Geleit gaben. Und der einunddreißigste Januar achtzehnhunderteinundachtzig war ein für russische Verhältnisse außergewöhnlich warmer, sonniger Wintertag.

Dichtung und Wahrheit

Als Dostojewskij von der ersten Europareise nach Sankt Petersburg zurückkehrte, ließ er die Leser seiner Zeitschrift in der Serie „Winterliche Aufzeichnungen über sommerliche Eindrücke" daran teilhaben. Einige Passagen daraus habe ich verwendet, hauptsächlich in den Reflexionen über Paris, London und Deutschland und in der Diskussion über die „Brüderlichkeit" am Campanile. Der gesamte italienische Teil der Reise sowie der Venedig-Aufenthalt (August 1862) werden in den „Winterlichen Aufzeichnungen" von Dostojewskij mit keinem Wort erwähnt – belegt sind aber seine Notizen über die Liebe zu Venedig und seine früh erwachte Sehnsucht danach.

Eine wichtige Inspiration waren mir Briefe des Dichters, die Tagebücher von Anna G. Dostojewskaja (seiner zweiten Frau) über die gemeinsame spätere Europareise und weitere russische Quellen – wobei ich der Majakowskij-Bibliothek St. Petersburg unter anderem für das Buch „Dostojewskij i musika" danken möchte. Im Deutschen waren es die Biographien von Andreas Guski („Dostojewskij") und Joachim Campe („Rossini – Die hellen und die dunklen Jahre"), die Sammlung „Dostojewskij und Europa" herausgegeben von Gudrun Goes, „Sibirische Sommer mit Dostojewski" von Jan Brokken sowie „Elisabeth, Kaiserin wider Willen" von Brigitte Hamann.

Dank gilt Eduard Angeli für seine Fundgrube an historischem Material über Venedig – vor allem aber, weil seine Malereien von Sankt Petersburg und Venedig noch lange vor den ersten Romanplänen zu der Idee beigetragen haben, beide Städte in einer Geschichte zu vereinen.

Michael Dangl